Mikroökonomik

Methodik – Aufgaben – Begriffe

Von
Prof. Dr. Walter Kortmann

R.Oldenbourg Verlag München Wien

Bibliografische Information Der Deutschen Bibliothek

Die Deutsche Bibliothek verzeichnet diese Publikation in der Deutschen
Nationalbibliografie; detaillierte bibliografische Daten sind im Internet
über <http://dnb.ddb.de> abrufbar.

© 2004 Oldenbourg Wissenschaftsverlag GmbH
Rosenheimer Straße 145, D-81671 München
Telefon: (089) 45051-0
www.oldenbourg-verlag.de

Gedruckt auf säure- und chlorfreiem Papier
Gesamtherstellung: Druckhaus „Thomas Müntzer" GmbH, Bad Langensalza

ISBN 3-486-20006-2

Karin gewidmet,

der nicht nur dieses Buch
seine Existenz verdankt.

Vorwort

Das vorliegende Buch ist an Studenten und Dozenten gerichtet, die sich im Rahmen des volks- und betriebswirtschaftlichen Grundstudiums an Universitäten oder anderen Hochschulen mit der Mikroökonomik befassen und nach Unterstützung für die Stofferarbeitung oder –präsentation suchen.

Es besteht aus drei Teilen: Zunächst einem Essay über grundlegende methodische Aspekte der Wirtschaftstheorie im allgemeinen und der Mikroökonomik im speziellen. Die Relevanz theoretischer Modelle und mathematischer Verfahren wird mit Blick auf das unterschiedliche Vorgehen von "Praktikern" und "Theoretikern" bei der Lösung von Problemen und der Erklärung von Phänomenen verdeutlicht. Auch mögliche Schwierigkeiten und Grenzen dieser Vorgehensweisen werden dem Leser aufgezeigt. Dies dient gewissermaßen als Einstimmung für und als Vorbereitung auf die Beschäftigung mit den mikroökonomischen Modellen, Argumentationsweisen und Aufgabestellungen.

Der zweite Teil des Buches bietet eine Sammlung von beinahe hundert Klausuraufgaben, die ich in den vergangenen Jahren meinen Dortmunder Studenten im Rahmen von Fachprüfungen zur Mikroökonomik gestellt habe. Die Aufgaben zeichnen sich also durch praktische Erprobtheit aus. Der erste Abschnitt des Teils II enthält die Aufgabenstellungen, nach Themenbereichen gegliedert. Der anschliessende zweite Abschnitt enthält die zugehörigen Musterlösungen. Diese habe ich bewusst ausführlich und detailliert gestaltet, um dem Leser das Lernen und Verstehen zu erleichtern. Für etliche Aufgaben werden sogar mehrere alternative Lösungswege aufgezeigt; diese sind entsprechend gekennzeichnet.

Teil III ist ein Glossar mikroökonomischer Fachbegriffe. Es hat fast schon den Charakter eines kleinen Mikroökonomik-Lexikons. Zu vielen Fachbegriffen (insbesondere auch zu den in den Aufgaben hier verwendeten) findet der Leser kurze, prägnante Erläuterungen. Zahlreiche Hinweise auf andere im Glossar erklärte Begriffe schaffen einen engen begrifflichen Zusammenhang. der auch zum »Stöbern« anregen soll. Wer sich den Grundwortschatz der Mikroökonomik aneignen oder sich nur mal schnell die Bedeutung des einen oder anderen Begriffs in Erinnerung rufen möchte, findet hier rasche Hilfe.

Frühere Klausuraufgaben, wie die im Teil II zusammengestellten, nimmt man sich zweckmäßig erst *nach* der Erarbeitung eines Themenbereichs der Vorlesung oder eines Kapitel des verwendeten Lehrbuches vor. Quasi als Test, ob das Gelernte auch wirklich zum Bestehen einer Klausur ausreicht. Wer sich auf eine Prüfung vorbereiten will, sollte natürlich immer zunächst selbst versuchen, die Aufgaben zu lösen, am besten unter klausurähnlichen Bedingungen: Knapp bemessener Zeitrahmen, Bearbeitung »an einem Stück«, keine Hilfsmittel außer einem gewöhnlichen Taschenrechner und Zeichenutensilien verwenden - und natürlich ohne Mogeln! Die bei einem solchen »Klausurtest« selbständig gewonnenen Lösungen oder Lösungsansätze werden dann am besten zunächst mit anderen Kommilitonen, etwa in einer Übungs- oder Lerngruppe, besprochen. Erst danach sollte ein Abgleich mit unseren Musterlösungen im zweiten Abschnitt des Teils II erfolgen. Dabei kommt es darauf an, die wesentlichen Inhalte und Ergebnisse der Lösung gefunden und auch nachvollziehbar niedergeschrieben zu haben. Selbermachen, auch wenn es nur ein ernsthaftes Selberversuchen ist, bringt im Vergleich zum passiven Nachvollziehen von mustergültigen Lösungswegen ein Vielfaches an Lernertrag. Die Hauptschwierigkeit in Klausuren besteht häufig darin, überhaupt erst auf den richtigen Lösungsansatz zu kommen.

Die Erstellung dieses Buches war eine mühsame und aufwendige Angelegenheit. Ich danke allen, die mich bei der Herstellung der verschiedenen Fassungen des Typoskriptes unterstützt haben. Nennen möchte ich zuvorderst Frau Dipl.-Bw. Sybille Marquard, die meine handschriftlichen Musterlösungen und die Klausur-aufgabentexte mit viel Engagement und großer Sorgfalt in den Computer einge-geben und manchen hilfreichen Verbesserungsvorschlag gemacht hat. Dann Herrn Dipl.-Vw. Alexander Haverkamp, der in einer entscheidenden Phase den Großteil der Diagramme »in Form« gebracht hat. Ferner Herrn cand. rer. pol. Jewgenij Scheyko, der sowohl bei der Erstellung der Graphiken als auch bei der Textredi-gierung mit viel Einsatz das Projekt vorangebracht hat. Die Endfertigung des Typoskriptes hat Frau stud. rer. nat. Corinna Rademacher mit sicherem Blick besorgt. Alle möglicherweise noch verbliebenen Fehler gehen natürlich allein zu Lasten des Autors. Dieser freut sich über konstruktive Kritik seitens der verehrten Leser. Abschließend möchte ich mich bedanken bei Herrn Dipl.-Bw. Nicolas Lenz für fruchtbare Anregungen und die gute Zusammenarbeit bei den Klausuren der vergangenen Semester.

Prof. Dr. Walter Kortmann

VIII

Inhaltsverzeichnis

Teil I:

Von Praktikern und Theoretikern – Ein kritischer Methodenvergleich

Teil II:

Klausuraufgaben zur Mikroökonomik 25

A. Aufgabenstellungen

L. Musterlösungen

Teil III:

Abkürzungs- und Symbolverzeichnis

Lateinische Buchstaben

a	freier Funktionskoeffizient	i	Index für einen Akteur
a	Arbeits(einsatz)menge	I	Anzahl der Akteure
A	Kurzzeichen (oben) für "Angebot"	j	Index für ein Gut oder einen Markt
A	Kurzzeichen (unten) für "Arbeit"	J	Anzahl der Güter bzw. Märkte
AV	Anbietervorteil	k	Stück- bzw. Durchschnittskosten
ÄV	Äquivalente Variation	k	Kurzzeichen (oben) für "kurzfristig"
b	freier Funktionskoeffizient	K	(Gesamt-)Kosten(-funktion)
ß	Betriebsgröße, Skalenfaktor	KV	Kompensierende Variation
B	Ausgabenbudget	ℓ	Lohnsatz (Faktorpreis für Arbeit)
B	Kurzzeichen (unten) für "Billigmarkt"	ℓ	Kurzzeichen (oben) für "langfristig"
(Bo)	Bowley'scher Punkt	$\mathscr{L}$	Lagrange-Funktion
c	freier Funktionskoeffizient	m	freier Funktionskoeffizient
c	Kapital(einsatz)menge	M	Kurzzeichen für "Markt"
C	Kostenbudget	ME	Mengeneffekt
C	eingesetztes (Eigen und Fremd-)Kapital	*ME*	Mengeneinheiten
(Ch)	Chamberlin'scher Punkt	n	freier Funktionskoeffizient
(Co)	Cournot'scher Punkt	N	Kurzzeichen (oben) für "Nachfrage"
d	Stück-/Durchschnittsdeckungsbeitrag	NV	Nachfragervorteil
d	Differential	o	freier Funktionskoeffizient
∂	partielles Differential	p	Preis eines Gutes
ð	kleine Änderung/Differenz	PE	Preiseffekt
D	Gesamtdeckungsbeitrag	q	Qualität eines Gutes
e	Stück- bzw. Durchschnittserlös	r	Kapitalsatz (Faktorpreis für Kapital)
e	Euler'sche Zahl (2,71828...)	r_c	Kapitalrentabilität
E	(Gesamt-)Erlös(-funktion)	T	Kurzzeichen (oben) für "Transaktion"
f	allgemeine Funktion(svorschrift)	T	Kurzzeichen (unten) für "Teuermarkt"
f	Kurzzeichen (oben) für "fix"	ü	Überhang, Überschuß
f	Freizeitmenge	U	Marktumsatz (Wert)
F	Fixkosten	U	Kurzzeichen für "Unternehmen"
g	Stück- bzw. Durchschnittsgewinn	v	Einsatzmenge eines Produktionsfaktors
g	Kurzzeichen (unten) für "gegenwärtig"	v	Kurzzeichen (oben) für "variabel"
G	(Gesamt-)Gewinn(-funktion)	(vK)	Vollkommene-Konkurrenz-Punkt
GE	Geldeinheit(en)	WV	Wohlfahrtsverlust
GV	Gesamtvorteil	x	Menge eines Gutes bzw. Produktes
h	allgemeiner Hilfsindex	y	allgemeine Variable
ℏ	Homogenitätsgrad einer Funktion	Y	Einkommen
H	Kurzz. für "Haushalt" bzw. "Konsument"	z	allgemeine Variable
		z	Kurzzeichen (unten) für "zukünftig"
		Z	Gesamtzahlungsbereitschaft

Griechische Buchstaben:

α	[kl. Alpha]	freier Funktionskoeffizient	λ	[kl. Lambda]	Lagrange-Multiplikator
β	[kl. Beta]	freier Funktionskoeffizient	μ	[kl. My]	Skalenfaktor
γ	[kl. Gamma]	freier Funktionskoeffizient	μ_L		Lerner'scher Monopolgrad
Δ	[gr. Delta]	große Änderung /Differenz	ν	[kl. Ny]	Gutseinheit-Nummer
ε	[kl. Epsilon]	Elastizitätsmaß	π	[kl. Pi]	Kreiszahl (3,14159...)
ζ	[kl. Zeta]	Einzelzahlungsbereitschaft	Π	[gr. Pi]	ein konstanter Formelterm
η	[kl. Eta]	Durchschnittsproduktivität	ϱ	[kl. Rho]	Reaktanz
θ	[kl. Theta]	Anteil	σ	[kl. Sigma]	Grenzsubstitutionsrate
κ	[kl. Kappa]	freier Funktionskoeffizient	φ	[kl. Phi]	Präferenzstärke bzw. -niveau

Diakritische Zeichen:

[am Beispiel einer Größe y bzw. Funktion y(x)]

$\bar{y}$	fester bzw. fixierter y-Wert	$y_{\setminus j}$	Teilvektor $(y_1,y_2,...,y_{j-1},y_{j+1},...,y_J)$ ($\underline{y}$ ohne die Komponente y_j)
$\tilde{y}$	geschätzter oder vermuteter y-Wert		
y'	ein konkreter y-Wert (auch y'', ...)	$'_x y$	Erste Ableitung von y nach x (Steigung von y in x-Richtung)
$y_{(1)}$	ein konkreter y-Wert (auch $y_{(2)}$, ...)	$''_x y$	Zweite Ableitung von y nach x (Krümmung von y in x-Richtung)
$y^{(1)}$	ein konkreter y-Wert (auch $y^{(2)}$, ...)		
$y_{\circ}$	y-Achsen-Abschnitt (auch y°)	$\overset{\bullet}{y}$	optimaler (insb. gleichgewichtiger) y-Wert
$\overline{y}$	höchstmöglicher y-Wert	$\hat{y}$	maximaler y-Wert
$\underline{y}$	mindesterforderlicher y-Wert	$\check{y}$	minimaler y-Wert
$\acute{y}$	unterer Schwellenwert von y	$x^{\hat{y}}$	das x, bei dem $y(x) = \hat{y}$ (maximierendes x)
$\grave{y}$	oberer Schwellenwert von y		
$\underline{y}$	Vektor $(y_1,y_2,...,y_J)$	$x^{\check{y}}$	das x, bei dem $y(x) = \check{y}$ (minimierendes x)

Relationen:

Symbol	Bezeichnung	Beispiel	Aussprache
$=$	Gleichheit	$x = y$	x ist gleich y
$\doteq$	Gleichheit im Beispiel	$z \doteq x + y$	z ist beispielsweise gleich x+y
$:=$	Definition	$z := x + y$	z ist definiert als x+y; für x+y kann z geschrieben werden
$\approx$	ungefähr gleich	$x \approx y$	x ist ungefähr (fast) gleich y
$>$	größer	$x > y$	x ist größer als y
$\geq$	größer oder gleich	$x \geq y$	x ist größer oder gleich y
$<$	kleiner	$x < y$	x ist kleiner als y
$\leq$	kleiner oder gleich	$x \leq y$	x ist kleiner oder gleich y
		$x < y < z$	y liegt zwischen x und z, $x < y$ und $y < z$
$\Rightarrow$	Implikation	$x \Rightarrow y$	aus x folgt logisch y; wenn x, dann auch y
$\Leftrightarrow$	Äquivalenz	$x \Leftrightarrow y$	x und y sind logisch gleichwertig;
$\succ$	besser	$x \succ y$	x ist besser als y
$\prec$	schlechter	$x \prec y$	x ist schlechter als y
$\sim$	Indifferenz	$x \sim y$	x ist gleich gut wie y

Teil I

Von Praktikern und Theoretikern
– Ein kritischer Methodenvergleich

Gestandene Wirtschaftspraktiker rühmen sich häufig ihrer überlegenen Fähigkeiten, vor allem in ihrer Domäne, dem Problemelösen. Nicht selten rümpfen sie die Nase über die "weltfremden Theoretiker", die in praktischen Angelegenheiten zu nichts Rechtes zu gebrauchen seien. Mathematischen Verfahren und Theorien begegnen sie mit Skepsis oder sprechen ihnen jede praktische Bedeutung ab. Was ist von diesen Einschätzungen zu halten? Müssen sich gut ausgebildete Wirtschaftswissenschaftler und die Besucher wirtschaftstheoretischer Lehrveranstaltungen genieren? Bietet eine theorie-orientierte Arbeitsweise nicht vielleicht doch Vorteile? Welches sind die Bedingungen dafür? Worauf kommt es an?

1. Einleitung

a) In diesem Essay wollen wir den oben gestellten Fragen nachgehen und dabei die unterschiedlichen Vorgehensweisen von **Praktikern** und **Theoretikern** bei der Lösung von Problemen und bei der Erklärung von Phänomenen im Bereich der Ökonomie näher beleuchten. Um das Wesentliche besonders deutlich hervortreten zu lassen, gehen wir dabei von *Idealtypen* aus, die es so in der Realität wohl kaum geben wird. So steht im Folgenden der "Praktiker" in scharfem Kontrast zum "Theoretiker": Während ersterer definitionsgemäß über keinerlei theoretisches Hintergrund- oder Methodenwissen verfüge, sei letzterer damit bestens ausgestattet. Auch theoretisch unbeschlagene Wirtschaftspolitiker können diesem Praktikertypus zugeordnet werden. Der extreme Kontrast, es sei nochmals betont, dient hier nur der Verdeutlichung der relevanten Unterschiede.

Bevor wir auf die unterschiedlichen Vorgehensweisen von Praktikern und Theoretikern beim Phänomeneerklären und Problemelösen eingehen, muss definiert werden, was wir unter "Phänomenen" und "Problemen" verstehen wollen.

b) Als **Phänomene** bezeichnen wir unerklärte Erscheinungen im Bereich der Realität beziehungsweise Empirie, für deren Verständnis man sich interessiert, etwa um sie für bestimmte Zwecke nutzbar machen zu können. Dazu zählen beispielsweise entdeckte Effekte, Datenmuster, Verhaltensinvarianzen oder Zusammenhänge ökonomisch relevanter Größen. Solche beobachteten Regelmäßigkeiten werfen die Frage nach den Ursachen und Bestimmungsgründen auf. (Von Phänomenen im Bereich der Theorie sei hier abgesehen.)

Ein Beispiel für ein Phänomen ist der in vielen empirischen Studien festgestellte positive statistische Zusammenhang zwischen den Marktanteilen und den Rentabilitäten von Unternehmen oder Geschäftseinheiten (sog. *Schoeffler/-Buzzell/Gale-Hypothese*). Ein bekanntes Phänomen im Bereich der Volkswirtschaft ist die *Phillips-Kurve,* die eine inverse Beziehung zwischen der Inflationsrate und der Arbeitslosenquote beschreibt.

c) Bei **Problemen** handelt es sich nach unserer Definition um schwierig zu lösende und daher ungelöste Aufgabenstellungen in der Praxis; um Hindernisse auf dem Weg zu vorgegebenen Zielen. Für sie sucht man nach Lösungen. Ein Beispiel aus der Unternehmenspraxis ist das Herausfinden der kürzesten und damit kostenminimalen Route, die ein Lieferwagen ausgehend von einem Anfangsort (z.B. Warenlager) nehmen soll, wenn er auf einem Weg eine bestimmte Anzahl von Punkten (Kunden) erreichen und wieder zum Anfangsort zurückkehren muss (sog. *Travelling-Salesman-Problem*). Von ähnlicher Art sind die betrieblichen Probleme der optimalen Maschinenbelegung und der optimalen Bestellmengen. Auch die staatliche Wirtschaftspolitik sieht sich mit zahlreichen Problemen konfrontiert, wenn es gilt, mit ihren Mitteln bestimmte Fehlentwicklungen der Wirtschaft zu korrigieren oder gesetzliche Rahmenbedingungen zu optimieren.

Ein Beispiel für eine Kombination aus Phänomen und Problem: Ein Unternehmen, das jenen Werbeaufwand W sucht, der den Absatz x maximiert, stellt fest, dass sich bei zwei verschiedenen Werbeaufwendungen W_1, W_2 genau die gleiche Absatzmenge $\bar{x}$ ergeben hat. Es handelt sich hier um die Frage nach der sogenannten *Werbewirkungsfunktion*. – Auf einige der hier genannten Beispiele kommen wir später zurück.

2. Vorgehen des Praktikers angesichts erklärungsbedürftiger Phänomene

a) Beginnen wir unsere vergleichenden Betrachtungen mit dem Verhalten der Praktiker. Wenn sich Praktiker im eingangs definierten Sinne einem Phänomen gegenüber sehen, neigen sie, wie die Erfahrung zeigt, zu

- spontanen "Erklärungen" (die tatsächlich nur Vermutungen sind) sowie zu vorschnellen Urteilen (Vor-Urteilen), insbesondere zu
- Kausalitätsvermutungen, auch dort, wo tatsächlich nur Korrelationen beobachtet werden;
- unrealistischen Begründungsversuchen (Scheinerklärungen) oder aber zu Fatalismus (bekannter Spruch: "Das muss man einfach so hinnehmen").

Wissenschaftler sind oftmals erstaunt, wie rasch und unbeschwert Laien auch komplizierte Sachverhalte verstanden zu haben glauben und dafür auch flink vermeintliche Begründungen vorbringen können. Auf diese Weise entstand in früheren Zeiten mancher Aberglaube.

b) In unserem ersten Beispiel in Abschnitt 1b) wird dementsprechend wahrscheinlich umgehend die Vermutung geäußert, der Marktanteil wirke ursächlich auf die Rentabilität konkreter: ein hoher Marktanteil bewirke eine hohe Rentabilität. Dies lässt sich leicht durch einige ad-hoc-Argumente begründen, zum Beispiel dadurch, dass der umgekehrte Kausalzusammenhang weniger plausibel erscheint und dass Größenvorteile am Werk seien. Aus der vermeintlichen Erklärung wird alsdann der praktische Schluss gezogen, es sei für Unternehmen stets vorteilhaft, sich um möglichst hohe Marktanteile zu bemühen. Dies weist auf das in der Praxis verbreitete *Problem der vorschnellen Verallgemeinerung spezieller Erkenntnisse* hin.

Im dritten Beispiel (Abschnitt 1c) könnte analog dazu schnell gefolgert werden, der Absatz sei "offensichtlich" unabhängig vom Werbeaufwand. Denn sowohl bei viel als auch bei wenig Werbung werde die gleiche Absatzmenge erreicht. Aus diesem Grunde wäre es dann im Sinne eines möglichst hohen Gewinns am Besten, ganz auf Werbung zu verzichten.

Diese Schlussfolgerung ist allerdings, ebenso wie die vorherige, im allgemeinen *nicht* haltbar (vgl. dazu die im Literaturverzeichnis genannten Quellen). Praktiker, so zeigt sich, glauben zwar vorzugsweise was ihnen passend zu seien scheint; das heißt aber nicht, dass für sie auch alles passend ist, was sie glauben.

c) Wir können im Hinblick auf die Phänomene resümieren: **Erklärungen** im Sinne logisch konsistenter, hinsichtlich ihres Geltungsbereiches bestimmter, kausal nachvollziehbar gemachter und damit begründeter Bedingungszusammenhänge sind auf der Ebene der Empirie beziehungsweise Praxis nicht möglich. Reine Anschauung vermittelt keine Erkenntnis. Etwas zu verstehen bedeutet, es auch in seinen »tiefer« liegenden logischen oder kausalen Zusammenhängen zu durchschauen. Genau das kann ein reiner Praktiker aber nicht. Mangels theoretischen (Hintergrund-)Wissens ist er gleichsam auf der Oberfläche der Dinge beschränkt; die unterliegende Kausalstruktur bleibt ihm unvermeidlich verborgen. Er ist deshalb nicht imstande, Phänomene im eigentlichen Sinne zu erklären. – Das hält Praktiker allerdings, wie jeder weiß, nicht davon ab, es trotzdem immer wieder zu versuchen.

Ein weiteres kommt hinzu: Die naive Wahrnehmung von Sachverhalten, der soeben angesprochenen »Oberfläche« der Dinge, kann trügen. Dafür gibt es zahllose Beispiele, von denen die optischen Täuschungen die bekanntesten sind. "Daten" und "Fakten", die nicht wissenschaftlich-methodisch gewonnen und abgesichert wurden, sind mit äußerster Vorsicht zu verwenden. Praktiker unterliegen in vergleichsweise starkem Maße der Gefahr täuschender Wahrnehmungen infolge vorgefasster Meinungen und ausgeprägter Wünsche. Die Folge kann eine Verwendung falscher Daten sein. Häufig zeigt sich das bei unprofessionell durchgeführten empirischen Datenerhebungen (z.B. Umfragen). Die auf der Basis falscher Empirie gewonnenen "Erklärungen" sind zwangsläufig ebenfalls falsch. Das ist besonders problematisch, wenn daraus Handlungsempfehlungen hergeleitet werden. Dieser Aspekt leitet zum nächsten Abschnitt über.

3. Vorgehen des Praktikers bei anstehenden Problemen

a) Die Realität ist eine unerschöpfliche Quelle für Probleme verschiedenster Art. Einem auf die Praxisebene beschränkten Akteur bleibt, wenn er einem lösungsbedürftigen Problem begegnet, letztlich nichts anderes übrig, als
- verschiedene, ihm aussichtsreich erscheinende Lösungsmöglichkeiten auszuprobieren (Prozess des *trial and error*);
- Rückgriff auf Faustregeln und Erfahrungsgrundsätze zu nehmen ("Das haben wir immer so gemacht"), die unter anderen Umständen gewonnen wurden und deren Übertragbarkeit auf die gegenwärtige Situation unklar ist;
- sich auf seine Intuition und sein "Fingerspitzengefühl" zu verlassen;
- einfach aufs Geratewohl zu handeln (Hoffnung: "Das wird schon klappen").

Zur Veranschaulichung denke man sich diese Verhaltensalternativen bezogen auf die in Abschnitt 1c) genannten Problembeispiele.

b) Solches Vorgehen eines um eine Problemlösung verlegenen Praktikers kommt dem vielzitierten »Stochern im Nebel« gleich. Es kann sicher nicht das Prädikat elegant oder beindruckend beanspruchen. Ferner ist daran zu kritisieren:

□ Ausprobieren braucht viel Zeit, so dass es bis zu einer etwaigen Problemlösung lange dauern kann.

□ Im Laufe dieser Zeit kann sich das Problem wieder verändern. Dann läuft das Problemlösungsbemühen gleichsam der sich wandelnden Problemstellung hinterher

□ Ausprobieren kostet vergleichsweise viel Geld: Jeder einzelne Versuch verursacht Test- und Umrüstkosten; hinzu kommt der Planungsaufwand und der Verzicht auf die Vorteile von Routine, die bei wiederholter Ausführung einer einzigen Alternative auftreten könnten. Man denke hier an das Routenproblem aus Abschnitt 1c).

□ Da das Ausprobieren Routine verhindert, sind die bei den einzelnen Versuchen gemessenen Ergebnisse (z.B. Zeiten, Kosten) untypisch. Bei regelmäßigem Betreiben einer Lösung würden sich andere Werte ergeben – man weiß allerdings nicht, *wie* anders sie sein würden.

□ Existieren sehr viele oder sogar unendlich viele Lösungsalternativen, kann nur *in praxi* nur ein kleiner Teil davon ausprobiert werden; für eine Teil-Auswahl mangelt es jedoch an Kriterien. Manche Dinge lassen sich gar nicht ausprobieren, etwa weil es dabei zur Zerstörung der Dinge kommt.

◻ Es gibt auch Versuche, bei denen durch das Ausprobieren die Problemsituation oder das Untersuchungsfeld verändert wird. Zum Beispiel ändern Werbeexperimente das Verhalten der umworbenen Zielpersonen. Das beeinträchtigt die Brauchbarkeit der Messergebnisse. Im volkswirtschaftlichen Bereich haben wirtschaftliche Experimente eine ähnliche Wirkung.

◻ Durch das Anwenden von Faustregeln, das Verlassen auf Intuition sowie durch Ausprobieren kommt man in der Regel nicht zum gewünschten *bestmöglichen* Ergebnis.

◻ Falls der Praktiker beim Ausprobieren jedoch zufällig doch einmal auf die optimale Lösung seines Problems stösst, so weiß er es im Falle vieler Alternativen nicht. Mangels absoluter Vergleichsmaßstäbe kann er nicht wissen, ob eine erreichte Lösung die optimale ist. Er sucht und probiert deshalb unter Umständen weiter.

◻ In jedem Fall gelten gefundene Lösungen (auch suboptimale) nur für den ganz speziellen Einzelfall, also für die Bedingungen, unter denen sie gewonnen werden. Sie können also nicht ohne weiteres auf andere Problemsituationen übertragen werden.

c) Es ist demnach festzustellen, dass optimale Problemlösungen auf der Ebene der Realität oder Praxis in der Regel nicht gefunden werden können, und wenn doch, dann sind sie womöglich nicht als solche identifizierbar. Abgesehen von einfachsten Fällen können somit reine Praktiker Probleme nicht zuverlässig lösen.

Aber damit hier kein falscher Eindruck entsteht: Auch wenn es um das Phänomeneerklären und das Problemelösen des Praktikers offenbar eher schlecht bestellt ist, so ist dieser Typus doch unverzichtbar. In anderen als den hier angesprochenen Belangen der Wirtschaft sind Praktiker mit ihrem Spürsinn, ihrer Geschäftstüchtigkeit, ihrer Praxiserfahrung und Tatkraft sowie ihrem Risikobewusstsein dem typischen Theoretiker häufig weit überlegen. Eine gut funktionierende Wirtschaft erfordert zweifellos *beide* Qualifikationen: theoretisches Wissen und praktisches Geschick. Der These, dass in realen Belangen auch theoretisches Know-how erforderlich ist, soll im Folgenden weiter nachgegangen werden.

4. Vorgehen des Theoretikers bei der Erklärung von Phänomenen und der Lösung von Problemen

a) Theoretiker (allgemeiner: Wissenschaftler) gehen grundsätzlich anders vor als Praktiker. Dafür ist ihr Vorgehen allerdings bei dem Versuch, Phänomene zu erklären, und bei dem Bemühen, Probleme zu lösen, im wesentlichen das gleiche. Deshalb können wir im folgenden beide Gegenstände zusammen betrachten.

Der erste Schritt des theoretischen Vorgehens besteht in einer rigorosen Vereinfachung des Objektes der Betrachtung (Phänomen oder Problem): Dieses wird so weit seiner nebensächlichen Aspekte entkleidet, bis seine wesentlichen Merkmale und Zusammenhänge klar hervortreten. Dieser notwendige Schritt wird als **Abstraktion** bezeichnet. Abstraktion ist also eine zweckmäßige Vereinfachung eines Teils der Realität mit dem Ziel, das Wesentliche eines Sachverhaltes herauszustellen. Der Begriff geht auf den altgriechischen Philosophen *Aristoteles* (384-322 v.u.Z.) zurück, der die Bezeichnung *aphairesis* (Wegnahme) verwendet und als einer der Begründer der theoretischen Denkweise überhaupt gilt. Erst Abstraktion macht Phänomene und Probleme analytisch »handhabbar«. Auch die diesem Essay am Anfang zugrunde gelegten Begriffe "Praktiker" und "Theoretiker" sind Abstraktionen.

Von den mannigfaltigen Faktoren und Merkmalen, durch die die Phänomene und Probleme unserer Beispiele 1b) und 1c) in der Realität charakterisiert sind, ergeben sich nach einigem Nachdenken als wirklich entscheidend nur etwa zwei bis fünf Größen, die zudem quantitativer Art sind.

Das menschliche Denken zielt auf das Einfache und Einheitliche. Totale Rationalität ist ihm seinem ursprünglichen Wesen nach fremd, und Komplexität kann es nicht ohne weiteres bewältigen. Denn die menschliche Informationsaufnahme- und -verarbeitungskapazität ist eng begrenzt. Eine Fülle von empirischen Belegen aus der Systemforschung zeigt, dass der Mensch mit der Beherrschung komplexer Systeme hoffnungslos überfordert ist. An computergestützten Systemsimulationen kann das jeder nachvollziehen; vgl. stellvertretend Dörner (1994). Deshalb ist eine bewusste Vereinfachung im Sinne von Abstraktion eine unverzichtbare Voraussetzung, wenn es um das Verständnis komplexer Sachverhalte geht.

In der Alltagssprache hat Abstraktheit, vielleicht bedingt durch Teile der modernen Kunst, für zahlreiche Menschen eine eher negative Konnotation erhalten. Dabei bezeichnet "Abstrakte Kunst" eigentlich gar keine vereinfachte Darstellung der Realität, sondern – zumindest in den meisten ihrer Strömungen – eine extrem übersteigerte Verfälschung oder gar bewusste Abweichung von der Realität. Seit ihrer sogenannten frühen Phase (1910-1916) überwiegen gegenstandslose Kompositionen, die keine Assoziationen mit wirklichen Gegenständen im abbildenden Sinne zulassen. Zum Teil sollen sie aus der Sicht des Künstlers geradezu die als unzulänglich empfundene Wirklichkeit negieren. Beim gewöhnlichen Betrachter erregt mangelnder Realitätsbezug meist Abneigung. Und dies wird möglicherweise leicht auf alles als "abstrakt" Apostrophierte übertragen. Wir haben hier also wieder das in Abschnitt 2b) angesprochene Problem der vorschnellen Verallgemeinerung.

Im wissenschaftlichen Wortsinne zielt Abstraktion hingegen stets auf eine vereinfachte und auf das Essenzielle konzentrierte Abbildung von Realität. Wir bezeichnen dies auch als **Repräsentation**. Der Wirklichkeitsbezug ist dabei nicht nur vorhanden, sondern es kommt wesentlich auf ihn an. Denn in einer Erfahrungswissenschaft wie der Ökonomik geht es um ein Verständnis der Wirklichkeit, und das ist ohne einen engen Bezug zu eben dieser nicht zu gewinnen. Spätestens seit *Immanuel Kants* "Kritik der reinen Vernunft" (1781) wissen wir, dass durch ein empirieloses, rein spekulativ-konstruierendes Denken irgendeine Art von Wirklichkeitserkenntnis nicht zu erreichen ist. Solcherart Ideen erweitern unser Wissen nicht, auch nicht unsere Handlungsmöglichkeiten. Auf rein deduktive Weise ist Realität nicht verständlich zu machen. Dies zu ignorieren war der fundamentale Fehler von *René Descartes* (1569-1650), einem maßgeblichen Wegbereiter des modernen Rationalismus und Materialismus.

b) Aus den durch Abstraktion herausgefilterten essenziellen Elementen des Untersuchungsobjektes (Problem, Phänomen) versucht der Theoretiker im nächsten Schritt ein **theoretisches Modell** zu konstruieren, welches das reale Objekt möglichst einfach, aber mit allen seinen wesentlichen Eigenschaften und Bedingungen abbildet beziehungsweise repräsentiert. Man kann theoretische Modelle deshalb auch als Resultat der Abstraktion ansehen. Ein gutes und zugleich extremes Beispiel für Abstraktion und Modellkonstruktion liefert die Darstellung der Theorie des Konsumentenverhaltens in der Mikroökonomik (vgl. Kortmann 2002, Kap. 1.1. bis 1.3.). Im Grunde geht es bei der Modellkonstruktion darum, die vorliegenden essentiellen Fakten zu ordnen, Originäres von Abgeleitetem zu unterscheiden und so *Struktur* im Sinne von Ursache-Wirkungs- beziehungsweise Voraussetzung-Folgerungs-Beziehungen herauszufinden.

Theoretische Modelle können sowohl der Phänomenerklärung als auch der Problemlösung dienen. Sie finden nicht nur in der Wissenschaft Anwendung (bekannt sind hier u.a. die Molekülmodelle der Chemie), sondern auch im Alltagsleben: Jeder kennt den Globus als ein sehr stark vereinfachtes Modell unserer Erde, architektonische Modelle (Brücken, Gebäude), Modelleisenbahnen etc.. Auch in der Kunst gibt es vereinfachende Abbildungen der Realität. Beispielsweise zeigen Portraitskizzen mit wenigen Zeichnungsstrichen die charakteristischen Merkmale eines Gesichtes und machen es so eventuell leichter wiedererkennbar als ein wirklichkeitsgetreues Foto (ein Vorteil, der z.B. in der Kriminalistik und bei Karikaturen genutzt wird). Wenn Praktiker gelegentlich ihre Abneigung gegen Abstraktionen und Modelle äußern und die Forderung erheben, man müsse statt dessen die Realität "so nehmen wie sie wirklich ist", dann müssten sie konsequent auf Vereinfachungen wie Straßenkarten und Gebäudegrundrissen verzichten, die ja ebenfalls Modellcharakter haben. Das wäre natürlich wenig wünschenswert. Die grundsätzliche Vorteilhaftigkeit, ja Notwendigkeit von Abstraktionen und Modellen dürfte somit außer Zweifel stehen.

c) Bei der und zur Modellierung ökonomischer Sachverhalte hat sich seit langem die mathematische Methode bewährt. Wirtschaftstheoretische Modelle sind heute überwiegend in der formalen Sprache der Mathematik formuliert. Sie liegen zum Beispiel in Form von Funktionen, Gleichungen und Gleichungssystemen vor.

Eine **mathematische Modellierung** bietet gegenüber anderen Modellierungsarten (z.B. der rein verbalen oder graphischen) mehrere entscheidende Vorteile:

- Sie erlaubt eine zugleich knappe, präzise und schlüssige Beschreibung und Argumentation. Die mathematische Symbolik kann als eine Art Kurzschrift angesehen werden, die lange textliche Ausführungen erspart.

- Sie eröffnet die Möglichkeit, auch verborgene und indirekte logische Zusammenhänge zwischen den betrachteten Einflussgrößen aufzudecken. So lässt sich am Modell möglicherweise Ursachen- und Wirkungsforschung betreiben. Dadurch wird ein tieferes Verständnis des *realen* Untersuchungsobjektes möglich.

❑ Die von theoretischen Modellen hinsichtlich der Logik stets zu fordernde innere Widerspruchsfreiheit (sog. Konsistenz) ist in mathematischen Modellen vergleichsweise leicht zu prüfen und sicherzustellen.

❑ Das mathematische Vorgehen ermöglicht die Feststellung der Voraussetzungen (sog. Prämissen), die einer Aussage logisch zugrunde liegen, auf denen sie also beruht. Dies weist möglicher Kritik den Weg, denn Kritik kann sich nur auf die Prämissen eines Modells richten. Die daraus hergeleiteten Schlussfolgerungen unterliegen den Regeln der Logik; sie bergen deshalb keine eigenständigen kritikfähigen Behauptungen.

❑ Insbesondere kann in einem mathematischen Modellzusammenhang ergründet werden, welches die unverzichtbaren, elementaren Grundannahmen sind (sog. Axiome).

❑ Logische Operationen und Umformungen sind in mathematischen Modellen sehr leicht vorzunehmen, zum Beispiel durch Umstellen von Formeln.

❑ Auch logische Schlussfolgerungen und Ergebnisse lassen sich formal vergleichsweise einfach herleiten (sog. Deduktion). Manche Herleitungen sind praktisch nur auf formalem Wege darstellbar.

❑ Bei Optimierungsproblemen erlauben mathematische Modelle häufig die systematische Gewinnung von Lösungen. Mit Hilfe der Differentialrechnung lassen sich beispielsweise sehr einfach Extrema von Funktionen ermitteln. Eine Teildisziplin, die sich um die Lösung praktischer Optimierungsprobleme mittels mathematischer Modelle bemüht, ist das *Operations Research*.

❑ Ein sehr großer Vorzug der meisten mathematischen Modelle ist die Quantifizierbarkeit der Aussagen. Das Berechnen von Zahlenwerten (z.B. Kenngrößen, Maße, Koeffizienten) erleichtert und ermöglicht häufig sogar erst die konkrete praktische Anwendung und empirische Überprüfung von Modellen und Modellergebnissen. Exemplarisch sei hier auf die *Ökonometrie* hingewiesen. In dieser Teildisziplin geht es unter anderem um die quantitativ exakte Beschreibung von Zusammenhängen zwischen ökonomischen Größen.

❑ Eine Quantifizierung durch Zahlen ergibt zudem eine genauere und gehaltvollere Information als vage verbale Bezeichnungen wie "mehr als", "groß" oder "viele". Im ökonomischen Bereich sind erfreulicherweise viele relevante Größen quantifizierbar.

▢ Umfangreiche Berechnungsaufgaben und Datentransformationen lassen sich mit mathematischen Mitteln relativ leicht bewältigen. Man denke etwa an die vielfältigen Input/Output-Kalküle, die ohne Rückgriff auf die Matrixalgebra kaum auszuführen wären. Erst eine mathematische Formulierung von Sachverhalten lässt zudem den Einsatz von Rechneranlagen zu.

▢ Schließlich lässt sich mittels mathematischer Modelle auch herausfinden, welches der einfachste Fall ist, durch den ein realer Sachverhalt gerade noch angemessen erklärt werden kann. Das macht eine weitestgehende Vereinfachung sowohl der theoretischen Analyse möglich als auch der didaktischen Präsentation von Modellen. So reichen beispielsweise zur Erklärung vieler mikroökonomischer Sachverhalte Modelle mit nur zwei Gütern aus. Sogenannte n-Güter-Modelle sind zwar realitätsnäher, bringen aber bei weitaus höherem formalen Aufwand keinen wesentlichen zusätzlichen Erkenntnisertrag.

d) Gemäß dem als **Ockham's Razor** bezeichneten Prinzip sollten einer Theorie nicht mehr Voraussetzungen zugrunde liegen als erforderlich: Warum, so fragte der englische Scholastiker *Wilhelm von Ockham* (1285-1349) treffend, sollte man viel voraussetzen, wo wenig zur Erklärung ausreicht. Gleiches muss, wie soeben gezeigt, für die Komplexität von Modellen und Theorien allgemein gelten. Diesem wissenschaftsökonomischen Denkprinzip zufolge ist die einfachste Begründung eines Sachverhaltes die beste – zumindest aber eine ausreichende. Das gilt natürlich auch, und in besonderem Maße, für mathematische Modellierungen.

e) Anhand des folgenden Diagramms kann die idealtypische theorieorientierte Vorgehensweise bei der Erklärung von Phänomenen und der Lösung von Problemen im Zusammenhang erläutert werden (Kortmann 2002, S. 3f):

Konstruktion   **Theoretisches** → **Analyse oder**   *Interpretation*
                    Modell   **Lösung**

            Modellierung   *Modellanwendung*

Abstraktion   Theorie   *Translation*

                    Empirie / Praxis
        ○
    Phänomen   Erklärung oder
    oder Problem   Problemlösung

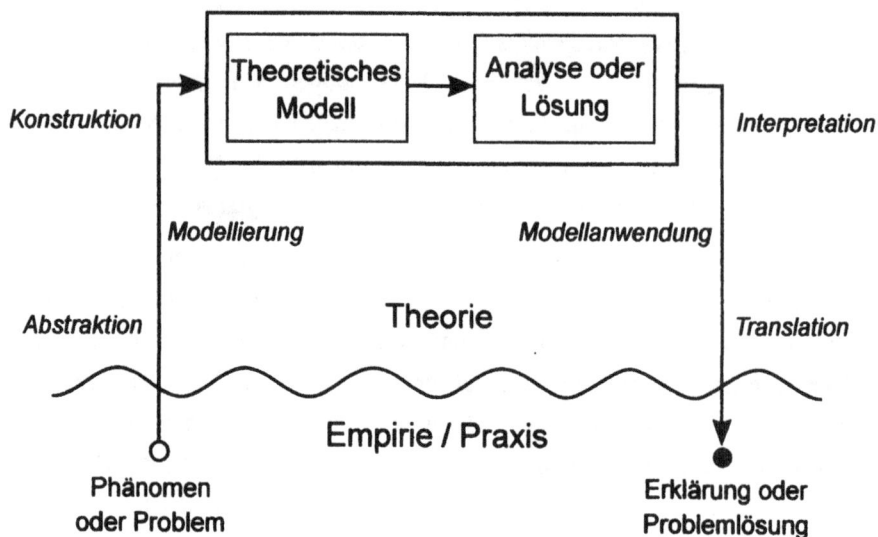

Die Schlängellinie trennt die Sphäre der Erfahrungswelt und Praxis (unten) von
der Sphäre der Theorie (oben). In der Sphäre der Empirie treten ständig als
relevant angesehene Phänomene und Probleme auf. Wie wir in den Abschnitten 2
und 3 gezeigt haben, lassen sie sich allerdings auf dieser Ebene nicht zuverlässig
erklären beziehungsweise lösen. Ein sich der mathematischen Methode
bedienende Theoretiker geht nun so vor, dass er ein empirisches Phänomen oder
praktisches Problem zunächst durch Abstraktion in eine formale Struktur über-
setzt, also etwa ein mathematisch formuliertes Modell konstruiert (z.B. ein
System von Gleichungen, welches Beziehungen zwischen den relevanten Größen
beschreibt) . Sie werden dadurch aus der Ebene der Praxis auf die Ebene der
Theorie gehoben. Wie wir zuvor schon betont haben, werden viele Phänomene
und Probleme auf diese Weise überhaupt erst handhabbar. Bei der Konstruktion
von Modellen kann es erforderlich sein, diese immer wieder anhand empirischer
Daten zu prüfen oder ergänzende empirische Daten zu ermitteln und in das
Modell zu integrieren. Die Gewinnung von Daten unterliegt dabei selbst strengen
wissenschafltich-methodischen Regeln.

Im nächsten Schritt wird das theoretische Modell mittels logischer Operationen
einer formalen Analyse unterzogen. Dabei werden die einem Phänomen zugrunde
liegenden Ursachen oder Bestimmungsfaktoren in ihren Zusammenhängen und
Wirkungen verständlich: Etwas erklären heißt, es nachvollziehbar machen, es auf

schon Erklärtes, Verstandenes, Gegebenes zurückführen. Im Falle eines ursprünglich bestehenden Problems wird versucht, es anhand des Modells formal zu lösen. (Zur Frage systematischer Problemlösungen vgl. z.B. den Beitrag von Schwarze 1995). Theoretische Modelle können auch zu Simulationszwecken verwendet werden, etwa in Form von Computerprogrammen.

Die am Modell gewonnenen Erkenntnisse und Ergebnisse sind anschließend im Hinblick auf die Empirie oder Praxis zu interpretieren und dann gegebenenfalls anwendungs- und praxisbezogen in die ursprüngliche Sphäre zurückzu- übersetzten. Eine auf der theoretischen Ebene hergeleitete formale Lösung kann dann in der Praxis angewendet werden. Lag zu Beginn ein unerklärtes Phänomen vor, (z.B. eine Korrelation zwischen zwei beobachteten Größen) so liefert das theoretische Modell nun dafür eine schlüssige Begründung, indem es die dem Phänomenen zugrunde liegenden Zusammenhänge logisch nachvollziehbar aufzeigt. Diese Erklärung kann unter Umständen dazu dienen, das zukünftige Auftreten des Phänomens zu prognostizieren oder sonstwie wirtschaftlich oder politisch nutzbar zu machen. Ohne theoretische Fundierung sind Prognosen im strengen Sinne nicht möglich, lediglich unbegründete Weissagungen oder Spekulationen.

Die vom Theoretiker zu leistende Zurückübersetzung der Modellresultate in den empirischen Bereich (Praxis) bezeichnen wir als **Translation**. »Theorieverliebte« Wissenschaftler lassen es zuweilen an diesem wichtigen Schritt mangeln. Aber wer, wenn nicht sie, könnte die Translation vornehmen? Was nützen theoretische Ergebnisse, wenn sie die Praxis nicht erreichen? Der Translation sollte deshalb im Rahmen der wissenschaftlichen Ausbildung die gleiche Bedeutung zukommen wie der Abstraktion, Modellkonstruktion und –analyse sowie der Interpretation der Ergebnisse.

f) Nach dem zuvor Gesagten können richtig konstruierte wirtschaftstheoretische Modelle den folgenden wichtigen Zwecken dienen:

◻ Realität (Strukturen, Zusammenhänge, Vorgänge etc.) erklären, das heißt sie nachvollziehbar und verständlich machen.

◻ Weitere Entwicklungen, zukünftige Zustände und Folgen möglicher Hand- lungen abschätzbar machen.

◻ Anhaltspunkte für die Verbesserung oder Optimierung von Zuständen und
   Vorgängen geben.

Die Qualität eines auf Problemlösung angelegten Modells bemisst sich vor allem
nach seiner Anwendbarkeit und – eng damit verbunden – seiner Einfachheit. Im
Idealfall ist ein Modell zugleich vielfältig anwendbar und einfach im Verständnis
und Gebrauch. Modelle, die *sui generis* nicht anwendbar sind oder aufgrund ihrer
Kompliziertheit faktisch nicht angewendet werden, sind letztlich überflüssig, weil
nutzlos. Schon aus ökonomischen Gründen (Ressourcenschonung) sollte man von
ihnen absehen.

Problematisch wird die Forderung nach Anwendbarkeit und Einfachheit von
Modellen nur dann, wenn beides nicht zugleich erreichbar ist, wenn sich also das
eine nur auf Kosten des anderen realisieren oder verbessern lässt. Dann ist es die
Kunst des Wirtschaftstheoretikers, eine *optimale* Kombination zu finden. Darauf
ist ein erheblicher Teil der wissenschaftlichen Diskussion in der Wirtschaftstheorie gerichtet.

5. Vorteile des theoretischen Vorgehens

a) Praktiker werden den zuvor beschriebenen Weg über die theoretische Ebene
und die Modellierung für einen umständlichen und unnötigen Umweg halten.
Unsere Ausführungen sollten indes gezeigt haben, dass es sich dabei in
Wirklichkeit um den einzigen als *methodisch* zu bezeichnenden Weg zum Ziel
handelt, gleichsam um einen Königsweg zur Phänomenerklärung und zur
Problemlösung. Denn auf ihm gelangt der Theoretiker

- zu einer logisch begründeten Erklärung des hinterfragten Phänomens. Der Weg
  über die Theorie ermöglicht es ihm, die Ursache-Wirkungs-Struktur des
  Phänomens nachvollziehbar zu machen, auch wenn es sich um »tieferliegende«
  Begründungszusammenhänge handelt.
- geradewegs und schnell zur optimalen Lösung des ursprünglichen Problems
  (z.B. in Form von Bestimmungsgleichungen oder mit Hilfe von
  Lösungsalgorithmen). Und der Theoretiker weiß auch, dass sie die beste
  Lösung ist; er kann es mit den Mitteln der Logik beweisen.

- zu einer allgemeingültigen Lösung, die auch auf andere, ähnlich gelagerte Problemstellungen anwendbar ist. Das Modellieren ist somit für jede Klasse von Problemen nur einmal erforderlich. Das bringt eine beträchtliche Aufwandsersparnis im Vergleich zum kasuistischen Vorgehen des Praktikers. Es sei hier noch einmal auf das reichhaltige Modell- und Methodeninventar des *Operations Research* hingewiesen.

- zu einer Erklärung oder Lösung, die sich vergleichsweise rasch und einfach an veränderte reale Gegebenheiten anpassen lässt (z.B. durch Ändern der Koeffizienten in einer Lösungsformel oder durch das Hinzufügen von Gleichungen in einem Gleichungssystem).

- zu theoretisch begründeten Kriterien und Maßstäben, anhand derer Vergleiche, Bewertungen und Entscheidungen in der Praxis, aber auch in der Theorie selbst möglich sind. Sie firmieren unter Bezeichnungen wie Referenzmaßstab, Idealtypus, Optimalitätsbedingung, Entscheidungskriterium.

Schon durch vergleichsweise einfache formale Modellanalysen kann man zu neuen Einsichten in das Modellierungsobjekt gelangen. Zwar sind diese Implikationen – rein logisch betrachtet – schon in den Voraussetzungen des Modells angelegt, allerdings nur implizit. Durch Anwendung empirisch basierter Modelle auf die Realität kann man darüber hinaus auch zu tieferen Einsichten in reale Sachverhalte kommen, zu Einsichten welche die offenkundigen Fakten selbst gar nicht offenbaren. Ein gutes Beispiel gibt hier das *Conjoint Measurement.*

Darüber hinaus lassen sich Modelle (besonders mathematische) miteinander verbinden. Ihre logische »Verschaltung« führt zu komplexen Modellsystemen, zu Gesamtheiten einander ergänzender Modelle, die als **Theorien** berechnet werden. Ihr Erklärungsgehalt ist nicht auf enge Ausschnitte der Realität beschränkt, wie bei den einzelnen Modellen, sondern er zielt auf größere Bereiche der Realität. Auf höherer Ebene können auch Theorien miteinander kombiniert werden, möglicherweise sogar aus unterschiedlichen wissenschaftlichen Disziplinen.

b) Unsere Ausführungen sollten gezeigt haben, dass die Methode des Theoretikers ein geeigneter, häufig sogar der einzig mögliche Weg ist, Phänomene der Realität zu erklären und Probleme der Praxis zu lösen. Ein besseres Ergebnis als der Theoretiker kann der Praktiker jedenfalls nicht erreichen. Die eingangs gestellte Frage, ob Theoretiker sich angesichts der

Vorgehensweise der Praktiker »genieren« müssen, kann somit klar mit *Nein* beantwortet werden.

c) Das im vorigen beschriebene idealtypische Vorgehen des Theoretikers ist nicht in der Weise »natürlich«, dass es, wie das des Praktikers, quasi von jedem Menschen und ohne weiteres ausgeübt werden kann. Vielmehr setzt die theoretische Arbeitsweise bei ihren Betreibern eine Reihe von Gegebenheiten voraus (vgl. hierzu auch die vorhergehende Abbildung):

▫ Daten und Fakten aus der Realität respektive Praxis (z.B. Statistiken und Umfrageergebnisse). Die Empirie ist, wie schon betont wurde, die notwendige Grundlage jeder erfahrungswissenschaftlichen Modellbildung.

▫ Abstraktionsvermögen und Modellierungskönnen. Das ist zu einem Gutteil Talent – wenn nicht Genialität – kann allerdings durch Übung und Erfahrung verbessert werden.

▫ Fähigkeit zur Modellanalyse und Optimierung. Das ist völlig erlernbar, wie etwa die Anwendung mathematischer Rechenverfahren oder Ableitungen.

▫ Interpretationsgabe und Anwendungsgeschick im Hinblick auf die theoretisch gewonnenen Erkenntnisse. Die Befähigung hierzu ist ebenfalls trainierbar.

▫ Kenntnis der schon vorhandenen Modelle, Theorien und wissenschaftlichen Methoden. Das setzt allein Lernfleiß voraus.

Diese hohen Anforderungen und Qualifikationen können nur durch ein gründliches wissenschaftliches Studium erworben werden.

6. Mögliche Probleme des theoretischen Vorgehens

a) Die Arbeit des Theoretikers kann selbstverständlich auch mit Schwierigkeiten verbunden sein. So ist es zum Beispiel möglich, dass sich zu einem empirischen Phänomen oder einem praktischen Problem *mehrere* theoretische Modelle konstruieren lassen, die sich mehr oder weniger voneinander unterscheiden. Schon der zuvor erwähnte Philosoph Ockham hat darauf hingewiesen, dass ein Sachverhalt nur relativ erkannt werden kann, nicht aber als wahr an sich.

Wie ist einem solchen **Pluralitätsproblem** zu begegnen? Zwei Alternativen kommen in Frage; ihre Verfolgung macht einen Gutteil des Wissen schaffenden – also wissenschaftlichen – Prozesses aus:

▫ Die erste Möglichkeit besteht darin, Tauglichkeitskriterien festzulegen und die miteinander konkurrierenden Modelle daran zu prüfen und danach zu bewerten. Dies geschieht üblicherweise nicht durch eine übergeordnete Instanz (etwa die Wissenschaftstheorie, die das wissenschaftliche Arbeiten als solches zum Gegenstand hat), sondern auf dem Wege eines Diskurses durch die involvierten Wissenschaftler selbst. Wünschenswerte Modellkriterien sind unter anderen (vgl. oben 4d und 4f) ein hoher Erklärungsgehalt, die empirische Gültigkeit von Schlussfolgerungen und Annahmen sowie die Einfachheit des Verständnisses und der Anwendung – auch der Kommunizierbarkeit. Wir bezeichnen das Bemühen im Rahmen dieser ersten Alternative als **Modellselektion**. Sie zielt auf eine Auswahl »guter« oder »überlegener« Modelle.

▫ Die zweite Möglichkeit ist die Suche nach einem übergeordneten oder vereinigenden Modell, aus dem sich die existierenden Modelle unter bestimmten Bedingungen als Einzel- oder Spezialfälle ergeben. Wir nennen dieses Bestreben **Modellintegration**. Sie führt zu den in Abschnitt 5a) angesprochenen Theorien.

b) Das Beispiel des Pluralitätsproblems zeigt, dass Theoretiker – allgemeiner: Wissenschaftler – im Gegensatz zu Praktikern über den großen Vorzug verfügen, ihre Denk- und Arbeitsweise selbst zum Gegenstand der Forschung machen zu können. Sie sind dadurch imstande, auch Probleme ihres methodischen Vorgehens zu lösen und dieses dadurch immer weiter zu verbessern. Die Theoriesphäre in unserer obigen Abbildung wird dann gleichsam zum Untersuchungsobjekt ihrer selbst. Die Fähigkeit eines Systems, eine Zustandsverbesserung durch eigene Funktion, aus sich selbst heraus zu erreichen, wird gemeinhin als **Bootstrapping** bezeichnet. Sie ist ein wesentliches Merkmal und ein eminenter Vorteil der wissenschaftlichen Arbeitsweise.

c) Die vorstehenden Einsichten verweisen noch auf einen anderen wichtigen Sachverhalt: Zahlreiche Modelle und praktisch alle Theorien liegen nicht als vollständig ausgereifte, endgültige und daher zeitbeständige Erklärungssysteme vor. Vielmehr können sie regelmäßig noch weiter entwickelt und verbessert werden. Solche Modell- und Theorieweiterentwicklungen machen neben der Erstkonstruktion einen weiteren und häufig den größten Teil der wissenschaftlichen Arbeit vieler Theoretiker aus.

Durch die Translation, also die Anwendung theoretischer Erkenntnisse auf die Realität (siehe rechte Seite des Diagramms), kommen regelmäßig weitere Impulse zur Theorie- oder Modellverbesserung zustande (Erfahrungen, Reaktionen, Kritik, Ideen, etc.). Eine verbesserte Theorie macht ihrerseits wieder eine bessere Messung und Datengewinnung auf der Inputseite der Theorie (siehe linke Seite des Diagramms) möglich. Erfahrungswissenschaftliche Modell- und Theorieentwicklung kann demnach als ein an der Empirie und Praxis rückgekoppelter Prozess des Erkenntnisfortschritts aufgefasst werden. Ohne dieses Feedback läuft eine Theorie Gefahr, in die Irre zu gehen und »Hirngespinste« statt Erkenntnisse hervorzubringen. Notwendig ist auf jeden Fall ein doppelter Kontakt der Theorie mit der Empirie, nämlich auf ihrer Input- und ihrer Outputseite – wie im Diagramm dargestellt.

Die Gefahr des möglichen Realitätsverlustes von Theorien kann noch auf eine andere Weise begründet werden: Neue Modelle werden entwickelt und vorgestellt, setzen sich dem wissenschaftlichen Wettbewerb aus, in dessen Verlauf es zu einer Selektion kommt. Nur ein kleiner Teil der Erneuerungs- und Verbesserungsvorschläge hat – für einen mehr oder weniger langen Zeitraum – Erfolg, wird also von der Mehrzahl der Fachwissenschaftler als »richtig« angesehen. Wie beim wirtschaftlichen Wettbewerb bestimmt auch im wissenschaftlichen Bereich letztlich die Qualität der Nachfrage, welche Modelle und Theorien als erfolgreich gelten dürfen und sich durchsetzen. Kommt dabei die Nachfrage aus dem Bereich der Praxis im Vergleich zum Eigenbedarf der Wissenschaft zu kurz, so können sich auch Modelle und Theorien durchsetzen, die nur eine geringe oder gar keine praktische Bedeutung haben. Ein heutzutage in der Wirtschaftswissenschaft viel diskutiertes Beispiel für eine Theorie-entwicklung, die sich in großen Teilen ohne den erforderlichen engen und doppelten Bezug zur Empirie vollzogen hat, mithin mehr auf reine Logik als auf empirische Fakten rekurriert, ist die Theorie strategischer Spiele. (Zur diesbezüglichen Kritik vgl. z.B. Fisher (1989) und Sutton (1990)).

d) Da man nach den Regeln der Logik aus einem »richtigen« Modell nur richtige, das heißt mit der Empirie vereinbare Aussagen herleiten kann, aus einem »falschen« Modell dagegen sowohl richtige als auch falsche Aussagen, kann man aus der Übereinstimmung von Modellergebnissen mit der Realität allein nicht folgern, das Modell sei »richtig« (ähnlich Heubes 1980, S. 365). Aus einem strukturell falschen Modell kann *zufällig* auch ein realistisches Ergebnis folgen.

Ist man auf der Inputseite, also bei den Modellvoraussetzungen (Prämissen), nicht auf eine Übereinstimmung mit der Empirie verpflichtet – diese Ansicht vertreten zahlreiche Wirtschaftswissenschaftler –, so lassen sich allein durch geschickte Wahl von Prämissen theoretische Modelle verschiedenster Art konstruieren, die auf der Outputseite zu wirklichkeitsanalogen Ergebnissen führen. So kann man vorgeben, sowohl ein realitätsbezogenes Modell zu verwenden als auch wahre Aussagen daraus herzuleiten. Denn soweit logische Fehler vermieden werden, kann man sicher sein, dass sich aus wahren Prämissen nur wahre Folgerungen ergeben (Albert 1967, S. 337). Damit ist jedoch nichts gewonnen. Denn angemessene Prämissen müssen weder empirisch zutreffend noch überhaupt empirisch gehaltvoll sein. Man kann demnach "über die Realität sprechen, ja sogar wahre Aussagen darüber machen .., ohne etwas darüber zu sagen, das heißt: ohne darüber zu informieren." (Ebd., S. 333). Auch lässt ein theoretisches Modell ohne realistische Prämissen auf keinen Fall praktische Anwendungen zu. Es liegt dann das vor, was wir weiter oben als »Hirngespinst« bezeichnet haben. Fehlt die Verbindung der Theorie zur Realität auf der Inputseite, so verbietet sich auch ihre Beziehung zur Realität auf der Outputseite.

Dies ist der Hauptkritikpunkt gegen sogenannte **Rationalisierungen**, bei denen Theoretiker nur bestrebt sind, ein Abbild eines realen Sachverhalts als Output eines (Optimierungs-)Modells zu erzeugen. Es wird versucht, reale Erscheinungen aus annahmegemäß vollrationalem Handeln der beteiligten Menschen herzuleiten – obwohl jeder weiß, dass rationales Handeln nur in wenigen Fällen zu beobachten ist. Die einzige Schwierigkeit solcher »Rationalisierungstheoretiker« besteht darin, ein passendes Set von Modell-prämissen und Randannahmen zu finden, aus dem sich die vorgefassten oder gewünschten Resultate logisch herleiten lassen. Dieses Vorgehen ist unter anderem typisch für die zuvor erwähnte Spieltheorie und wohl der Hauptgrund ihrer Malaise. Rationalisierungsmodelle "erklären" nach dem zuvor Gesagten gar nichts – sofern nicht auch ihre Voraussetzungen der Realität entsprechen. Ein Theoretiker, der aus *willkürlichen* Voraussetzungen einen realen Sachverhalt verstehen zu können glaubt, unterscheidet sich kaum von dem in Abschnitt 2 betrachteten Praktiker, der einen realen Sachverhalt *ad hoc* und nach eigenem

Gusto »erklärt«, ohne jedoch damit etwas anfangen zu können. In durchaus analoger Weise könnte man "höhere Mächte" mit bestimmten Eigenschaften versehen und zur Erklärung realer Gegebenheiten heranziehen. Das wäre Metaphysik und Kennzeichen eines *vor*wissenschaftlichen Vorgehens.

Der Grund für die hier kritisierte Gefahr der **Prämissenbeliebigkeit** bei der wirtschaftstheoretischen Modellbildung liegt vermutlich in einem Paradigmenwechsel, den die reine Mathematik bereits im 19. Jahrhundert durchgemacht hat. In dessen Verlauf sind die ehedem evidenten Axiome (z.B. die der Euklidischen Geometrie) mehr und mehr zu freien Annahmen geworden, die man nun nach Belieben setzen zu können glaubt. Hier beginnt die Abkehr vom Konkreten in den zuvor noch »anschaulichen« Voraussetzungen der Mathematik. Heute ist es so, daß Axiome "ganz willkürlich angesetzte Dinge bezeichnen oder auch überhaupt nichts." (Becker, o.J., S. 105). Da die meisten Wirtschaftstheoretiker eine gründliche Ausbildung in reiner Mathematik durchmessen haben, mag es sein, dass viele von ihnen die in der reinen Mathematik durchaus vertretbare Denkhaltung unkritisch in die Wirtschaftswissenschaft übernommen haben. In einer Erfahrungswissenschaft wie der Ökonomik erweist sich Prämissenbeliebigkeit allerdings als fatal, da hier, anders als in der reinen Mathematik, die Modellergebnisse praktische Handlungen nach sich ziehen (sollen) und weitreichende Folgen haben können.

e) Es kommt hinzu, dass Prämissenbeliebigkeit der Umsetzung subjektiver Wertungen und Meinungen Tür und Tor öffnet; sie leistet so den Vertreten von **Ideologien** Vorschub: Auf vorgeblich wissenschaftliche Weise werden herrschende oder angestrebte Zustände zu rechtfertigen versucht. Das widerspricht der Verpflichtung des Wissenschaftlers, sich um Objektivität zu bemühen und sich mit Wertungen zurückzuhalten, unvermeidliche Wertungen aber auf jeden Fall als solche deutlich zu machen, um sie nicht mit Tatsachenaussagen zu vermengen (vgl. Weber, 1904).

f) Ein zur soeben kritisierten Prämissenbeliebigkeit in gewisser Weise analoges und genauso zu vermeidendes Problem, das möglicherweise bei der wirtschaftstheoretischen Vorgehensweise zur Wirkung kommt, lässt sich in Anlehnung an *Walter Eucken* (1989, S. 27ff) als **Begriffsökonomie** bezeichnen (vgl. auch Albert 1967, S. 357ff). Euckens deutliche Kritik richtet sich gegen die verbreitete – wenn auch meist implizite - Vorstellung, man könne allein durch die Handhabung von Begriffen (Definitionen etc.) etwas über die Realität in

Erfahrung bringen. Ebenfalls mit Hinweis auf Kant stellt er heraus, dass Ökonomen, die es unternehmen, aus Begriffdefinitionen etwas über die Realität zu deduzieren, einen "Missbrauch der Vernunft" betreiben (Ebd., S. 29).

Das Übel der Begriffsökonomie, wie wir sie aus Teilen der Literatur kennen, besteht darin, dass die Auseinandersetzung mit den konkreten empirischen Sachverhalten durch rein begriffliche Reflexionen verdrängt wird, die zudem stark subjektive Züge des jeweiligen »Begriffsakrobaten« tragen. Über Definitionen und Begriffsabgrenzungen lässt sich trefflich streiten, ohne dass man irgendeiner Wahrheit oder einem Verständnis von Wirklichkeit näher käme. Ein In-Beziehung-Setzen von Begriffen ohne Realitätsbezug ist keine Theorie.

Zwar ist auch die Arbeit des Empirikers, der durch methodengeleitete Untersuchungen Daten und Fakten aus der Realität gewinnt, diese aufbereitet, begrifflich strukturiert und damit reale Sachverhalte *beschreibt*, noch keine theoretische Arbeit. Dennoch ist sie Wissen-schaffend und notwendig für die erfahrungswissenschaftliche Theoriebildung. Das ist bei Begriffsstrukturierungen ohne empirischen Bezug allerdings nicht der Fall. "Anstatt in dem scheinbaren Chaos der Tatsachen Ordnung und Zusammenhang zu suchen und zu entdecken, schaffen sie [die Begriffsökonomen, W.K.] *neben* den Tatsachen ein Chaos von Begriffen." (Ebd., S. 29f)

g) Auf ein weiteres mögliches Problem im Zusammenhang mit der Modell- und Theoriekonstruktion hat *Hans Albert* (1967) aufmerksam gemacht. Als **Modellplatonismus** bezeichnet er den – zum Teil unbewussten – Hang mancher Theoretiker, ökonomische Aussagen oder Modelle gegen jede empirische Überprüfbarkeit zu immunisieren. (Zu den entsprechenden Möglichkeiten vgl. ebd., insbes. S. 354f). Alberts Kritik hat viel Aufmerksamkeit gefunden und soll hier nicht im einzelnen referiert werden; wir verweisen auf seinen sehr lesenswerten Aufsatz.

h) Auf ein letztes hier anzusprechendes Problem, das bei der Theoriearbeit lauert, haben wir zuvor schon hingewiesen: Es ist die Möglichkeit, theoretische Modelle so zu konstruieren, dass sie augenscheinlich komplizierter geraten als die Realität, die sie eigentlich vereinfacht abbilden sollen. Diese Gefahr der **Überkomplizierung** besteht besonders bei mathematischen Modellierungen (vgl. Abschnitt 4c) – aber nicht nur dort, wie zahlreiche philosophische und soziologische Theorien belegen. So nützlich die mathematische Methode in weiten Bereichen der Wirtschaftswissenschaft auch ist, so dürfen doch ihre

Grenzen nicht übersehen werden (Kortmann 1997: 265): Formale Methoden ermöglichen nur die Modellierung relationaler Strukturen und einfacher, grober, wohldefinierbarer und besonders quantitativer Zusammenhänge, wie sie vor allem in der Physik und der Technik häufig vorzufinden sind. Im Wirtschaftsbereich sind ihre Anwendungsmöglichkeiten auf vergleichsweise wenige, gleichwohl wichtige Phänomene und Probleme beschränkt. Quantifizierbar sind außer Zeit und Raum vor allem Gütermengen, Geldgrößen, Präferenzstärken sowie die Anzahl von Akteuren und Ereignissen. Komplexe Strukturen entziehen sich, selbst wenn sie quantitativer Natur sind, ebenso wie qualitative Sachverhalte meistens der mathematischen Beherrschung. Das heißt, die zu ihrer Repräsentierung erforderliche Mathematik ist nicht handhabbar oder gar nicht verfügbar. Viele psychische und soziale Phänomene und Probleme sind der mathematischen Methode kaum zugänglich.

Ein guter Ökonom wird die Mathematik auch dort, wo sie einsetzbar ist, nur so weit einbringen, wie der damit verbundene formale Aufwand durch den Ertrag an zusätzlichen Erkenntnissen und Problemlösungsmöglichkeiten mindestens ausge-glichen wird (sog. **Cournot'sche Regel**). Das ist bei manchen fortgeschrittenen Modellen der Wirtschaftstheorie leider nicht mehr der Fall, so dass der formale Aufwand den oft nur winzigen Erkenntnisertrag manchmal bei weitem übersteigt und letzterer auch auf einfachere Weise gewonnen werden könnte.

Prämissenbeliebigkeit, Begriffsökonomie, Modellplatonismus und Überkompli-zierung stimulieren sicher nicht die Nachfrage von Unternehmen und Wirtschaftspolitikern nach wirtschaftstheoretischen Modellen, Theorien und Beratungen. Eher dürfte das Gegenteil der Fall sein. Hier findet der seit Jahren feststellbare und allseits beklagte Rückgang der (ernstgemeinten) Nachfrage nach wirtschaftswissenschaftlichem Sachverstand durch die staatlichen Entscheidungs-träger eine plausible Begründung. Es bleibt zu hoffen, dass der wissenschaftliche Diskurs auf dem Wege der Modellselektion und –integration (vgl. 6a) im Laufe der Zeit zu einer Behebung der hier aufgezeigten Monita führen wird und auf eine wieder stärkere Harmonie von Theorie und Praxis hinwirkt (vgl. dazu Kortmann 1997). Jedenfalls sollten Theoretiker nicht ihre Fähigkeiten überschätzen, sie sollten sich hüten vor theoretischen Modellen, deren Nutzen sich im Imponieren erschöpft. Ein Ansehen durch faktische Kompetenz beim Erklären von Phänomenen und Lösen von Probleme ist allemal vorzuziehen.

Literaturverzeichnis:

Albert, H. (1967): Marktsoziologie und Entscheidungslogik – 7. Kapitel (Modell-Platonismus); Luchterhand (Neuwied/Berlin).

Becker, O. (o.J.): Größe und Grenzen der mathematischen Denkweise; Alber (Freiburg/München).

Buzzell, R.D., et al. (1975): Market-share - A key to profitability; Harvard Business Review, S. 97-106.

Dörner, D. (1994): Die Logik des Mißlingens – Strategisches Denken in komplexen Situationen; Rowohlt (Reinbek).

Eucken, W. (1989): Die Grundlagen der Nationalökonomie; 9. Aufl, Springer (Berlin u.a.), (1. Aufl. 1940).

Fisher, F.M. (1989): Games economists play – A noncooperative view; Rand Journal of Economics 20, S. 113-124.

Heubes, J. (1980): Das Problem der Theorienbewertung; Wirtschaftswissen-schaftliches Studium (WiSt), H. 8, S. 364-367.

Kortmann, W. (1997): Markt- und Industrieökonomik - Ein integrativer Ansatz für Wirtschaftstheorie und Praxis; in: Wirtschaftswissenschaft - Anwen-dungsorientierte Forschung an der Schwelle des 21. Jahrhunderts: hrsg. von U. Gröner et al., R. v. Decker (Heidelberg), S. 263 - 280.

Kortmann, W. (2002): Mikroökonomik - Anwendungsbezogene Grundlagen; 3. Aufl., Physica (Heidelberg).

Schoeffler, S., et al. (1974): Impact of strategic planning on profit performance; Harvard Business Review, S. 137-145.

Schoeffler, S. (1977): Nine basic findings on business strategy; Cambridge/MA.

Schwarze, J. (1995): Strategien und Vorgehensmodelle zum Lösen von Problemen; Das Wirtschaftsstudium (WISU), H. 12, S. 1011-1018.

Sutton, J. (1990): Explaining everything, explaining nothing – Game theoretic models in industrial economics; European Economic Review 34, S. 505-512.

Weber, M. (1904): Die "Objektivität" sozialwissenschaftlicher und sozial-politischer Erkenntnis; Archiv für Sozialwissenschaft und Sozialpolitik 19, S. 22-87.

Teil II
Klausuraufgaben zur Mikroökonomik

A. Aufgabenstellungen

1. Haushalts- und Nachfragetheorie

1.1. Präferenzen, Budget, Konsumoptimum

Aufgabe 1.1

Gegeben sei das folgende Indifferenzkurvensystem eines Konsumenten; φ symbolisiert die Stärke seiner Präferenz. (Beachten Sie die Achsenbezeichnungen!):

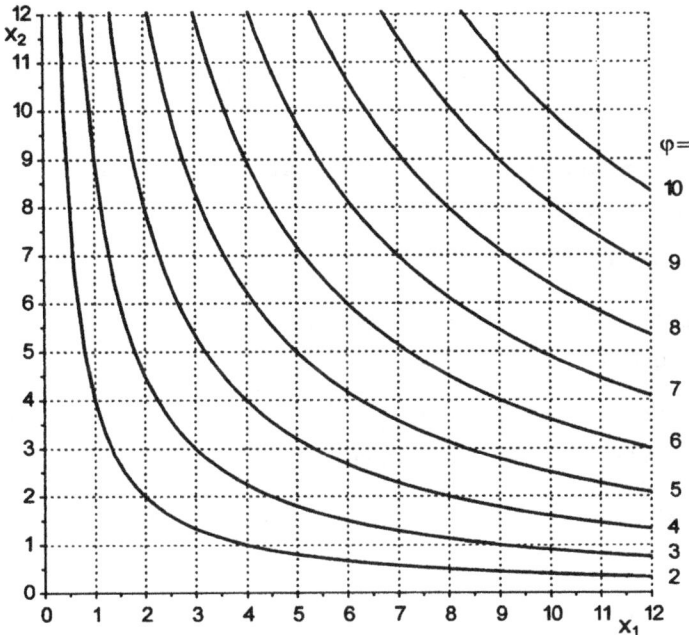

a) Zeichnen Sie die folgenden vier Güterbündel $\underline{x} = (x_1, x_2)$ in das Konsummengendiagramm ein (Bezeichnungen nicht vergessen!):

$$\underline{x}^{(1)} = (2, 8), \quad \underline{x}^{(2)} = (7, 7), \quad \underline{x}^{(3)} = (1, 4), \quad \underline{x}^{(4)} = (9, 4)$$

b) Geben Sie die Rangfolge dieser vier Güterbündel nach den Präferenzen des Konsumenten an. Verwenden Sie möglichst die Symbole $\succ$ für "besser als" und $\sim$ für "indifferent zu".

c) Die Preise der beiden Güter seien $p_1 = 10$ und $p_2 = 10$. Das Budget des Konsumenten sei B = 80. Zeichnen Sie die zugehörige Budgetgerade in das Konsummengendiagramm ein. Welche der oben in a) genannten Güterbündel kann der Konsument sich leisten?

d) Wo liegt das höchstpräferierte Güterbündel (Konsumoptimum $\underline{x}^{\hat{\phi}}$) ? Markieren Sie es im Konsummengendiagramm (mit Bezeichnung!), und geben Sie die optimalen Konsummengen der beiden Güter an.

e) Nun steige der Preis des Gutes 1 auf $p_1' = 40$. Wo liegt das neue Konsumoptimum $\underline{x}^{\hat{\phi}}{}'$?

f) Reagiert der Konsument auf die Preiserhöhung des Gutes 1 normal oder anormal? (Begründen Sie Ihre Antwort!)

Aufgabe 1.2

Ein (typischer) Konsument habe hinsichtlich der beiden Güter 1 und 2 die folgende Präferenzfunktion:

$$\varphi(x_1, x_2) = \alpha \cdot x_1 + \beta \cdot x_2$$

Für die Funktionskoeffizienten α und β können Sie bei Bedarf beliebige positive Zahlenwerte annehmen.

a) Ermitteln Sie daraus eine Funktion, die den Verlauf einzelner Indifferenzkurven beschreibt (Indifferenzkurvenfunktion).

b) Untersuchen Sie das Steigungsverhalten der Indifferenzkurven. Was lässt sich daraus schließen?

c) Untersuchen Sie das Krümmungsverhalten der Indifferenzkurven. Was lässt sich daraus schließen?

d) Skizzieren Sie die Verläufe dreier Indifferenzkurven zu den Präferenzniveaus φ_1, φ_2, φ_3, wobei $\varphi_1 < \varphi_2 < \varphi_3$. Erfüllt die betrachtete Präferenzfunktion die beiden Voraussetzungen *(H1)* und *(H2)* der mikroökonomischen Haushaltstheorie? (Begründung geben!)

e) Ermitteln Sie die Grenzrate der Gütersubstitution. Was bringt diese Gütersubstitutionsrate zum Ausdruck, und welcher "Gesetzmäßigkeit" folgt sie im vorliegenden Fall?

Aufgabe 1.3

Ein Konsument beurteile die beiden Güter 1 und 2 gemäß der folgenden Präferenzfunktion:

$$\varphi = \varphi(x_1, x_2) = 3 \cdot [x_1 + x_2^{1/2}] \qquad (\text{Anmerkung: } x_2^{1/2} = \sqrt{x_2})$$

Der Konsument verfüge über ein Budget in Höhe von $B = 1000$.

Empfehlung: Betrachten Sie bei der Lösung x_1 als abhängige und x_2 als unabhängige Variable.

a) Welche Mengen der beiden Güter wünscht der Konsument zu konsumieren, wenn die Güterpreise $p_1 = 40$ und $p_2 = 10$ betragen?

b) Weisen die Indifferenzkurven der Präferenzfunktion des Konsumenten die in der Mikroökonomik vorausgesetzten Eigenschaften auf?

Aufgabe 1.4

Die folgende Graphik zeigt ein Konsummengendiagramm. Tragen Sie die beiden Güterbündel $\underline{x}^{(1)} = (3, 4)$ und $\underline{x}^{(2)} = (7, 5)$ ein. Die Güterbündel seien Konsumoptima eines Konsumenten bei zwei unterschiedlichen Budgethöhen $B^{(1)}$ und $B^{(2)}$, mit $B^{(2)} > B^{(1)}$. Die Preise der Güter sind fest, ändern sich also nicht.

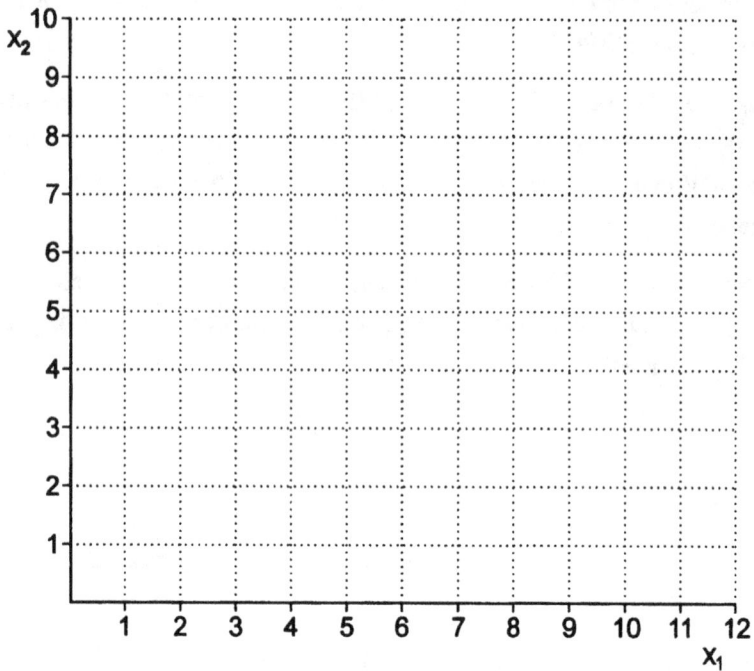

a) Zeichnen Sie zu den beiden Konsumoptima jeweils eine dazugehörende wohlverhaltende Indifferenzkurve und Budetgerade ein. Kennzeichnen Sie alles Dargestellte.

b) Tragen Sie die Grenzraten der Gütersubstitution von Gut 2 durch Gut 1 bei den Konsumoptima in das Diagramm ein.

c) Wie sind die beiden Güter in Bezug auf ihre Einkommensabhängigkeit zu charakterisieren?

1.2. Marktnachfrage

Aufgabe 1.5

Durch Aggregation der individuellen Nachfragen habe sich für das Gut 1 folgende Marktnachfragefunktion ergeben:

$$x_1^N(p_1, p_2, B) = \alpha \cdot \frac{B}{p_1}$$

Hierbei ist B das Gesamtbudget oder -einkommen der Nachfrager und α ein konstanter Koeffizient mit dem Wert $\frac{1}{2}$.

a) Wie hängt die Marktnachfrage des Gutes 1 von B ab? Wie werden Güter mit dieser Art von Abhängigkeit bezeichnet? Skizzieren Sie die Engel'sche Nachfragekurve, und ermitteln Sie die Einkommenselastizität der Nachfrage. Wie ist diese Elastizität ökonomisch zu interpretieren?

b) Wie hängt die Marktnachfrage des Gutes 1 von p_2 ab? Wie werden Güter mit dieser Art von Abhängigkeit bezeichnet? Skizzieren Sie die betreffende Kreuznachfragekurve.

c) Wie hängt die Marktnachfrage des Gutes 1 von p_1 ab? Wie wird eine Nachfrage mit dieser Eigenschaft bezeichnet? Ermitteln Sie die Eigenpreiselastizität der Nachfrage. Was sagt diese Elastizität ökonomisch aus?

Aufgabe 1.6

Unter sonst gleichen Bedingungen (ceteris paribus) haben Sie bei einer empirischen Nachfrageanalyse ermittelt, dass bei einem Preis $p_1^{(1)} = 4$ die von einem Gut 2 nachgefragte Menge $x_2^{(1)} = 200$ beträgt, bei $p_1^{(2)} = 7$ ist $x_2^{(2)} = 500$ und bei einem Preis des ersten Gutes von $p_1^{(3)} = 9$ ist $x_2^{(3)} = 700$.

a) Zeichnen Sie die Kreuznachfragekurve für das Gut 2. (Verbinden Sie die Punkte auf möglichst einfache Weise.)

b) Wie lautet die Gleichung der Kreuznachfragefunktion für das Gut 2?

c) Handelt es sich bei dem Gut 2 um ein Substitut oder um ein Komplement des Gutes 1? (Begründung geben!)

d) Welchen Zahlenwert hat die Kreuzpreiselastizität $\varepsilon\left(x_2^N : p_1\right)$ bei $p_1' = 6$, und was besagt dieser Elastizitätswert?

e) Ist die Kreuzpreiselastizität aus d) bei höheren Preisen des Gutes 1 höher oder niedriger? (Begründung geben!)

Aufgabe 1.7

Die Marktnachfragefunktion für ein Gut j laute:

$$x_j^N(p_j, B) = \sqrt{B} - 2p_j$$

wobei B das Gesamteinkommen der Nachfrager und p_j den Preis des Gutes bezeichnet. Von Maßeinheiten kann abgesehen werden.

a) Skizzieren Sie den Verlauf der Marktnachfragekurve zu $x_j^N(p_j)$.

b) Wie hoch sind die Marktpreisobergrenze und die Marktmengenobergrenze, wenn B = 25 ist?

c) Welchen Wert hat die Eigenpreiselastizität der Nachfrage bei $p_j = 2$, wenn das Einkommen B = 25 beträgt?

d) Was besagt dieser Elastizitätswert, und wie ist die Nachfrage folglich zu charakterisieren?

e) Welchen Wert hat die Einkommenselastizität der Nachfrage bei B = 25, wenn der Preis des Gutes $p_j = 2$ beträgt?

f) Was besagt dieser Elastizitätswert, und um was für ein Gut handelt es sich demnach?

Aufgabe 1.8

Die allgemeine Marktnachfragefunktion für ein Gut 1 laute:

$$x_1^N(p_1, p_2, B) = \frac{B}{p_1} + p_2$$

Für das Einkommen oder Budget B der Nachfrager und die beiden Güterpreise p_1 und p_2 können Sie beliebige Zahlenwerte annehmen.

a) Skizzieren Sie den Verlauf der Marshall'schen Marktnachfragefunktion $x_1^N(p_1)$.

b) Welchen Zahlenwert hat die Eigenpreiselastizität der Nachfrage bei den von Ihnen gewählten Parameterwerten beziehungsweise an der von Ihnen gewählten Stelle der Nachfragekurve?

c) Was besagt dieser Elastizitätswert und wie ist Nachfrage nach Gut 1 folglich zu charakterisieren?

Aufgabe 1.9

Es soll die Marshall'sche Nachfrage nach einem Gut untersucht werden. Gegeben seien die folgenden Preis/Mengen-Kombinationen, die unter sonst (annähernd) gleichen Bedingungen im Rahmen einer Marktanalyse ermittelt wurden:

Daten-punkt	Preis des Gutes [€/St]	Nachfragemenge des Gutes [Stück]
1	12	145
2	15	136
3	10	199
4	11	164

a) Ermitteln Sie mittels linearer Regression die Koeffizienten m und n jener Nachfragefunktion $x^N(p) = m - n \cdot p$, die den vorliegenden Daten gemäß dem

Prinzip der kleinsten Quadrate am besten angepasst ist. Verwenden Sie dazu die untenstehende Statistik-Berechnungstabelle.

b) Skizzieren Sie den Verlauf der zugehörigen Nachfragekurve.

c) Ermitteln Sie den Zahlenwert der Eigenpreiselastizität der Nachfrage beim Preis p' = 16.

d) Was sagt uns dieser Elastizitätswert über die Preisabhängigkeit der Nachfrage?

(1) Datenpunkt- nummer i	(2) x_i	(3) y_i	(4) x_i^2	(5) y_i^2	(6) $x_i \cdot y_i$
1					
2					
3					
4					
5					
6					
7					
8					
9					
10					
$\Sigma =$					
$\Sigma / n =$					
$n =$	$= \bar{x}$	$= \bar{y}$	$V_X =$	$V_Y =$	$C_{XY} =$
	$\alpha =$	$\beta =$			
$y =$	+	$\cdot x$	$r =$	$r^2 = B =$	

Aufgabe 1.10

Im folgenden werden fünf Güter betrachtet, deren Nachfragen unterschiedliche (Eigen-)Preiselastizitäten $\varepsilon(x^N{:}p)$ und Einkommenselastizitäten $\varepsilon(x^N{:}B)$ aufweisen. Notieren Sie jeweils wie das Gut beziehungsweise die betreffende Nachfrage ökonomisch zu charakterisieren ist:

Gut 1: $\varepsilon(x^N{:}B) = 1,5 \quad \varepsilon(x^N{:}p) = -0,5$

Gut 2: $\varepsilon(x^N{:}B) = 0,5 \quad \varepsilon(x^N{:}p) = -1,5$

Gut 3: $\varepsilon(x^N{:}B) = 1,5 \quad \varepsilon(x^N{:}p) = 0,5$

Gut 4: $\varepsilon(x^N{:}B) = -0,5 \quad \varepsilon(x^N{:}p) = 0,5$

Gut 5: $\varepsilon(x^N{:}B) = -0,5 \quad \varepsilon(x^N{:}p) = -1,5$

Aufgabe 1.11

Durch lineare Regression haben Sie für einen Markt folgende Marktnachfragefunktion ermittelt: $x^N(p) = 16 - 2p$.

a) Skizzieren Sie den Verlauf der Marshall'schen Marktnachfragekurve in einem Diagramm.

b) Welchen Zahlenwert hat die Preiselastizität der Nachfrage beim Preis $p = 3$? Was besagt dieser Elastizitätswert?

c) Bei welchem Niveau des Preises p hat die Preiselastizität der Nachfrage den Wert -7 ?

Aufgabe 1.12

Gegeben seien die beiden individuellen Nachfragefunktionen der Nachfrager 1 und 2:

$$x^{N1}(p) = 10 - 2 \cdot p \quad \text{und} \quad x^{N2}(p) = 5 - 0,5 \cdot p$$

a) Skizzieren Sie in den beiden linken Diagrammen die Verläufe der individuellen Nachfragekurven:

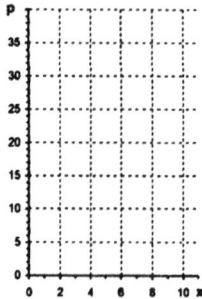

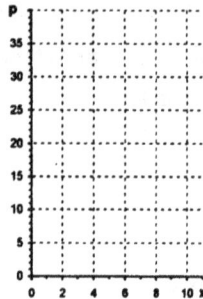

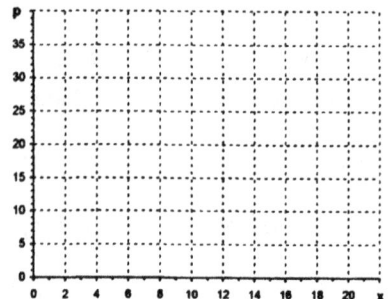

b) Führen Sie sowohl graphisch als auch formal die Aggregation der beiden Nachfragefunktionen durch. Skizzieren Sie den Verlauf der aggregierten Nachfragekurve (Marktnachfragekurve) im rechten Teildiagramm. Wie lautet die Marktnachfragefunktion?

c) Ermitteln Sie die Preiselastizität der Nachfrage bei p = 3. Was besagt dieser Elastizitätswert?

Aufgabe 1.13

Die Kreuznachfragefunktion zweier Güter j und h laute:

$$x_j^N(p_h) = n \cdot [p_h - m]$$

Die Funktionskoeffizienten seien n = 2 und m = 2.

a) Skizzieren Sie den Verlauf der Kreuznachfragekurve. Bezeichnen Sie dabei die Kurve, ihre Steigung(en) sowie alle Achsen und Achsenschnittpunkte.

b) Welcher Art ist die ökonomische Beziehung zwischen den Gütern j und h? (Begründung geben!)

c) Wie lässt sich der positive Zahlenwert vom m ökonomisch erklären?

d) Welchen Zahlenwert hat die Kreuzpreiselastizität der Nachfrage nach Gut j an der Stelle p_h = 6 ?

e) Wie ist der in d) ermittelte Elastizitätswert ökonomisch zu interpretieren?

Aufgabe 1.14

Zwei Nachfrager (i = 1 und i = 2) fragen bei alternativen Höhen des Preises p die in der folgenden Tabelle aufgelisteten Mengen x^{Ni} eines Gutes nach (Marshall'sche Nachfragen):

p =	0	1	2	3	4	5	6	7	8	9	10
x^{N1}=	10	9	8	7	6	5	4	3	2	1	0
x^{N2}=	8	7	6	5	4	3	2	1	0	0	0

a) Zeichnen Sie die beiden linearen einzelwirtschaftlichen Nachfragekurven der Nachfrager in ein Diagramm.

b) Aggregieren Sie die beiden einzelwirtschaftlichen Nachfragen, und zeichnen Sie die sich ergebende Marktnachfragekurve $x^N(p)$ ebenfalls in das Diagramm.

c) Welchen Zahlenwert hat die Preiselastizität der Marktnachfrage bei p' = 3 ?

d) Was besagt dieser Elastizitätswert?

e) Markieren Sie auf der Marktnachfragekurve den einheitselastischen Punkt (wo der Elastizitätswert minus Eins beträgt). Wie kommen Sie auf diesen Punkt?

Aufgabe 1.15

Die Marktnachfrage nach einem Gut lasse sich beschreiben durch die Nachfragefunktion

$$x^N(p,B) = m - n \cdot p + o \cdot B$$

Hierbei bezeichnet p den Preis des Gutes und B das Gesamt- oder Durchschnittseinkommen der Nachfrager. Die Funktionskoeffizienten sind m = 20, n = 10, o = 1.

a) Ist das der Nachfrage zugrunde liegende Gut superior oder inferior?

b) Reagiert die Nachfrage nach dem Gut normal oder anormal?

c) Skizzieren Sie in dem folgenden Diagramm den Verlauf der Marshall'schen Nachfragekurve des Gutes, einmal für den Fall eines Nachfragereinkommens B' = 60 und einmal für B" = 80.

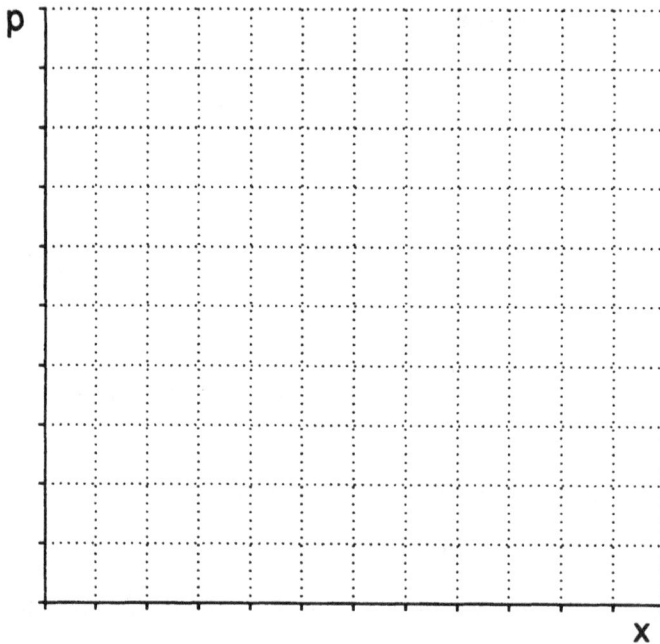

p

x

d) Wie kann man den Term $p \cdot x^N(p,B)$ ökonomisch interpretieren? Was bringt er zum Ausdruck?

e) Welchen Zahlenwert hat die Preiselastizität der Nachfrage für den Fall B" = 80 bei p" = 6 ? – Markieren Sie den hier betrachteten Punkt im vorstehenden Diagramm mit dem berechneten Elastizitätswert.

f) Was besagt dieser Wert?

g) Ermitteln Sie, um wieviel Prozent sich bei B" = 80 und p" = 6 die Gesamtausgaben der Nachfrager für das Gut ändern, wenn der Preis des Gutes um ein Prozent steigt.

Aufgabe 1.16

Betrachten Sie den folgenden funktionalen Zusammenhang zwischen der Nachfragemenge x eines Gutes und dem Einkommen B der Nachfrager:

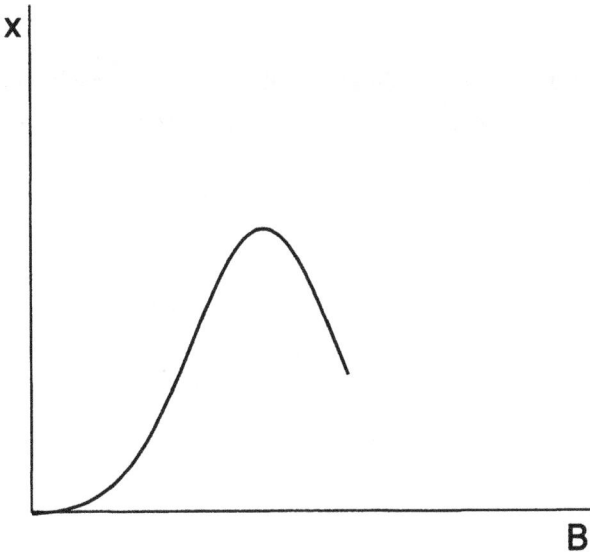

a) Wie heißt der in Rede stehende Typ von Nachfragefunktion in der Mikroökonomik?

b) Kennzeichnen Sie im Diagramm – sofern identifizierbar – jene Abschnitte der Nachfragekurve, in denen das betreffende Gut beziehungsweise die Nachfrage inferior, schwach superior, stark superior, normal oder anormal ist.

c) Kennzeichnen Sie – sofern identifizierbar – die Punkte auf der Nachfragekurve, in denen die Einkommenselastizität der Nachfrage den Zahlenwert

   i.   minus Eins

   ii. Null

   iii. plus Eins

   hat.

Aufgabe 1.17

Für ein Gut gebe es fünf Nachfrager (i = 1 bis 5) mit folgenden Zahlungsbereitschaften ζ^i : $\zeta^1 = 8$, $\zeta^2 = 23$, $\zeta^3 = 60$, $\zeta^4 = 50$ und $\zeta^5 = 3$. Jeder der Nachfrager will maximal eine Mengeneinheit des Gutes kaufen, so dass sich die Zahlungsbereitschaften auf diese Mengeneinheit beziehen. Der Preis des Gutes beträgt p' = 38.

a) Zeichnen Sie die aggregierte Nachfragefunktion des Gutes (beziehungsweise die treppenförmige Zahlungsbereitschaftsverteilung über alle Nachfrager):

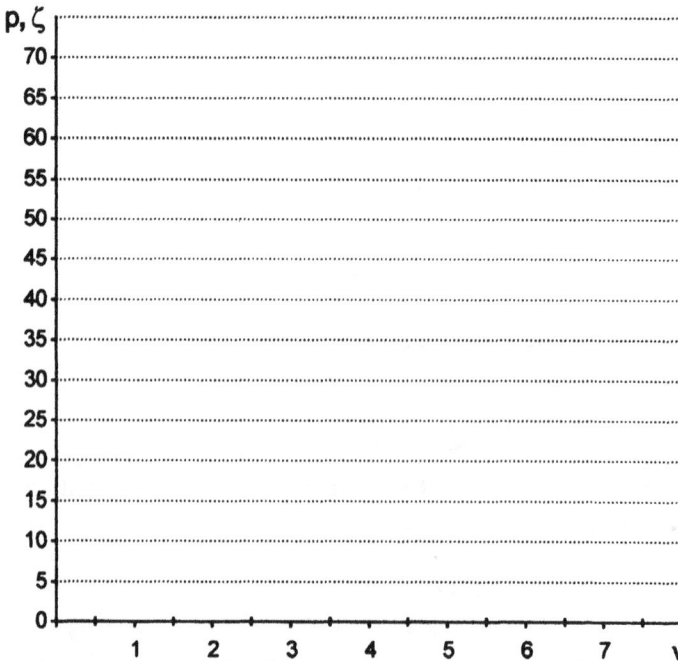

b) Welche Menge x' wird beim Preis p' insgesamt nachgefragt?

c) Wie hoch sind die Gesamtausgaben B aller Nachfrager für das Gut?

d) Schraffieren und kennzeichnen Sie den Gesamtnachfragervorteil NV im Diagramm. Wie hoch ist er?

e) Was gibt der Gesamtnachfragervorteil an?

f) Wie ändert sich der Gesamtnachfragervorteil, wenn der Preis des Gutes auf p" = 23 sinkt? Ändert sich dadurch die Gesamtnachfragemenge?

1.3. Haushalts- und Nachfragetheorie: Übergreifendes

Aufgabe 1.18

Für ein Produkt gebe es annahmegemäß nur zwei Nachfrager ($i = 1$ und $i = 2$) mit den individuellen Marshall'schen Nachfragefunktionen $x^{N1}(p) = 5 - 0,5 \cdot p$ und $x^{N2}(p) = 10 - p$.

a) Ermitteln Sie formal oder graphisch die Gleichung der Marktnachfragefunktion $x^N(p)$.

b) Was kann hinsichtlich der Superiorität oder Inferiorität des Produktes und hinsichtlich der Normalität oder Anormalität der Marktnachfrage ausgesagt werden?

c) Wie hoch ist die Preiselastizität der Marktnachfrage beim Preis $p = 2$?

d) Was besagt diese Elastizität ökonomisch?

Aufgabe 1.19

Die Preiselastizität der Benzinnachfrage liegt bei $-0,15$. Im ersten Halbjahr 2001 sind die Preise für Automobilkraftstoffe um circa zehn Prozent gestiegen. Wie wirkte sich diese Preisanhebung auf die Benzinausgaben der Konsumenten aus? Konkret: Um wieviel Prozent haben sich die Benzinausgaben aufgrund der zehnprozentigen Preiserhöhung verändert?

2. Unternehmens- und Angebotstheorie

2.1. Produktion und Kosten

Aufgabe 2.1

Ein Unternehmen habe die folgende Produktionsfunktion:

$$x(a,c) = a^\alpha + c^\beta$$

mit den positiven Funktionskoeffizienten α, $\beta < 1$. Bei Bedarf können Sie konkrete Zahlenwerte für α und β annehmen.

a) Ermitteln Sie die Grenzproduktivität des Faktors Arbeit. Was gibt diese an?

b) Was besagt das "Gesetz vom abnehmenden Ertragszuwachs"? Genügt die obige Produktionsfunktion diesem Gesetz?

c) Geben Sie für die obige Produktionsfunktion die Bestimmungsgleichung der Durchschnittsproduktivität des Faktors Arbeit an.

d) Geben Sie für die obige Produktionsfunktion die Bestimmungsgleichung der Produktionselastizität für den Faktor Arbeit an.

e) Wie lautet die Isoquantenfunktion $a(c;x)$?

f) Was bringt der Absolutbetrag der Isoquantensteigung ökonomisch zum Ausdruck? (Ausführlich erläutern!)

Aufgabe 2.2

Die Produktion eines Unternehmens lasse sich durch folgende Produktions-funktion beschreiben:

$$x = x(a,c) = [a + c]^{1/2}$$

a) Ermitteln Sie die Grenzproduktivitäten der beiden Faktoren und prüfen Sie ob sie der neoklassischen Annahme *(U1)* genügen.

b) Ist das Gesetz vom abnehmenden Grenzertrag *(U2)* erfüllt?

c) Gilt hier die neoklassische Annahme *(U3)*?

d) Wie lautet die Funktionsgleichung der Isoquantenfunktion?

e) Welche Steigung weisen die Isoquanten auf?

f) Sind die Isoquanten konvex?

g) Untersuchen Sie die Skalenerträge der Produktion.

h) Ermitteln Sie die Grenzrate der Faktorsubstitution in einem beliebigen Punkt einer Isoquante.

i) Was besagt der Zahlenwert der Grenzrate der Faktorsubstitution?

Aufgabe 2.3

Ein kleiner Anbieter glaubt, seine Kostensituation lasse sich angemessen durch die Kostenfunktion $K(x) = \sqrt{4x} + 3$ beschreiben. (Anmerkung: $\sqrt{z} = z^{1/2}$)

Äußern Sie sich

a) zur Lage des Durchschnittskostenminimums (beziehungsweise der Preisuntergrenze) des Anbieters;

b) zur Lage seines Gewinnmaximums für den Fall eines vom Markt her vorgegebenen Absatzpreises p.

Aufgabe 2.4

Ein Unternehmen möchte jene Ausbringungsmenge x produzieren, deren Produktionsmöglichkeiten durch die im Folgenden graphisch dargestellte Isoquante beschrieben ist. Die Faktorpreise betragen $\ell = 10$ für Arbeit (**a**) und $r = 20$ für Kapital (**c**).

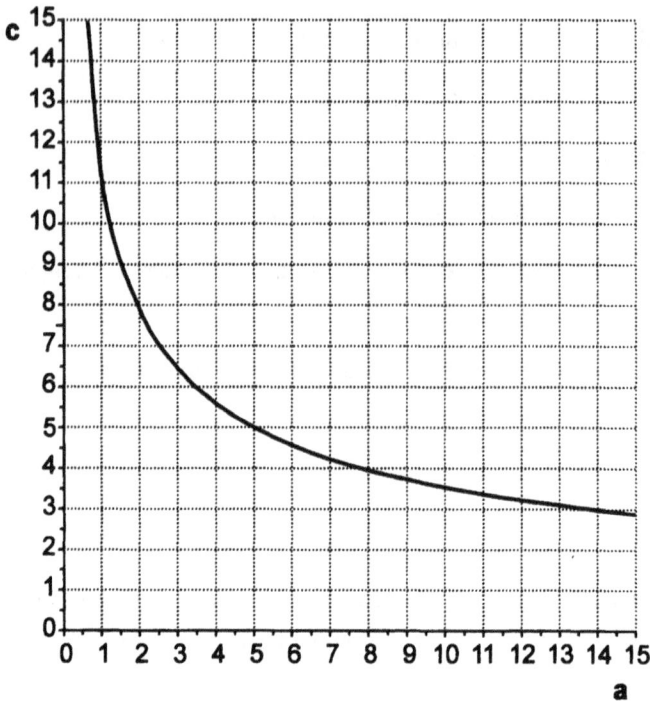

a) Mit welchem Faktorenbündel (a,c) wird das Unternehmen den angegebenen Output produzieren (Minimalkostenkombination)? Konstruieren Sie den betreffenden Punkt und erklären hier Ihr Vorgehen.

b) Wie hoch sind die Produktionskosten $\check{C}$ der Ausbringungsmenge x in der Minimalkostenkombination?

c) Welchen Zahlenwert hat die "Grenzrate der Faktorsubstitution von Arbeit durch Kapital" ($\sigma_{a,c}$) in der Minimalkostenkombination?

d) Welche Arbeitsmenge würde das Unternehmen zur Produktion des Outputs x einsetzen, wenn der verfügbare Kapitalbestand auf $\bar{c} = 4$ begrenzt wäre?

e) Wie hoch sind unter der in d) genannten Restriktion die Produktionskosten der Menge x ?

Aufgabe 2.5

Ein Unternehmen habe die im folgenden Diagramm dargestellte Kostenfunktion:

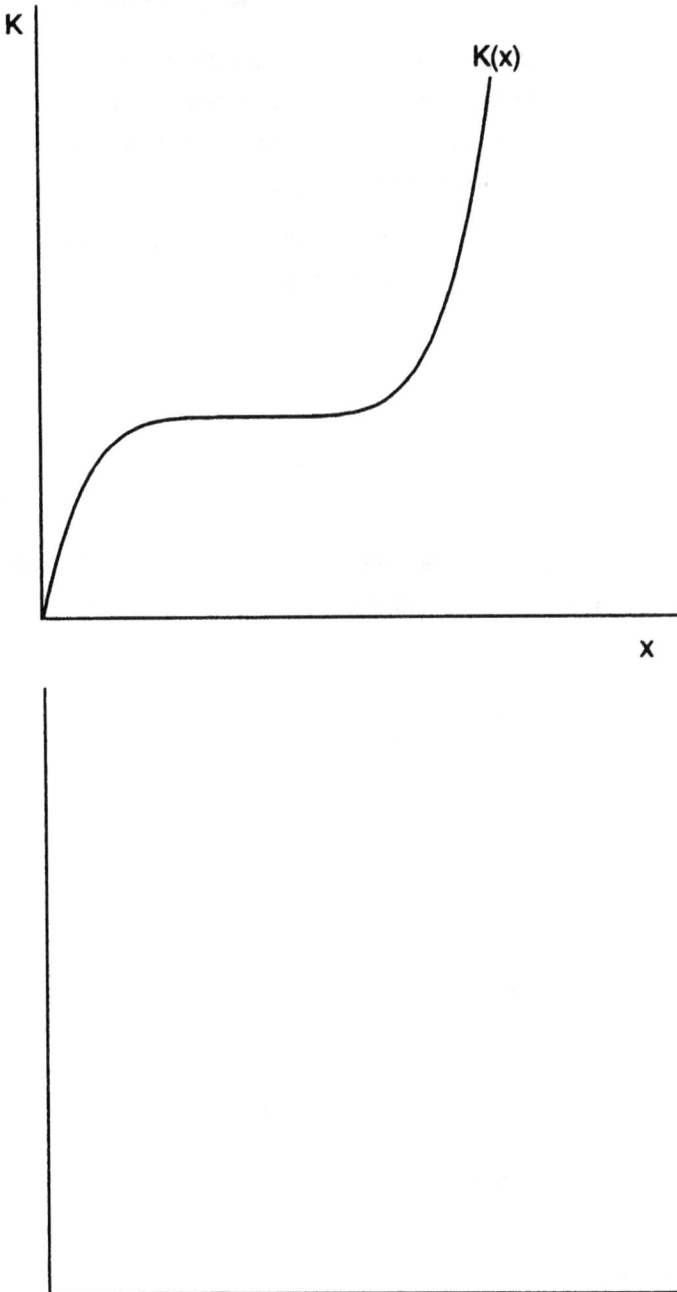

a) Handelt es sich bei dem dargestellten Kostenverlauf um eine kurzfristige oder um eine langfristige Kostenfunktion? (Begründung geben!)

b) Weist die Produktionsstruktur, die der Kostenkurve zugrunde liegt, abnehmende, konstante oder zunehmende Skalenerträge auf? (Begründung!)

c) Skizzieren Sie im darunter liegenden Leerdiagramm die Verläufe der zugehörigen Durchschnittskosten und der Grenzkosten und kennzeichnen Sie sie. Es kommt dabei nicht auf eine in jedem Punkt quantitativ genaue Herleitung an. Erläutern Sie, wie Sie vorgegangen sind!

d) Welchen Zahlenwert hat die Elastizität der Gesamtkosten bei der durchschnittskostenminimierenden Ausbringungsmenge?

Aufgabe 2.6

Ein Unternehmen, dessen Produktion durch die Funktion

$$x = x(a,c) = a^{1/3} \cdot c^{2/3}$$

beschrieben werden kann, möchte jene Ausbringungsmenge x produzieren, welche durch die im folgenden dargestellte Isoquante beschrieben wird.

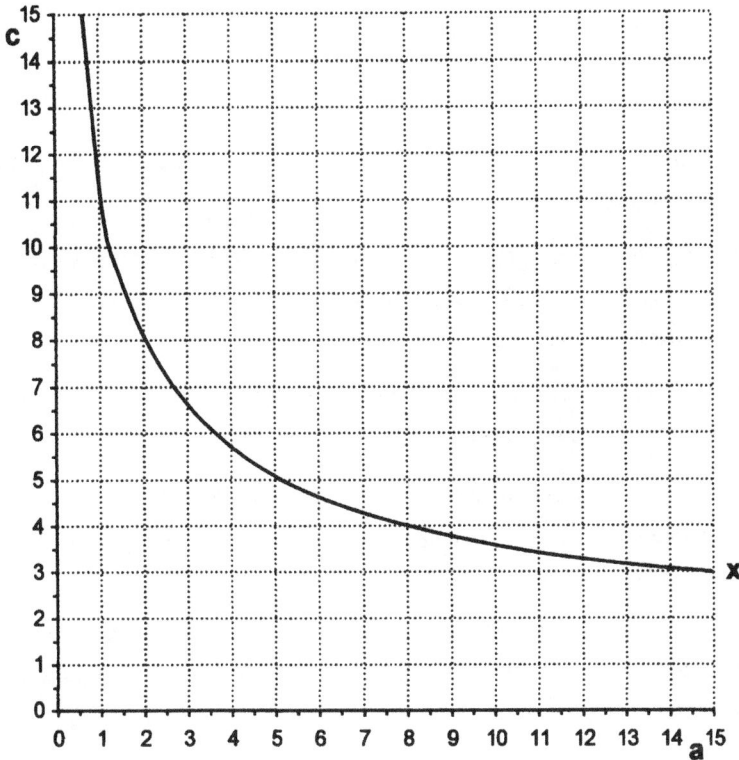

Beantworten Sie die folgenden Fragen so weit wie möglich graphisch, aber mit ausführlicher verbaler Erklärung.

a) Welchen Zahlenwert hat die "Grenzrate der Faktorsubstitution von Arbeit durch Kapital" $(\sigma_{a,c})$ im Produktionspunkt $(a',c') = (5, 5)$?

b) Nimmt die in a) definierte Grenzrate der Substitution bei fortgesetzter Substitution von Arbeit durch Kapital zu oder ab?

c) Wo liegt die Minimalkostenkombination, wenn die Faktorpreise $\ell = 10$ und $r = 20$ betragen?

d) Wie hoch sind unter den in c) genannten Bedingungen die Kosten der Minimalkostenkombination und damit die langfristigen Kosten der Produktion der Ausbringungsmenge x ?

e) Wie hoch ist die genannte Ausbringungsmenge x ?

2.2. Angebot bei Preisinabilität

Aufgabe 2.7

Ein preisinabiles Unternehmen habe die im folgenden Diagramm dargestellte Gesamtkostenkurve.

a) Leiten Sie daraus auf graphischem Wege im unteren Diagramm den Verlauf der Angebotskurve des Unternehmens her. Erklären und begründen Sie Ihre Konstruktion auch verbal!

b) Kennzeichnen Sie besonders die Preisuntergrenze und die Angebotsmengenuntergrenze des Unternehmens.

c) Machen Sie graphisch deutlich, welche Menge das Unternehmen von dem Gut anbieten wird, wenn auf dem Absatzmarkt ein bestimmter (von Ihnen beliebig vorzugebender) Preis p' gilt.

d) Zeigen Sie im oberen Diagramm, welche Wirkung von einer Erhöhung des Kapitaleinsatzes $\bar{c}$ in der Produktion auf die Gesamtkosten ausgeht. Erklären Sie dies auch verbal.

e) Was wird unter "Fixkostendegression" verstanden?

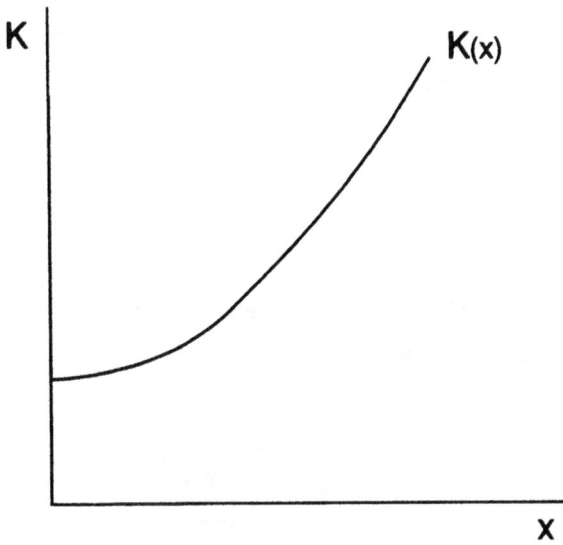

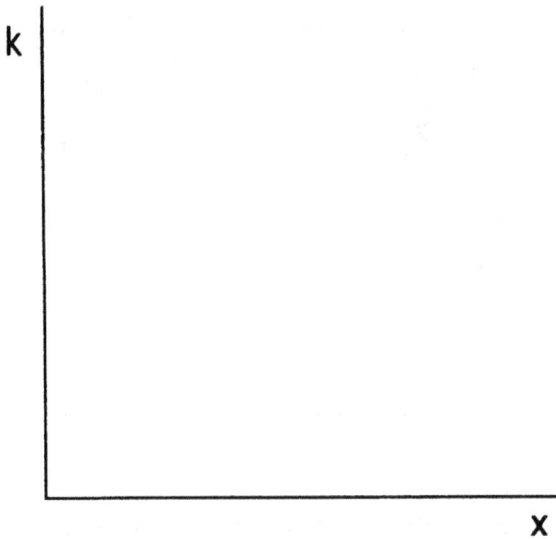

K

K(x)

X

k

X

Aufgabe 2.8

Die Gewinnfunktion eines Unternehmens laute:

$$G(x) = 20 \cdot x - x^2$$

a) Handelt es sich um ein preisabiles oder ein preisinabiles Unternehmen?

b) Beschreibt die Gewinnfunktion die kurze oder die lange Frist?

c) Berechnen Sie die gewinnmaximierende Produktions- und Absatzmenge.

d) Ist die Bedingung zweiter Ordnung für ein Gewinnmaximum erfüllt?

e) Wie hoch ist der maximale Gewinn?

Aufgabe 2.9

Ein preisinabiler Anbieter hat die im folgenden Diagramm dargestellte Kosten-struktur. Der vom Markt her bestimmte Absatzpreis ist $p = 0,40$.

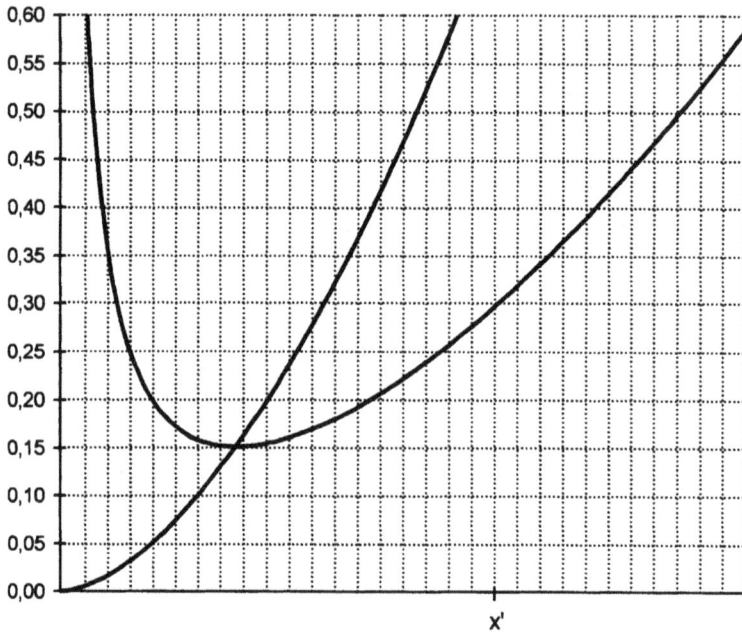

a) Kennzeichnen Sie in dem Diagramm alle relevanten Achsen, Kurven und Punkte, einschließlich des Absatzpreises.

b) Wo liegt die Absatzmenge, bei der das Unternehmen den maximalen Gewinn realisiert? (Begründung geben!)

c) Heben Sie den maximalen Gewinn graphisch im Diagramm hervor und kennzeichnen Sie ihn mit dem Symbol $\hat{G}$.

d) Welchen Gewinn wird der Anbieter realisieren, wenn er statt der gewinnmaximierenden Menge die eingezeichnete Menge x' anbieten und absetzen
   würde? Heben Sie den betreffenden Gewinn graphisch im Diagramm hervor
   und kennzeichnen Sie ihn mit dem Symbol G'.

e) Welcher Gewinn ist größer?

f) Heben Sie in dem Diagramm den Verlauf der Angebotskurve des Unternehmens hervor und kennzeichnen Sie sie mit $x^{Ai}(p)$. Wodurch ist die
   Angebotskurve bestimmt?

Aufgabe 2.10

Nehmen Sie Stellung zu folgender Behauptung:

> *Ein preisinabiler Anbieter wird nicht im Bereich fallender
> Durchschnittskosten anbieten, also bei Ausbringungsmengen x mit*
> $_x^{\prime}k(x) < 0$.

Aufgabe 2.11

Das folgende Diagramm zeigt jeweils zwei zusammengehörende Durchschnitts-
und Grenzkostenverläufe eines Unternehmens i. Diese sollen zum einen die
Kostensituation *vor* der Vornahme einer Investition (Kapitaleinsatzerhöhung) und
einmal die *nach* der Kapazitätsausweitung darstellen:

a) Kennzeichnen Sie die Achsen des Koordinatensystems sowie die vier Kurven.
   Verwenden Sie für die Kostenkurven vor der Investition den Index 1 und für
   die Kurven nach der Investition den Index 2.

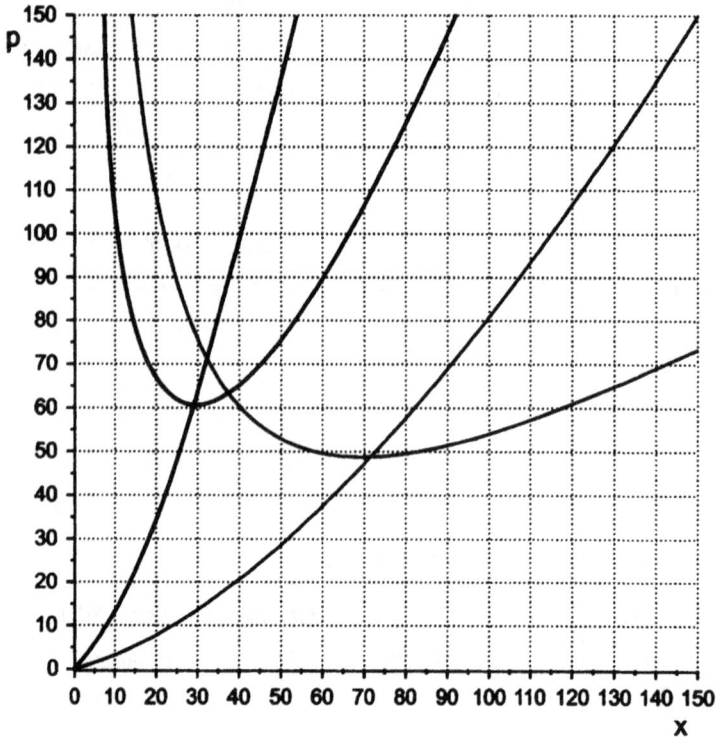

Das Unternehmen kann sein Produkt zu einem vom Markt her bestimmten Preis von $p' = 120$ absetzen.

b) Tragen Sie diesen Absatzpreis in das Diagramm ein. Welche Menge bietet das Unternehmen von seinem Produkt

  i. vor der Investition

  ii. nach der Investition

an? Wie bestimmen Sie die Angebotsmengen?

c) Wie hoch ist der maximale Gewinn des Unternehmens

  i. vor der Investition,

  ii. nach der Investition?

Kennzeichnen Sie die beiden Gewinne mit unterschiedlicher Schraffur in dem obigen Diagramm.

d) Heben Sie zeichnerisch die Angebotskurve des Unternehmens vor und nach der Investition hervor und kennzeichnen Sie diese. Wodurch ist sie bestimmt?

Aufgabe 2.12

Ein Unternehmen, das sein Produkt zum Preise $p = 12$ absetzen kann, habe eine Kostenfunktion vom Standardtyp:

$$K(x) = c \cdot x^\kappa + F, \quad \text{wobei } c = 2 \text{ und } \kappa = 2$$

Der Verlauf ist in dem folgenden Diagramm dargestellt. Lösen Sie die Aufgabe graphisch und/oder formal, aber in jedem Fall mit ausführlicher verbaler Erläuterung!

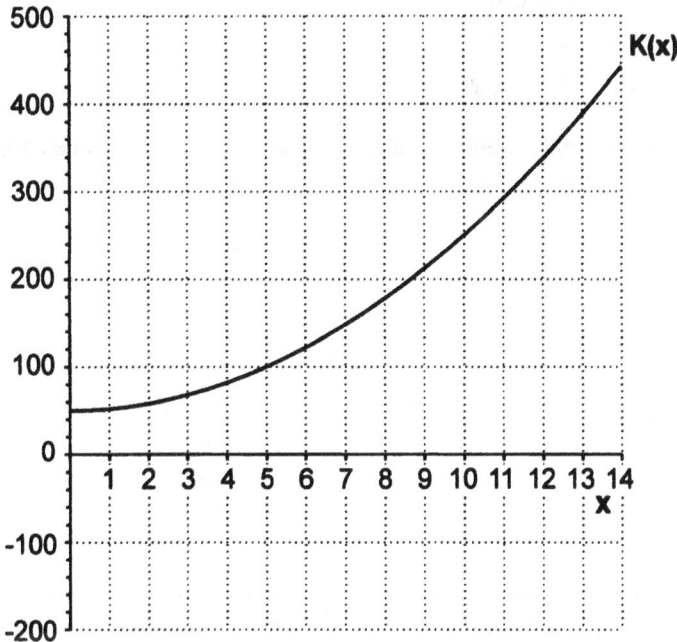

a) Ermitteln Sie das Gewinnmaximum des Unternehmens: Welche Produktmenge wird es anbieten, und wie hoch ist der maximale Gewinn?

b) Was wird unter der Gewinnschwelle (break-even point) eines Unternehmens verstanden, und wo liegt sie im hier betrachteten Fall?

c) Wo liegt die Angebotsschwelle des Unternehmens, also die Angebotsmengenuntergrenze und die Preisuntergrenze?

Aufgabe 2.13

Ein preisinabiler Anbieter, der sein Produkt zu einem Preis von p = 12 absetzen
kann, habe folgende Gewinnfunktion:

$$G(x) = -2x^2 + 12x - 10$$

a) Bei welcher Absatzmenge wird der maximale Gewinn realisiert.

b) Wie hoch ist der maximale Gewinn?

c) Wo liegt hier
   i. die Gewinnschwelle und
   ii. die Gewinngrenze?

d) Wie hoch sind die Fixkosten?

e) Skizzieren Sie in folgendem Diagramm anhand der zuvor berechneten Daten
den Verlauf der Gewinnfunktion und der Erlösfunktion.

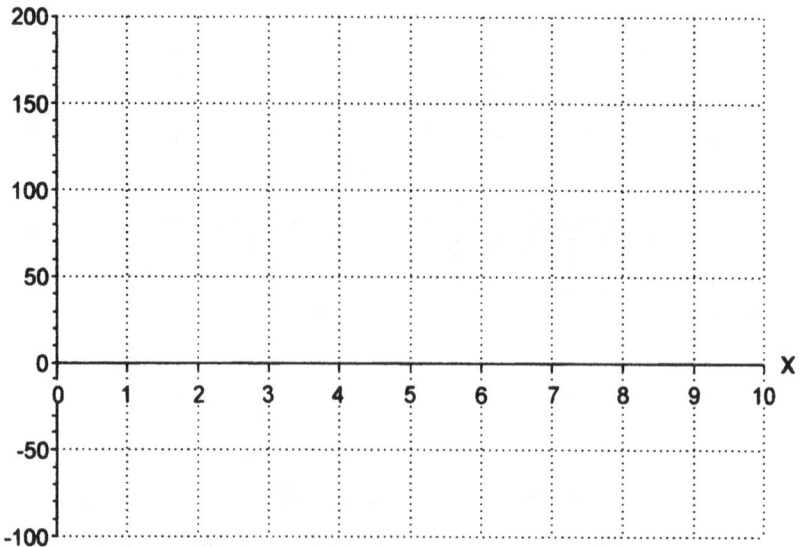

f) Rekonstruieren Sie im Diagramm aus den in e) bestimmten Kurven den
Verlauf der Gesamtkostenkurve.

2.3. Unternehmens- und Angebotstheorie: Übergreifendes

Aufgabe 2.14

Ein Unternehmen habe eine Produktionsstruktur, die durch folgende Produktionsfunktion beschrieben wird:

$$x(a,c) = a \cdot \left(\frac{c}{a}\right)^{\beta}$$

Hierbei bezeichnet a den Arbeitseinsatz und c den Kapitaleinsatz des Unternehmens; β ist ein konstanter Koeffizient mit dem Wert 1/3.

a) Ermitteln Sie die Produktionselastizitäten und interpretieren Sie diese ökonomisch.

b) Leiten Sie aus der Produktionsfunktion die Kostenfunktion des Unternehmens unter der Annahme her, dass der Kapitaleinsatz kurzfristig auf 4 Einheiten fixiert ist. Der Lohnsatz ℓ sei 12, und der Kapitalpreis r sei 20 (jeweils in passend definierten Einheiten).

c) Das Unternehmen kann seine Produkte unter vollkommener Konkurrenz zu einem Preis p = 900 absetzen. Welches ist die gewinnmaximierende Ausbringungs- beziehungsweise Angebotsmenge des Unternehmens?

Aufgabe 2.15

Ihr Statistiker teilt Ihnen im Rahmen einer Konkurrenzanalyse mit, dass die Kostenfunktion Ihres preisinabilen Konkurrenten vermutlich

$$K(x) = 10 \cdot x^3 + 135$$

lautet und dieser regelmäßig die Ausbringungsmenge x = 3 produziert. Seine Gesamtkosten betragen dann also K = 405.

Was sagen Ihnen – als gutem Mikroökonomen – diese Daten? Welche Schlussfolgerungen können gezogen, welche anderen mikroökonomischen Größen können ermittelt werden? Listen Sie möglichst viele Implikationen auf und begründen Sie diese ausführlich!

Aufgabe 2.16

Die Produktion eines Unternehmens lasse sich durch folgende Produktionsfunktion beschreiben:

$$x = x(a,c) = \sqrt{a + c}$$

Für den Kapitaleinsatz **c** können Sie bei Bedarf einen beliebigen realistischen, dann aber festen Wert annehmen.

a) Ermitteln Sie die Faktoreinsatzfunktion für Arbeit (**a**).

b) Ermitteln Sie die kurzfristige Kostenfunktion und skizzieren Sie deren Verlauf in einem Diagramm. Gehen Sie dabei von den Faktorpreisen $\ell = 4$ und $r = 6$ aus.

c) Wie lautet die Grenzkostenfunktion des Unternehmens?

d) Wie lautet die Durchschnittskostenfunktion des Unternehmens?

e) Ermitteln Sie das Minimum der Durchschnittskosten (durchschnittskostenminimierende Ausbringungsmenge und Höhe der minimalen Durchschnittskosten).

f) Wie lautet die Angebotsfunktion des Unternehmens unter der Annahme, dass es preisinabil ist?

g) Skizzieren Sie den Verlauf der Angebotskurve in einem Diagramm.

h) Welche Menge wird das Unternehmen bei einem Absatzpreis von $p = 80$ anbieten?

i) Ermitteln Sie die Preiselastizität des Angebots bei $p = 80$.

j) Was gibt dieser Elastizitätswert an?

Aufgabe 2.17

Ein Unternehmen möge sein angebotenes Produkt zu einem konstanten Preis $\bar{p} = 7$ am Markt absetzen können. Die Kostensituation des Unternehmens sei durch die Kostenfunktion $K(x) = c \cdot x^3 + F$ beschreibbar. Aus der Kostenrechnung sind folgende Daten bekannt (in jeweils geeigneten Maßeinheiten):

Ausbringungsmenge	Gesamtkosten	Grenzkosten
0	8.000	0,25
2.000	9.000	0,50
5.000	11.000	1,25
7.000	14.000	2,00
9.000	19.800	3,50
12.000	42.000	14,00

Ermitteln Sie *entweder* graphisch (mittels der Tabelle und der beiliegenden Diagrammvorlage) *oder* formal (anhand der genannten Kostenfunktion)

a) den Verlauf der Durchschnittskosten $k(x)$;

b) den Verlauf der Angebotskurve $x^{Ai}(p)$ des Unternehmens;

c) die Angebotsschwelle;

d) die gewinnmaximierende Ausbringungsmenge (bei graphischer Lösung: auf ganze 1000 gerundet!);

e) den Durchschnitts- beziehungsweise Stückgewinn im Gewinnmaximum;

f) die Höhe des maximalen Gewinns .

☐ Bei *graphischer* Lösung zeichnen Sie bitte die Kurven anhand der obigen Tabellendaten so genau es geht, und kennzeichnen Sie alle Koordinatenachsen, Kurven, wichtigen Punkte und Flächen klar und eindeutig. Die ermittelten Zahlenwerte dazuschreiben!

☐ Bei *formaler* Lösung reicht eine allgemeine formelmäßige Darstellung, aus der die Vorgehensweise klar und eindeutig hervorgeht.

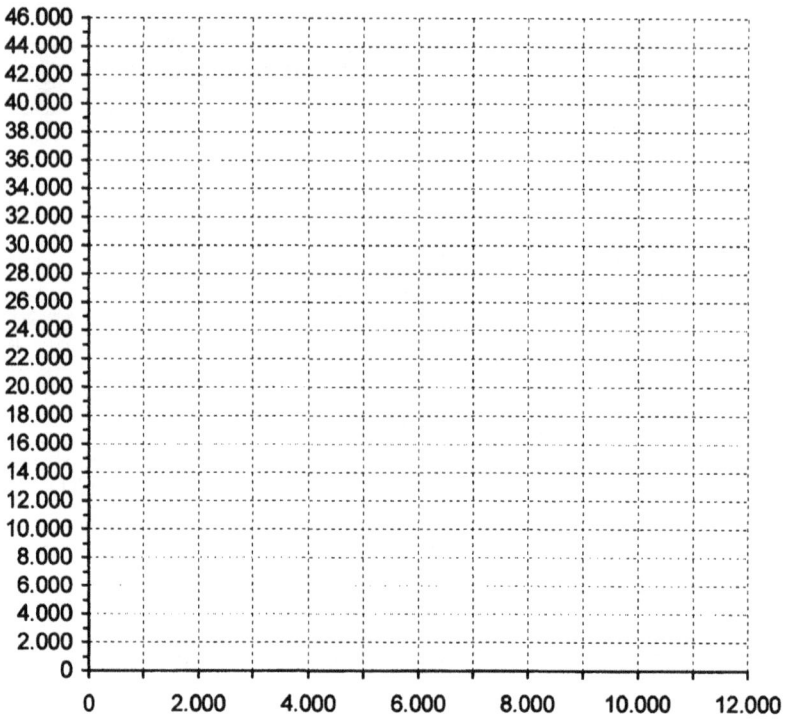

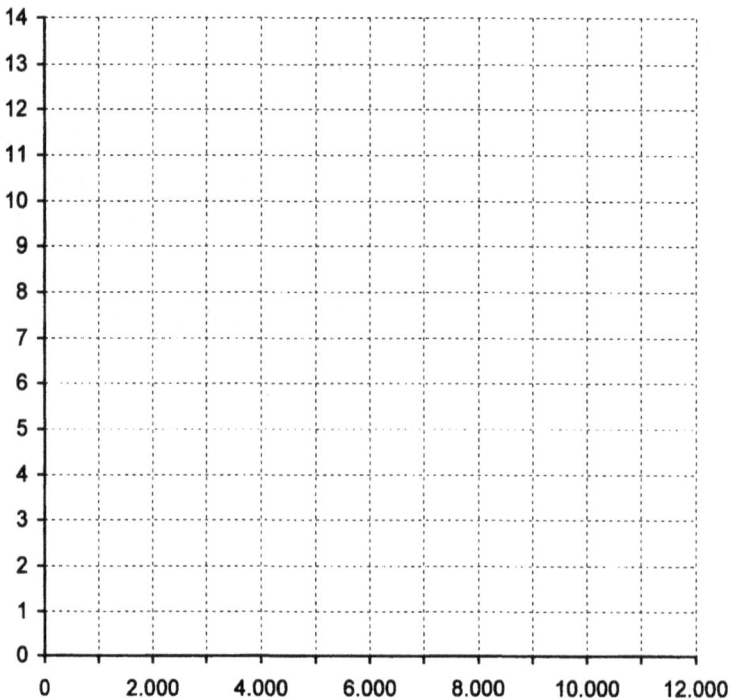

Aufgabe 2.18

Ein Unternehmen habe mit Hilfe statistischer Verfahren seine Kostenfunktion wie folgt ermittelt: $K(x) = 10 \cdot x^2 + 640$

a) Wie lautet die Grenzkostenfunktion? (Geben Sie auch die allgemeine Definitionsgleichung an!)

b) Wie lautet die Durchschnittskostenfunktion? (Geben Sie auch die allgemeine Definitionsgleichung an!)

c) Bei welcher Ausbringungsmenge liegt das Minimum der Durchschnittskosten? (Geben Sie auch Ihren Berechnungsansatz an!)

d) Wie hoch sind die minimalen Durchschnittskosten? (Geben Sie auch Ihre Berechnungsformel an!)

e) Wie hoch sind die Gesamtkosten im Durchschnittskostenminimum? (Geben Sie auch Ihre Berechnungsformel an!)

f) Wie hoch sind die Grenzkosten im Durchschnittskostenminimum? (Zeigen Sie auch, wie Sie auf das Ergebnis gekommen sind!)

g) Welchen Zahlenwert hat die Elastizität der Gesamtkosten bei der durchschnittskostenminimierenden Ausbringungsmenge? (Geben Sie auch Ihre Berechnungsweise an!)

h) Was besagt dieser Elastizitätswert?

i) Wie lautet genau die Angebotsfunktion des Unternehmens?

j) Welche Menge wird das Unternehmen von dem Produkt anbieten, wenn der vom Markt her bestimmte Produktpreis $p = 200$ beträgt?

Aufgabe 2.19

In einem Kopierladen (Copy-Shop) werden hauptsächlich die beiden Produktionsfaktoren Kapital (Kopiergeräte) und Arbeit (Bedienungspersonal) in den Mengen c und a eingesetzt. x bezeichne die damit produzierte Kopienmenge pro Zeiteinheit.

a) Skizzieren Sie in das folgende Diagramm (1) einen ökonomisch plausiblen und dem "Gesetz vom abnehmenden Ertragszuwachs" gehorchenden Verlauf der Faktorertragskurve für Arbeit, also x(a). Was besagt das "Gesetz vom abnehmenden Ertragszuwachs"?

b) Nutzen Sie die Diagramme (2), (3) und (4), um zu zeigen, wie man auf graphische Weise aus Ihrer Ertragskurve (1) den Verlauf der kurzfristigen Gesamtkostenkurve K(x) herleiten kann.

c) In das Diagramm (5) konstruieren Sie bitte die zu b) gehörenden Verläufe der Grenzkosten $_x'K(x)$ und der Durchschnittskosten k(x) des Kopierladens. Zeigen Sie insbesondere, wo das Durchschnittskostenminimum liegt.

d) Heben Sie unter der Annahme, dass es sich bei dem Kopierladen um einen preisinabilen Anbieter handelt, im Diagramm (5) den Verlauf der einzelwirtschaftlichen Angebotskurve zeichnerisch hervor. Wodurch ist diese Kurve bestimmt? Alle Achsen, Kurven und relevanten Punkte müssen eindeutig gekennzeichnet werden. Geben Sie rechts neben den Diagrammen Begründungen für Ihre Konstruktionen.

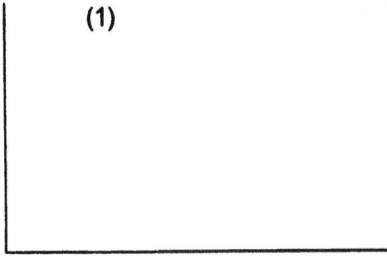

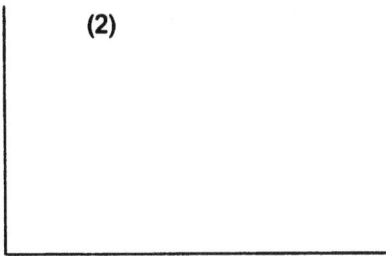

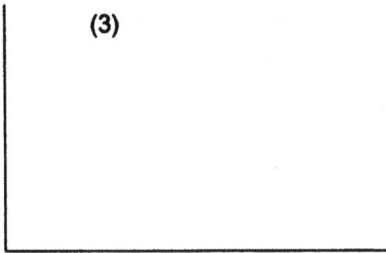

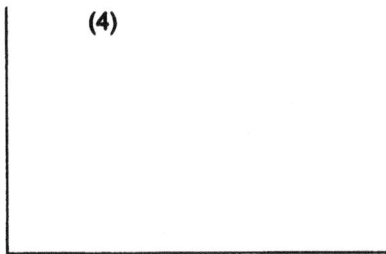

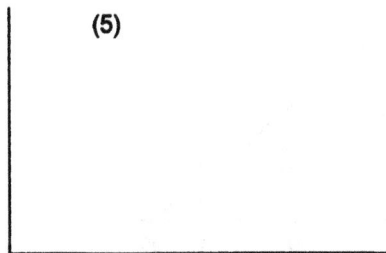

3. Vollkommene Konkurrenzmärkte und Gleichgewicht

Aufgabe 3.1

Schildern Sie die langfristige Marktanpassung bei vollkommener Konkurrenz: Wovon hängt sie ab, durch welche Prozesse wird sie vorangetrieben, welches Marktergebnis stellt sich schließlich ein?

Aufgabe 3.2

Die Nachfrage auf dem Hamburger Fischmarkt werde durch die im folgenden Diagramm dargestellte Nachfragefunktion $x^N(p) = m - n \cdot p$ beschrieben (für eine bestimmte Fischsorte). In jeder Periode wird in Höhe des jeweiligen Fanges eine konstante Angebotsmenge $\bar{x}^A = 4$ auf den Markt gebracht.

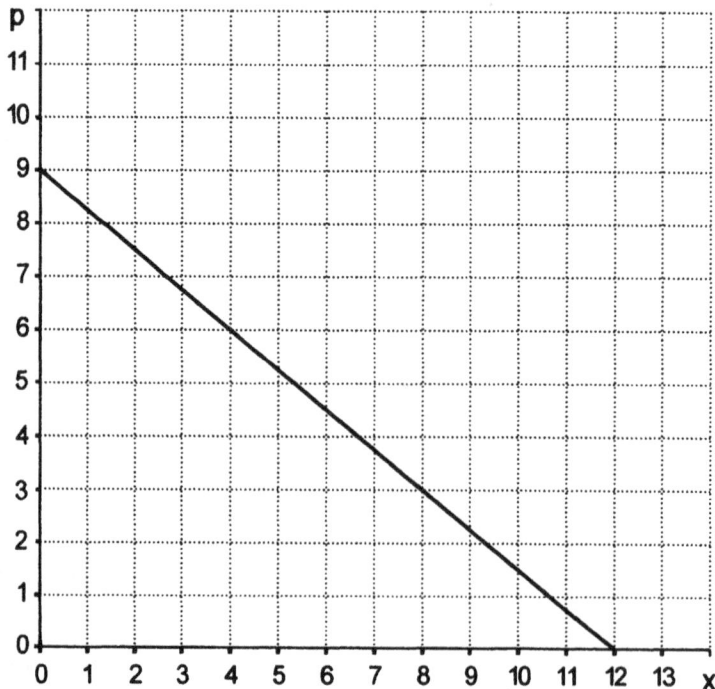

Beantworten Sie die folgenden Fragen auf formalem und/oder graphischem Wege. Maßeinheiten können ignoriert werden.

a) Wie hoch ist

   i. der Gleichgewichtspreis p^*,

   ii. die Gleichgewichtsmenge x^*,

   iii. der Gleichgewichtsumsatz ($U^* = p^* \cdot x^*$) und

   iv. die Preiselastizität der Nachfrage im Marktgleichgewicht?

b) Um die Einnahmen der Fischer zu erhöhen, schreibt nun die EU-Kommission einen Fischpreis in Höhe von $\bar{p} = 7,5$ vor.

   i. Handelt es sich um einen Höchst- oder um einen Mindestpreis? (Begründung geben!)

   ii. Wie hoch ist der entstehende Angebots- oder Nachfrageüberhang und die Transaktionsmenge?

   iii. Wie ändern sich durch die Preisvorschrift die Fischer-Einnahmen (gemessen am Marktumsatz U), wenn die EU sich *nicht* bereit erklärt, etwaige Überschüsse aufzukaufen?

   iv. Wie ändern sich durch die Preisvorschrift die Fischer-Einnahmen (gemessen am Marktumsatz U), wenn die EU sich *doch* bereit erklärt, etwaige Überschüsse aufzukaufen? Wieviel würde der Aufkauf die EU pro Periode kosten?

Aufgabe 3.3

Nennen und erläutern Sie die wesentlichen Merkmale, nach denen unterschiedliche Marktformen voneinander abgegrenzt werden.

Aufgabe 3.4

Auf einem Markt herrsche die im folgenden Diagramm dargestellte Angebots-
und Nachfragekonstellation. Der Staat erwäge nun, einen Preis in Höhe der Hälfte
des Gleichgewichtspreises vorzuschreiben. Welches Marktergebnis hätte dies zur
Folge? Schildern sie alle wesentlichen Auswirkungen, soweit möglich auch
quantitativ.

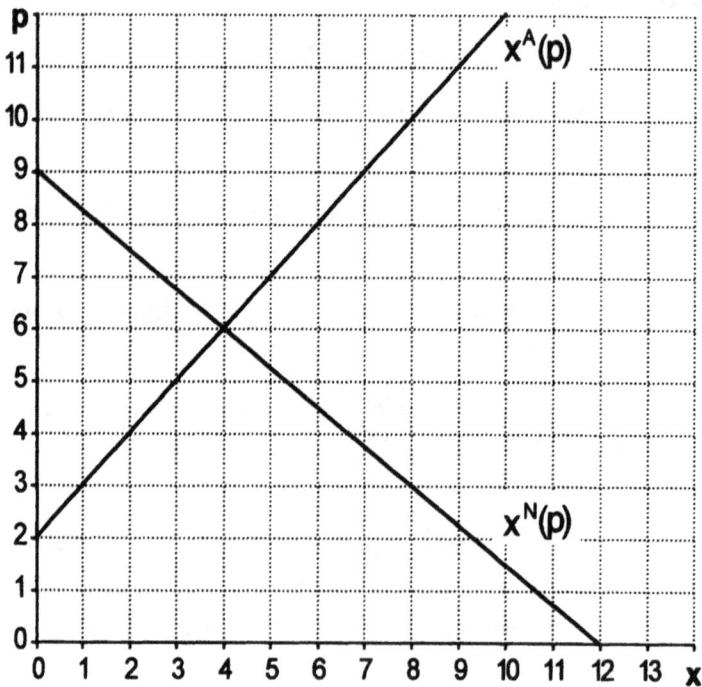

Aufgabe 3.5

Wodurch ist Marktform der vollkommenen Konkurrenz charakterisiert?

Aufgabe 3.6

In einer Studie über den Rohölmarkt behaupten die Autoren Crémer und Salehi-Isfahani (1989), dass dieser Markt eine Konstellation von Angebot (Supply) und Nachfrage (Demand) aufweise, wie sie im folgenden Diagramm dargestellt ist.

a) Was lässt sich auf dieser Grundlage über die Existenz, Eindeutigkeit und Stabilität von Gleichgewichten auf dem Markt sagen? (Argumentieren Sie graphisch und verbal!)

b) Welche Veränderung erfährt die dargestellte Marktsituation, wenn die Nachfrage nach Rohöl (etwa infolge veränderter Einkommen) stark zunimmt oder stark abnimmt? (Graphische Skizze und verbale Erklärung!)

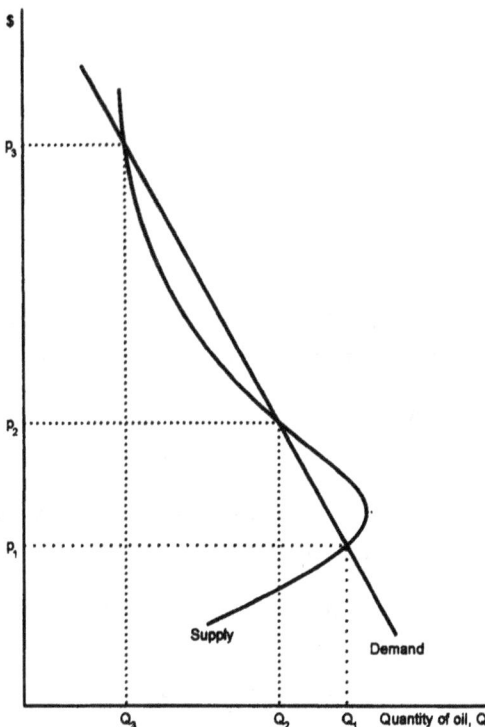

Aufgabe 3.7

Schildern und erklären Sie, wie es auf einem Markt bei vollkommener Konkurrenz durch den Preismechanismus zu einem Gleichgewicht kommt.

Aufgabe 3.8

Ein Markt werde beschrieben durch die Angebotsfunktion

$$x^A(p) = p - 2$$

und die Nachfragefunktion

$$x^N(p,B) = B/50 - p$$

Hierbei symbolisiert B das Gesamteinkommen der Nachfrager.

a) Prüfen Sie, ob auf dem Markt ein Gleichgewicht existiert und, wenn ja, wo es liegt und ob es stabil ist.

b) Wie hängt der Gleichgewichtspreis von der exogenen Einflussgröße B ab, das heißt: Wie ändert sich p^*, wenn B um eine kleine Einheit steigt?

Aufgabe 3.9

Die Länder, die dem OPEC-Kartell angehören, haben zusammen einen wesentlichen Anteil am weltweiten Angebot an Rohöl.

a) Reagiert die weltweite Rohölangebotsmenge in der kurzen Frist vermutlich eher relativ elastisch oder unelastisch auf Preisänderungen des Öls?

b) Reagiert die weltweite Rohölnachfragemenge in der kurzen Frist vermutlich eher relativ elastisch oder unelastisch auf Preisänderungen des Öls?

c) Skizzieren Sie ein Marktdiagramm, das die kurzfristige Angebots/Nachfrage-Konstellation auf dem Weltrohölmarkt darstellt.

Die OPEC-Länder erwägen nun durch eine Reduzierung ihres Angebots den Ölpreis in die Höhe zu treiben, um dadurch ihre Erlöse aus dem Ölverkauf zu erhöhen (wie in den beiden Ölkrisen 1973/74 und 1979/80).

d) Wie schlägt sich eine solche Angebotsverknappung in Ihrem Marktdiagramm c) nieder?

e) Reagiert der Preis vergleichsweise stark oder schwach auf das sinkende Angebot? Wie lässt sich das begründen?

f) Wie ändern sich infolge der Angebotsverknappung in Ihrer graphischen Darstellung die Erlöse der Anbieter (Marktumsatz), und warum gerade in dieser Weise?

g) Welche langfristigen Wirkungen wird die Angebotsverknappung vermutlich auslösen und wie wird sich die Angebots/Nachfrage-Konstellation demzufolge in der langen Frist ändern?

Aufgabe 3.10

Das folgende Diagramm zeigt die indexierte zeitliche Entwicklung des Verbrauchs ("Consumption") und des Preises ("Price") von Eisen (Quelle: Pindyck/Rubinfeld: Microeconomics; S. 29).

Obwohl eine starke Verbrauchszunahme zu beobachten ist, hat sich der Eisenpreis im dargestellten Zeitraum nicht erhöht. Wie kann dieses Phänomen anhand eines Marktdiagramms (mit Angebots- und Nachfragekurven) erklärt werden?

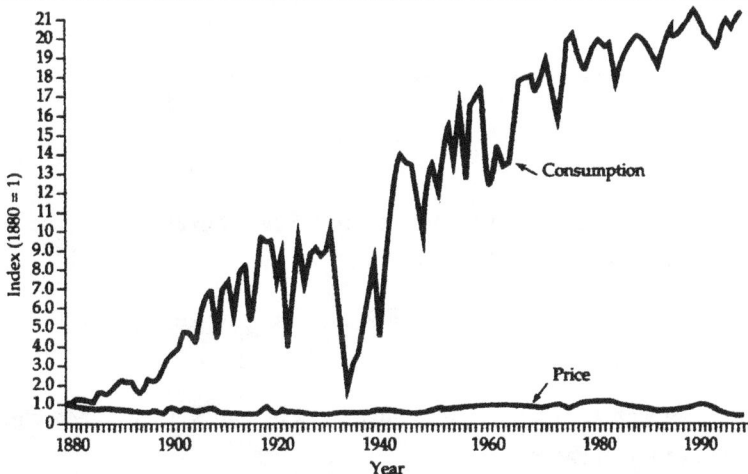

Figure 2.8   Consumption and Price of Iron, 1880–1995. Annual consumption has increased about twentyfold, but the real (inflation-adjusted) price has not changed much.

Aufgabe 3.11

Auf einem Markt ist der im folgenden Diagramm dargestellte Nachfrage-
kurvenverlauf festgestellt worden. Das Marktangebot folgt der Funktion
$x^A(p) = b \cdot (p - 1)$; sie kann auch in das Diagramm eingezeichnet werden.
Geben Sie bei Ihren Antworten jeweils Begründungen an!

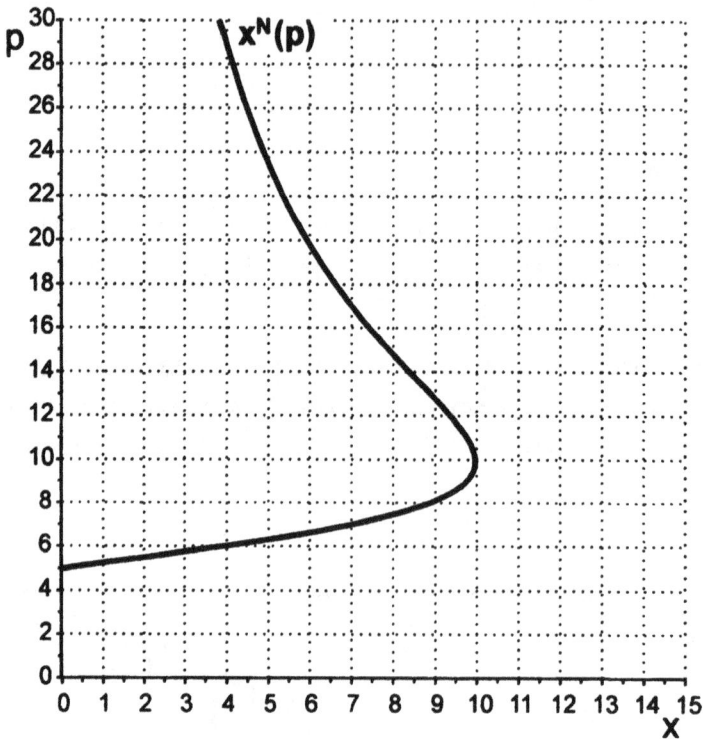

a) Äußern Sie sich zur Existenz, Stabilität und Eindeutigkeit eines Marktgleichgewichtes für den Fall $b = 3/4$.

b) Äußern Sie sich zur Existenz, Stabilität und Eindeutigkeit eines Marktgleichgewichtes für den Fall $b = 9/7$.

c) Äußern Sie sich zur Existenz, Stabilität und Eindeutigkeit eines Marktgleichgewichtes für den Fall $b = 2$.

d) Ermitteln Sie für eines der in a) bis c) gefundenen Gleichgewichte den
   Zahlenwert der Preiselastizität der Nachfrage und interpretieren Sie diesen.

Aufgabe 3.12

In der Kiesgrube von Plantschhausen hat sich ein kleiner Teich gebildet, in dem die Dorfbewohner in ihrer Freizeit gerne kostenfrei baden. Deren aggregierte hypothetische Zahlungsbereitschaft für das Schwimmen wird durch die Marktnachfragefunktion $x^N(p) = 6 - p$ beschrieben. Die Marktangebotsfunktion für Schwimmdienstleistungen (beim Bau zusätzlicher Schwimmbäder) lautet $x^A(p) = 7 + p$. (Lösen Sie diese Aufgabe bitte formal!)

a) Existiert auf dem Markt ein eindeutiges und stabiles Gleichgewicht?

b) Wie könnte die Marktsituation erklärt beziehungsweise begründet werden? Ist sie realistisch?

Nun steige die Nachfrage nach Schwimmdienstleistungen auf dem betrachteten Markt durch das Hinzukommen von Nachfragern aus den Nachbargemeinden, so dass die neue Marktnachfragefunktion jetzt $x^{N'}(p) = 9 - p$ lautet.

c) Was gilt nun hinsichtlich der Existenz, Eindeutigkeit und Stabilität des Marktgleichgewichtes?

d) Welcher Marktumsatz kommt zustande?

e) Welcher Zahlenwert wird sich für die Preiselastizität der Nachfrage auf dem Markt ergeben, und was besagt der Wert?

Aufgabe 3.13

Erläutern Sie die kurz- und langfristigen Wirkungen eines staatlich festgesetzten Mindestpreises.

Aufgabe 3.14

Welche Wirkungen haben a) Höchstpreise und b) Mindestpreise auf den Wettbewerb der Marktteilnehmer (Anbieter und Nachfrager)?

Aufgabe 3.15

Auf dem Devisenmarkt gelte für die Nachfrage nach dem *Pfund Sterling* (£) folgende Nachfragefunktion:

$$x^N(p) = m - n \cdot p$$

wobei m = 1200 und n = 200 (jeweils in geeigneten Maßeinheiten). Die den *Euro* (€) regulierenden Zentralbanken sorgen annahmegemäß dafür, dass der Preis (Wechselkurs) des Pfundes stets bei $\bar{p} = 2$ € /£ liegt.

a) Skizzieren Sie den Verlauf der Nachfragekurve in einem Marktdiagramm.

b) Welche Menge x an Pfund Sterling wird auf dem Markt umgesetzt?

c) Welchen Zahlenwert hat die Preiselastizität der Nachfrage?

d) Was besagt der in c) ermittelte Elastizitätswert?

e) Wie ändert sich die Preiselastizität, wenn sich die Nachfrage derart ändert, dass nun m = 900 und n = 150 ? Ergänzen Sie Ihr Diagramm. Welche Regelmäßigkeit erkennen Sie?

Aufgabe 3.16

Wie lässt sich der scheinbare Widerspruch der beiden folgenden Aussagen auflösen?:

> *Je höher der Preis auf einem Markt ist, desto größer ist das Angebot. Je größer aber das Angebot ist, desto niedriger ist der Preis.*

Aufgabe 3.17

In den Ruhr-Nachrichten vom 7.12.2000 war angesichts aufgetretener Fälle von Rinderwahnsinn (BSE) auf der ersten Seite in dem Beitrag "Rindfleisch-Branche ist schwer angeschlagen" unter anderem das Folgende zu lesen:

Der deutsche Rindfleischmarkt liegt nach eigenen Angaben am Boden. An der prekären Situation für die Rindfleischbranche änderten auch Sofortmaßnahmen zum Schutz vor BSE bisher nichts. "Wir haben weiter schlachtfreie Tage. Momentan fahren wir nur 25 Prozent unserer eigentlichen Produktion", erklärte gestern Peter Schwein-steiger, Sprecher der Westfleisch eG aus Münster. ... Die Rinder würden von den Schlachthöfen nicht mehr angenommen ... Ein Kalb, das vor drei Wochen noch für 400 Mark veräußert werden konnte, erziele derzeit kaum 90 Mark ...

Erklären Sie die hier zum Ausdruck gebrachten Veränderungen der Marktlage anhand des mikroökonomischen Konkurrenzmarktmodells. Gehen Sie dabei von normal verlaufenden und linearen Kurven des Angebots und der Nachfrage aus. Interpretieren Sie die beschriebene Produktionseinschränkung als Rückgang der Markttransaktionsmenge von $x = 100$ auf $x = 25$ und den Einbruch bei den Kälberpreisen als Rückgang des Gleichgewichtspreises p auf dem Rindfleisch-markt.

a) Skizzieren Sie die möglichen Angebots- und Nachfragekurven (Geraden) des Rindfleischmarktes in einem Marktdiagramm (mit Angabe der oben genannten Daten).

b) Erklären Sie, welche exogenen und welche endogenen Variablen sich wie geändert haben.

c) Ermitteln Sie aus den beiden bekannten Datenpunkten (z.B. mittels linearer Interpolation) die Funktionsgleichung der Marktangebotsfunktion.

d) Ermitteln Sie die Preiselastizität des Angebots im anfänglichen Marktgleich-gewicht, also vor dem BSE-Schock. Was bringt der Elastizitätswert zum Aus-druck?

Aufgabe 3.18

Ein Konkurrenzmarkt werde beschrieben durch die Angebotsfunktion $x^A(p) = 2p - 6$ und die Nachfragefunktion $x^N(p) = 10 + m - p$. Hierbei sei m jene Menge des Gutes, die der Staat auf dem Markt nachfragt.

Ermitteln Sie zunächst das Marktgleichgewicht und den Marktumsatz für den Fall, dass der Staat die Menge m = 2 nachfragt. Dann möge der Staat seine Nachfrage auf m = 5 mit dem Ziel erhöhen, den Marktumsatz (und damit die Erlöse der Anbieter) zu vergrößern. Erreicht die Maßnahme ihr Ziel?

Aufgabe 3.19

Die Nachfrage auf einem Markt werde beschrieben durch die Funktion

$$x^N(p) = I^N - n \cdot p \, , \quad \text{mit } n = 2$$

Hierbei bezeichnet $I^N = 20$ die Anzahl der Nachfrager auf dem Markt.

a) Wie ändert sich die Preiselastizität der Nachfrage, wenn zwei neue, zusätzliche Nachfrager auf den Markt kommen? Sie können die Frage allgemein oder für einen beliebigen Preis p beantworten.

b) Welchen Zahlenwert hat die Preiselastizität der Nachfrage bei p = 5, wenn die Nachfragerzahl $I^N = 20$ beträgt?

c) Wo liegt das Gleichgewicht des Marktes, falls die Marktangebotsfunktion $x^A(p) = [a \cdot p - b] \cdot I^A$ lautet? $I^A = 18$ ist die Anzahl der Anbieter; zudem ist a = 1 und b = 9. I^N ist weiterhin gleich 20.

d) Wie ändert sich das in c) ermittelte Marktgleichgewicht, wenn sich die Anbieterzahl auf $I^A = 23$ erhöht?

e) Wie ändert sich die Preiselastizität des Marktangebots, infolge der Eintritte zusätzlicher Anbieter?

Aufgabe 3.20

In der Zeitschrift "Capital" (Heft 10/1988, S. 10) war in einem Beitrag über den Rohölmarkt folgende Aussage über die Absatzsituation der Organisation Erdöl exportierender Staaten (OPEC) zu lesen:

Mit einer Tagesleistung von 20 Millionen Barrel (b) produziert die OPEC mehr als die vereinbarte Obergrenze von 16,6 Millionen Barrel. Konsequenz: Anstatt des OPEC-Richtpreises von 18 Dollar je Barrel liegt der Ölpreis bei 14,90 $/b.

a) Erklären Sie die dargestellten Umstände anhand eines Marktdiagramms.

b) Ermitteln Sie den Verlauf der Marktnachfragefunktion im betrachteten Bereich mittels Linearer Interpolation.

c) Berechnen Sie aus den genannten Daten den Zahlenwert der Preiselastizität der Nachfrage.

d) Bei welcher Höhe des Ölpreises wäre der Marktumsatz (Preis mal Transaktionsmenge) maximal? Verwenden Sie Ihre geschätzte Nachfragefunktion aus b) und begründen Sie Ihre Herleitung.

Aufgabe 3.21

Nennen und erläutern Sie die positiven Eigenschaften und Vorzüge des Preismechanismus sowie der durch ihn bewirkten Marktgleichgewichte.

Aufgabe 3.22

Die Angebotsfunktion auf dem Goldmarkt laute:

$$x^A(p; \overline{x}^{AZ}) = a \cdot p - b + \overline{x}^{AZ} \text{, mit } a = 3 \text{ und } b = 14$$

Hierbei bezeichnet der Parameter $\overline{x}^{AZ} = 2$ das zusätzliche Goldangebot der Zentralbanken (diese verkaufen seit geraumer Zeit Teile ihrer Goldreserven auf dem freien Markt). – Die Marktnachfragefunktion setzt sich aus zwei Komponenten zusammen: Zum einen die Goldnachfrage der Privaten (z.B. Münzen):

$$x^{NP}(p) = m^P - n^P \cdot p \text{, mit } m^P = 3 \text{ und } n^P = 0,25$$

Zum zweiten die Goldnachfrage der Schmuckindustrie:

$$x^{NS}(p) = m^S - n^S \cdot p \text{ , mit } m^S = 9 \text{ und } n^S = 0,75$$

a) Skizzieren Sie den Verlauf der Goldangebotsfunktion in folgendem Diagramm. Geben Sie dabei insbesondere auch etwaige Achsenschnittpunkte und Steigungen an:

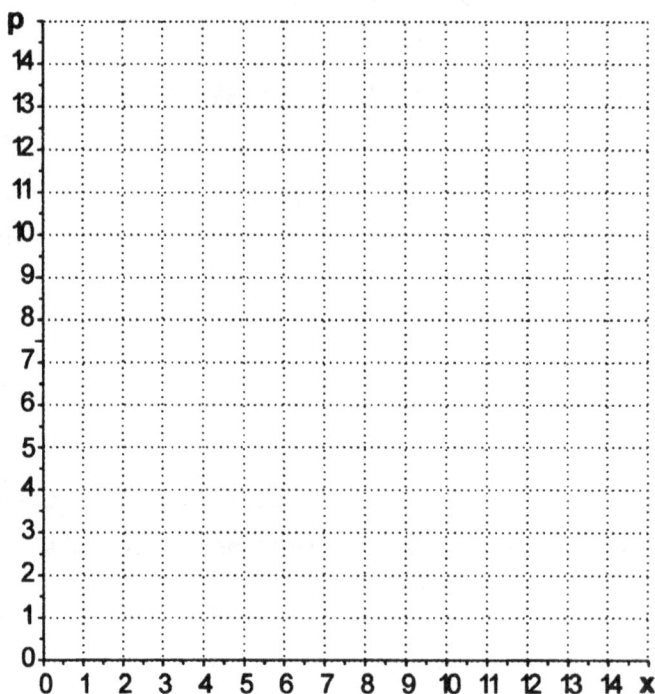

b) Aggregieren Sie die beiden Teilnachfragen zur Gesamtnachfragefunktion $x^N(p)$ des Goldmarktes. Wie lautet die Goldnachfragefunktion? (Herleitung zeigen!)

c) Skizzieren Sie den Verlauf der Goldnachfragefunktion in obigem Diagramm. Geben Sie dabei insbesondere auch etwaige Achsenschnittpunkte und Steigungen an.

d) Ermitteln Sie das Gleichgewicht und die Höhe des Umsatzes auf dem Goldmarkt.

e) Welchen Zahlenwert hat die Preiselastizität der Goldnachfrage im Marktgleichgewicht? (Mit Herleitung/Begründung!)

f) Wie ändert sich das Goldmarktgleichgewicht, wenn die Zentralbanken ihre Angebotsmenge verdoppeln?

Aufgabe 3.23

Das folgende Diagramm soll der Analyse eines landwirtschaftlichen Marktes (etwa des Kartoffelmarktes) dienen:

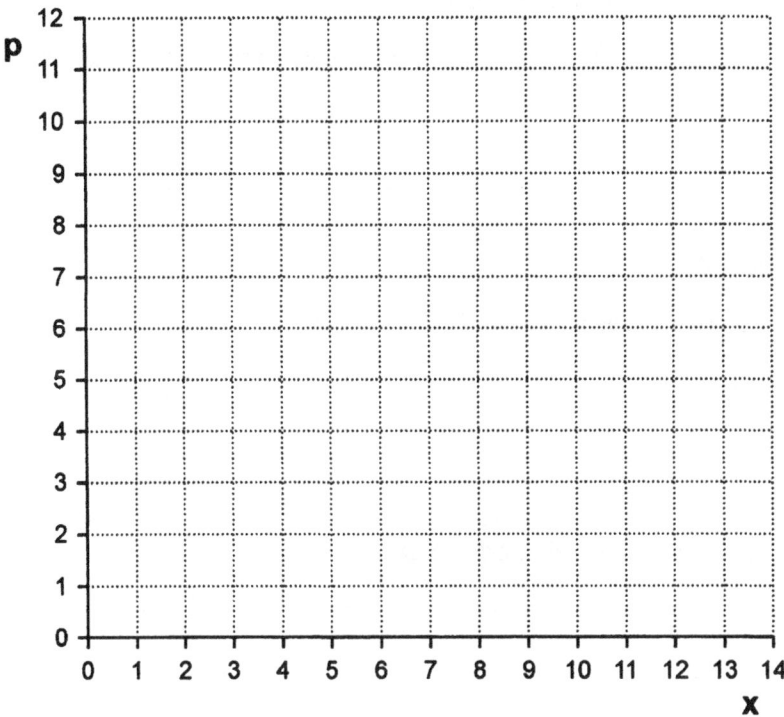

In der Periode 1 komme das preisunabhängige (starre) Angebot $\bar{x}^A_{(1)} = 6$ auf den Markt. Es wird zum Preise $p^*_{(1)} = 4,5$ vollständig (markträumend) aufgenommen. In der Periode 2 kommt es durch günstige Wetterbedingungen zu einer sehr guten Ernte, die das Angebot auf $\bar{x}^A_{(2)} = 8$ ansteigen lässt. Bei unveränderter Nachfrage sinkt der markträumende Preis dadurch auf $p^*_{(2)} = 3$.

a) Zeichnen Sie die beiden Marktgleichgewichte in das Preis-/Mengen-Diagramm ein. Ermitteln Sie sodann die Funktionsgleichung $x^N(p)$ der die beiden Punkte verbindenden linearen Marktnachfragekurve mittels linearer Interpolation.

b) Wie hoch ist der Marktumsatz U^* im Marktgleichgewicht $(p_{(1)}^*, \overline{x}_{(1)}^A)$? Heben Sie den Marktumsatz im Diagramm hervor und kennzeichnen Sie ihn.

c) Wie hoch ist der Marktumsatz U* im Marktgleichgewicht $(p_{(2)}^*, \overline{x}_{(2)}^A)$? Heben Sie den Marktumsatz im Diagramm hervor und kennzeichnen Sie ihn.

d) Vergleichen Sie die Ergebnisse in den beiden Marktgleichgewichten. Wie hat sich insbesondere der Marktumsatz – und damit auch das Einkommen der Landwirte – infolge der guten Ernte verändert?

e) Woran liegt das? Welche Rolle spielt insbesondere die Preiselastizität der Nachfrage?

Aufgabe 3.24

Welche Aufgaben beziehungsweise Funktionen erfüllen

a) Preise und

b) Gewinne

beim Marktmechanismus?

(Antworten Sie bitte mit ausführlichen Erläuterungen!)

Aufgabe 3.25

Die Nachfrage nach Parkplätzen in der Dortmunder Innenstadt zu Beginn des Jahres 2003 werde vereinfacht beschrieben durch die im folgenden Diagramm dargestellte Funktion. Dabei kann p als Preis (Parkgebühr pro Stunde Parkzeit für einen Personenkraftwagen) und x als nachgefragte Menge an Parkplätzen interpretiert werden. (Hinweis: Bekanntlich spiegelt eine Marktnachfragekurve die Verteilung der Zahlungsbereitschaften der Nachfrager für ein Gut wieder).

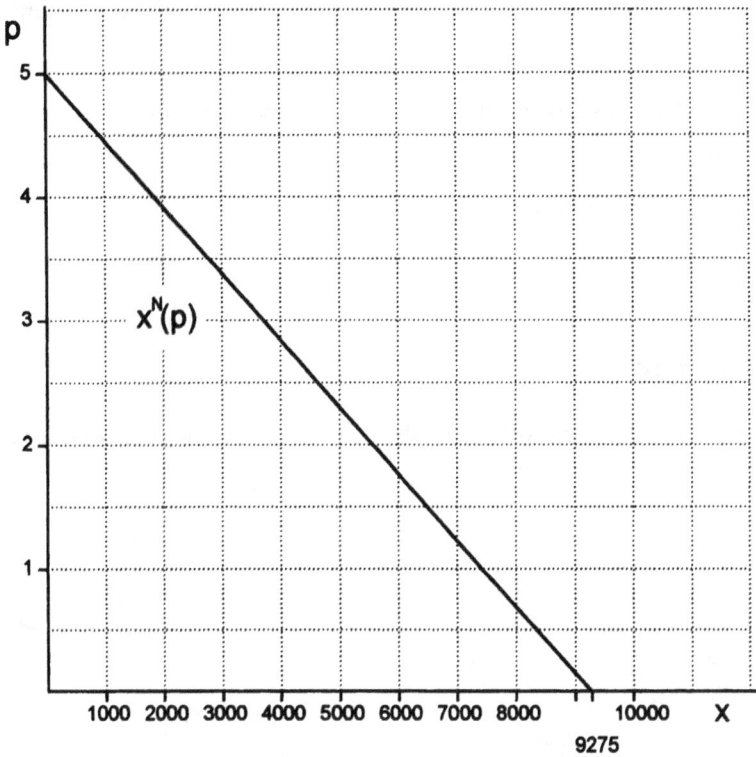

a) Wie lautet die mathematische Beschreibung der Nachfragekurve, also die Marktnachfragefunktion?

Nach Auskunft des Dortmunder Planungsamtes gab es Anfang 2003 in der Dortmunder Innenstadt 7420 öffentliche Parkplätze.

b) Wie lautet die Angebotsfunktion? Zeichnen Sie diese auch in das Diagramm ein.

c) Wo liegt demnach das Marktgleichgewicht? Leiten Sie es formal her!

d) Wie hoch ist der Marktumsatz im Marktgleichgewicht? Stellen Sie diesen Marktumsatz U^* im Diagramm graphisch dar, und kennzeichnen Sie ihn.

e) Ist U^* der maximal mögliche Umsatz auf dem hier betrachteten Markt?

f) Ermitteln Sie den Zahlenwert der Preiselastizität der Nachfrage im Marktgleichgewicht.

g) Was bringt dieser Elastizitätswert zum Ausdruck?

h) Welchen Zahlenwert hat die Preiselastizität des Angebots im Marktgleichgewicht?

i) Schraffieren und kennzeichnen Sie im Diagramm den Gesamtnachfragervorteil. Wie hoch ist er?

j) Was gibt der Gesamtnachfragervorteil an?

Aufgabe 3.26

Das folgende Diagramm soll der Analyse des weltweiten Kaffee-Marktes dienen:

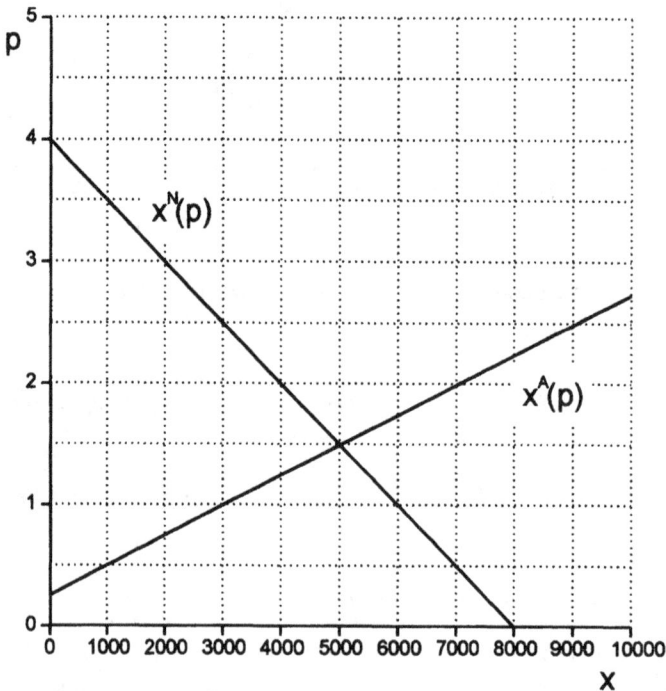

a) Ermitteln Sie die Funktionsgleichungen für die Angebotskurve $x^A(p) = a \cdot p - b$
   und für die Nachfragekurve $x^N(p) = m - n \cdot p$ des Kaffeemarktes.

b) Wo liegt das Marktgleichgewicht? (Herleitung zeigen!)

c) Wie hoch ist der Marktumsatz im Marktgleichgewicht? Heben Sie diesen Marktumsatz im Diagramm graphisch hervor und kennzeichnen ihn.

d) Ermitteln Sie den Zahlenwert der Preiselastizität der Nachfrage im Marktgleichgewicht. Was sagt uns dieser Elastizitätswert?

Nun kommt es zu einer Missernte in Brasilien, dem weltgrößten Kaffeeproduzenten. Dadurch verändert sich der Funktionsparameter b der Kaffeeangebotskurve auf b' = 4000.

e) Zeichnen Sie die neue Angebotskurve in das Marktdiagramm ein. Wie nennt man einen solchen Einfluss auf das Marktgleichgewicht?

f) Welche Wirkung geht von der Missernte auf das Marktgleichgewicht aus? Wie haben sich die Einnahmen der Kaffeeproduzenten verändert?

g) Um die Einnahmen der Kaffeproduzenten (wieder oder weiter) zu erhöhen, wird nun von seiten der betroffenen Länder erwogen, einen Teil der verbliebenen Ernte zu vernichten. Wie würde sich das im obigen Marktdiagramm auswirken? Zeichnen Sie beispielhaft die Änderung ein und kennzeichnen Sie sie. Wie änderten sich die Einnahmen der Kaffeeproduzenten?

Aufgabe 3.27

Im folgenden Diagramm sind die Kostenkonstellationen der beiden preisinabilen Anbieter eines Gutes dargestellt.

a) Kennzeichnen Sie die Kurven.

b) Heben Sie zeichnerisch die Angebotskurven der beiden Anbieter hervor und kennzeichnen Sie diese. Wodurch sind einzelwirtschaftliche Angebotskurven bestimmt?

c) Konstruieren Sie die aggregierte Angebotskurve (Marktangebotskurve) im rechten Diagramm. Wie gehen Sie dabei vor?

d) Die Nachfragefunktion auf dem Markt laute: $x^N(p) = 16 - 0{,}5 \cdot p$. Zeichnen Sie diese mit in das rechte Diagramm und kennzeichnen Sie sie.

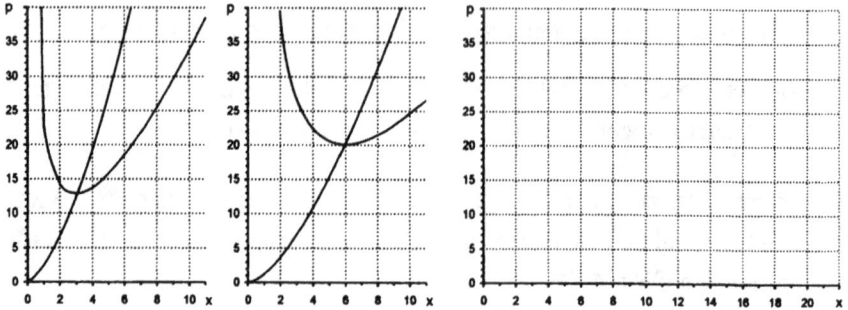

e) Äußern Sie sich zur Existenz, Eindeutigkeit und Stabilität des Marktgleichgewichtes im vorliegenden Fall.

Aufgabe 3.28

Auf einem Markt gebe es nur zwei Anbieter, die ein bestimmtes Produkt unter
den Bedingungen vollkommener Konkurrenz anbieten (Preisnehmerverhalten,
preisinabile Unternehmen). Die beiden Anbieter i = 1, 2 haben folgende
quadratische Kostenfunktionen $K^i(x)$:

$$K^1(x) = x^2 \quad , \quad K^2(x) = 2x^2$$

Fixkosten und Preisuntergrenzen spielen hier somit keine Rolle.

a) Wie lautet die Angebotsfunktion des ersten Unternehmens?

b) Wie lautet die Angebotsfunktion des zweiten Unternehmens?

c) Zeichnen Sie die Angebotskurven der Unternehmen in die beiden linken
   Diagramme auf der folgenden Seite ein.

d) Ermitteln Sie dort graphisch oder formal den Verlauf der aggregierten
   Angebotskurve der beiden Unternehmen (Marktangebotskurve). Zeichnen Sie
   deren Verlauf in das rechte Diagramm.

e) Die Marktnachfrage nach dem betrachteten Gut folge der Funktion
   $x^N(p) = 21 - p$. Existiert ein Marktgleichgewicht? Falls ja: Wo liegt es?
   (Formal oder graphisch ermitteln!)

f)   Welche Preiselastizität weist das Marktangebot im Marktgleichgewicht auf?
     (Geben Sie auch eine Erklärung!)

g)   Ermitteln Sie formal oder graphisch den Zahlenwert der Preiselastizität der
     Marktnachfrage im Marktgleichgewicht. Was besagt dieser Elastizitätswert?

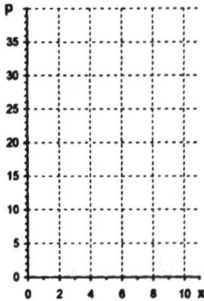

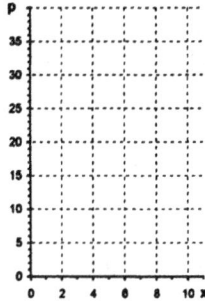

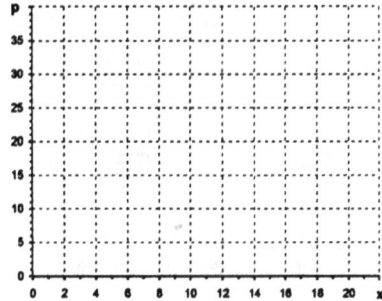

Aufgabe 3.29

Ein Markt sei durch die folgende Angebots- und Nachfragefunktion beschrieben:

$$x^A(p) = \frac{1}{2} \cdot p - 10$$

$$x^N(p) = 50 - \frac{1}{2} \cdot p$$

a)   Tragen Sie die beiden Funktionen in das linke folgende Diagramm ein.
     Kennzeichnen Sie Kurven und Achsen.

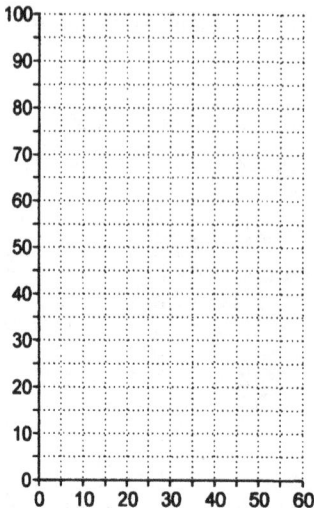

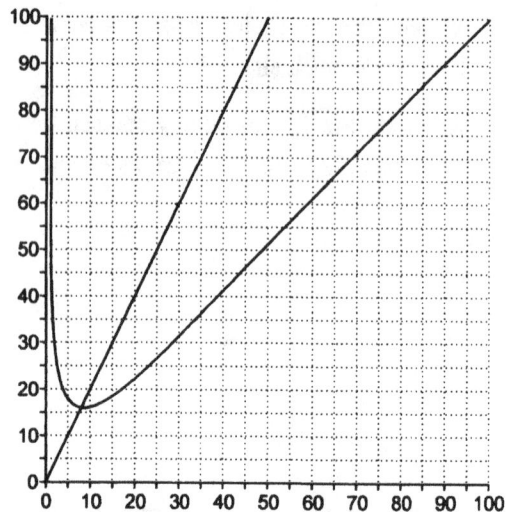

b) Wie hoch sind der Gleichgewichtspreis und die Gleichgewichtsmenge?

c) Im rechten Diagramm ist die Grenz- und die Durchschnittskostenfunktion zur
    Kostenfunktion $K(x) = x^2 + 60$ eines preisinabilen Anbieterunternehmens
    dargestellt. Bestimmen Sie sowohl zeichnerisch als auch rechnerisch die
    gewinnmaximierende Ausbringungsmenge sowie Durchschnittskosten,
    Durchschnittsgewinn und Gesamtgewinn im Gewinnmaximum.

d) Nun greift der Staat in diesen Markt ein. Er legt einen Preis in Höhe von
    p = 40 fest. Um was für einen Preis handelt es sich? (Mit Begründung!)

e) Welche Auswirkungen hat dieser Markteingriff seitens des Staates auf das in
    c) betrachtete Unternehmen in Bezug auf die gewinnmaximierende
    Ausbringungsmenge sowie Durchschnitts- und Gesamtgewinn?

4. Angebot bei Preisabilität und auf unvollkommenen Märkten

4.1. Reines Monopol

Aufgabe 4.1

Ein preisabiler Anbieter kenne nur seine unten wiedergegebene preisisoelastische Preis/Absatz-Kurve p(x) und seine Grenzkosten, die unabhängig von der Ausbringungsmenge $'_x K = 5$ betragen, also konstant sind. Ermitteln Sie auf möglichst einfache Weise den gewinnmaximierenden Preis des Anbieters.

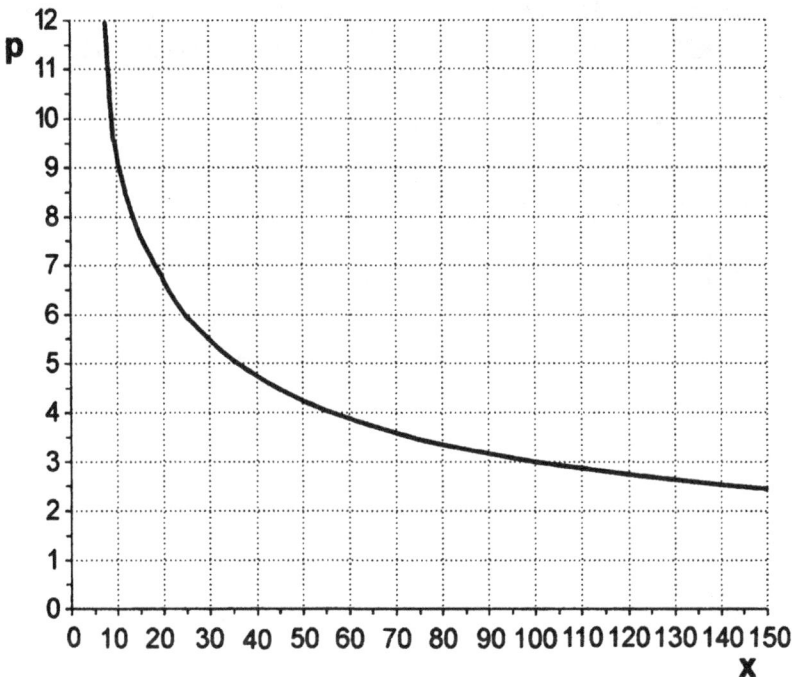

Aufgabe 4.2

Ein preisabiler Anbieter glaubt, seine Kostensituation lasse sich angemessen durch die Kostenfunktion $K(x) = 4x + 3$ beschreiben.

Äußern Sie sich

a) zur Lage des Durchschnittskostenminimums (beziehungsweise der Preisunter-
    grenze) des Anbieters;

b) zur Lage seines Gewinnmaximums für den Fall einer Preis/Absatz-Funktion
    $p(x) = 12 - 0,1 \cdot x$

Aufgabe 4.3

Die Firma Procter & Gamble ist in den USA der einzige Anbieter der Zahncreme
"Crest". Die Preiselastizität der Nachfrage beziehungsweise des Absatzes liegt
schätzungsweise bei –7. (Quelle: Pindyck/Rubinfeld, Microeconomics, S. 434f)
Die Kostenfunktion der Crest-Produktion habe näherungsweise den im folgenden
dargestellten Verlauf. Welches ist der gewinnmaximierende Preis pro Tube
Crest?

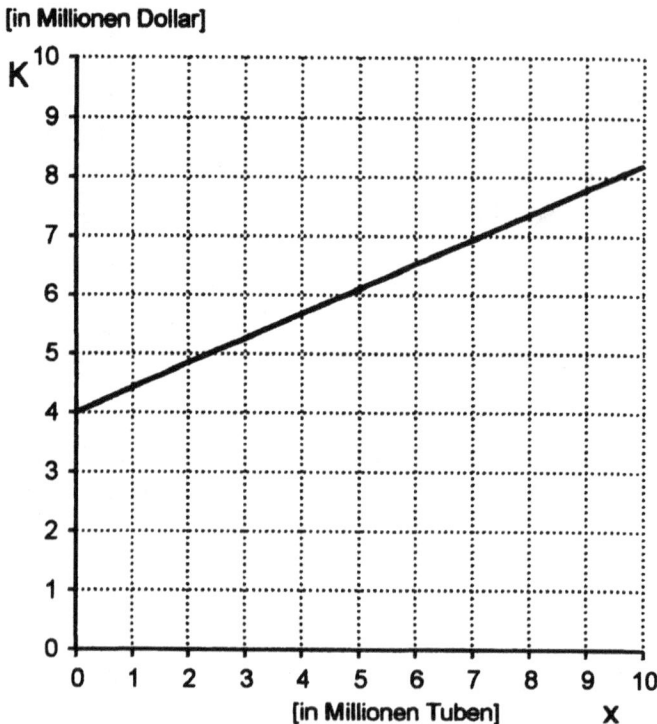

Aufgabe 4.4

Ein Monopolist hat in seinem Absatzbereich die folgenden vier Kombinationen aus Preis p und Absatzmenge x gemessen:

p	145	126	199	164
x	12	16	10	14

a) Ermitteln Sie die lineare Regressionsgleichung seiner Preis/Absatz-Funktion, nämlich: $p(x) = n - m \cdot x$. Beurteilen Sie auch die Qualität der Regression anhand des Bestimmtheitsmaßes. Verwenden Sie die nachfolgende Berechnungstabelle.

b) Skizzieren Sie qualitativ den Verlauf der in a) ermittelten Preis/Absatz-Kurve in einem Diagramm (Achsen, Kurven und Punkte eindeutig kennzeichnen!):

c) Welchen Zahlenwert hat die Preiselastizität des Absatzes, $\varepsilon(x{:}p)$, beim Preisniveau $p = 57{,}70$?

d) Was besagt dieser Elastizitätswert?

e) Die Durchschnittskosten des Monopolisten sind unabhängig von der Ausbringungsmenge und betragen $k = 48{,}50$. Welchen Preis muss der Monopolist setzen, damit er beim Absatz des Gutes den maximalen *Erlös* realisiert? Begründen Sie Ihre Antwort ausführlich!

(1) Datenpunkt-nummer i	(2) x_i	(3) y_i	(4) x_i^2	(5) y_i^2	(6) $x_i \cdot y_i$
1					
2					
3					
4					
5					
6					
7					
8					
9					
10					
$\Sigma =$					
$\Sigma / n =$					
$n =$	$= \bar{x}$	$= \bar{y}$	$V_X =$	$V_Y =$	$C_{XY} =$
	$\alpha =$	$\beta =$			
$y =$	+	$\cdot x$	$r =$	$r^2 = B =$	

Aufgabe 4.5

Ein Monopolist hat in seinem Absatzbereich die folgende Preis/Absatz-Funktion ermittelt:

$$p(x) = 288,5 - 10x$$

Die Durchschnittskosten sind unabhängig von der Ausbringungsmenge und betragen $k = 48,50$. Welchen Preis muss der Monopolist setzen, damit er beim Absatz des Gutes den maximalen *Gewinn* realisiert? Begründen Sie Ihre Antwort ausführlich!

Aufgabe 4.6

Nehmen Sie Stellung zu der folgenden Behauptung:

Ein um Gewinnmaximierung bemühter preisabiler Anbieter wird stets im preiselastischen Bereich seiner Preis/Absatz-Kurve anbieten.

Aufgabe 4.7

Auf einem Markt sei der im folgenden Diagramm dargestellte Nachfrage-kurvenverlauf festgestellt worden. Dieser lässt sich durch die Nachfragefunktion $x^N(p) = 40 - 2p$ beschreiben. Der Markt werde von nur einem Anbieter (Monopolist) beliefert, der die Kostenfunktion $K(x) = 0,5 \cdot x^2 + 10$ habe.

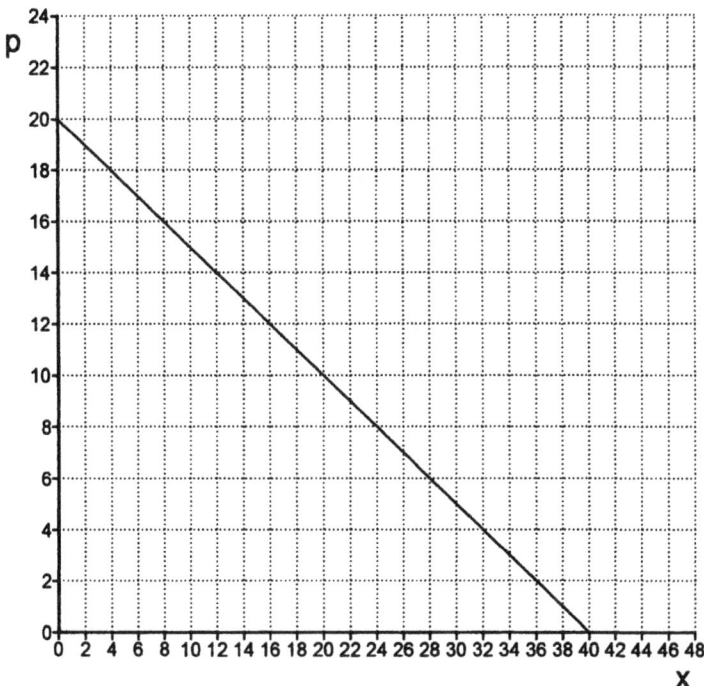

a) Ermitteln Sie die Erlösfunktion und die Grenzerlösfunktion des Anbieters.

b) Bestimmen Sie rechnerisch die gewinnmaximierende Ausbringungsmenge und den Monopolpreis. Tragen Sie die relevanten Kurven und die ermittelten Punkte in das Diagramm ein und kennzeichnen Sie sie. (Anmerkung: Bei der gewinnmaximierenden Ausbringungsmenge möge der Anbieter annahmegemäß einen positiven Gewinn erwirtschaften; dieser braucht aber graphisch nicht dargestellt zu werden).

Nun zerschlägt die Wettbewerbsbehörde das Monopolunternehmen in fünf zueinander in Konkurrenz stehende Einzelunternehmen. Diese mögen jeweils gleiche Kostenstrukturen haben, die im Aggregat der (Grenz-)Kostenfunktion des Monopolisten entsprechen. (Anmerkung: Im Folgenden kann von Angebotsschwellen abgesehen werden).

c) Berechnen Sie die neue Marktsituation und tragen Sie die Ergebnisse in das Diagramm ein, und zwar

   i. die Marktangebotsfunktion,

   ii. den Marktgleichgewichtspreis,

   iii. die Transaktionsmenge im Marktgleichgewicht.

d) Vergleichen Sie die Marktergebnisse aus b) (Monopol) und c) (Konkurrenz). Welche Unterschiede zeigen sich und wie sind diese aus Nachfragersicht zu beurteilen?

Aufgabe 4.8

Ein preisabiler Anbieter habe die Preis/Absatz-Funktion

$$p(x) = n - m \cdot x^2$$

mit den Funktionskoeffizienten m = 2 und n = 54.

a) Wie lautet seine Erlösfunktion?

b) Wie lautet seine Grenzerlösfunktion?

c) Bei welcher Ausbringungs- und Absatzmenge realisiert der Anbieter sein Erlösmaximum? (Herleitung zeigen!)

d) Ermitteln Sie die Höhe des erlösmaximierenden Preises.

e) Wie hoch ist der maximale Erlös?

f) Welchen Zahlenwert hat die Preiselastizität der Nachfrage beziehungsweise des Absatzes im Erlösmaximum? (Mit Herleitung/Begründung!)

4.2. Unvollkommene Märkte und Übergreifendes

Aufgabe 4.9

Begründen Sie, warum ein Preisdifferenzierung betreibender Anbieter nur dann seinen Gewinn maximieren kann, wenn er sicherstellt, dass

a) auf allen belieferten Teilmärkten gleiche Grenzerlöse erzielt werden und

b) zudem die Grenzerlöse den Grenzkosten der Produktion entsprechen.

Aufgabe 4.10

Erläutern Sie, wie es auf einem Markt bei monopolistischer Konkurrenz zu einem langfristigen Gleichgewicht kommt und welche Eigenschaften dieses Gleichgewicht hat.

Aufgabe 4.11

Das folgende Diagramm zeigt annahmegemäß die Kosten- und Absatzsituation eines Elektrizitätsversorgungsunternehmens nach der Liberalisierung des Strommarktes in den 1990er Jahren. p ist der nun unter Konkurrenzbedingungen auf dem Elektrizitätsmarkt zustande kommende Strompreis, gemessen in D-Mark pro Kilowattstunde [DM/kWh]. x ist die Ausbringungs- beziehungsweise Absatzmenge an elektrischer Energie, gemessen in Milliarden Kilowattstunden [Mrd. kWh]. (Anmerkung: 1 Mrd. = 1.000.000.000)

[DM/kWh]

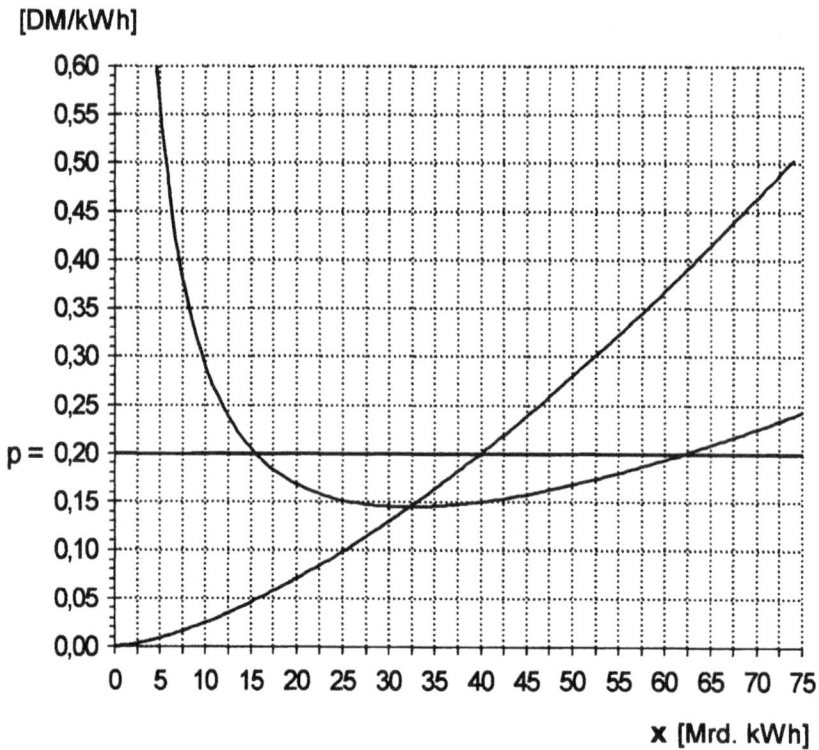

x [Mrd. kWh]

a) Ermitteln Sie graphisch die gewinnmaximierende Angebotsmenge $x^{\hat{G}}$ und die Höhe des maximalen Gewinns $\hat{G}$. Kennzeichnen Sie dabei im Diagramm alle relevanten Kurven und Punkte.

Nun möge es dem Elektrizitätsversorgungsunternehmen gelingen, (z.B. durch Inaussichtstellen gutdotierter Jobs für wohlwollende Politiker), die frühere Monopolstellung auf dem regionalen Strommarkt wieder zu erlangen. Die Strom-nachfragefunktion $x^N(p)$ sei linear und schneide die Preisachse bei 0,60 DM/kWh und die Mengenachse bei 60 Mrd. kWh.

b) Welche gewinnmaximierende Angebotsmenge und welcher Maximalgewinn ergeben sich nun? Wie hoch ist der Monopolpreis $p^{\hat{G}}$ und der Lerner'sche Monopolgrad μ_L? Kennzeichnen Sie dabei auch wieder alle relevanten Kurven und Punkte.

c) Wie hat sich das Marktergebnis (insbes. Preis, Menge, Gewinn) durch die Monopolisierung des Strommarktes verändert, und wie ist diese Veränderung unter ökonomischen Gesichtspunkten zu beurteilen?

5. Grundlagen, Methoden und Elastizitäten

Aufgabe 5.1

Welche Vorteile bietet ein theoriegestütztes Vorgehen gegenüber einem rein praktischen Vorgehen

a) bei der Erklärung wirtschaftlicher Phänomene und

b) bei der Lösung wirtschaftlicher Probleme?

Aufgabe 5.2

Welche Bedeutung hat die „Abstraktion" bei der wissenschaftlichen Erklärung realer Phänomene und der Lösung wirtschaftlicher Probleme?

Aufgabe 5.3

Was wird unter "Mikroökonomik" verstanden, und worum geht es dabei?

Aufgabe 5.4

Die Firma Nissan klagte im Jahre 1996, dass der Absatz ihres Geländewagens Terrano II binnen kurzem um fast die Hälfte "eingebrochen" sei, nachdem die Autoversicherer die Tarife für Haftpflichtversicherungen neu geordnet hatten. Die Prämien für den Allrader waren von knapp 2000 DM auf etwa 3000 DM pro Jahr erhöht worden. Dies zeige – so der Anbieter – wie "hochelastisch" die Nachfrage nach Geländewagen sei.

Was ist von dieser Aussage zu halten? Geben Sie eine ausführliche Begründung, und erklären Sie Ihre formalen und gegebenenfalls quantitativen Argumente!

Aufgabe 5.5

Das Unternehmen Reemtsma senkte im Januar 1983 den Preis p der Zigarettenmarke "West" von 3,80 auf 3,30 DM/Packung. Dadurch stieg der Absatz x binnen weniger Wochen um das Siebenfache (Quelle: Manager Magazin). Welche Elastizität kann aufgrund dieser Daten ermittelt werden und was besagt sie?

Aufgabe 5.6

Henry Schultz (The Theory and Measurement of Demand; Chicago, 1938) lieferte die folgende statistische Schätzung der Nachfragefunktion für Zucker in den USA:

$$x^N(p) = 10^{2,06} \cdot p^{-0,383}$$

a) Berechnen Sie die Preiselastizität der Zuckernachfrage beim Preis $p = 24$.

b) Was besagt der ermittelte Elastizitätswert?

Aufgabe 5.7

Im Handelsblatt Nr. 4 vom 7.1.2002 wird auf Seite 11 unter anderem berichtet, dass der Gesamterlös des DaimlerChrysler-Konzerns von 150 Milliarden Euro im Jahre 1999 auf 162 Mrd. € im Jahr 2000 gestiegen war. Die Absatzmenge an Kraftfahrzeugen sank dagegen von 4,86 Millionen Stück (1999) auf 4,75 Mio. St. (2000).

a) Ermitteln Sie die Durchschnittspreise pro Kraftfahrzeug, die DaimlerChrysler in den Jahren 1999 und 2000 realisierte.

b) Berechnen Sie aus den Daten den Zahlenwert der Preiselastizität der Nachfrage.

c) Realisierte der Konzern in Anbetracht dieser Daten seinen maximal möglichen Erlös? (Begründung geben!)

d) Ermitteln Sie den Zahlenwert der Elastizität des Erlöses in Bezug auf den Durchschnittspreis aus a).

e) Was besagt dieser Elastizitätswert?

Aufgabe 5.8

Nach einem Bericht des Handelsblatts vom 6.3.2002 (S. 1) beabsichtigte US-Präsident Bush bei 16 Produktgruppen der Stahlindustrie die Zölle um bis zu 30 Prozentpunkte anzuheben, um die heimischen Unternehmen vor der überlegenen Auslandskonkurrenz zu schützen. Nach Schätzungen der EU-Kommission könnten dadurch die Stahlimporte der USA von zuletzt 27,6 Millionen Tonnen um bis zu zehn Millionen Tonnen pro Jahr sinken.

Welche sinnvolle Elastizität lässt sich aus diesen Daten errechnen, und was besagt dieser von Ihnen berechnete Elastizitätswert?

Aufgabe 5.9

Nach Meldungen des Handelblattes vom 13.5.2002 (Seiten 10, 13) stiegen von 2000 bis 2001 die Vorstandgehälter bei der Deutschen Telekom AG um 89 Prozent. Im gleichen Zeitraum sank der Wert der Telekom-Aktie um 42 Prozent. Welcher Zahlenwert ergibt sich für die "Elastizität der Vorstandsgehälter in Bezug auf den Aktienkurs", und wie ist dieser zu interpretieren?

L. Musterlösungen

1. Haushalts- und Nachfragetheorie

1.1. Präferenzen, Budget, Konsumoptimum

Lösung 1.1

a) Siehe Diagramm:

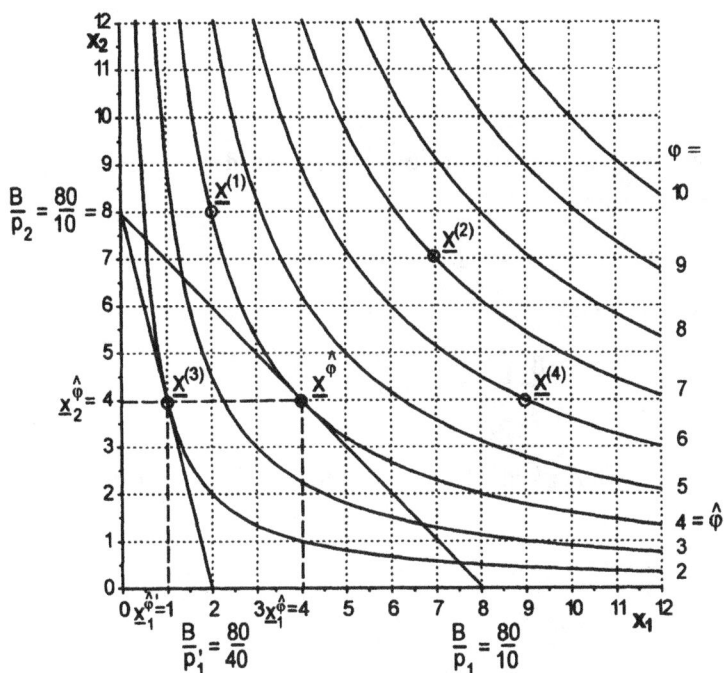

b) Je »höher« die Indifferenzkurve ist, auf der ein Güterbündel liegt, desto höher ist die Präferenz des Konsumenten für dieses Bündel: $\underline{x}^{(2)} \succ \underline{x}^{(4)} \succ \underline{x}^{(1)} \succ \underline{x}^{(3)}$

c) Die Budgetgerade ist am leichtesten über ihre Achsenabschnitte zu bestimmen. Ihr Verlauf zeigt: Der Konsument kann sich von den vier in a) genannten Güterbündeln nur $\underline{x}^{(3)}$ leisten, denn alle übrigen liegen oberhalb der Budgetgerade.

d) Optimal ist dasjenige Güterbündel auf der Budgetgerade, das auf der höchstmöglichen Indifferenzkurve liegt. Das optimale Güterbündel ist $\underline{x}^{\hat{\varphi}} = (x_1^{\hat{\varphi}}, x_2^{\hat{\varphi}}) = (4, 4)$

e) Steigt der Preis des Gutes 1, so dreht sich die Budgetgerade nach »unten-links«; siehe Diagramm. Das neue Konsumoptimum ist $\underline{x}^{\hat{\varphi}'} = (x_1^{\hat{\varphi}'}, x_2^{\hat{\varphi}'}) = (1, 4)$. Es entspricht dem Güterbündel $\underline{x}^{(3)}$.

f) Der Konsument reagiert auf Erhöhungen von p_1 *normal,* weil er im neuen Konsumoptimum von dem teurer gewordenen Gut 1 eine *geringere* Menge nachfragt.

Lösung 1.2

a) Eine Indifferenzfunktion ergibt sich durch Umstellen der Präferenzfunktion nach einer der Gütermengen:

$$\varphi = \alpha \cdot x_1 + \beta \cdot x_2$$

$$\Leftrightarrow \quad \varphi - \beta \cdot x_2 = \alpha \cdot x_1$$

$$\Leftrightarrow \quad x_1 = \frac{\varphi}{\alpha} - \frac{\beta}{\alpha} \cdot x_2 = x_1(x_2; \varphi)$$

b) Die erste Ableitung gibt Auskunft über das Steigungsverhalten der Indifferenz-kurven:

$$\frac{\partial x_1}{\partial x_2} =: {}_2^! x_1 = -\frac{\beta}{\alpha} < 0$$

Da die erste Ableitung der Indifferenzfunktion aus a) uneingeschränkt negativ ist, haben alle Indifferenzkurven der betrachteten Präferenzfunktion einen durch-gehend fallenden Verlauf (negative Steigung). Mit steigendem x_2 nimmt x_1 also ab und umgekehrt.

Da die Ableitung einen konstanten, von x_2 unabhängigen Wert hat, verlaufen die Indifferenzkurven linear (mit konstanter Steigung).

c) Die zweite Ableitung der Indifferenzfunktion gibt Auskunft über das Krüm-mungsverhalten der Indifferenzkurven. Im vorliegenden Fall ergibt sich:

$$\frac{\partial^2 x_1}{\partial x_2{}^2} =: {}''_2 x_1 = 0$$

Da die zweite Ableitung (wegen der Konstanz der ersten) stets null ist, verlaufen alle Indifferenzkurven ohne Krümmung, also linear; vgl. b). Die erforderliche Konvexität (${}''_2 x_1 > 0$) ist folglich hier nicht gegeben. Deshalb erfüllt die untersuchte Präferenzfunktion die Voraussetzung *(H2)* der mikroökonomischen Haushaltstheorie nicht: Die Grenzrate der Gütersubstitution ist konstant und nimmt nicht ab.

d) Die Skizze zeigt die in den Aufgabenteilen b) und c) gewonnenen Erkenntnisse über die Eigenschaften der Indifferenzkurven:

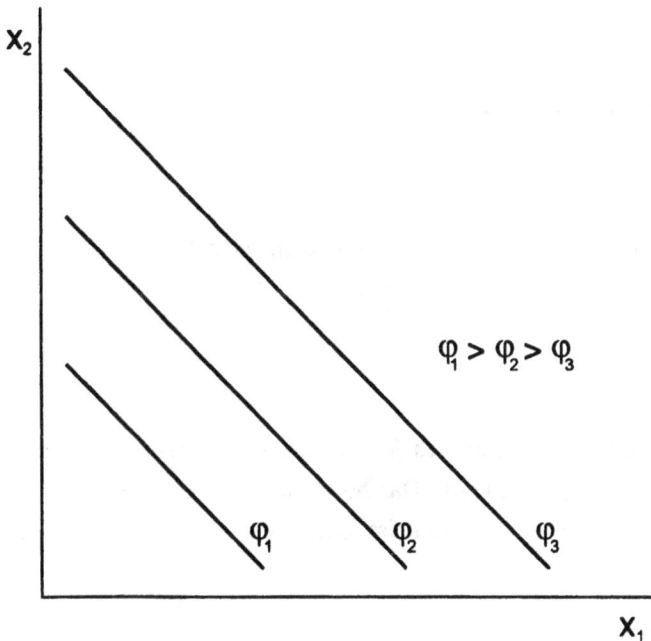

Die Vorraussetzung *(H1)*, also Unersättlichkeit, wird erfüllt. Denn das Präferenzniveau steigt im Güterraum nach »rechts-oben« hin an (formal: φ ist umso höher, je größer x_1 oder x_2 wird), und die Indifferenzkurven haben einen fallenden Verlauf.

Die Vorraussetzung *(H2)*, also Mischungsvorliebe, wird dagegen verletzt, weil sie konvexe Indifferenzkurvenverläufe fordert, siehe c).

e) Die Grenzrate der Gütersubstitution gibt zum Beispiel in der Form $\sigma_{1,2}$ an, auf wieviele Mengeneinheiten des Gutes 1 der Konsument zu verzichten bereit ist, um eine zusätzliche Einheit des Gutes 2 zu erhalten. Formal entspricht $\sigma_{1,2}$ dem Absolutbetrag der Steigung einer Indifferenzkurve in einem Punkt. Also im vorliegenden Fall mit ${}'_2 x_1$ aus b):

$$\sigma_{1,2} = \left| {}'_{x_2} x_1 \right| = \frac{\beta}{\alpha}$$

Die Gütersubstitutionsrate hängt hier nicht von x_2 ab und ist folglich konstant. Sie nimmt deshalb nicht, wie es dem "Gesetz von der abnehmenden Grenzrate der Gütersubstitution" entspricht, ab.

Lösung 1.3

a) Betrachtet man in der Präferenzfunktion

$$\varphi = 3x_1 + 3x_2^{1/2}$$

das Präferenzniveau φ als festgelegten Parameter, so erhält man durch Umstellen nach der als abhängig definierten Variablen x_1:

$$x_1 = x_1(x_2;\varphi) = \frac{\varphi}{3} - x_2^{1/2}$$

Dies ist die Indifferenzfunktion des Konsumenten, die dessen Indifferenzkurve zum Präferenzniveau φ beschreibt. Das höchstmögliche Präferenzniveau $\hat{\varphi}$ wird im Konsumoptimum erreicht. Dies ist durch die Konsumoptimumbedingung bestimmt:

$$\sigma_{1,2} = \frac{p_2}{p_1}$$

Die Grenzrate der Gütersubstitution $\sigma_{1,2}$ ist der Absolutbetrag der ersten Ableitung von x_1 nach x_2:

$$ {}'_2 x_1 = -\frac{1}{2} \cdot x_2^{-1/2}, \text{ also } \sigma_{1,2} = \frac{1}{2} \cdot x_2^{-1/2}$$

Eingesetzt in die Konsumoptimumbedingung folgt dann:

$$\frac{1}{2} \cdot x_2^{-1/2} = \frac{p_2}{p_1}$$

$$\Leftrightarrow \quad \frac{1}{2} \cdot \frac{p_1}{p_2} = x_2^{1/2}$$

$$\Leftrightarrow \quad x_2^{\hat{\varphi}} = \frac{1}{4} \cdot \left(\frac{p_1}{p_2}\right)^2 \doteq \frac{1}{4} \cdot \left(\frac{40}{10}\right)^2 = 4$$

Der Konsument wird also vier Mengeneinheiten des Gutes 2 nachfragen. Die optimale Menge des ersten Gutes erhält man durch Einsetzen von $x_2^{\hat{\varphi}}$ in die Budgetgleichung:

$$p_1 \cdot x_1^{\hat{\varphi}} + p_2 \cdot x_2^{\hat{\varphi}} = B$$

$$\Leftrightarrow \quad x_1^{\hat{\varphi}} = \frac{B}{p_1} - \frac{p_2}{p_1} \cdot x_2^{\hat{\varphi}}$$

$$\Leftrightarrow \quad x_1^{\hat{\varphi}} = \frac{B}{p_1} - \frac{p_2}{p_1} \cdot \frac{(p_1)^2}{(p_2)^2} \cdot \frac{1}{4}$$

$$\Leftrightarrow \quad x_1^{\hat{\varphi}} = \frac{B}{p_1} - \frac{1}{4} \cdot \frac{p_1}{p_2} \doteq \frac{1000}{40} - \frac{1}{4} \cdot \frac{40}{10} = 24$$

Die höchstpräferierte Menge des Gutes 1 ist somit 24. Das Konsumoptimum des Konsumenten ist folglich $(x_1^{\hat{\varphi}}; x_2^{\hat{\varphi}}) = (24; 4)$.

b) Die in der Mikroökonomik unterstellten Indifferenzkurveneigenschaften folgen aus den beiden Grundannahmen *(H1)*: Unersättlichkeit und *(H2)*: Mischungsvorliebe.

Unersättlichkeit hat zur Folge, dass alle Indifferenzkurven einen durchgehend fallenden Verlauf aufweisen (müssen). Darin kommt die Substitutivität der Güter zum Ausdruck: Ein Weniger des einen Gutes kann durch ein Mehr des anderen präferenzmäßig ausgeglichen werden. Das Steigungsverhalten kann mittels der ersten Ableitung der Indifferenzkurvenfunktion $x_1(x_2; \varphi)$ nach x_2 geprüft werden. In a) ergab sich bereits $x_1' = -1/2 \cdot x_2^{-1/2} < 0$. Deshalb haben hier alle Indifferenzkurven die geforderte Eigenschaft der negativen Steigung. *(H1)* ist also erfüllt.

Mischungsvorliebe zeigt sich im durchgehend konvexen Verlauf der Indifferenzkurven. Es gilt dann das Gesetz von der abnehmenden Grenzrate der Gütersubstitution. Das Krümmungsverhalten der Indifferenzkurven kann mit Hilfe der
zweiten Ableitung von $x_1(x_2; \varphi)$ nach x_2 untersucht werden:

$$ {}''_2 x_1(x_1; \varphi) = \frac{1}{4} \cdot x_2^{-3/2} > 0 $$

Das positive Vorzeichen zeigt eine uneingeschränkt konvexe Krümmung an. Die
Annahme (*H2*) ist somit auch erfüllt.

Unersättlichkeit kann man auch übrigens anhand von ${}'_{x_1}\varphi = 3 > 0$ und
${}'_{x_2}\varphi = 3/2\, x_2^{-1/2} > 0$ direkt zeigen.

Lösung 1.4

a)

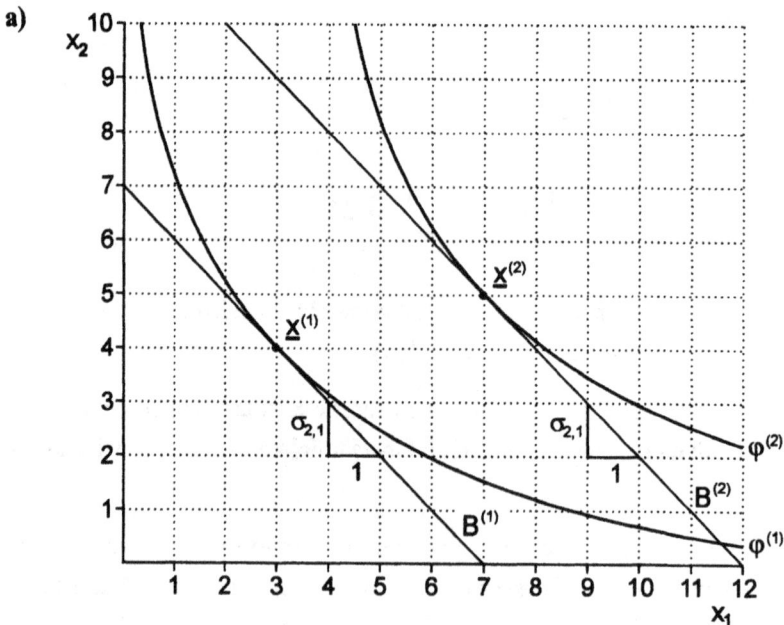

b) Die Grenzrate der Gütersubstitution entspricht dem Absolutbetrag (also ohne
negatives Vorzeichen!) der Steigung einer Indifferenzkurve in einem Punkt, zum
Beispiel $\sigma_{2,1} = \partial x_2 / \partial x_1$. Im vorliegenden Fall ist die Grenzrate in den beiden
Konsumoptima zu bestimmen. Dort tangiert jeweils die Budgetgerade die
Indifferenzkurve. Somit ist die (aufgrund der Linearität überall gleiche) Steigung

der Budgetgeraden gleich der Indifferenzkurvensteigung. Zudem sind die Steigungen in beiden Konsumoptima gleich, weil annahmegemäß von festen Güterpreisen ausgegangen wird. Die Steigungen lassen sich graphisch durch ein Steigungsdreieck ermitteln, bei dem ein Schenkel (hier ∂x_1) die Länge Eins hat. Im vorliegenden Diagramm beträgt die Granzrate der Gütersubstitution in beiden Konsumoptima $\sigma_{2,1} = 1$ (Steigung $-45°$).

c) Das Budget beziehungsweise Einkommen $B^{(2)}$ ist höher als $B^{(1)}$. Beim höheren Einkommen fragt der Konsument von beiden Gütern eine höhere Menge nach, nämlich sieben statt drei Einheiten des ersten Gutes und fünf statt vier Einheiten des zweiten Gutes. Steigende Nachfragemengen mit zunehmendem Einkommen sind das Charakteristikum *superiorer Güter*.

1.2. Marktnachfrage

Lösung 1.5

a) Die Abhängigkeit von B beschreibt die erste Ableitung:

$$\frac{\partial x_1^N}{\partial B} = \frac{\alpha}{p_1} > 0$$

Mit steigendem Budget steigt die nachgefragte Menge des Gutes 1. Solche Güter heißen *superior*. Die Steigung der Engel'schen Nachfragekurve $x_1^N(B)$ ist konstant.

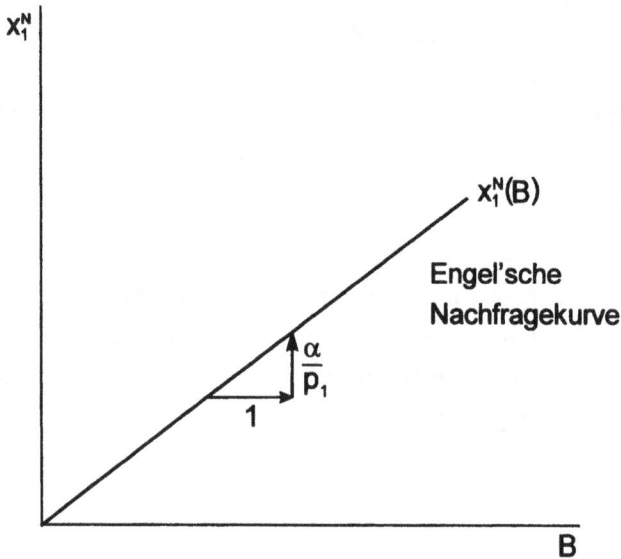

Die Budget- oder Einkommenselastizität der Nachfrage ist:

$$\varepsilon\left(x_1^N : B\right) = \frac{\partial x_1^N}{\partial B} \cdot \frac{B}{x_1^N} = \frac{\alpha}{p_1} \cdot \frac{B}{\dfrac{\alpha \cdot B}{p_1}} = 1$$

Wenn also das Einkommen der Nachfrager um ein Prozent steigt, so erhöht sich die nachgefragte Menge stets auch um ein Prozent. Die Nachfragefunktion ist *einkommensisoelastisch*.

b) Die Untersuchung der Abhängigkeit von p_2 ergibt:

$$\frac{\partial x_1^N}{\partial p_2} = 0$$

weil p_2 in der Nachfragefunktion von Gut 1 überhaupt nicht vorkommt. Solche Güter heißen *ökonomisch unabhängig*. Die Kreuznachfragekurve verläuft folglich so:

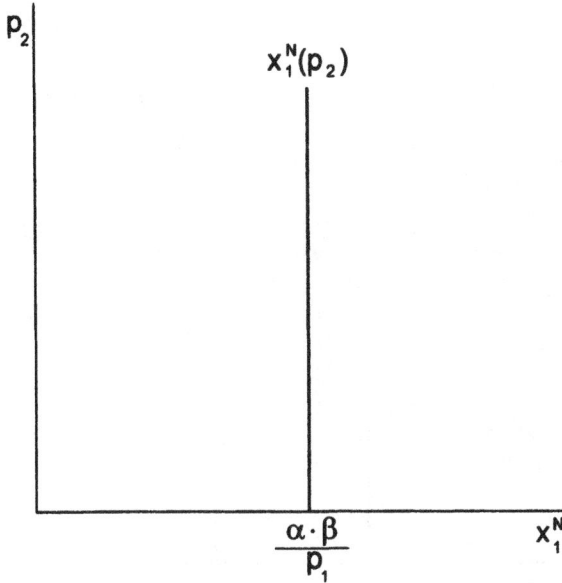

c) Abhängigkeit von p_1:

$$\frac{\partial x_1^N}{\partial p_1} = -\frac{\alpha \cdot B}{(p_1)^2} < 0$$

Mit steigendem Preis p_1 sinkt die von Gut 1 nachgefragte Menge. Eine solche Nachfrage heißt *normal*. Die Eigenpreiselastizität ist

$$\varepsilon(x_1^N : p_1) = \frac{\partial x_1^N}{\partial p_1} \cdot \frac{p_1}{x_1^N}$$

$$= -\frac{\alpha \cdot B}{(p_1)^2} \cdot \frac{p_1}{\dfrac{\alpha \cdot B}{p_1}} = -1$$

Wenn also der Preis des Gutes 1 um ein Prozent steigt, dann sinkt die nachgefragte Menge das Gutes 1 stets auch um ein Prozent. Die Nachfragefunktion ist somit auch *eigenpreisisoelastisch*.

Lösung 1.6

a)

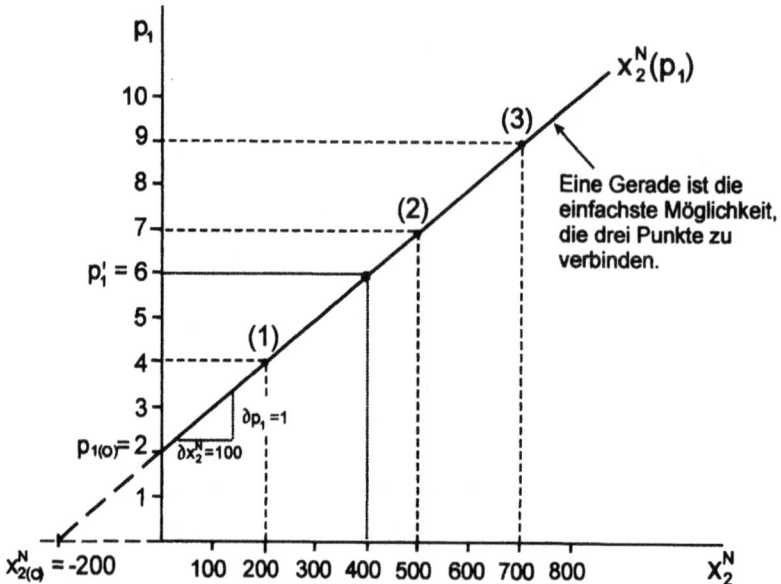

Eine Gerade ist die einfachste Möglichkeit, die drei Punkte zu verbinden.

b) Da die Kreuznachfragekurve in a) eine Gerade ist, kann sie durch eine lineare Funktion $x_2^N(p_1) = a + b \cdot p_1$ beschrieben werden. Die Funktionskoeffizienten a und b lassen sich aus den Achsenabschnitten ermitteln:

$$\left. \begin{array}{l} p_1 = 0 \;\; \Rightarrow \;\; x_{2\,(o)}^N \;=\; a \;=\; -200 \\[2mm] x_2^N = 0 \;\; \Rightarrow \;\; p_{1(o)} = -\dfrac{a}{b} = 2 \end{array} \right\} \;\; \Rightarrow b = \dfrac{-a}{2} = \dfrac{200}{2} = 100$$

Alternativ: Aus dem Diagramm kann die Steigung bestimmt werden:

$$b = \frac{\partial x_2^N}{\partial p_1} = \frac{100}{1} = 100$$

Also lautet die Kreuznachfragefunktion des zweiten Gutes (bezüglich des Preises von Gut 1):

$$x_2^N(p_1) = 100 p_1 - 200$$

Einsetzen der drei gegebenen Datenpunkte bestätigt die Richtigkeit.

c) Gut 2 ist ein *ökonomisches Substitut* von Gut 1, da von Gut 2 eine umso größere Menge nachgefragt wird, je höher der Preis des Gutes 1 ist; die Kreuznachfragefunktion $x_2^N(p_1)$ hat eine positive Steigung. Das deutet darauf hin, dass Gut 1 durch Gut 2 substituiert wird, wenn p_1 steigt.

d) Die gesuchte Kreuzpreiselastizität ist

$$\varepsilon(x_2^N : p_1) = \frac{_{p_1}'x_2^N \cdot p_1}{x_2^N}$$

Bei $p_1 = p_1' = 6$ ist nach a) $x_2^N(p_1') = 400$. Mit $_{p_1}'x_2^N = b = 100$ aus b) ergibt sich der Zahlenwert der Kreuzpreiselastizität zu:

$$\varepsilon(x_2^N : p_1') = \frac{100 \cdot 6}{400} = 1,5$$

Alternativ: Graphische Elastizitätsermittlung gemäß der Formel.

$$\varepsilon(x_2^N : p_1') = \frac{p_1'}{p_1' - p_{1(o)}} = \frac{6}{6-2} = 1,5$$

Der ermittelte Elastizitätswert gibt an, dass (ausgehend von $p_1' = 6$) ein einprozentiger Anstieg des Preises von Gut 1 zu einer 1,5-prozentigen Erhöhung der von Gut 2 nachgefragten Menge führt.

e) Je höher p_1 ist, desto geringer ist die in d) ermittelte Kreuzpreiselastizität, denn in der Berechnungsformel wird (bei gleichbleibender Steigung $_{p_1}'x_2^N$) der Quotient p_1/x_2^N immer kleiner, je größer p_1 ist: Bei $p_1 = 7$ und $x_2^N = 500$ ergibt sich beispielsweise ein Elastizitätswert von 1,4. Mit steigendem p_1 geht $\varepsilon(x_2^N : p_1)$ gegen den Zahlenwert Eins.

Alternativ: In der graphischen Bestimmungsformel der Kreuzpreiselastizität

$$\varepsilon(x_2^N : p_1') = \frac{p_1'}{p_1' - p_{1(o)}} = \frac{1}{1 - \dfrac{p_{1(o)}}{p_1'}}$$

ist zu erkennen: Je höher p_1' ist, desto geringer wird der Elastizitätswert, weil der Nenner im rechten Bruch größer wird. Für $p_1' \to \infty$ geht $\varepsilon \to 1$.

Lösung 1.7

a)

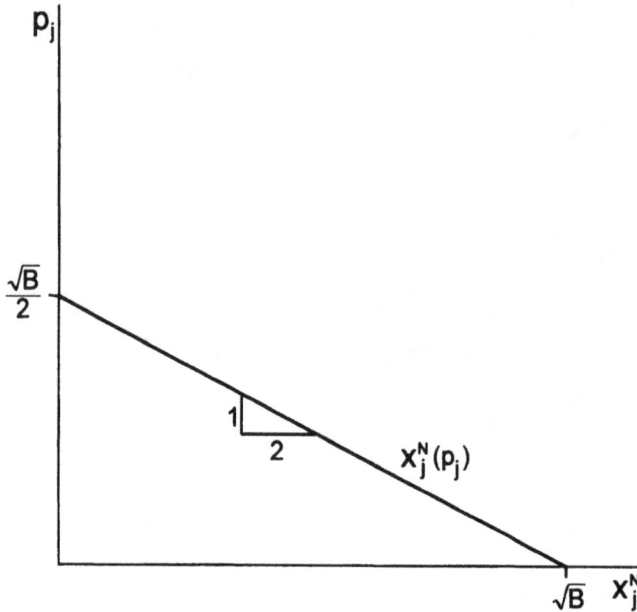

b) Bei $B = 25$ ist die Marktpreisobergrenze $\hat{p}_j = \sqrt{25}/2 = 2{,}5$ und die Marktmengenobergrenze $\hat{x}_j = \sqrt{25} = 5$. Siehe das vorstehende Diagramm.

c) Die Eigenpreiselastizität der Nachfrage nach dem Gut j ist definiert als

$$\varepsilon(x_j^N : p_j) := \frac{{}_{p_j}'x_j^N \cdot p_j}{x_j^N}$$

Mit ${}_{p_j}'x_j^N = -2$ als erster Ableitung der Nachfragefunktion nach dem Preis ergibt sich für $p_j = 2$ und $B = 25$:

$$\varepsilon(x_j^N : p_j) = \frac{-2 \cdot 2}{\sqrt{25} - 2 \cdot 2} = \frac{-4}{5 - 4} = -4$$

d) Der in c) ermittelte Elastizitätswert gibt an, dass (ausgehend von $p_j = 2$) eine Erhöhung des Preises von Gut j um ein Prozent zu einem Rückgang der von diesem Gut nachgefragten Menge um vier Prozent führt (und umgekehrt). Da die Eigenpreiselastizität negativ und zudem betragsmäßig größer als Eins ist, liegt eine *relativ preiselastische normale Nachfrage* vor.

e) Die Einkommenselastizität der Nachfrage nach dem Gut j ist definiert als

$$\varepsilon(x_j^N : B) := \frac{{}_B'x_j^N \cdot B}{x_j^N}$$

Mit ${}_B'x_j^N = \dfrac{1}{2\sqrt{B}}$ ergibt sich für $B = 25$ und $p_j = 2$:

$$\varepsilon(x_j^N : B) = \frac{\dfrac{1}{2\sqrt{25}} \cdot 25}{\sqrt{25} - 2 \cdot 2} = \frac{\dfrac{1}{10} \cdot 25}{5 - 4} = 2,5$$

f) Der in e) ermittelte Elastizitätswert besagt, dass (ausgehend von $B = 25$) eine einprozentige Einkommenserhöhung der Nachfrager zu einem Anstieg der von Gut j nachgefragten Menge um 2,5 Prozent führt. Da die Einkommenselastizität positiv und zudem größer als Eins (also relativ elastisch) ist, liegt definitions-gemäß ein *stark superiores Gut* vor.

Lösung 1.8

a) Die Marshall'sche Marktnachfragefunktion gibt die Abhängigkeit der Nachfragemenge eines Gutes vom Preis desselben Gutes an, hier also $x_1^N = x_1^N(p_1)$:

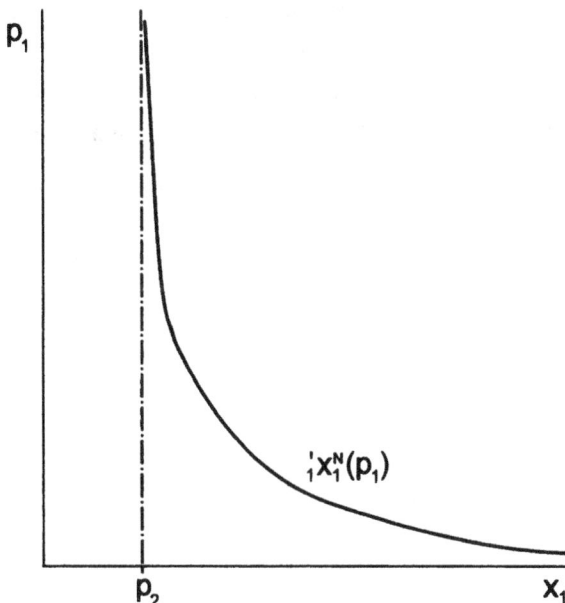

Der Verlauf lässt sich wie folgt begründen: Die Nachfragekurve ist fallend, weil die erste Ableitung $'_{p_1} x_1^N = - B / (p_1)^2 < 0$. Geht p_1 gegen Null, geht x_1^N gegen Unendlich, und geht p_1 gegen Unendlich, geht x_1^N gegen p_2.

b) Die Eigenpreiselastizität der Nachfrage ergibt sich aus:

$$\varepsilon(x_1^N : p_1) = \frac{'_{p_1} x_1^N \cdot p_1}{x_1^N(p_1)}$$

$$= \frac{- \dfrac{B}{(p_1)^2} \cdot p_1}{\dfrac{B}{p_1} + p_2}$$

$$= - \frac{1}{1 + \dfrac{p_1 \cdot p_2}{B}}$$

Mit den (hier beliebig gewählten) Werten $p_1 = p_2 = B = 1$ resultiert beispielsweise:

$$\varepsilon(x_1^N : p_1) = - \frac{1}{1 + 1} = - \frac{1}{2}$$

Der Elastizitätswert ist für alle positiven Werte von p_1, p_2 und B stets negativ.

c) Der negative Eigenpreiselastizitätswert deutet auf einen normalen Nachfrageverlauf hin. Je Prozent Anstieg von p_1 sinkt x_1^N um 0,5 Prozent (und umgekehrt). Die Nachfrage reagiert relativ preisunelastisch. Diese Aussagen gelten allerdings zunächst nur für die hier beispielhaft betrachtete Parameterkonstellation $p_1 = p_2 = B = 1$.

Lösung 1.9

a)

(1) Datenpunkt-nummer	(2) Preis p	(3) Menge x^N	$x^N(p) = m - n \cdot p$		
			(4)	(5)	(6)
i	x_i	y_i	x_i^2	y_i^2	$x_i \cdot y_i$
1	12	145	144	21.025	1.740
2	15	136	225	18.496	2.040
3	10	199	100	39.601	1.990
4	11	164	121	26.896	1.804
5					
6					
7					
8					
9					
10					
$\Sigma =$	48	644	590	106.018	7.574
$\Sigma / n =$	12	161	147,5	26.504,5	1.893,5
n =	$= \bar{x}$	$= \bar{y}$	$V_X =$	$V_Y =$	$C_{XY} =$
4	$\alpha =$	$\beta =$	3,500	583,500	-38,500
y =	293,00 +	-11,00	$\cdot$ x	r = 0,852	$r^2 = B =$ 0,726

Die statistisch geschätzte Marshall'sche Nachfragefunktion lautet:

$$x^N(p) = 293 - 11p$$

Das Bestimmtheitsmaß r^2 zeigt, dass fast 73 Prozent der Datenstreuung durch die Regressionsgerade erklärt wird; das ist ein guter Wert.

b) Die Nachfragekurve hat eine negative Steigung $\,'_p x^N = -11$ und schneidet die beiden Achsen bei $x_0 = x^N(0) = m = 293$ und $p_0 = m/n = 293/11$:

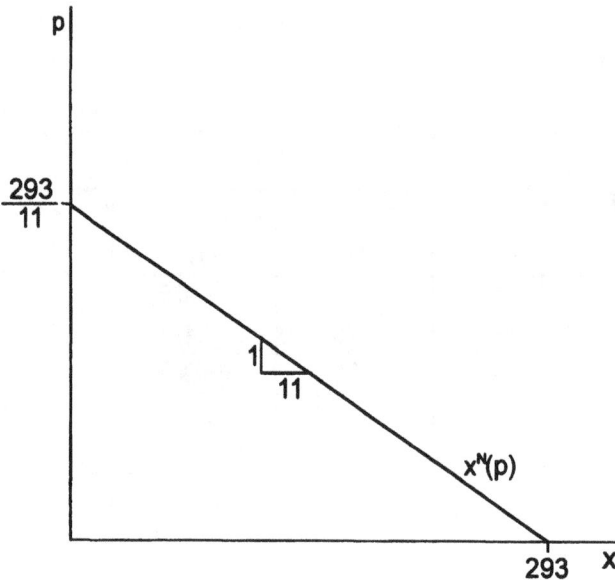

c) Die Eigenpreiselastizität der Nachfrage bei $p' = 16$ ergibt sich zu:

$$\varepsilon(x^N\!:p) = \frac{'_p x^N(p) \cdot p'}{x^N(p')}$$

$$= \frac{-11 \cdot 16}{293 - 11 \cdot 16} = \frac{-176}{117} \approx -1{,}5$$

d) Der ermittelte Elastizitätswert besagt folgendes:

Die Nachfrage nach dem betrachteten Gut reagiert *normal* (weil $\varepsilon(x^N\!:p) < 0$) und *relativ preiselastisch* (weil $|\varepsilon(x^N\!:p)| > 1$). Steigt der Preis p, ausgehend von $p' = 16$, um ein Prozent, so sinkt die Nachfragemenge um etwa 1,5 Prozent.

Lösung 1.10

Gut 1 : $\varepsilon(x^N\!:B) = 1{,}5$ $\varepsilon(x^N\!:p) = -0{,}5$

   : stark superior; normal, relativ preisunelastisch

Gut 2 : $\varepsilon(x^N\!:B) = 0{,}5$ $\varepsilon(x^N\!:p) = -1{,}5$

   : schwach superior; normal, relativ preiselastisch

Gut 3 : $\varepsilon(x^N\!:\!B) = 1,5$ $\varepsilon(x^N\!:\!p) = 0,5$

    : stark superior; anormal, (relativ preisunelastisch), Veblen-Gut

Gut 4 : $\varepsilon(x^N\!:\!B) = -0,5$ $\varepsilon(x^N\!:\!p) = 0,5$

    : inferior (schwach); anormal, (relativ preisunelastisch), Giffen-Gut

Gut 5 : $\varepsilon(x^N\!:\!B) = -0,5$ $\varepsilon(x^N\!:\!p) = -1,5$

    : inferior (schwach); normal, relativ preiselastisch

Lösung 1.11

a) Die Achsenabschnitte der linearen Funktion $x^N(p) = 16 - 2p$ liegen bei $x_o = x^N(0) = 16 - 2 \cdot 0 = 16$ und $p_o = 16/2 = 8$. Die konstante Steigung ist $'_p x^N = -2$ (fallender Verlauf):

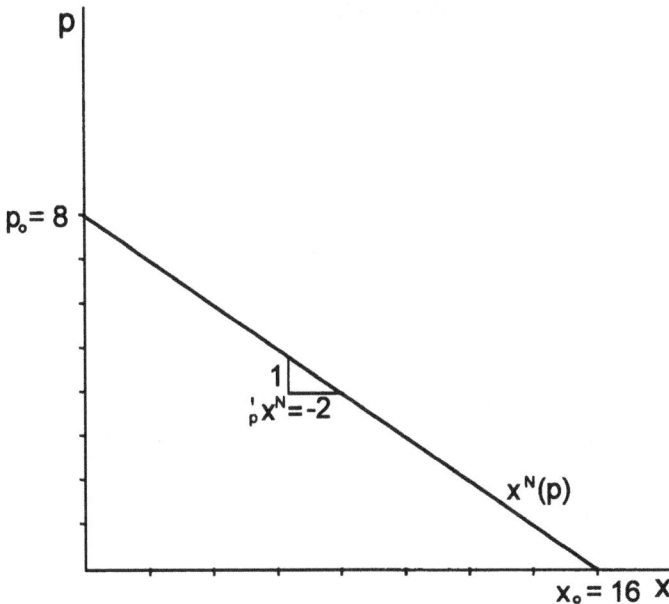

b) Die Preiselastizität der Nachfrage (nach Marshall) ist:

$$\varepsilon(x^N\!:\!p) = \frac{'_p x^N(p) \cdot p}{x^N(p)}$$

Mit $_p^!x^N = 2$, $x^N(3) = 16 - 2 \cdot 3 = 10$ und $p = 3$ ist

$$\varepsilon(x^N{:}p) = \frac{-2 \cdot 3}{10} = -0,6$$

Steigt also auf dem Markt der Preis, ausgehend von $p = 3$, um ein Prozent, so sinkt die Nachfragemenge um 0,6 Prozent (und umgekehrt). Es liegt also eine normale (weil $\varepsilon < 0$) und relativ preisunelastische (weil $|\varepsilon| < 1$) Nachfrage vor.

Alternativ (graphisches Verfahren):

$$\varepsilon(x^N{:}p) = \frac{p'}{p' - p_o} = \frac{3}{3 - 8} = -\frac{3}{5}$$

c) Die Preiselastizität ist bei dem Preisniveau p gleich minus Sieben, wo mit der Bestimmungsgleichung aus b) gilt:

$$\varepsilon(x^N{:}p) = \frac{-2p}{16 - 2p} = -7$$

$$\Leftrightarrow \qquad\qquad -2p = -7 \cdot (16 - 2p)$$

$$\Leftrightarrow \qquad\qquad 2p = 112 - 14p$$

$$\Leftrightarrow \qquad\qquad p = \frac{112}{16} = 7$$

Bei $p = 7$ ist also $\varepsilon(x^N{:}p) = -7$.

Lösung 1.12

a)

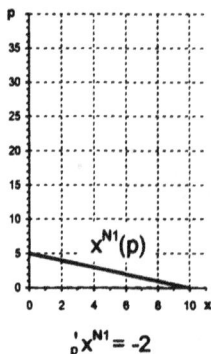

$_p^!x^{N1} = -2$

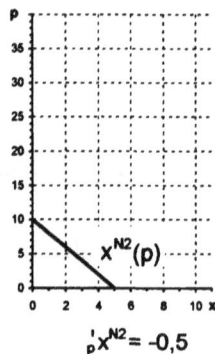

$_p^!x^{N2} = -0,5$

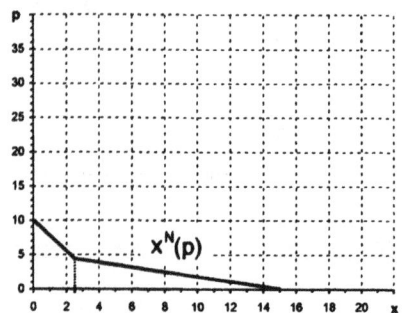

b) Wegen $x^{N1}(5) = 0$ ist der erste Nachfrager Grenznachfrager bei $p = 5$. Bei Preisen zwischen $p = 5$ und $p = 10$ ist nur noch der zweite Nachfrager bei der Aggregation zu berücksichtigen; er allein bestimmt in diesem Preisintervall die Gesamtnachfrage $x^N(p)$.

Bei $p = 5$ liegt deshalb bei der Gesamtnachfrage eine Anomalie, nämlich eine Knickstelle vor: Oberhalb von $p = 5$ ist $x^N(p) = x^{N2}(p)$, unterhalb ist $x^N(p) = x^{N1}(p) + x^{N2}(p)$. Die Steigung ändert sich im Knickpunkt ruckartig.

Die aggregierte Nachfragefunktion lautet demnach im relevanten Preisintervall $0 \leq p \leq 10$:

$$x^N(p) = \begin{cases} x^{N1}(p) + x^{N2}(p) = 15 - 2,5p & \text{für } p \leqq 5 \\ \\ x^{N2}(p) \qquad\qquad\; = 5 - 0,5p & \text{für } p > 5 \end{cases}$$

Bei $p = 5$ ist $x^{N2}(p) = 2,5 = x^N(5)$; siehe Diagramme.

c) Der Messpunkt $p = 3$ liegt im rechten, unteren Abschnitt der Gesamtnachfragekurve. Dort ist $x^N(p) = 15 - 2,5p$.

Die Eigenpreiselastizität ergibt sich aus:

$$\varepsilon(x^n;p) = \frac{{}_p' x^N \cdot p}{x^N(p)}$$

$$= \frac{-2,5 \cdot 3}{15 - 2,5 \cdot 3} = \frac{-7,5}{7,5} = -1$$

Offenbar liegt bei $(p; x^N) = (3; 7,5)$ der einheitselastische Punkt der Gesamtnachfrage. Steigt der Preis, ausgehend von $p = 3$ um ein Prozent, so nimmt die aggregierte Nachfragemenge um ein Prozent ab – und umgekehrt. Die Nachfragereaktion ist normal.

Alternativ kann man den Elastizitätswert auf graphischem Wege bestimmen, und zwar mit Hilfe der Formel

$$\varepsilon(x;p) = \frac{x' - x_o}{x'}$$

wobei x' der Messpunkt der abhängigen Variablen ist und x_o die Nullstelle der mit ihrer Tangente deckungsgleichen linearen Kurve (rechter Abschnitt). Es ist also $x_o = 15$ und $x' = x^N(3) = 15 - 2,5 \cdot 3 = 7,5$. Damit ergibt sich ebenfalls:

$$\varepsilon(x{:}p) = \frac{7,5 - 15}{7,5} = \frac{-7,5}{7,5} = -1$$

Lösung 1.13

a) $x_j^N = 0 \quad \Rightarrow \quad n \cdot p_h = n \cdot m \quad \Leftrightarrow \quad p = m = 2$

$p_h = 0 \quad \Rightarrow \quad x_j^N = n \cdot (-m) = 2 \cdot (-2) = -4$

${}_{p_h}' x_j^N = n = 2$

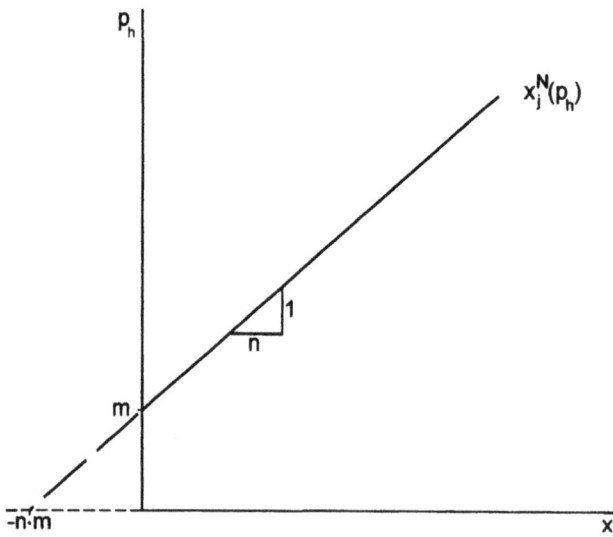

b) Das Gut j ist ein ökonomisches Substitut von Gut h, denn ${}_{p_h}' x_j^N > 0$: Wenn Gut h teurer wird, nimmt die Nachfragemenge bei Gut j zu. Beispiele sind Heizöl und Erdgas, Streichhölzer und Feuerzeuge, Butter und Margarine.

c) Offensichtlich wird bei Preisen $p_h \leqq m$ von dem Gut j nichts nachgefragt. Eine positive Nachfrage x_j^N setzt erst ein, wenn p_h den Wert $m = 2$ überschreitet. Es kann vermutet werden, dass dann mit steigendem Preis p_h das Gut h nach und nach durch das Gut j substituiert wird; m wäre demnach die "Substitutionsgrenze" beziehungsweise "Nachfrageschwelle" für Gut j. Vgl. die in b) genannten Beispiele. Bei Preisen $p_h \leqq m$ würde Gut j vollständig durch das Gut h ersetzt.

d) Die Kreuzpreiselastizität der Nachfrage nach Gut j bei $p_h = 6$ ist mit $_{p_h}'x_j^N = n$ aus a):

$$\varepsilon(x_j^N : p_h) = \frac{_{p_h}'x_j^N(p_h) \cdot p_h}{x_j^N(p_h)}$$

$$= \frac{\cancel{n} \cdot p_h}{\cancel{n} \cdot [p_h - m]}$$

$$= \frac{6}{6 - 2} = \frac{6}{4} = 1{,}5$$

Alternativ: Der Term $p_h/(p_h - m)$ entspricht der Formel, nach der man die Elastizität auch auf graphischem Wege aus dem Diagramm ermitteln kann.

e) Der ermittelte Wert der Kreuzpreiselastizität zeigt an, dass die Nachfrage-menge beim Gut j um 1,5 Prozent zunimmt, wenn der Preis des Gutes h, ausgehend von $p_h = 6$, um ein Prozent steigt. Wegen des positiven Vorzeichens handelt es sich um ökonomische Substitute, konkret: j ist ein starkes ökono-misches Substitut von h (weil $\varepsilon > 1$).

Lösung 1.14

a)

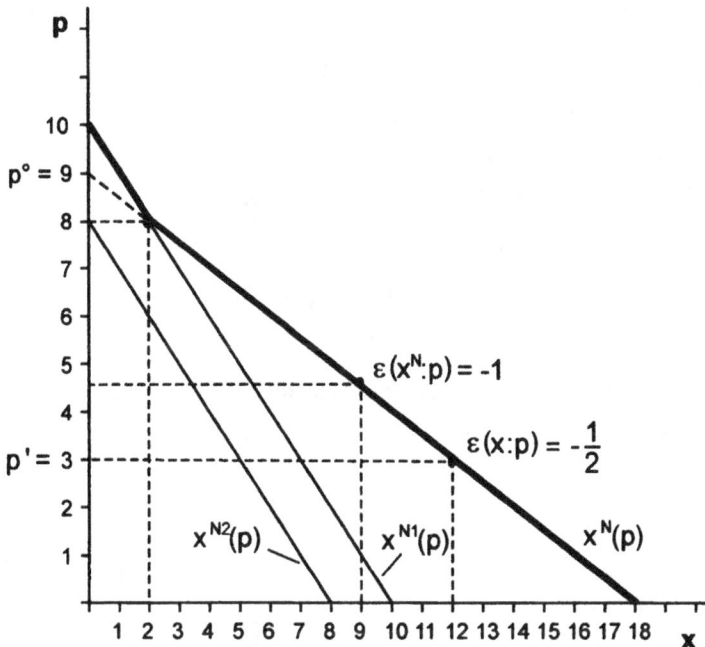

b) Zu jedem Niveau des Preises p sind die einzelwirtschaftlichen Nachfrage-mengen zu addieren:

p =	0	1	2	3	4	5	6	7	8	9	10
x^{N1} =	10	9	8	7	6	5	4	3	2	1	0
x^{N2} =	8	7	6	5	4	3	2	1	0	0	0
x^N =	18	16	14	12	10	8	6	4	2	1	0

Bei p = 8 ändert sich die Steigung der Nachfragekurve; dort liegt also eine Knickstelle vor.

c) Mittels der Formel zur graphischen Ermittlung einer Elastizität ergibt sich:

$$\varepsilon(x^N : p) = \frac{p'}{p' - p°} = \frac{3}{3 - 9} = \frac{3}{-6} = -\frac{1}{2}$$

Alternativ hätte man auch die Funktionsgleichung von $x^N(p)$, zum Beispiel mittels linearer Interpolation, ermitteln und dann damit den Elastizitätswert berechnen können. Es ist $x^N(p) = 18 - 2p$.

d) Der Elastizitätswert zeigt, dass eine Erhöhung des Preises (ausgehend von p' = 3) um ein Prozent die Gesamtnachfragemenge um ein halbes Prozent verringert. Es liegt folglich eine normale (weil $\varepsilon < 0$), relativ preisunelastische (weil $| \varepsilon | < 1$) Reaktion der aggregierten Nachfrage vor.

e) Da es sich beim hier relevanten Abschnitt der aggregierten Nachfragekurve um eine fallende Gerade handelt, liegt der einheitselastische Punkt genau in deren Mitte beziehungsweise beim jeweils halben Achsenabschnitt.

Alternativ hätte die marktbezogene „Grenzerlöskurve" eingezeichnet und deren Nullstelle bestimmt werden können.

Lösung 1.15

a) Das der Nachfragefunktion zugrunde liegende Gut ist superior. Denn $_B^! x^N = o = 1 > 0$. Mit steigendem Einkommen B der Nachfrager nimmt auch die Nachfragemenge des Gutes zu. Die Engel'sche Nachfragekurve hat eine positive Steigung.

b) Die Nachfrage reagiert normal auf Eigenpreisänderungen. Denn $_p^! x^N = -n = -10 < 0$. Bei steigendem Preis p des Gutes nimmt folglich die Nachfragemenge ab. Die Marshall'sche Nachfragekurve hat eine negative Steigung.

c) Die zu skizzierende Funktion lautet $x^N(p,B) = 20 - 10p + B$. Der x-Achsen-Schnittpunkt dieser Geraden ist $x_o^N = 20 + B$, der p-Achsen-Schnittpunkt lautet $p_o = (20 + B)/10$. Durch Einsetzen von B' und B" erhält man die beiden Marshall'schen Nachfragekurven. Auch hier sieht man den normalen Verlauf.

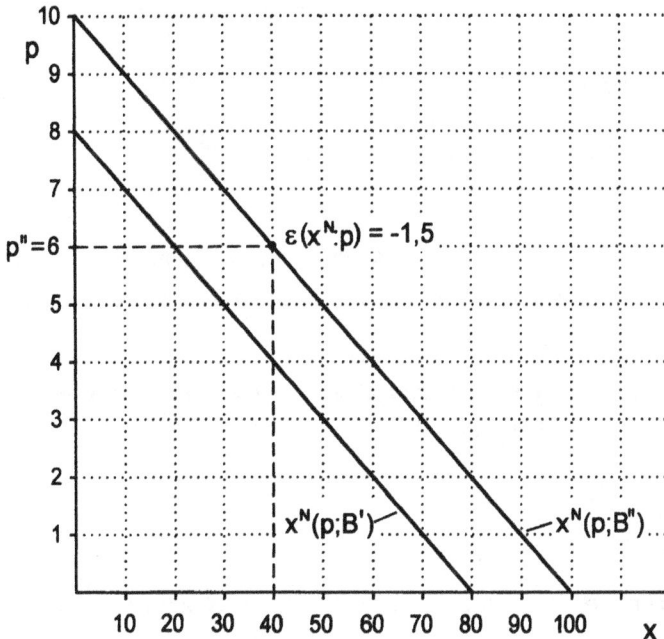

d) Das mathematische Produkt aus Preis und Menge hat die Dimension „Wert" mit der Maßeinheit *GE* (Geldeinheiten). $p \cdot x^N$ entspricht aus der Sicht der Nachfrager den geplanten Ausgaben beim Preisniveau p ; aus Anbietersicht handelt es sich um mögliche Erlöse.

Im Falle eines gleichgewichtigen Preises p oder eines bestehenden Angebotsüberhangs gibt das Produkt $p \cdot x^N$ den Marktumsatz an; das entspricht einer Rechteckfläche unter dem Transaktionspunkt auf der Marktnachfragekurve.

e) Die Eigenpreiselastizität ergibt sich aus

$$\varepsilon(x^N : p) = \frac{'_p x^N(p) \cdot p}{x^N(p)}$$

$$= \frac{-n \cdot p}{m - n \cdot p + o \cdot B}$$

$$= \frac{-10 \cdot p}{20 - 10 \cdot p + B}$$

Mit $p = p'' = 6$ und $B = B'' = 80$ ergibt sich:

$$\varepsilon(x^N : p) = \frac{-10 \cdot 6}{20 - 10 \cdot 6 + 1 \cdot 80} = \frac{-60}{20 - 60 + 80} = \frac{-60}{40} = -1{,}5$$

Alternativ mittels der graphischen Methode:

$$\varepsilon(x^N : p) = \frac{p''}{p'' - p_o} = \frac{6}{6 - 10} = \frac{6}{-4} = -1{,}5$$

f) Jedes Prozent Preiserhöhung, ausgehend von $p'' = 6$, senkt die Nachfragemenge um 1,5 Prozent. Das ist eine normale (weil $\varepsilon < 0$) und relativ preiselastische (weil $|\varepsilon| > 1$) Nachfragereaktion.

g) Die Frage zielt wegen der Prozentangaben auf eine Elastizität. Die Gesamtausgaben der Nachfrager sind gemäß d):

$$p \cdot x^N(p) =: A(p)$$

oder eingesetzt:

$$p \cdot [m - n \cdot p + o \cdot B] \quad \text{beziehungsweise} \quad -n \cdot p^2 + [m + o \cdot B] \cdot p \,.$$

Für die Elastizität der Ausgaben in Bezug auf den Preis ergibt sich :

$$\varepsilon(A{:}p) = \frac{{}_p^{'}A(p) \cdot p}{A(p)}$$

$$= \frac{[-2n \cdot p + m + o \cdot B] \cdot p}{p \cdot [m - n \cdot p + o \cdot B]}$$

$$= \frac{-2 \cdot 10 \cdot 6 + 20 + 1 \cdot 80}{20 - 10 \cdot 60 + 1 \cdot 80} = \frac{-20}{40} = -\frac{1}{2}$$

Alternativ: Verwenden der Regel

$$\varepsilon(A{:}p) = \varepsilon(x^N{:}p) + 1 = -1{,}5 + 1 = -0{,}5$$

Lösung 1.16

a) Die Engel'sche Nachfragefunktion beschreibt den Zusammenhang zwischen Nachfragemenge eines Gutes und der Höhe des Einkommens oder Budgets der Nachfrager.

b)

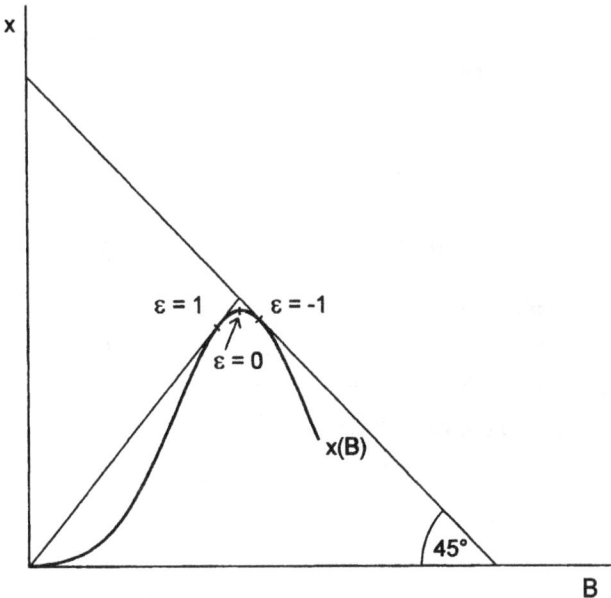

Das Gut wird in dem Bereich der Engel'schen Nachfragekurve als *stark superior* bezeichnet, in dem die Einkommenselastizität größer als Eins ist: Das ist hier vom Koordinatenursprung bis zum Tangentialpunkt des Fahrstrahls der Fall.

Das Gut ist *schwach superior*, wo die Einkommenselastizität zwischen Null und Eins liegt: Das ist hier der kleine Abschnitt zwischen dem Tangentialpunkt des Fahrstrahls und dem Maximalpunkt der Kurve.

Inferior heißt das Gut, wenn und wo die Einkommenselastizität (und damit auch die Steigung der Engel'schen Nachfragekurve) negativ ist: Das ist hier rechts vom Maximalpunkt der Fall.

Die im Aufgabentext angesprochenen Fälle der Normalität und Anomalität können hier nicht betrachtet werden, da sie die Eigenpreisabhängigkeit der Nachfrage (Marshall'sche Analyse) betreffen und nicht die Einkommensabhängigkeit.

c) Die Einkommenselastizität kann graphisch mit Hilfe der Berechnungsformel

$$\varepsilon(x^N{:}B) = \frac{B'}{B' - B_o}$$

bestimmt werden. Hierbei ist B' die Stelle, an der gemessen wird, und B_o der Schnittpunkt der Tangenten an den Messpunkt mit der B-Achse.

i. Der Wert minus Eins liegt dort, wo die fallende Tangente (wegen des negativen Vorzeichens) die Engel'sche Nachfragekurve genau in ihrer Mitte berührt (einheitselastischer Punkt).

ii. Der Elastizitätswert Null ergibt sich im Maximum der Kurve, da dort deren Steigung null ist. (Man kann sich anhand der obigen Formel auch denken, dass B_o bei einer horizontal liegenden Tangente unendlich groß ist).

iii. Die Einkommenselastizität der Nachfrage hat den Wert plus Eins, wenn und wo $B_o = 0$ ist. Das ist bei und auf *jedem* Fahrstrahl (Gerade durch den Koordinatenursprung) der Fall. Der einzige Punkt der vorliegenden Engel'schen Nachfragekurve, der von einem Fahrstrahl tangiert wird, ist im Diagramm eingezeichnet. Dort ist $\varepsilon(x^N : B) = 1$.

Lösung 1.17

a)

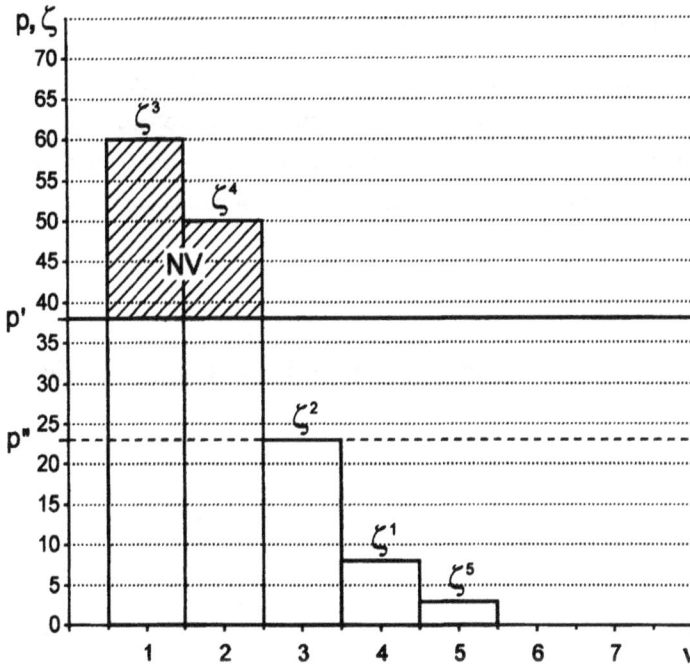

b) Bei einem Preis von $p' = 38$ werden insgesamt zwei Mengeneinheiten des Gutes nachgefragt, da nur zwei Nachfrager, nämlich $i = 3$ und $i = 4$, bereit sind, zu einem Preis von p'_1 jeweils eine Einheit des Gutes zu kaufen. Bei allen übrigen Nachfragern liegen die Zahlungsbereitschaften unter dem Preis.

c) Das Gut wird in jeweils einer Mengeneinheit nur von den Nachfragern 3 und 4 nachgefragt. Beim Preis $p = 38$ ergeben sich Gesamtausgaben in Höhe von $38 \cdot 2 = 76$ (siehe Diagramm).

d) Der Gesamtnachfragervorteil ist

$$NV = (\zeta^3 - p') + (\zeta^4 - p')$$

$$= (60 - 38) + (50 - 38)$$

$$= 22 + 12$$

$$= 34$$

e) Der Nachfragervorteil gibt an, wieviel Geld die Konsumenten beim Kauf dadurch sparen, dass der zu zahlende Preis unter ihrer Zahlungsbereitschaft liegt. Um das Gut zu erhalten, wären die Nachfrager bereit, einen um den Nachfragervorteil höheren Betrag zu zahlen.

f) Der Nachfragervorteil steigt bei den beiden Konsumenten um jeweils 38 - 23 = 15, also um insgesamt 30. Die Gesamtnachfragemenge steigt um eins, weil der Nachfrager 2 dazukommt. Sein individueller Nachfragervorteil ist jedoch null, da der neue Preis p" genau seiner Zahlungsbereitschaft entspricht.

1.3. Haushalts- und Nachfragetheorie: Übergreifendes

Lösung 1.18

a) Graphisch:

$$x^{Ni}(p) = m - n \cdot p, \quad p = 0 \Rightarrow x_0 = m, \quad x = 0 \Rightarrow p_0 = \frac{m}{n}$$

$$i = 1: \quad x_0 = 5, \quad p_0 = 10$$

$$i = 2: \quad x_0 = 10, \quad p_0 = 10$$

Durch horizontale Aggregation der einzelwirtschaftlichen Nachfragekurven ergibt sich die Marktnachfragefunktion im rechten Diagramm:

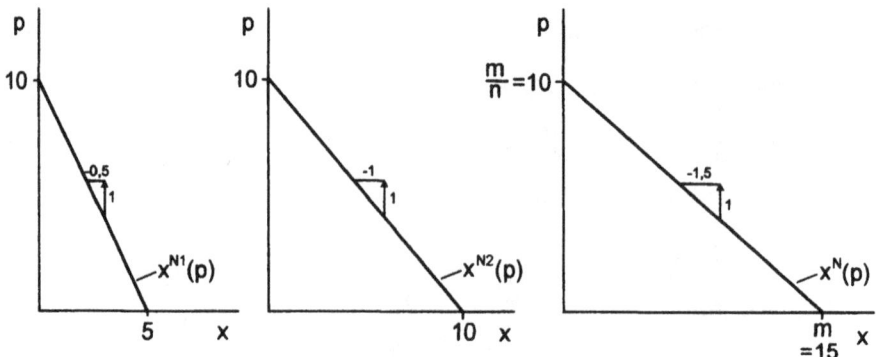

Aus dem rechten Diagramm (Marktdiagramm) folgt:

$$\left.\begin{array}{l} m = 15 \\[2mm] \dfrac{m}{n} = 10 \end{array}\right\} \Rightarrow n = \dfrac{15}{10} = 1{,}5 \quad \text{Also}: \; x^N(p) = 15 - 1{,}5p$$

Alternativ (formal): Da die p-Achsen-Abschnitte p_0 der individuellen Nachfragekurven übereinstimmen, gibt es hier keine Knickpunkte auf der Marktnachfragekurve. Zur Aggregation können deshalb die individuellen Nachfragefunktionen einfach addiert werden:

$$\begin{aligned} x^N(p) &= x^{N1}(p) + x^{N2}(p) \\ &= (5 - 0{,}5p) + (10 - p) \\ &= 15 - 1{,}5p \end{aligned}$$

b) Ein Gut heißt superior (inferior), wenn die nachgefragte Menge mit steigendem Budget beziehungsweise Einkommen der Nachfrager zunimmt (abnimmt). Die in a) betrachteten Nachfragen hängen nicht vom Budget B ab, deshalb ist hinsichtlich der Superiorität/Inferiorität keine Aussage möglich.

Die Nachfrage nach einem Gut heißt normal (anormal), wenn die nachgefragte Menge mit steigendem Preis des betreffenden Gutes abnimmt (zunimmt). Da für die unter a) hergeleitete Marknachfrage gilt

$$\frac{\partial x^N(p)}{\partial p} = -1{,}5 < 0$$

ist die dargestellte Nachfrage als *normal* zu bezeichnen. Auf Preissteigerungen reagieren die Nachfrager mit einer verminderten Nachfragemenge.

c) Die (Eigen)preiselastizität der Nachfrage ist definiert als

$$\varepsilon\left(x^N:p\right) = \frac{\partial x^N(p)}{\partial p} \cdot \frac{p}{x^N(p)}$$

Einsetzen der Marktnachfragefunktion aus a) führt zu

$$\varepsilon(x^N : p) = -1{,}5 \cdot \frac{p}{15 - 1{,}5p} = \frac{1}{1 - \dfrac{15}{1{,}5p}} = \frac{1}{1 - \dfrac{10}{p}}$$

Einsetzen des vorgegebenen Marktpreises, bei dem die Elastizität zu ermitteln ist (also p = 2), ergibt:

$$\varepsilon(x^N : p) = \frac{1}{1 - \dfrac{10}{2}} = \frac{1}{1 - 5} = -\frac{1}{4}$$

d) Der Wert von – 0,25 für die Eigenpreiselastizität zeigt, dass die Nachfrage (bei dem betrachteten Marktpreis) zwar normal, aber relativ preisunelastisch reagiert. Eine Erhöhung des Marktpreises um ein Prozent senkt bei p = 2 die nachgefragte Menge um nur 0,25 Prozent.

Lösung 1.19

Sei p der Benzinpreis und $x^N = x^N(p)$ die Benzinnachfragefunktion. Die Nachfrageelastizität in Bezug auf den Preis ist $\varepsilon(x^N{:}p) = -0{,}15$. Die Benzinausgaben entsprechen dem mathematischen Produkt aus Preis und Nachfragemenge, also $A(p) := p \cdot x^N(p)$. Um festzustellen, wie sich eine Änderung des Benzinpreises auf die Ausgaben A auswirkt, kann die Elastizität $\varepsilon(A{:}p)$ betrachtet werden:

$$\varepsilon(A{:}p) = \frac{{}_p'A(p) \cdot p}{A(p)}$$

$$= \frac{{}_p'\big[p \cdot x^N(p)\big] \cdot p}{p \cdot x^N(p)}$$

$$= \frac{\big[1 \cdot x^N(p) + p \cdot {}_p'x^N(p)\big] \cdot \not{p}}{\not{p} \cdot x^N(p)}$$

$$= 1 + \frac{p \cdot {}_p'x^N(p)}{x^N(p)}$$

$$= 1 + \varepsilon(x^N{:}p)$$

Somit ist die Ausgabenelastizität in Bezug auf den Preis stets um Eins größer als die Preiselastizität der Nachfrage. Demnach sind die Ausgaben der Benzinkonsumenten je Prozent Benzinpreiserhöhung um $1 + (-0,15) = 0,85$ Prozent gestiegen, insgesamt also um etwa 8,5 Prozent.

Ökonomisch gesehen liegt das daran, dass die Benzinnachfrage relativ unelastisch auf Preisänderungen reagiert: Auf Preiserhöhungen können die Konsumenten (v.a. Autofahrer) kaum mit Minderkonsum reagieren.

2. Unternehmens- und Angebotstheorie

2.1. Produktion und Kosten

Lösung 2.1

a) Die Grenzproduktivität der Arbeit erhält man über die erste Ableitung der Produktionsfunktion nach **a**:

$$_a'x = \alpha \cdot a^{\alpha - 1} > 0$$

Wird die Einsatzmenge des Faktors Arbeit um eine Einheit erhöht, dann nimmt aufgrund des positiven Vorzeichens der Grenzproduktivität auch die Ausbringungsmenge zu, und zwar um $\alpha \cdot a^{\alpha - 1}$ Einheiten.

b) Das Grenzertragsgesetz besagt, dass der (positive) Grenzertrag beziehungsweise die Grenzproduktivität jedes Produktionsfaktors mit zunehmender Einsatzmenge dieses Faktors (bei Konstanz aller übrigen Faktoreinsatzmengen) abnimmt. Der Ertrag nimmt also absolut zu, aber relativ ab, wenn ein einzelner Faktor vermehrt eingesetzt wird. Formal, am Beispiel des Produktionsfaktors Arbeit: $_a''x < 0$.

Bei der hier zu betrachtenden Produktionsfunktion ergibt sich:

$$_a''x = (\alpha - 1) \cdot \alpha \cdot a^{\alpha - 2} < 0 \text{ , wegen } \alpha < 1$$

Die Grenzproduktivität nimmt hier also tatsächlich in **a** ab; die Produktionsfunktion erfüllt demnach das Ertragsgesetz.

c) Die Durchschnittsproduktivität des Faktors Arbeit entspricht dem auf den gesamten Arbeitseinsatz **a** bezogenen Output x:

$$\eta_A := \frac{x}{a} = \frac{a^\alpha + c^\beta}{a} = a^{\alpha - 1} + \frac{c^\beta}{a}$$

d) Die Bestimmungsgleichung der Produktionselastizität des Faktors Arbeit lautet:

$$\varepsilon(x:a) = \frac{_a'x \cdot a}{x} = \frac{\alpha \cdot a^{\alpha - 1} \cdot a}{a^\alpha + c^\beta} = \frac{\alpha \cdot a^\alpha}{a^\alpha + c^\beta}$$

Alternativ:

$$\epsilon(x:a) = \frac{{}_a^{'}x}{\eta_A} = \frac{\alpha \cdot a^{\alpha-1}}{a^\alpha + c^\beta} = \frac{\alpha \cdot a^\alpha}{a^\alpha + c^\beta}$$

e) Fixieren des Outputs x und Umstellen der sich so ergebenden Ertragsfunktion nach **a** ergibt die Isoquantenfunktion

$$a(c, \overline{x}) = \left[\overline{x} - c^\beta \right]^{1/\alpha}$$

f) Der Absolutbetrag der Isoquantensteigung, also $|\, \partial a / \partial c \,|$ beziehungsweise $|\,{}_c^{'}a(c, \overline{x})\,|$, entspricht der *Grenzrate der Faktorsubstitution* $\sigma_{a,c}$. Diese gibt an, auf wieviele Arbeitseinheiten ein Produktionssystem verzichten kann, wenn es (bei unveränderter Ausbringungsmenge) den Einsatz einer zusätzlichen Kapitaleinheit erfährt.

Im vorliegenden Fall ergibt sich

$$\sigma_{a,c} = \frac{{}_c^{'}x}{{}_a^{'}x} = \frac{\beta \cdot c^{\beta-1}}{\alpha \cdot a^{\alpha-1}}$$

Lösung 2.2

a) Die Grenzproduktivitäten (beziehungsweise Grenzerträge) entsprechen mathematisch den ersten Ableitungen der Produktionsfunktion:

$${}_a^{'}x = \frac{1}{2} \cdot (a + c)^{-1/2} = \frac{1}{2x} > 0$$

$${}_c^{'}x = \frac{1}{2} \cdot (a + c)^{-1/2} = \frac{1}{2x} > 0$$

Beide Grenzproduktivitäten sind positiv. Die Annahme *(U1)* ist somit erfüllt. Bei jedem Produktionsfaktor bringt mehr Input auch mehr Output.

b) Formal besagt das "Gesetz vom abnehmenden Ertragszuwachs" (entsprechend Annahme *(U2)*), dass alle zweiten Ableitungen der Produktionsfunktion nach jeweils einem Faktor negativ sein müssen:

$$\overset{"}{_a}x = -\frac{1}{4} \cdot (a + c)^{-3/2} = -\frac{1}{4 \cdot x^3} < 0$$

$$\overset{"}{_c}x = -\frac{1}{4} \cdot (a + c)^{-3/2} = -\frac{1}{4 \cdot x^3} < 0$$

Beide Grenzproduktivitäten nehmen mit steigendem Faktoreinsatz ab. Die Annahme *(U2)* ist folglich auch erfüllt.

c) *(U3)* verlangt, dass die gemischten Ableitungen positiv sind (der Mehreinsatz eines Faktors erhöht die Grenzproduktivität des anderen):

$$\overset{"}{_{ca}}x = \overset{'}{_c}\left[\overset{'}{_a}x\right] = -\frac{1}{4} \cdot (a + c)^{-3/2} < 0 \quad (\ \overset{"}{_{ac}}x \text{ analog })$$

Da die Grenzproduktivität der Arbeit ab- statt zunimmt, wenn der Kapitaleinsatz erhöht wird, ist die Annahme *(U3)* hier *nicht* erfüllt. Die betrachtete Produktionsfunktion ist folglich keine neoklassische.

d) Die Isoquantenfunktion ergibt sich aus der Produktionsfunktion durch Konstantsetzen der Ausbringungsmenge ($x = \bar{x}$) und Umstellen, zum Beispiel nach **a**:

$$\bar{x} = (a + c)^{1/2}$$

$$\Leftrightarrow \quad \bar{x}^2 = a + c$$

$$\Leftrightarrow \quad a = \bar{x}^2 - c = a(c, \bar{x}) : \text{Isoquantenfunktion}$$

e) Die erste Ableitung gibt das Steigungsverhalten der Isoquante(nfunktion) an:

$$\overset{'}{_c}a = -1$$

Die Steigung aller Isoquanten ist demnach überall gleich minus Eins. Es handelt sich dabei um fallende Geraden.

f) Da die Isoquanten, wie in e) gezeigt, linear sind, sind sie *nicht* konvex gekrümmt. Das zeigt auch die zweite Ableitung der Isoquantenfunktion:

$$\overset{"}{_c}a = 0$$

Die Isoquanten weisen folglich nicht die in der Neoklassik geforderten Eigenschaften auf.

g) Zur Untersuchung der Skaleneigenschaften ist zu ermitteln, ob ein 6-facher totaler Input ($6 > 1$) mehr oder weniger als den 6-fachen Output ermöglicht. Sei (a',c') ein beliebiges Anfangsfaktorenbündel, dann gilt bei der vorliegenden Produktionsfunktion:

$$x(6{\cdot}a',6{\cdot}c') = (6{\cdot}a' + 6{\cdot}c')^{1/2}$$

$$= (6{\cdot}(a' + c'))^{1/2}$$

$$= 6^{1/2}{\cdot}(a' + c')^{1/2}$$

$$= 6^{1/2}{\cdot}x(a',c')$$

Die Produktionsfunktion ist folglich homogen vom Grade 1/2 (= Exponent von 6): 6-facher Input bringt $6^{1/2}$-fachen Output. Es liegen demnach *abnehmende Skalenerträge* vor. (Die Skalenelastizität entspricht dem Homogenitätsgrad und ist somit auch gleich 1/2.)

h) Die Grenzrate der Faktorsubstitution entspricht dem Absolutbetrag der Isoquantensteigung (siehe e)) und aufgrund des Satzes über implizite Funktionen auch dem Quotienten der Grenzproduktivitäten (siehe a)):

$$\sigma_{a,c} = \frac{{}_c x}{{}_a x} = \frac{\dfrac{1}{2x}}{\dfrac{1}{2x}} = 1 = |\,{}_c a\,|$$

i) Die Grenzrate der Faktorsubstitution $\sigma_{a,c}$ bringt zum Ausdruck, um wieviele Mengeneinheiten der Arbeitseinsatz **a** reduziert werden kann, wenn c (bei gleicher Ausbringungsmenge) um eine Einheit erhöht wird. Im vorliegenden Fall (siehe h)) kann eine zusätzliche Kapitaleinheit jeweils genau eine Arbeitseinheit substituieren – bei unverändertem Output.

Lösung 2.3

a) Die Kostenfunktion $K(x) = \sqrt{4 \cdot x} + 3 = 2 \cdot x^{1/2} + 3$ ist eine Standard-Kostenfunktion mit $c = 2$, $\kappa = \frac{1}{2}$ und $F = 3$. Da $F > 0$ ist, handelt es sich um eine kurzfristige Kostenfunktion, und $\kappa < 1$ indiziert einen konkaven Verlauf (hier: sog. Wurzelfunktion):

K

K(x)

3

x

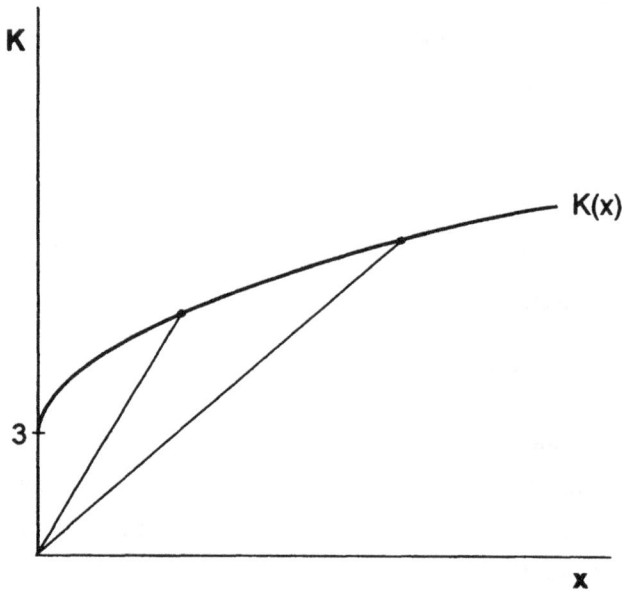

Da die Durchschnittskosten k(x) = K(x)/x den Steigungen von Fahrstrahlen entsprechen, von denen zwei im obigen Diagramm eingezeichnet worden sind, sieht man bereits, dass *kein Durchschnittskostenminimum* existiert. Denn die Fahrstrahlsteigung sinkt anhaltend, wenn x steigt.

Formal sieht man das daran, dass die erste Ableitung der Durchschnittskosten-funktion $k(x) = 2 \cdot x^{-1/2} + 3/x$, nämlich

$$_x^! k(x) = -x^{-3/2} - \frac{3}{x^2}$$

niemals null werden kann. Folglich gibt es kein Minimum . Es ist stets $_x^! k(x) < 0$. Eine Preisuntergrenze existiert nicht.

b) Wenn, wie in a) gezeigt wurde, die Durchschnittskosten mit steigendem x durchgehend fallen, dann müssen die Grenzkosten stets kleiner als die Durchschnittskosten sein. Das heißt, die Grenzkostenkurve verläuft unterhalb der Durchschnittskostenkurve.

Ist dem betrachteten Anbieter der Absatzpreis vom Markt her vorgegeben, ist er also preisinabil, so setzt ein Gewinnmaximum die Gleichheit von Preis und Grenzkosten voraus (Cournot-Bedingung). Da aber, wie wir oben gesehen haben, die Grenzkosten stets unter den Durchschnittskosten liegen, muss im Gewinnmaximum auch der Preis unter den Durchschnittskosten liegen. Das aber bedeutet, dass der betrachtete Anbieter im Gewinnmaximum Verluste erleidet. Er wird deshalb nicht anbieten.

Formal: $_x k(x) < 0 \Rightarrow {}_x^! K(x) < k(x)$

$$G(x) \rightarrow \max_x! \Rightarrow p = {}_x^! K(x) \quad : \text{Cournot}$$

Ergo: $p = {}_x^! K(x) < k(x) \Rightarrow g(x) < 0 \Rightarrow \hat{G} < 0$

Die Ursache für die Nichtexistenz eines Durchschnittskostenminimums und die Unvorteilhaftigkeit des Angebots liegt in der Vermutung des Anbieters, sein κ sei kleiner als Eins. Bei $\kappa > 1$ können die Probleme verschwinden.

Lösung 2.4

a)

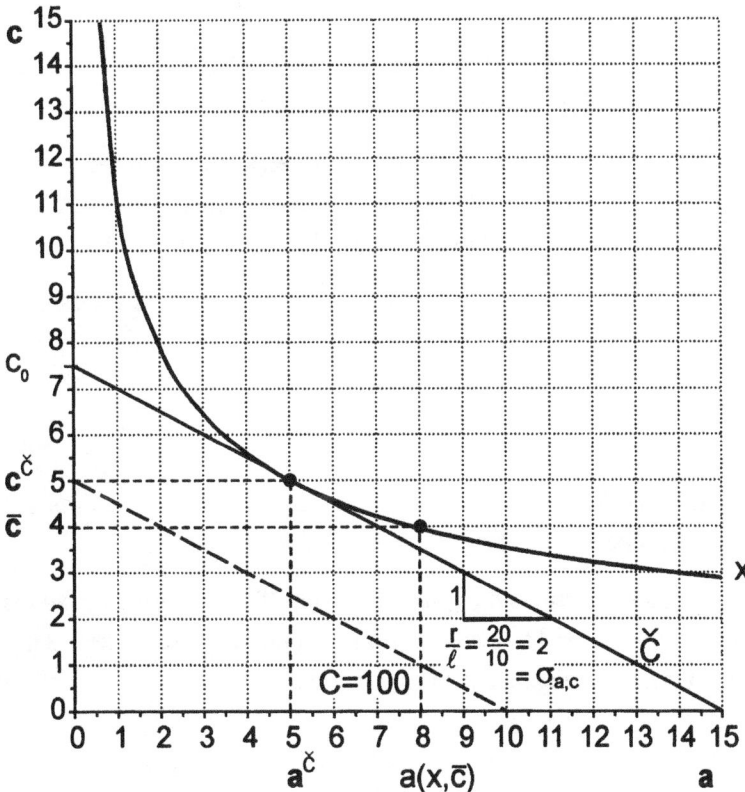

Zunächst wird eine Isokostengerade $C = \ell \cdot a + r \cdot c$ zu einem beliebigen Kostenbudget C eingezeichnet; hier wurde C = 100 gewählt: Achsenabschnitte C/r = 100/20 = 5, C/ℓ = 100/10 = 10. Diese Isokostengerade (hier gestrichelt gezeichnet) reflektiert durch ihre Steigung das Faktorpreisverhältnis:

$$_c' a(c;C) = - r/\ell = - 20/10 = -2.$$

Nun ist die Isokostengerade so an die x-Isoquante parallel zu verschieben, dass sie diese nur noch in einem Punkt berührt (tangiert). Dies ist die gesuchte Minimalkostenkombination (hier: $a^{\check{c}} = 5$, $c^{\check{c}} = 5$). Denn die tangierende Isokostengerade repräsentiert das niedrigstmögliche Kostenbudget $\check{C}$, mit dem die Ausbringungsmenge x gemäß der Isoquante gerade noch produziert werden kann.

b) Setzt man die Faktoreinsatzmengen der Minimalkostenkombination aus a) in die allgemeine Kosten(budget)definition ein, so ergibt sich

$$\check{C} = \ell \cdot a^{\check{c}} + r \cdot c^{\check{c}}$$

$$= 10 \cdot 5 + 20 \cdot 5 = 150$$

Dies sind die (langfristigen) Kosten der Produktion der zur tangierenden Isoquante gehörenden Ausbringungsmenge x.

Alternativ kann die Höhe des zu einer Isokostengeraden gehörenden Kostenbudgets über einen Achsenabschnitt bestimmt werden. Zum Beispiel ist $c_o = \check{C} /r = 7,5$. Mit r = 20 ergibt sich damit: $\check{C} = r \cdot c_o = 20 \cdot 7,5 = 150$.

c) In der Minimalkostenkombination muss die Grenzrate der Faktorsubstitution dem Faktorpreisverhältnis entsprechen, konkret:

$$\sigma_{a,c} = \frac{r}{\ell} \doteq \frac{20}{10} = 2$$

Das besagt, dass dort eine zusätzlich eingesetzte Kapitaleinheit zwei Arbeitseinheiten substituieren kann (bei gleicher Ausbringungsmenge).

Anmerkung: Da die Grenzrate $\sigma_{a,c}$ definitionsgemäß dem Absolutbetrag der Isoquantensteigung entspricht, also $|_c' a(c;x)|$, und dies nach dem Satz über implizierte Funktionen dem Quotienten der Grenzproduktivitäten ($_c' x /_a' x$) so gilt auch:

$$\frac{{}^!_c x}{{}^!_a x} = \frac{r}{\ell} \doteq 2$$

d) Faktoeinsatzbeschränkungen führen in die kurzfristige Analyse. Bei $\bar{c} = 4$ liegt horizontal der kurzfristige Expansionspfad. Dieser schneidet die Isoquante ungefähr bei $a = 8$. Also sind bei $\bar{c} = 4$ zur Produktion der Ausbringungsmenge x etwa $a(x, \bar{c}) = 8$ Arbeitseinheiten erforderlich. Das Zuwenig an Kapital (es war ja $c^{\check{}} = 5$) muss durch ein Mehr an Arbeit ausgeglichen werden. $a(x, \bar{c})$ ist die Arbeitseinsatzfunktion. Der kurzfristige Produktionspunkt bei $\bar{c}$ ist somit $(a(x, \bar{c}); \bar{c}) = (8; 4)$.

e) Die Kosten in der kurzen Frist sind definiert durch:

$$K^k(x, \bar{c}) = \ell \cdot a(x, \bar{c}) + r \cdot \bar{c}$$

Hier also:

$$K^k(x, 4) = 10 \cdot 8 + 20 \cdot 4 = 160$$

Die kurzfristigen Produktionskosten der Ausbringungsmenge liegen höher als die langfristigen Kosten in der Minimalkostenkombination. Das ist bekanntlich stets der Fall.

Alternativ könnte die Höhe der kurzfristigen Kosten auch dadurch bestimmt werden, dass man die Isokostengerade parallel verschiebt bis sie durch den kurzfristigen Produktionspunkt verläuft. Über einen ihrer Achsenabschnitte lässt sich dann – analog zu b) – die Höhe des betreffenden Kostenbudgets ermitteln.

Lösung 2.5

a) Der Kostenverlauf beschreibt einen langfristigen Zusammenhang. Denn es gibt keine Fixkosten, $K(0) = 0$, und somit auch keine kurzfristig fixen Faktoreinsatzmengen. Langfristige Kostenkurven beginnen stets im Ursprung des Koordinatensystems.

b) Im linken Abschnitt ist die langfristige Kostenkurve konkav und somit die unterliegende Skalenfunktion konvex. Dort weist sie also zunehmende Skalenerträge auf.

Im mittleren Abschnitt verläuft die Kostenkurve horizontal. Dort kann zu gleichbleibenden Kosten, und daher gleichbleibendem totalen Faktoreinsatz, der Output x gesteigert werden. Die Skalenerträge sind null.

Im rechten Abschnitt steigen die Kosten konvex an. Das deutet auf abnehmende Skalenerträge in diesem Outputbereich hin.

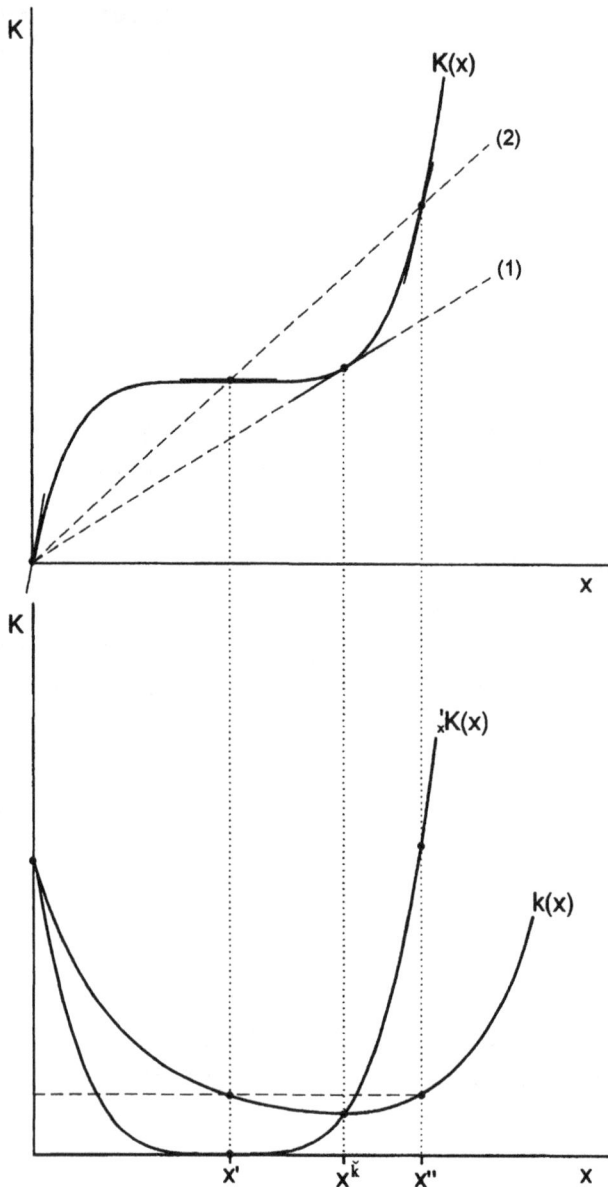

c) Zunächst kann eindeutig die Lage des Durchschnittskostenminimums festgestellt werden. Die durchschnittskostenminimierende Ausbringungsmenge $x^{\check{k}}$ liegt dort, wo der Fahrstrahl die Kostenkurve tangiert. Denn da sind Grenzkosten (Tangentensteigung) und Durchschnittskosten (Fahrstrahlsteigung) gleich.

Die Steigung des Fahrstrahls zu einem Punkt der Kostenkurve K(x) entspricht den Durchschnittskosten bei der zugehörigen Ausbringungsmenge x. Im oben genannten Tangentialpunkt ist die Fahrstrahlsteigung (1) minimal – und damit auch die Durchschnittskosten.

In der Nähe von x = 0 hat die Fahrstrahlsteigung einen endlichen positiven Wert. Die beiden Schnittpunkte des Fahrstrahls (2) mit der Kostenkurve weisen auf Ausbringungsmengen mit gleich hohen Durchschnittkosten hin. Fährt man mit dem Fahrstrahl die gesamte Kostenkurve entlang, so zeigt sich: Die Durchschnittskosten nehmen zunächst vom Anfangswert bis zum Durchschnittskostenminimum ab und steigen danach wieder an.

Legt man an die oben betrachteten Stützpunkte der Kostenkurve Tangenten an, so zeigt deren Steigung, wie hoch die Grenzkosten bei den betreffenden Ausbringungsmengen sind. Bei x = 0 stimmen Tangenten- und Fahrstrahlsteigung überein, und damit auch Grenz- und Durchschnittskosten. Bei x' wird die Tangentensteigung null, um später wieder positiv zu werden: Die Grenzkosten steigen dann infolge des konvexen Kostenverlaufs anhaltend an. Bei $x^{\check{k}}$ schneiden sie die Durchschnittskostenkurve in deren Minimum (das ist notwendig der Fall). Bei x" ist die Tangentensteigung größer als die Fahrstrahlsteigung; Folglich liegen dort die Grenzkosten über den Durchschnittskosten.

d) Die Elastizität $\varepsilon(K{:}x)$ ist bei der durchschnittskostenminimierenden Ausbringungsmenge gleich Eins – in jedem Fall. Denn dort sind, wie soeben in c) gezeigt, Grenzkosten $'_x K(x)$ und Durchschnittskosten k(x) gleich hoch. Also ist:

$$\varepsilon(K:x) = \frac{'_x K(x) \cdot x}{K(x)} = \frac{'_x K(x)}{K(x)/x} = \frac{'_x K(x)}{k(x)} = 1$$

Lösung 2.6

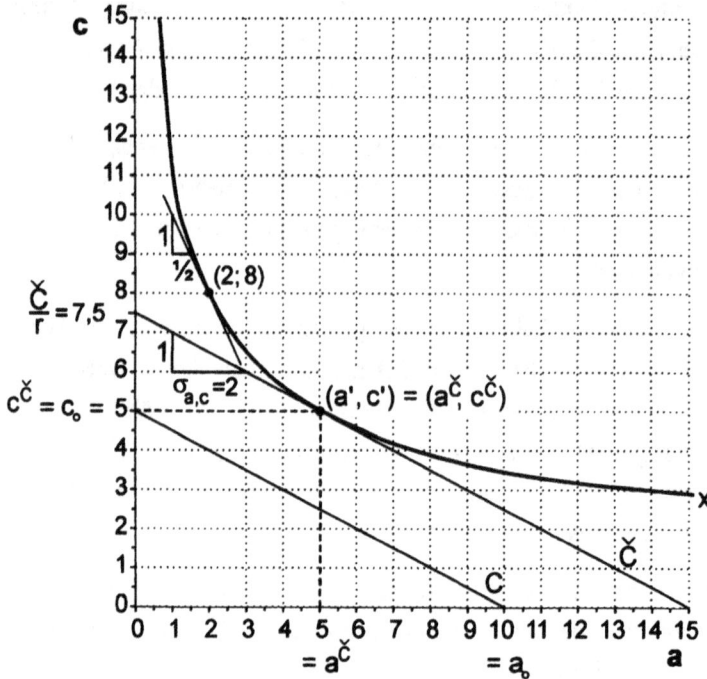

a) Die Grenzrate der Faktorsubstitution $\sigma_{a,c}$ entspricht dem Absolutbetrag der Steigung in einem Isoquantenpunkt. Die Steigung $\partial a/\partial c = {}_c'a(c,\overline{x})$ kann durch Anlegen einer Tangente an den zu untersuchenden Punkt bestimmt werden. Im Punkt $(5;5)$ ist der Absolutbetrag $|\partial a/\partial c| = 2$; siehe das Steigungsdreieck.

Formal kann die Grenzrate auch wie folgt ermittelt werden:

$$\sigma_{a,c} = \frac{{}_c'x}{{}_a'x} = \frac{\dfrac{2}{3} \cdot a'}{\dfrac{1}{3} \cdot c'} = 2 \cdot \frac{5}{5} = 2$$

Gleiches ergibt sich, wenn man die Indifferenzkurvengleichung $a(c,\overline{x})$ nach c differenziert und dann davon den Absolutbetrag nimmt.

b) Die Grenzrate $\sigma_{a,c}$ nimmt aufgrund der Konvexität der Isoquante ab, wenn a durch c substituiert wird, wenn man die Kurve mithin von »rechts-unten« nach »links-unten« hinaufwandert. Der untere Schenkel des Steigungsdreiecks (also $\sigma_{a,c}$) wird dann immer kürzer. Im eingezeichneten Punkt $(2;8)$ ist beispielsweise

$\sigma_{a,c}$ nur noch gleich ½. Das "Gesetz von der abnehmenden Grenzrate der Substitution" ist hier also erfüllt.

c) Um die Minimalkostenkombination (also den langfristigen Produktionspunkt) auf einer vorgegebenen Isoquante zu finden, muss eine Isokostengerade, deren Steigung dem Faktorpreisverhältnis entspricht, so verschoben werden, dass sie die Isoquante tangiert. – Nehmen wir an, das Kostenbudget C sei gleich 100 (beliebiger Wert). Dann ist die Lage der Isokostengerade, und damit auch ihre Steigung, eindeutig durch die beiden Achsenabschnitte bestimmt. Diese liegen bei $C/\ell = 100/10 = 10 =: a_0$ auf der **a**-Achse und bei $C/r = 100/20 = 5 =: c_0$ auf der **c**-Achse. Verschiebt man nun diese beliebige Isokostengerade bis sie die x-Isoquante tangiert, so erhält man als Tangentialpunkt den in a) schon betrachteten Punkt $(\mathbf{a'}, \mathbf{c'}) = (5, 5)$. Dies ist die Minimalkostenkombination. Will das Unternehmen also die Menge x bei den geltenden Faktorpreisen $\ell = 10$ und r = 20 kostenminimal produzieren, so muss es fünf Arbeits- und fünf Kapitaleinheiten zur Produktion einsetzen. Das kostenminimierende Faktorenbündel ist $(\mathbf{a}^{\check{c}}, \mathbf{c}^{\check{c}}) = (5,5)$.

d) Die Höhe des zur Finanzierung der Minimalkostenkombination erforderlichen Kostenbudgets $\check{C}$ wird durch die Isokostengerade durch $(\mathbf{a}^{\check{c}}, \mathbf{c}^{\check{c}})$ repräsentiert. $\check{C}$ kann über einen Achsenabschnitt der Isokostengerade bestimmt werden. Im Diagramm beträgt der **c**-Achsenabschnitt

$$\frac{\check{C}}{r} = \frac{\check{C}}{20} = 7{,}5$$

Durch Umstellen nach dem unbekannten Minimalkostenbudget ergibt sich $\check{C} = 20 \cdot 7{,}5 = 150$.

Alternativ kann man $\check{C}$ über die Kostendefinition durch Einsetzen der beiden kostenminimierenden Faktoreinsatzmengen ermitteln:

$$\check{C} = \ell \cdot \mathbf{a}^{\check{c}} + r \cdot \mathbf{c}^{\check{c}} = 10 \cdot 5 + 20 \cdot 5 = 150$$

e) Die zur Isoquante gehörende Ausbringungsmenge x erhält man durch Einsetzen der Koordinaten eines ihrer Punkte in die in der Aufgabenstellung genannte Produktionsfunktion. Setzt man beispielsweise $(\mathbf{a'}, \mathbf{c'}) = (5, 5)$ ein, so ergibt sich:

$$x = (\mathbf{a'})^{1/3} \cdot (\mathbf{c'})^{2/3} = 5^{1/3} \cdot 5^{2/3} = 5^1 = 5$$

2.2. Angebot bei Preisinabilität

Lösung 2.7

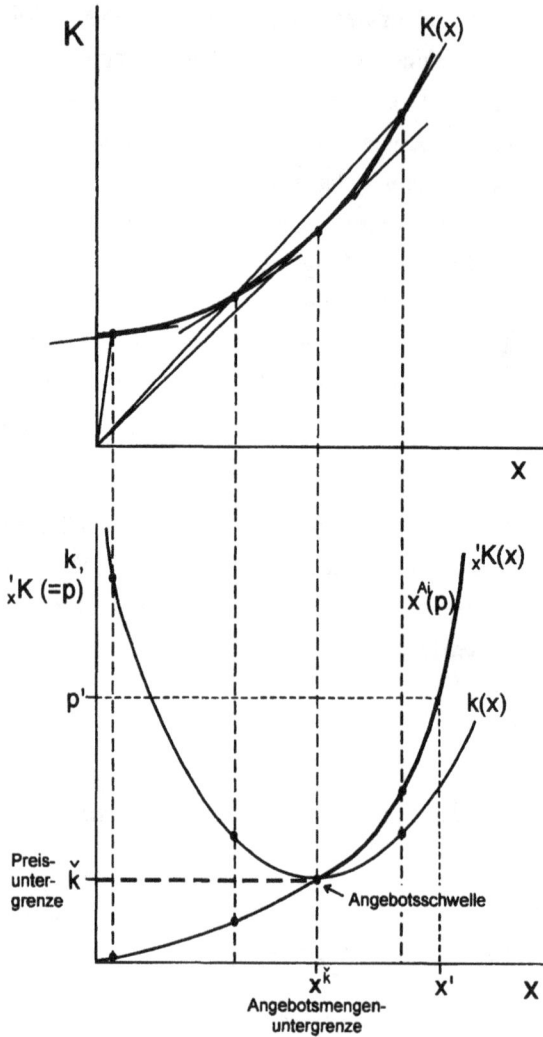

Die Angebotskurve eines preisinabilen Unternehmens entspricht dem Abschnitt seiner Grenzkostenkurve, der oberhalb des Minimums der Durchschnittskosten (das ist die Angebotsschwelle des Unternehmens) liegt. Denn entlang der Grenzkostenkurve gilt die für das Gewinnmaximum notwendige Cournot-

Bedingung ("Preis gleich Grenzkosten"), und unterhalb des Durchschnitts-kostenminimums würde das Unternehmen bei jeder Ausbringungs- beziehungs-weise Absatzmenge Verluste erleiden.

Deshalb müssen aus der dargestellten Gesamtkostenkurve zunächst die Verläufe der Grenzkosten und der Durchschnittskosten hergeleitet werden: Die Grenz-kosten ergeben sich durch Übertragung der *Tangenten*steigungen (betrachtet wurden in dem Diagramm vier „Stützpunkte") aus der Kostenkurve in das untere Diagramm. Da die Steigung der Kostenkurve bei jeder Ausbringungsmenge positiv ist und (beginnend bei etwa null) mit x zunimmt, hat die Grenzkosten-kurve $_x^!K(x)$ einen steigenden Verlauf (das Krümmungsverhalten ist nicht ohne weiteres bestimmbar).

Der Durchschnittskostenverlauf ergibt sich durch Übertragung der *Fahrstrahl*-steigungen zu den eingezeichneten Stützpunkten in das untere Diagramm. Da nach dem oberen Diagramm positive Fixkosten vorliegen (kurzfristiger Kostenverlauf) fallen die Durchschnittskosten k(x) zunächst von unendlich her kommend (Fixkostendegression) und steigen bei »großen« Ausbringungsmengen wieder an. Das Durchschnittskostenminimum liegt bei derjenigen Ausbringungs-menge, bei der die Fahrstrahlsteigung der Tangentensteigung entspricht; deshalb sind im Durchschnittskostenminimum Durchschnitts- und Grenzkosten gleich hoch: In jedem Fall schneidet die Grenzkostenkurve die Durchschnittskosten-kurve in deren Minimum.

Im Durchschnittskostenminimum (Angebotsschwelle) »bricht« die auf der Grenz-kostenkurve liegende dick eingezeichnete Angebotskurve des Unternehmens zur Ordinate hin weg, weil es bei Preisen unterhalb der Preisuntergrenze $\check{k}$ nichts mehr von dem Gut anbietet, da dann bei keiner Ausbringungsmenge mehr ein positiver Gewinn realisierbar ist. Das Unternehmen tritt abrupt mit seiner gesamten Mindestangebotsmenge $x^{\check{k}}$ aus dem Markt aus.

b) Die *Angebotsschwelle* des Unternehmens (Durchschnittskostenminimum) gibt die *Preisuntergrenze* an, das ist die minimale Höhe der Durchschnittskosten ($\check{k}$), und die *Angebotsmengenuntergrenze*, das ist die durchschnittskosten-minimierende Ausbringungsmenge $x^{\check{k}}$. Unterschreitet der realisierbare Absatz-preis p die Preisuntergrenze, so sinkt die Angebotsmenge des Unternehmens sprunghaft von $x^{\check{k}}$ auf null; siehe Diagramm.

c) Bei einem Preis in Höhe von p' wird das Unternehmen die Menge x' von dem Gut anbieten, denn dies ist die gewinnmaximierende Ausbringungs- und Angebotsmenge. Bei $p' < \check{k}$ wäre $x' = 0$.

d) Eine Erhöhung des Kapitaleinsatzes $\bar{c}$ vergrößert zunächst die Fixkosten $F = r \cdot \bar{c}$, was zu einer Verlagerung der *Gesamtkostenkurve nach »oben«* führt. Zugleich senkt ein vermehrter Kapitaleinsatz aber in der Regel auch die variablen Kosten und führt zu einer Ausweitung der Kapazitätsgrenze des Unternehmens. Dies schlägt sich in der *Abflachung der Gesamtkostenkurve* nieder.

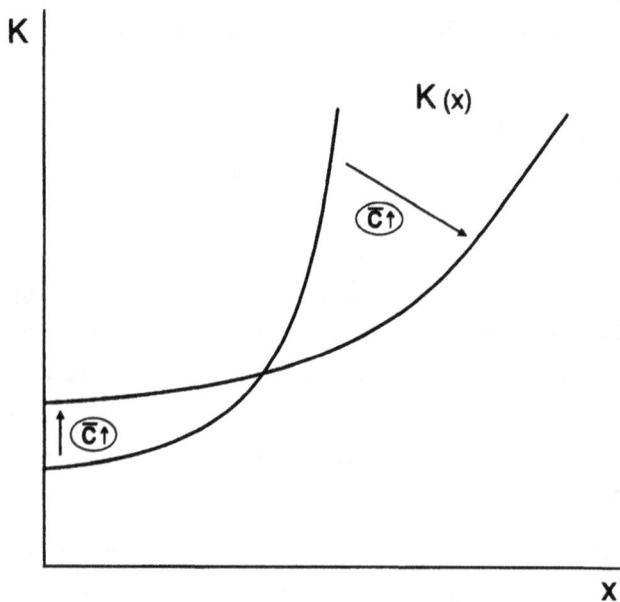

e) Als Fixkostendegression wird der Effekt bezeichnet, dass bei der Produktion in der kurzen Frist mit steigender Ausbringungsmenge die Fixkosten pro Ausbringungsmenge immer geringer werden. Denn die mengenunabhängigen Fixkosten F verteilen sich dann auf eine immer größere Ausbringungsmenge x, so dass F/x anhaltend sinkt. Wenn x gegen null geht, streben die durchschnittlichen Fixkosten gegen unendlich.

Lösung 2.8

a) Das Unternehmen ist preisinabil. In der Erlösfunktion $E = p \cdot x$ ist der Preis $p = 20$ unabhängig von Einflussgrößen des Anbieters, insbesondere von x.

b) Die Gewinnfunktion beschreibt die lange Frist. Die Kostenfunktion lautet $K(x) = x^2$, enthält also keine Fixkosten. Die Abwesenheit von Fixkosten ist ein Charakteristikum der langen Frist.

c) Die gewinnmaximierende Menge (falls eine existiert) erhält man durch Nullsetzen der ersten Ableitung der Gewinnfunktion. (*Alternativ*: Gleichsetzen von Preis und Grenzkosten):

$$G(x) = 20x - x^2 \;\rightarrow\; \max_x !$$

$$\Rightarrow \qquad {}_x'G = 20 - 2x \overset{!}{=} 0 \qquad : \text{Bedingung erster Ordnung}$$

$$\Leftrightarrow \qquad\qquad 20 = 2x$$

$$\Leftrightarrow \qquad\qquad x^{\hat{G}} = 10$$

d) $x^{\hat{G}}$ ist die gewinnmaximierende Produktions- und Absatzmenge, denn die Bedingung zweiter Ordnung ist erfüllt:

$$\left[{}_x''E =\right] \;\; 0 \;<\; 2 \;\; \left[= {}_x''K\right] \qquad (\,\text{Alternativ}: {}_x''G = -2 < 0\,)$$

e) Der maximale Gewinn ergibt sich durch Einsetzen von $x^{\hat{G}}$ aus c) in die Gewinnfunktion:

$$\hat{G} = G(x^{\hat{G}}) = 20 \cdot x^{\hat{G}} - (x^{\hat{G}})^2 = 20 \cdot 10 - 10^2 = 100$$

Da der maximale Gewinn positiv ist, wird das Unternehmen die Menge $x^{\hat{G}} = 10$ tatsächlich anbieten: $x^{Ai} = x^{\hat{G}} = 10$.

Lösung 2.9

a)

$$p, \,_x'K, k$$

0,60

0,55

0,50

0,45

p 0,40

0,35

k(x') 0,30

0,25

k(x$^{\hat{G}}$) 0,20

$\check{k} = \check{p}^{\,i}$ 0,15

0,10

0,05

0,00

$_x'K(x)$ $k(x)$

$x^{Ai}(p)$

G'

$\hat{G}$

$_x'E$

$x^{\check{k}}$ $x^{\hat{G}}$ x' X

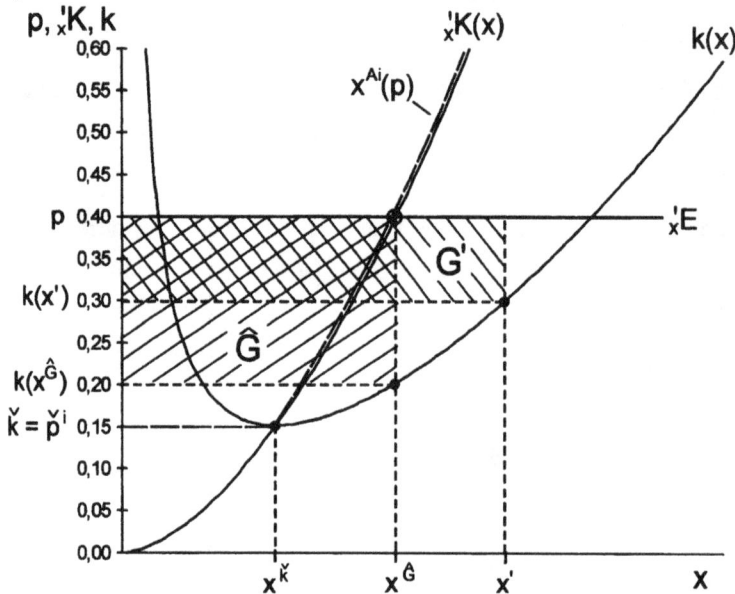

b) Die gewinnmaximierende Absatzmenge liegt bei $x^{\hat{G}}$. Dort ist die Cournot-Bedingung (Bedingung erster Ordnung für ein Gewinnmaximum) erfüllt. Diese lautet im Falle eines preisinabilen Anbieters: $p = \,_x'K(x)$.

c) Der maximale Gewinn entspricht im Diagramm der gesamten aufsteigend schraffierten Rechteckfläche. Er ist $\hat{G} = x^{\hat{G}} \cdot [p - k(x^{\hat{G}})] = x^{\hat{G}} \cdot 0{,}20$.

d) Bei der Absatzmenge x' betragen die Durchschnittskosten k(x') und der Durchschnittsgewinn $p - k(x') = 0{,}1$. Der Gesamtgewinn wäre dann $G' = x' \cdot [p - k(x')]$ und entspräche der Fläche des fallend schraffierten Rechtecks.

e) Da $x' > x^{\hat{G}}$ kommt beim Übergang von $x^{\hat{G}}$ nach x' die Gewinnfläche $[x' - x^{\hat{G}}] \cdot [p - k(x')]$ hinzu. Da jedoch zugleich die Durchschnittskosten von $k(x^{\hat{G}})$ auf k(x') steigen, geht die Gewinnfläche $[k(x') - k(x^{\hat{G}})] \cdot x^{\hat{G}}$ verloren. Das Diagramm zeigt deutlich, dass die hinzukommende Gewinnfläche kleiner ist als die wegfallende. Somit wird der Gewinn beim Übergang von $x^{\hat{G}}$ nach x' sinken. Das muss schon deshalb so sein, weil bei $x^{\hat{G}}$ ja das Gewinnmaximum liegt.

f) Die Angebotskurve eines preisinabilen Anbieters ist seine Grenzkostenkurve (denn nur dort kann die Cournot-Bedingung erfüllt sein), oberhalb des
Minimums der Durchschnittskosten (denn dort liegt die Angebotsschwelle).
Bei Preisen unterhalb von $\check{k}$ bietet der Anbieter nicht an, weil er dann (auch
im Gewinnmaximum) nur Verluste realisieren würde.

Lösung 2.10

Bei fallenden Durchschnittskosten liegen die Grenzkosten $'_x K(x)$ notwendig
unterhalb von $k(x)$; das besagt der Satz über Grenz- und Durchschnittskosten.
Strebt ein preisinabiler Anbieter Gewinnmaximierung an, so erreicht er seinen
maximalen Gewinn auf jeden Fall bei jener Ausbringungs- und Absatzmenge, bei
der seine Grenzkosten dem Preis entsprechen ($p = {}'_x K(x)$); das besagt die
Cournot-Bedingung. Da seine Grenzkosten aber im hier betrachteten Fall, wie
soeben gezeigt, unterhalb seiner Durchschnittskosten liegen, liegt auch der Preis
unterhalb der Durchschnittskosten. Das heißt: Bei fallenden Durchschnittskosten
kann ein preisinabiler Anbieter im Gewinnmaximum nur Verluste realisieren. Er
wird deshalb gar nicht anbieten.

Anmerkung: Gingen alle Anbieter von der Cournot-Bedingung ab und forderten
Preise oberhalb von $k(x)$, so könnte theoretisch der Gewinn mit wachsender
Ausbringungs- und Absatzmenge unbeschränkt zunehmen. Ein solches Resultat
wird aber durch die Konkurrenz der Anbieter verhindert: Der allgemeine Wachs-
tumswettlauf der Unternehmen hat den Charakter ruinöser Konkurrenz, dem nach
und nach alle Anbieter bis auf einen zum Opfer fallen. Der einzig Überlebende
könnte sich dann aber als Monopolist verhalten (sog. natürliches Monopol) und –
trotz fallender Durchschnittskosten – möglicherweise einen positiven Gewinn
realisieren.

Lösung 2.11

a)

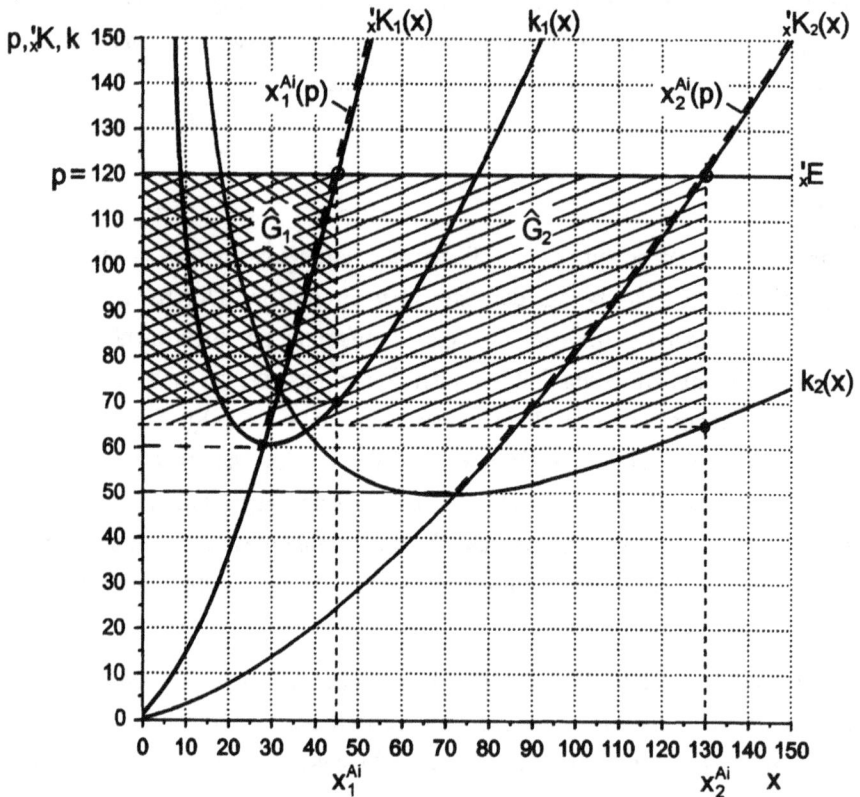

b) Da der Preis vom Markt der vorgegeben ist, handelt es sich um einen preisinabilen Anbieter. Gemäß der Cournot-Bedingung liegt die gewinnmaximierende Menge dort, wo Grenzkosten und Grenzerlöse gleich sind, wobei hier die Grenzerlöse dem Preis entsprechen. Graphisch ist das der Schnittpunkt der Preis-Horizontalen mit der Grenzkostenkurve.

Vor der Kapazitätserweiterung (Index 1) liegt demnach die gewinnmaximierende Menge des Anbieters bei $x_1^{Ai} = 45$, nachher bei $x_2^{Ai} = 130$.

c) Der maximale Gewinn lässt sich aus dem Diagramm nach der Formel $\hat{G}^i = {}_x A^i \cdot \left[p - k(x^{Ai}) \right]$ bestimmen. Es ergibt sich für den Fall

▫ vor der Investition: $\hat{G}_1^i = 45 \cdot \left[120 - 70 \right] = 2250$

▫ nach der Investition: $\hat{G}_2^i = 130 \cdot \left[120 - 65 \right] = 7150$

Durch die Investition hat sich der Maximalgewinn des Anbieters also deutlich erhöht. $\hat{G}_1^i$ entspricht im Diagramm der absteigend, $\hat{G}_2^i$ der aufsteigend schraffierten Rechteckfläche.

d) Die Angebotskurve $x^{Ai}(p)$ entspricht jeweils der Grenzkostenkurve oberhalb der Angebotsschwelle (d.h. dem Durchschnittskostenminimum). Die Kurven sind im Diagramm lang gestrichelt gezeichnet.

Lösung 2.12

Wegen des fest vorgegebenen Preises $p = 12$, der bekanntlich bei einem preisinabilen Anbieter dessen Grenzerlös $_xE$ entspricht, hat die Erlöskurve die konstante Steigung 12. Bei $x = 10$ ist beispielsweise $E(x) = 120$. Die Gewinnkurve ergibt sich aus der Differenz zwischen Erlösen und Kosten, also aus den vertikalen Abständen zwischen Erlösgerade und Kostenkurve. Diese Differenz ist hier offensichtlich überall negativ:

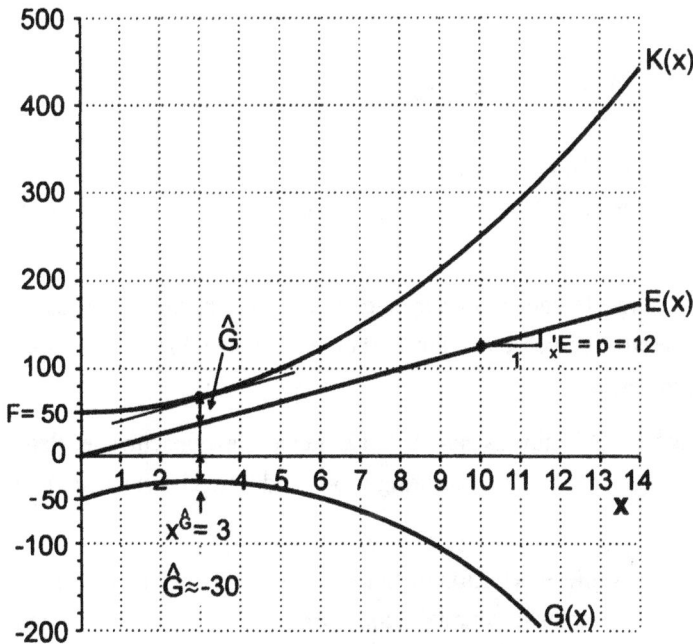

a) Bei der gewinnmaximierenden Ausbringungs- und Angebotsmenge eines preisinabilen Anbieters müssen dessen Grenzkosten $_xK(x)$ dem vom Markt her vorgegeben Absatzpreis p (der seinem Grenzerlös $_x^!E$ entspricht) gleich sein. Diese Cournot-Bedingung ergibt im vorliegenden Fall:

$$_x^!E(x) = p = 12 \stackrel{!}{=} 4x = {_x^!}K(x)$$

$$\Leftrightarrow \qquad x^{\hat{G}} = \frac{12}{4} = 3$$

Um zu sehen, ob diese Menge wirklich den Gewinn *maximiert*, muss die Bedingung zweiter Ordnung (BZO) geprüft werden:

$$_x^{\prime\prime}E(x) = 0 < 4 = {_x^{\prime\prime}}K(x)$$

Die BZO ist also erfüllt: Bei der Ausbringungs- und Angebotsmenge $x^{\hat{G}}$ realisiert das Unternehmen also tatsächlich seinen maximalen Gewinn. Dieser beträgt (mit F = 50 aus dem Diagramm):

$$\hat{G} = G(x^{\hat{G}}) = E(x^{\hat{G}}) - K(x^{\hat{G}})$$

$$= p \cdot x^{\hat{G}} - 2 \cdot (x^{\hat{G}})^2 - 50$$

$$= 12 \cdot 3 - 2 \cdot 3^2 - 50 = -32$$

Da der maximale Gewinn negativ ist (ein minimaler Verlust), wird das Unternehmen das Angebot des betreffenden Gutes gar nicht erst aufnehmen; die Angebotsmenge ist null.

b) Die Gewinnschwelle entspricht derjenigen Ausbringungsmenge eines Unternehmens, bei deren Überschreiten ihm – bei gegebenem Preis – erstmals ein positiver Gewinn entsteht.

Im hier untersuchten Fall gibt es bei p = 12 keine Gewinnschwelle, denn das Unternehmen würde bei *jeder* Ausbringungs- und Angebotsmenge Verluste realisieren.

c) Die Angebotsschwelle eines Unternehmens entspricht (nach unserer Definition) seinem Durchschnittskostenminimum. Um dies zu ermitteln kann die Eigenschaft genutzt werden, dass dort die Durchschnittskosten den Grenzkosten entsprechen müssen.

i. Angebotsmengenuntergrenze:

$$k(x) = 2 \cdot x + \frac{50}{x} \overset{!}{=} 4x = {}_x^{\prime}K(x)$$

$$\Leftrightarrow \qquad 2x^2 + 50 = 4x^2$$

$$\Leftrightarrow \qquad 2x^2 = 50$$

$$\Leftrightarrow \qquad x^{\check{k}} = \sqrt{25} = 5$$

Alternativ:

$$_x^{\prime}k(x) = 2 - \frac{50}{x^2} \overset{!}{=} 0$$

$$\Leftrightarrow \qquad x^2 = \frac{50}{2}$$

$$\Leftrightarrow \qquad x^{\check{k}} = \sqrt{25} = 5$$

ii. Preisuntergrenze: Diese entspricht der Höhe der minimalen Durchschnitts-kosten. Da im Durchschnittskostenminimum auch Grenz- und Durchschnitts-kosten gleich sein müssen, gilt:

$$\check{k} = {}_x^{\prime}K(x^{\check{k}}) = 4 \cdot x^{\check{k}} = 4 \cdot 5 = 20$$

Alternativ:

$$\check{k} = k(x^{\check{k}}) = 2 \cdot x^{\check{k}} + \frac{50}{x^{\check{k}}} = 2 \cdot 5 + \frac{50}{5} = 20$$

Lösung 2.13

a) Die Bedingung erster Ordnung für eine Gewinnmaximum erfordert das Verschwinden der ersten Ableitung:

$$_x^{\prime}G(x) = -4x + 12 \overset{!}{=} 0$$

$$\Leftrightarrow \qquad 12 = 4x$$

$$\Leftrightarrow \qquad\qquad x^{\hat{G}} = 3$$

Das Gewinnmaximum wird also bei der Absatzmenge $x^{\hat{G}} = 3$ realisiert. Die Bedingung zweiter Ordnung für ein Maximum ist erfüllt:

$$_x''G(x) = -4 < 0$$

b) Die Höhe des maximalen Gewinns ergibt sich durch Einsetzen der gewinnmaximierenden Menge in die Gewinnfunktion:

$$\hat{G} = G(x^{\hat{G}}) = -2\cdot(x^{\hat{G}})^2 + 12\cdot x^{\hat{G}} - 10$$

$$= -2\cdot 3^2 + 12\cdot 3 - 10$$

$$= -18 + 36 - 10$$

$$= 8 > 0$$

Da der maximale Gewinn im vorliegenden Fall positiv ist, wird das Unternehmen die Menge $x^{\hat{G}}$ tatsächlich anbieten.

c) Gewinnschwelle und Gewinngrenze sind – mathematisch betrachtet – die erste und die letzte Nullstelle der (typischerweise konkav verlaufenden) Gewinnfunktion:

$$G(x) = -2x^2 + 12x - 10 \overset{!}{=} 0$$

$$\Leftrightarrow \qquad\qquad x^2 - 6x + 5 = 0$$

Gemäß der sogenannten pq-Formel ergeben sich die beiden Lösungen dieser quadratischen Gleichung zu

$$x_{1,2}^{\circ} = -\frac{-6}{2} \pm \sqrt{\frac{6^2}{4} - 5}$$

$$= 3 \pm \sqrt{4}$$

$$= 3 \pm 2$$

Also liegt die Gewinnschwelle (Absatzmenge, ab welcher der Gewinn erstmals positiv wird) bei $\dot{x} = 1$ und die Gewinngrenze (Absatzmenge, ab der der Gewinn durchwegs negativ ist) bei $\dot{x} = 5$.

Alternativ kann man auch von der Gleichung $E(x) = K(x)$ ausgehen.

d) Zieht man von der Erlösfunktion des preisinabilen Anbieters, $E(x) = p \cdot x = 12 \cdot x$, die vorgegebene Gewinnfunktion $G(x)$ ab, so ergibt sich die Kostenfunktion:

$$E(x) - G(x) = K(x) = 12x - [-2x^2 + 12x - 10] = 2x^2 + 10$$

Die Fixkosten entsprechen dem mengenunabhängigen Term der Kostenfunktion, hier also $F = 10$.

Alternativ: $G(0) = -F \iff F = -G(0) = -(-10) = 10$

e) Die Verläufe der zuvor betrachteten Funktionen zeigt das folgende Diagramm. Die Kostenfunktion entspricht der vertikalen Differenz zwischen Erlös- und Gewinnkurve:

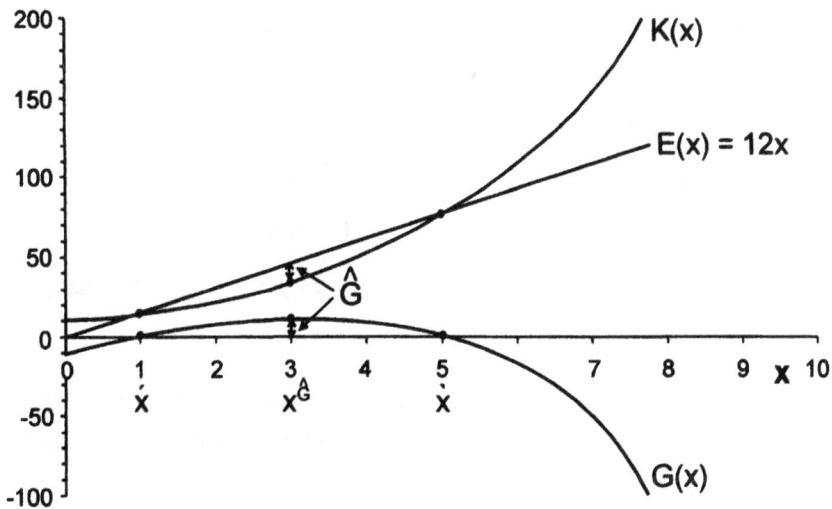

f) Siehe Diagramm

2.3. Unternehmens- und Angebotstheorie: Übergreifendes

Lösung 2.14

$$x(a,c) = a \cdot \left(\frac{c}{a}\right)^{\beta} = \frac{a}{a^{\beta}} \cdot c^{\beta} = a^{1-\beta} \cdot c^{\beta} \quad : \text{Cobb/Douglas-Produktionsfunktion}$$

a) Die Produktionselastizitäten sind:

$$\varepsilon(x:a) = \frac{\partial x}{\partial a} \cdot \frac{a}{x}$$

$$= \frac{(1-\beta) \cdot x}{a} \cdot \frac{a}{x} = 1 - \beta = \frac{2}{3}$$

Die *Arbeitselastizität* von 2/3 besagt, dass eine einprozentige Erhöhung des Arbeitseinsatzes in der Produktion den Output um 2/3 Prozent steigert.

$$\varepsilon(x:c) = \frac{\partial x}{\partial c} \cdot \frac{c}{x}$$

$$= \frac{\beta \cdot x}{c} \cdot \frac{c}{x} = \beta = \frac{1}{3}$$

Die *Kapitalelastizität* von 1/3 besagt, dass der Output x um 1/3 Prozent steigt, wenn der Kapitaleinsatz um ein Prozent erhöht wird.

b) Bei der kurzfristigen Analyse ist von der Ertragsfunktion auszugehen:

$$x(a,\bar{c}) = a^{1-\beta} \cdot \bar{c}^{\beta}$$

Die Arbeitseinsatzfunktion, die angibt, mit welchem Arbeitseinsatz **a** die vorhandene Kapitalmenge $\bar{c}$ zu kombinieren ist, wenn eine Ausbringungsmenge x produziert werden soll, lautet folglich:

$$a(x,\bar{c}) = \left[x \cdot \bar{c}^{-\beta}\right]^{\frac{1}{1-\beta}} = x^{\frac{1}{1-\beta}} \cdot \bar{c}^{-\frac{\beta}{1-\beta}} = x^{\frac{3}{2}} \cdot 4^{-\frac{1}{2}} = \frac{1}{2} \cdot x^{\frac{3}{2}}$$

Die kurzfristige Kostenfunktion ist:

$$K^k(x) = \ell \cdot a(x, \overline{c}) + r \cdot \overline{c}$$

$$\Leftrightarrow K^k(x) = 12 \cdot \frac{1}{2} x^{3/2} + 20 \cdot 4$$

$$\Leftrightarrow K^k(x) = 6 \cdot x^{3/2} + 80$$

c) Im Gewinnmaximum des Unternehmers muss nach der Cournot'schen Bedingung der Grenzerlös $_x^! E = p = 900$ den Grenzkosten $_x K(x)$ entsprechen. Mit der Kostenfunktion aus b) ergibt sich:

$$\left[_x^! E = \right] \quad 900 \overset{!}{=} 9 \cdot x^{\frac{1}{2}} \quad \left[= _x K(x) \right]$$

$$\Leftrightarrow \qquad x^{\hat{G}} = 100^2 = 10.000$$

Lösung 2.15

Die spärlichen Daten und Fakten ermöglichen es dem Mikroökonomen dank seiner Theorie dennoch umfangreiche und detaillierte Erkenntnisse über die zu analysierende Situation herzuleiten. Einige seien beispielhaft im Folgenden aufgelistet:

Allgemeine Schlussfolgerungen und Erkenntnisse:

1. Es handelt sich um eine Kostenfunktion vom Standardtyp, also $K(x) = c \cdot x^\kappa + F$, mit $c = 10$, $\kappa = 3$ und $F = 135$.

2. $F = 135$ sind die Fixkosten. Die Gesamtkostenkurve hat also einen Offset und beginnt bei $K(0) = 135$ auf der Ordinate.

3. Da positive Fixkosten vorliegen, handelt es sich um eine kurzfristige Kostenfunktion. Es gibt demnach mindestens einen nichtvariablen Produktionsfaktor. Ist Kapital der fixe Faktor, so ist $r \cdot \overline{c} = F = 135$. Kennt man den Kapitalpreis r, so ließe sich die fixe Kapitaleinsatzmenge $\overline{c}$ berechnen.

4. Da der Exponent κ größer als Eins ist, hat die Gesamtkostenkurve einen konvexen Verlauf und damit ebenfalls die Kurve der variablen Kosten.

5. Der konvexe Kurvenverlauf zeigt, dass beim variablen Produktionsfaktor das Gesetz vom abnehmenden Grenzertrag erfüllt ist, dass also die Faktorertragskurve des variablen Faktors einen konkaven und die Faktoreinsatzfunktion einen konvexen Verlauf hat.

6. Die Elastizität der variablen Kosten ist $\varepsilon(K^v : x) = \kappa = 3$. Jedes Prozent Outputerhöhung lässt also die variablen Kosten um drei Prozent steigen.

7. Die Elastizität der durchschnittlichen variablen Kosten ist $\varepsilon(k^v : x) = \varepsilon(K^v : x) - 1 = 2$. Jedes Prozent Outputerhöhung erhöht die variablen Kosten je Produkteinheit um zwei Prozent.

8. Die Elastizität der Grenzkosten ist $\varepsilon({'_x}K : x) = \kappa - 1 = 2$. Jedes Prozent Outputzuwachs führt demnach zu einem Anstieg der Grenzkosten um zwei Prozent.

9. Die Grenzkostenfunktion lautet ${'_x}K = 30x^2$, die Durchschnittskostenfunktion $k(x) = 10x^2 + \dfrac{135}{x}$.

10. Das Durchschnittskostenminimum, und damit die Angebotsschwelle, liegt bei
$$\breve{x}^i = x^{\breve{k}} = \sqrt[3]{\frac{135}{20}} \approx 1{,}89 \text{ und } \breve{p}^i = \breve{k} \approx 107{,}15.$$ Kleinere Mengen als 1,89 (Angebotsmengenuntergrenze) bietet das Unternehmen also nicht an, und es bleibt nur auf dem Markt, solange der Preis nicht unter 107,15 (Preisuntergrenze) liegt.

Weitere Folgerungen aus der Eigenschaft "preisinabiler Anbieter":

11. Da es sich bei dem betrachteten Unternehmen um einen preisinabilen Anbieter handelt, so hat dieser keinen Einfluss auf seinen Absatzpreis. Der Preis, zu dem er verkaufen kann, wird auf dem Absatzmarkt bestimmt. Daraus lässt sich schließen, dass es wohl mehrere Anbieter auf dem Markt gibt, die miteinander konkurrieren, da Alleinanbieter stets preisabil sind.

12. Bei preisinabilen Anbietern ist die Preiselastizität des einzelwirtschaftlichen Angebots gleich dem Kehrwert der Grenzkostenelastizität (vgl. 8.):

$\varepsilon(x^{Ai}:p) = \dfrac{1}{\kappa-1} = \dfrac{1}{2}$. Demnach reagiert der hier betrachtete Anbieter auf einen einprozentigen Absatzpreisanstieg mit einer 0,5-prozentigen Erhöhung seiner Angebotsmenge (und umgekehrt).

13. Bemüht sich der preisinabile Anbieter um Gewinnmaximierung, so erfüllt er die Cournotbedingung $p = {}^!_x K = 30x^2$ (vgl. 9.). Kennt man den Marktpreis p, lässt sich die Produktions- und Angebotsmenge x des Unternehmens vorhersagen. Kennt man dagegen – wie hier – die Menge, so kann aus dieser Relation auf den Preis geschlossen werden.

14. Dass die Cournotbedingung wirklich zu einem Maximum des Gewinns führt, ist aufgrund der Bedingung zweiter Ordnung gesichert: ${}^{\prime\prime}_x K = 60x > 0$ für alle $x > 0$. Der Anbieter hat also ein Gewinnmaximum.

Folgerungen aus der bekannten Produktions- und Absatzmenge $x^{Ai} = 3$:

15. Bietet das betrachtete Unternehmen regelmäßig die Menge $x^{Ai} = 3$ an, so betragen dessen variable Kosten $K^v(3) = 10 \cdot 3^3 = 270$ und die Gesamtkosten folglich $K(3) = 405$.

16. Der Anteil der variablen Kosten an dem Gesamtkosten ist demnach

$\dfrac{K^v(3)}{K(3)} = \dfrac{270}{405} = \dfrac{2}{3}$. Der Fixkostenanteil ist entsprechend $\dfrac{F}{K(3)} = \dfrac{1}{3}$.

17. Die Elastizität der Gesamtkosten bei $x = 3$ beträgt:

$\varepsilon(K:x) = \dfrac{K^v}{K} \cdot \kappa = \dfrac{2}{3} \cdot 3 = 2$.

Jedes Prozent Outputsteigerung erhöht also die Gesamtkosten um zwei Prozent.

18. Die Elastizität der Durchschnittskosten bei der Ausbringungsmenge $x = 3$ ist $\varepsilon(k:x) = \varepsilon(K:x) - 1 = 1$. Die Durchschnittskosten ändern sich also bei der gegebenen Ausbringungsmenge x direkt proportional (um den gleichen Prozentsatz) zu dieser.

19. Die durchschnittlichen Kosten bei $x = 3$ sind $k(3) = 135$, und die Grenzkosten betragen ${}^!_x K(3) = 270$ (vgl. 9.). Eine zusätzliche Ausbringungseinheit erhöht somit die Kosten der Produktion um 270 Geldeinheiten.

20. Geht man davon aus, dass der Anbieter bei seiner regelmäßigen Angebotsmenge $x = 3$ seinen Gewinn maximiert, so ergibt die Cournotbedingung (vgl.13.): $p = {}'_x K = 30 \cdot 3^2 = 270$. Der Absatzpreis des Anbieters beträgt also 270 Geldeinheiten pro Mengeneinheit. Das entspricht zugleich seinem Grenzerlös, da ja bei preisinabilen Anbietern ${}_x E = p$ gilt.

21. Der Gesamterlös des Anbieters ist dann $E = p \cdot x = 270 \cdot 3 = 810$.

22. Mit den Durchschnittskosten aus 19. und dem Preis aus 20. ergibt sich der Durchschnittsgewinn des Anbieters zu $g = p - k = 270 - 135 = 135$ Geldeinheiten pro Mengeneinheit.

23. Der bei $x = 3$ realisierte Gesamtgewinn des Unternehmens ist (vgl. dazu 15. und 21.) $G(3) = E(3) - K(3) = 810 - 405 = 405$ Geldeinheiten. Auch hieraus ergibt sich ein Durchschnittsgewinn von $g = G / x = 135$ (vgl. 22.).

24. Die Gewinnschwelle und die Gewinngrenze des Anbieters ergeben sich durch $G(x) = 270 \cdot x - 10 \cdot x^3 - 135 = 0$ beziehungsweise durch Lösen der kubischen Gleichung $x^3 - 27x + 13{,}5 = 0$ für $x > 0$. Es ergeben sich $\overset{\shortmid}{x} \approx 0{,}505$ und $\overset{\shortmid}{x} \approx 4{,}925$. Nur innerhalb dieses Absatzmengenintervalls realisiert der Anbieter Gewinne, außerhalb dagegen Verluste.

25. Lässt sich für das betrachtete Unternehmen eine Cobb/Douglas-Produktionsfunktion unterstellen, so gilt, falls Arbeit der variable Faktor ist, in der kurzen Frist (vgl. 3.) für die Arbeitselastizität: $\varepsilon(x : a) = 1/\kappa = 1/3$, was ein vergleichsweise geringer Wert ist. Ein Prozent mehr Input des variablen Faktors Arbeit erhöht die Ausbringungsmenge um 1/3 Prozent. Das ist vergleichsweise wenig, denn typische Werte liegen um 0,7.

26. Kennte man zusätzlich noch die Kapitalelastizität, zum Beispiel $\varepsilon(x : c) = 1/3$, so ließe sich über das Wicksell/Johnson-Theorem die Skalenelastizität $\varepsilon(x : b) = \varepsilon(x : a) + \varepsilon(x : c) = 1/3 + 1/3 = 2/3$ ermitteln, was im Beispiel auf abnehmende Skalenerträge in der Produktion hindeutete.

27. Bei bekannter Skalenelastizität wäre auch die Elastizität der langfristigen Kosten bestimmt: $\varepsilon(K^{\ell} : x) = \dfrac{1}{\varepsilon(x : b)} = \dfrac{3}{2}$. Und für die Elastizität der

langfristigen Durchschnittskosten gälte: $\varepsilon(k^\ell : x) = \varepsilon(K^\ell : x) - 1 = 1/2$. Stiege

also das Outputniveau (Betriebsgröße b) um ein Prozent, so nähmen in der

langen Frist die Gesamtkosten um 1,5 Prozent und die Durchschnittskosten um

0,5 Prozent zu.

28. Die Angebotsfunktion des Unternehmens lautet (vgl. 10. und 13.):

$$x^{Ai}(p) = \sqrt{\frac{p}{30}} \text{ für } p \geq 107{,}15 \text{ oder } x \geq 1{,}89.$$ Auch hieraus ergibt sich eine

Preiselastizität des einzelwirtschaftlichen Angebots von $\varepsilon(x^{Ai} : p) = 0{,}5$ (vgl.

12).

Fallen Ihnen noch weitere Schlussfolgerungen ein?

Lösung 2.16

a) Die Faktoreinsatzfunktion für Arbeit (kurz: Arbeitseinsatzfunktion) ergibt sich
durch Umstellen der Produktionsfunktion nach der Arbeitseinsatzmenge **a**:

$$x = (a + c)^{1/2}$$
$$\Leftrightarrow \quad x^2 = a + c$$
$$\Leftrightarrow \quad a = x^2 - c = a(x;c)$$

Sie gibt an, welche Arbeitsmenge eingesetzt werden muss, um bei vorgegebenem
Kapitaleinsatz eine bestimmte Ausbringungsmenge x produzieren zu können.

b) Die kurzfristige Kostenfunktion ist allgemein:

$$K^k(x;c) = \ell \cdot a(x;c) + r \cdot c$$

Mit der Arbeitseinsatzfunktion aus a) folgt:

$$K^k(x;c) = \ell \cdot \left[x^2 - c\right] + r \cdot c$$

$$= \ell \cdot x^2 - \ell \cdot c + r \cdot c$$

$$= \underbrace{\ell \cdot x^2}_{\substack{\text{variable} \\ \text{Kosten}}} + \underbrace{(r - \ell) \cdot c}_{\text{Fixkosten}}$$

Mit den vorgegebenen Faktorpreisen $\ell = 4$ und $r = 6$ folgt:

$$K^k(x;c) = 4 \cdot x^2 + 2 \cdot c$$

Der Kurvenverlauf entspricht einer quadratischen Parabel:

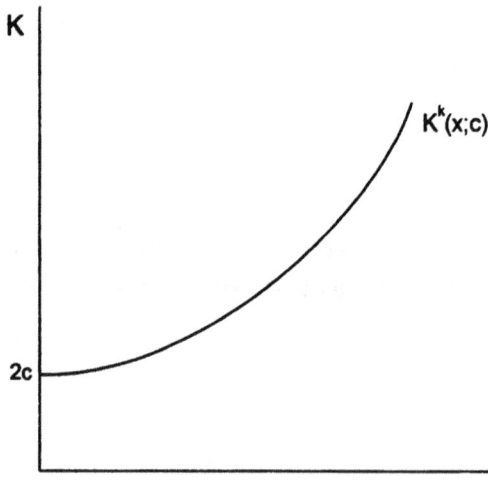

c) Die Grenzkosten ergeben sich aus der ersten Ableitung der Kostenfunktion gemäß b):

$$\,'_x K(x) = \frac{\partial K(x)}{\partial x} = 8x$$

d) Die Durchschnittskosten ergeben sich aus der Gesamtkostenfunktion aus b) durch Division mit x:

$$k(x) = \frac{K(x)}{x} = \frac{4x^2 + 2c}{x} = 4x + \frac{2c}{x}$$

e) Das Durchschnittskostenminimum erhält man durch Gleichsetzen der Grenz- und der Durchschnittskostenfunktion gemäß c) und d):

$$[k(x) =] \quad 4x + \frac{2c}{x} \overset{!}{=} 8x \quad [= {}_x^! K(x)]$$

$$\Leftrightarrow \qquad \frac{2c}{x} = 4x$$

$$\Leftrightarrow \qquad 2c = 4x^2$$

$$\Leftrightarrow \qquad x^{\breve{}} = \sqrt{\frac{c}{2}}$$

Alternativ: Erste Ableitung der Durchschnittskostenfunktion null setzen:

$${}_x^! k(x) = 4 - \frac{2c}{x^2} \overset{!}{=} 0 \quad \Leftrightarrow \quad 4x^2 = 2c \quad \Leftrightarrow \quad x^{\breve{}} = \sqrt{\frac{c}{2}}$$

Bei Bedarf kann für **c** ein konkreter Zahlenwert angenommen werden, z.B. **c** = 2. Dann wäre die durchschnittskostenminimierende Ausbringungsmenge $x^{\breve{}} = 1$.

Die Höhe der minimalen Durchschnittskosten ergibt sich durch Einsetzen von $x^{\breve{}}$ in ${}_x^! K(x)$ oder alternativ in $k(x)$:

$$\breve{k} = {}_x^! K(x^{\breve{}}) = 8 \cdot x^{\breve{}} = 8 \cdot \sqrt{\frac{c}{2}} = \sqrt{\frac{64c}{2}} = \sqrt{32c} .$$

Im Zahlenbeispiel (mit **c** = 2) ergibt sich $\breve{k} = \sqrt{64} = 8$.

Das gesuchte Durchschnittskostenminimum liegt folglich im Punkt $(x^{\breve{}}, \breve{k}) = (\sqrt{c/2}, \sqrt{32c})$ beziehungsweise im Zahlenbeispiel (1; 8).

f) Die Angebotsfunktion eines preisinabilen Anbieters entspricht der Umkehrfunktion seiner Grenzkostenfunktion oberhalb der Angebotsschwelle (das ist hier das Durchschnittskostenminimum). Mit ${}_x^! K(x)$ aus c) und der Cournot-Bedingung für ein Gewinnmaximum ergibt sich (der Grenzerlös eines preisinabilen Anbieters entspricht seinem Preis p):

$$p = 8x \quad [= {}_x^! K(x)]$$

$\Leftrightarrow \quad x^{\hat{G}} = \dfrac{p}{8}$: gewinnmaximierende Ausbringungsmenge

Mit der Preisuntergrenze $\breve{p}^i = \breve{k} = \sqrt{32c}$ aus e) – oder alternativ: der Angebotsmengenuntergrenze $\breve{x}^i = x^{\breve{k}} = \sqrt{c/2}$ – lautet die Angebotsfunktion des Unternehmens somit:

$$x^{Ai}(p) = \frac{p}{8} \quad \text{für} \quad p \geq \breve{p}^i = \sqrt{32c} \quad (\text{für } p < \breve{p}^i \text{ ist } x^{Ai} = 0)$$

g) Die Angebotsfunktion ist eine Gerade mit der Steigung 1/8:

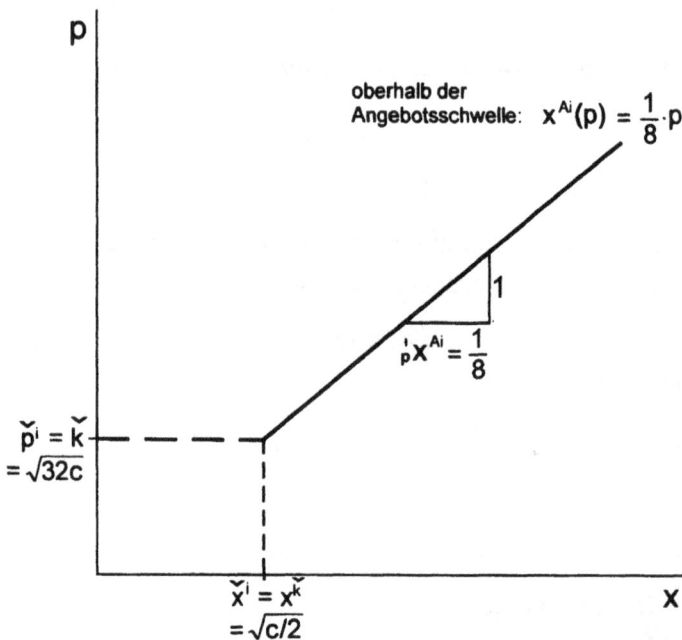

h) Liegt $p = 80$ über der Preisuntergrenze, ist also $80 \geq p^i$, so bietet das Unternehmen gemäß f) die Menge

$$x^{Ai}(80) = \frac{80}{8} = 10$$

an. Das ist zum Beispiel bei $c = 2$ der Fall, weil dann ja $\breve{p}^i = \breve{k} = \sqrt{32 \cdot 2} = 8$.

i) Die Preiselastizität des einzelwirtschaftlichen Angebots bei $p = 80$ ist

$$\varepsilon(x^{Ai} : p) = \frac{{}_p'x^{Ai} \cdot p}{x^{Ai}(p)} = \frac{\frac{1}{8} \cdot p}{\frac{p}{8}} = 1$$

Offensichtlich ergibt sich – unabhängig von p – ein Elastizitätswert von Eins. Die betrachtete Angebotsfunktion ist also preisisoelastisch.

j) Jede Preisänderung um ein Prozent führt zu einer gleichgerichteten Angebotsmengenänderung des Anbieters um ebenfalls ein Prozent. Wegen $\varepsilon(x^{Ai}: p) > 0$ liegt eine normale Angebotsreaktion in bezug auf den Preis vor.

Lösung 2.17

Formale Lösung:

a) $\quad k(x) = \dfrac{K(x)}{x} = \dfrac{c \cdot x^3 + F}{x} = c \cdot x^2 + \dfrac{F}{x}$

b) Die Angebotskurve des Unternehmens entspricht dem Teil seiner Grenzkostenkurve, der oberhalb des Minimums der Durchschnittskosten (Angebotsschwelle) verläuft. Nach der Cournot-Bedingung muss bei festem Marktpreis p

$$\left[{}_x'K(x) = \right] \quad 3c \cdot x^2 \overset{!}{=} p \quad \left[= {}_x'E \right]$$

$$\Leftrightarrow \quad x^{\hat{G}}(p) = \left[\frac{p}{3c} \right]^{1/2}$$

gelten. Für Preise p oberhalb der minimalen Durchschnittskosten (Preisuntergrenze) ist das die Angebotsfunktion $x^{Ai}(p)$ des Unternehmens.

c) Die Angebotsschwelle ist diejenige Ausbringungsmenge, bei der die Durchschnittskosten gemäß a) des Unternehmens ihr Minimum haben. Berechnung:

$$k(x) \underset{x}{\to} \min !$$

$$\Rightarrow \quad \frac{\partial k(x)}{\partial x} \;=\; 2cx - \frac{F}{x^2} \;\overset{!}{=}\; 0$$

$$\Leftrightarrow \qquad\qquad\qquad 2cx^3 \;=\; F$$

$$\Leftrightarrow \qquad\qquad\qquad x^{\check{k}} \;=\; \left[\frac{F}{2c}\right]^{1/3}$$

Dies ist die durchschnittskostenminimierende Ausbringungsmenge und damit die Angebotsschwelle des Unternehmens.

d) Im Gewinnmaximum ist die in b) genannte Cournot-Bedingung für den geltenden Marktpreis erfüllt. Die gewinnmaximierende Ausbringungsmenge ergibt sich einfach durch Einsetzen von $\bar{p} = 7$ in die Angebotsfunktion des Unternehmens gemäß b), also:

$$x^{Ai}(\bar{p}) \;=\; \left[\frac{\bar{p}}{3c}\right]^{1/2} \;=\; \sqrt{\frac{7}{3c}}$$

e) Der Durchschnittsgewinn im Gewinnmaximum ist

$$g(x^{Ai}) \;=\; \bar{p} - k(x^{Ai})$$

f) Für den maximalen Gewinn gilt

$$\hat{G} \;=\; G(x^{Ai}) = x^{Ai} \cdot g(x^{Ai})$$

Alternativ: Graphische Lösung

Dazu kann die in der Aufgabenstellung gegebene Tabelle um eine Spalte für die Durchschnittskosten $k(x)$ ergänzt werden:

Ausbringungsmenge	Gesamtkosten	Grenzkosten	$k(x)$
0	8.000	0,25	∞
2.000	9.000	0,50	4,50
5.000	11.000	1,25	2,20
7.000	14.000	2,00	2,00
9.000	19.800	3,50	2,20
12.000	42.000	14,00	3,50

Eintragen der Daten aus der Tabelle in die Diagrammvorlage ergibt:

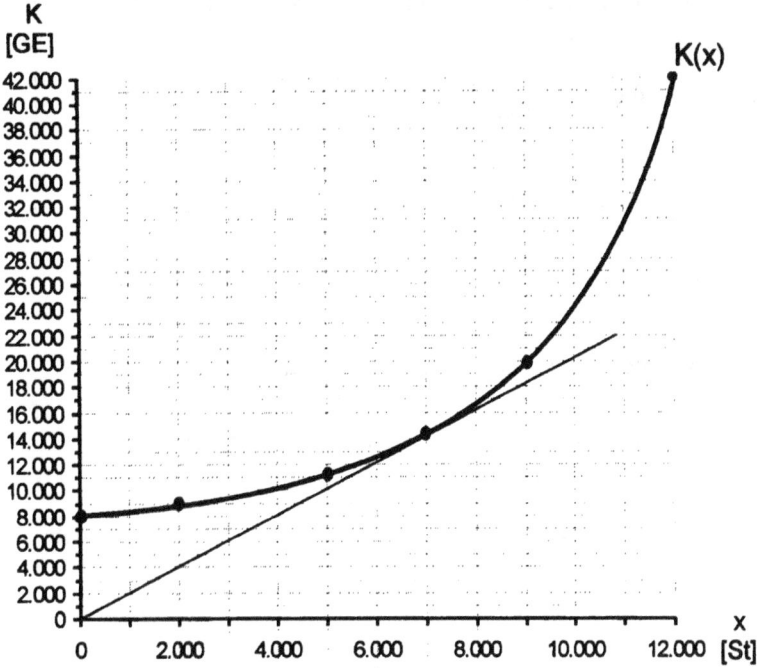

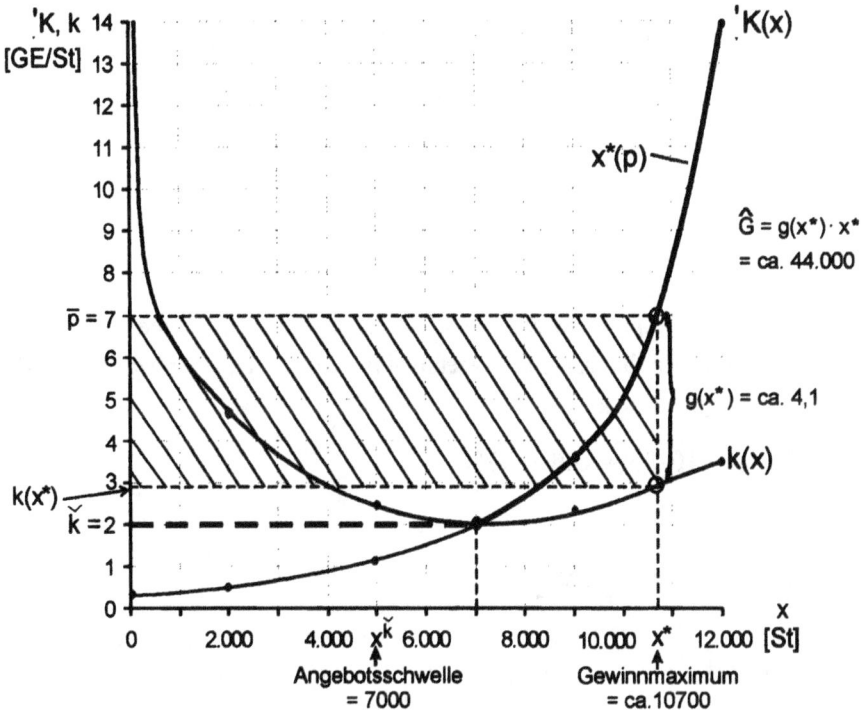

Lösung 2.18

a) Die Grenzkostenfunktion des Unternehmens, also die erste Ableitung der Gesamtkostenfunktion, lautet:

$$_x^!K(x) := \frac{\partial K(x)}{\partial x} = 20x$$

b) Die Durchschnittskostenfunktion des Unternehmens lautet:

$$k(x) := \frac{K(x)}{x} = 10x + \frac{640}{x}$$

c) Im Minimum der Durchschnittskostenfunktion muss gelten:

$$_x^!k(x) = 10 - \frac{640}{x^2} \overset{!}{=} 0 \qquad oder \qquad _x^!K(x) \overset{!}{=} k(x)$$

$$\Leftrightarrow \qquad x^2 = \frac{640}{10} \qquad\qquad 20x = 10x + \frac{640}{x}$$

$$\Leftrightarrow \qquad x^{\check{k}} = 8 \qquad\qquad \Leftrightarrow \quad 10x^2 = 640$$

$$\Leftrightarrow \quad x^{\check{k}} = 8$$

d) Die Höhe der minimalen Durchschnittskosten ergibt sich aus:

$$\check{k} = k(x^{\check{k}}) = 10 \cdot 8 + \frac{640}{8} = 160$$

oder

$$\check{k} = _x^!K(x^{\check{k}}) = 20 \cdot 8 = 160$$

e) Die Höhe der Gesamtkosten im Durchschnittskostenminimum ergibt sich durch Einsetzen der durchschnittskostenminimierenden Ausbringungsmenge $x^{\check{k}}$ in die Kostenfunktion $K(x)$:

$$K(x^{\check{k}}) = 10 \cdot 8^2 + 640 = 1280$$

oder

$$K(x^{\check{k}}) = \check{k} \cdot x^{\check{k}} = 160 \cdot 8 = 1280$$

f) Im Durchschnittskostenminimum stimmen die Grenzkosten mit den Durchschnittskosten überein; vgl. d):

$$_x^!K(x^{\check{k}}) = \check{k} = 160$$

oder

$$_x^!K(x^{\check{k}}) = 20 \cdot 8 = 160$$

g) Die Gesamtkostenelastizität im Durchschnittskostenminimum ist

$$\varepsilon(K:x) = \frac{_x^!K(x) \cdot x}{K(x)} \qquad oder \qquad \varepsilon(K:x) = \frac{_x^!K(x)}{k(x)}$$

$$= \frac{20x \cdot x}{10x^2 + 640} \qquad \text{Weil aber bei } x^{\check{k}} \text{ stets } _x^!K(x^{\check{k}}) = \check{k},$$

Bei $x^{\check{k}}$:

$$= \frac{20 \cdot 8 \cdot 8}{10 \cdot 8^2 + 640} \qquad \text{ist dort auf jeden Fall } \varepsilon(K:x) = 1$$

$$= \frac{1280}{1280} = 1$$

h) Der Elastizitätswert $\varepsilon(K:x) = 1$ besagt, dass bei der durchschnittskosten-minimierenden Ausbringungsmenge eine einprozentige Outputerhöhung zu einer Zunahme der Gesamtkosten um ebenfalls ein Prozent führt.

i) Nach Cournot muss im Gewinnmaximum gelten:

$$p = _x^!K(x) \overset{\text{aus a)}}{=} 20x$$

Also lautet die Angebotsfunktion des Unternehmens:

$$x^{Ai}(p) = \frac{p}{20} \quad \text{für} \quad p \geq \check{k} = 160 \quad \text{bzw.} \quad x \geq x^{\check{k}} = 8$$

j) Beträgt der Absatzpreis $p = 200$, so wird das Unternehmen nach i) die Menge

$$x^{Ai}(200) = \frac{200}{20} = 10$$

anbieten. Denn $p = 200$ liegt oberhalb der Preisuntergrenze $\check{k} = 160$.

Lösung 2.19

a) Das Grenzertragsgesetz besagt, dass der Grenzertrag beziehungsweise die Grenzproduktivität $_a^!x$ eines Produktionsfaktors (hier Arbeit) umso kleiner ist, je mehr von dem Faktor eingesetzt wird (hier Arbeitsmenge **a**) – bei Konstanz aller übrigen Faktoreinsatzmengen (hier $\bar{c}$).

b), c) Siehe die nachfolgenden Diagramme:

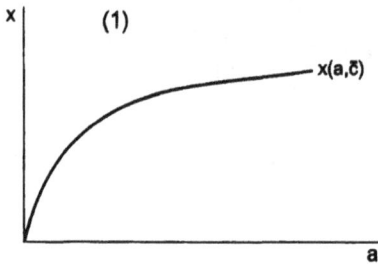

x | (1)

x(a,c̄)

$x(0, \overline{c}) = 0$

$_a^!x > 0$: positiver Grenzertrag

$_a^{"}x < 0$: Gesetz vom abnehmenden Grenzertrag

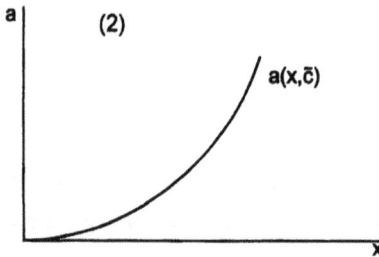

a | (2)

a(x,c̄)

Spiegelung der Faktorertragskurve an der 45°-Linie ergibt die Faktoreinsatzfunktion.

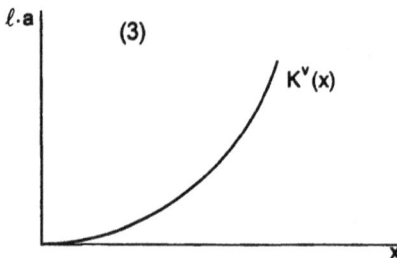

ℓ·a | (3)

K^v(x)

Multiplikation der Ordinatenwerte (Arbeitseinsatz **a**) mit dem Lohnsatz ℓ ergibt die Lohnkosten in Abhängigkeit von der Ausbringungsmenge x ; das sind hier die variablen Kosten.

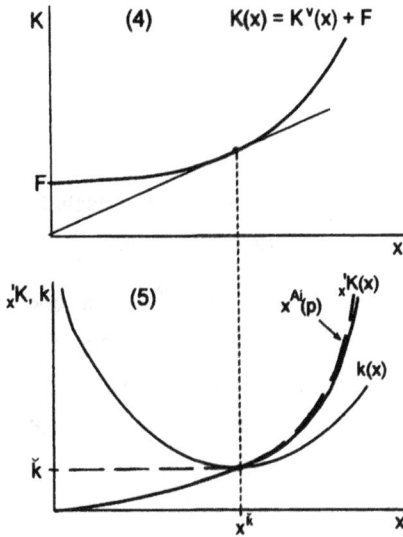

Durch Addition der Fixkosten $F = r \cdot \bar{c}$ zu jedem Ordinatenwert verschiebt sich die Kostenkurve $K^v(x)$ nach oben und führt zu der gesuchten kurzfristigen Gesamtkostenkurve $K(x)$.

Das Minimum der Durchschnittskosten $k(x)$ liegt dort, wo der Fahrstrahl an der Kostenkurve $K(x)$ seine minimale Steigung hat. Die Grenzkosten entsprechen der Steigung der Kostenkurve $K(x)$; diese nimmt mit wachsendem x kontinuierlich zu. Die Grenzkostenkurve $_xK(x)$ muss von unten her durch das Durchschnittskostenminimum verlaufen.

d) Die einzelwirtschaftliche Angebotskurve gibt zu jedem möglichen Niveau des Marktpreises p die gewinnmaximierende Menge an, die ein preisinabiler Anbieter anzubieten bereit ist. Sie entspricht jenem Abschnitt der Grenzkostenkurve $_xK(x)$, der oberhalb des Durchschnittskostenminimums $(x^{\check{k}}, \check{k})$ liegt. Dort ist die Cournot-Bedingung (Preis = Grenzkosten) erfüllt.

3. Vollkommene Konkurrenzmärkte und Gleichgewicht

Lösung 3.1

Wenn auf einem Markt bei vollkommener Konkurrenz Gewinne erwirtschaftet werden (können), dann löst dies in der langen Frist zwei Reaktionen aus:

1. Die inkumbenten Unternehmen versuchen ihre Gewinne zu erhöhen beziehungsweise sich gegenüber den Konkurrenten zu behaupten, indem sie Kostensenkungspotenziale erschließen (Preisvariationen sind nicht möglich). Damit verschieben sich ihre einzelwirtschaftlichen Grenzkosten- und somit Angebotskurven nach »rechts«. Ihre gewinnmaximierenden Angebotsmengen steigen. Über alle Anbieter aggregiert bewirkt dies eine Rechtsverschiebung auch der Marktangebotskurve.

2. Durch die positiven Gewinne der inkumbenten Anbieter sowie durch unausgeschöpfte Gewinnpotenziale werden neue Anbieter (Newcomer) zum Eintritt in den lukrativen Markt angereizt. Deren zusätzliches Angebot führt zu einer weitergehenden Verlagerung der Marktangebotskurve nach »rechts«.

Bei unveränderter Nachfrage bewirkt die Rechtsverlagerung der Marktangebots-kurve ein Sinken des gleichgewichtigen Marktpreises. Dadurch schrumpfen die Gewinne aller Anbieter. Unternehmen, denen es nicht gelingt beim Kostensen-kungsprozess mitzuhalten, scheiden aufgrund ihrer Verluste aus dem Markt aus.

Der beschriebene langfristige Marktanpassungsprozess hält solange an, wie noch von einigen Unternehmen positive Gewinne in dem Markt realisiert werden (können). Dies ist der Fall, solange der Marktpreis noch oberhalb des Minimums der langfristigen Durchschnittskosten (langfristige Gewinnschwelle) liegt.

Ist der Marktpreis langfristig auf dieses Niveau gesunken, kann kein Unter-nehmen mehr einen Gewinn realisieren und die Marktanpassung ist abgeschlos-sen. Alle verbliebenen Anbieter sind dann Grenzanbieter, die nur noch gerade ihre Kosten decken. Durch das Gewinnstreben der Unternehmen ist es infolge des geschilderten Marktanpassungsprozesses zu einer dauerhaft verbesserten Marktversorgung gekommen: Der Preis des Gutes ist auf seinen niedrigsten Wert gesunken und die umgesetzte Menge auf ihren höchsten Wert gestiegen.

Lösung 3.2

Formale Lösung:

Aus der dargestellten Marktnachfragekurve lassen sich die Koeffizienten der Nachfragefunktion $x^N(p) = m - n \cdot p$ ermitteln:

$$\left. \begin{array}{l} p = 0 \;\Rightarrow\; x_o = m = 12 \\[2mm] x = 0 \;\Rightarrow\; p_o = \dfrac{m}{n} = 9 \end{array} \right\} \;\Rightarrow\; n = \dfrac{4}{3}$$

Also ist

$$x^N(p) = 12 - \frac{4}{3} \cdot p$$

a) Im Gleichgewicht gilt:

$$\left[x^N(p) = \right] \quad 12 - \frac{4}{3}p \overset{!}{=} 4 \quad \left[= \overline{x}^A \right]$$

$$\Leftrightarrow \qquad\qquad\qquad \frac{4}{3}p = 12 - 4$$

$$\Leftrightarrow \qquad\qquad\qquad p^* = \frac{24}{4} = 6 \quad \left[= \frac{m - \overline{x}^A}{n} \right]$$

$$x^* = \overline{x}^A = 4$$

$$U^* = p^* \cdot x^* = 6 \cdot 4 = 24$$

$$\varepsilon(x^N : p^*) = \frac{\partial x^N}{\partial p} \cdot \frac{p^*}{x^N(p^*)} \quad , \quad x^N(p^*) = x^* = 4$$

$$= -\frac{4}{3} \cdot \frac{6}{4} = -2$$

b) Der vorgeschriebene Preis $\overline{p} = 7{,}5$ ist ein *Mindestpreis*, weil er oberhalb des Gleichgewichtspreises $p^* = 6$ liegt. Er soll den Produzenten nützen.

Bei $\overline{p} = 7{,}5$ wird die Menge $x^N(\overline{p}) = 12 - \frac{4}{3} \cdot 7{,}5 = 2$ nachgefragt. Die Angebotsmenge ist – da preisunabhängig – weiterhin gleich $\overline{x}^A = 4$. Der Markt wird also nicht geräumt; es tritt ein *Angebotsüberhang* in Höhe von $\overline{x}^A - x^N(\overline{p}) = 2$ auf. Die Transaktionsmenge entspricht der „kürzeren Markt- seite", hier also: $x^T = x^N(\overline{p}) = 2$.

Der neue Markumsatz beträgt $U = \overline{p} \cdot x^T = 7{,}5 \cdot 2 = 15$. Die Einnahmen der Fischer *sinken* also infolge der Vorschrift des Mindestpreises $\overline{p}$ um neun Geldeinheiten, also um mehr als ein Drittel.

Falls die EU den Angebotsüberschuss in Höhe von 2 Mengeneinheiten zum vorgeschriebenen Mindestpreis aufkauft, dann steigen die Fischereinnahmen auf $\overline{p} \cdot \overline{x}^A = 7{,}5 \cdot 4 = 30$. Der Aufkauf kostet die EU pro Periode $\overline{p} \cdot \left[(\overline{x}^A - x^N(\overline{p})) \right] = 7{,}5 \cdot 2 = 15$. Die Hälfte des Einkommens der Fischer würde also von der EU bestritten.

Graphische Lösung:

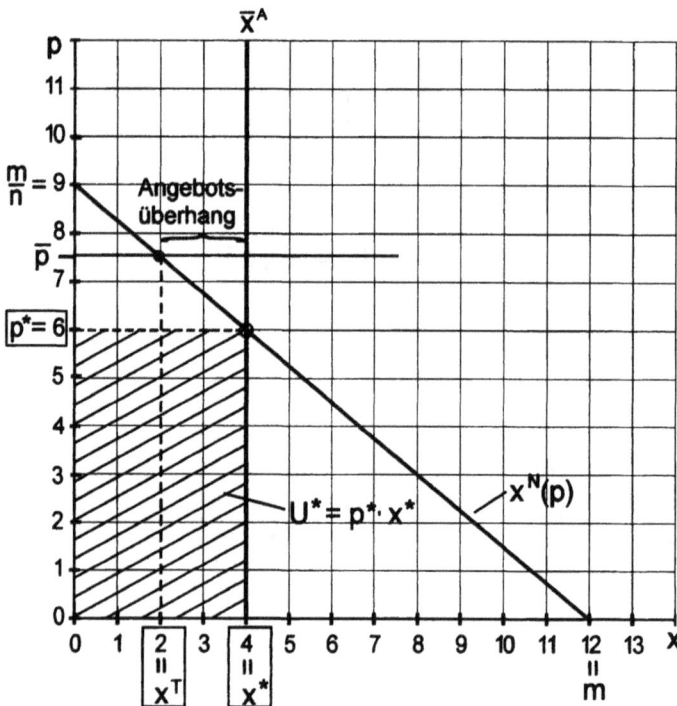

a) $U^* = 6 \cdot 4 = 24$

$$\varepsilon(x^N:p) = \frac{p^*}{p^* - \dfrac{m}{n}}$$

$$= \frac{6}{6 - 9} = -2$$

b) Der Angebotsüberhang ist $x^* - x^T = 4 - 2 = 2$

Die Fischer-Einnahmen beziehungsweise der Marktumsatz beträgt

□ $\quad U = \bar{p} \cdot x^T = 7{,}5 \cdot 2 = 15$

falls die EU den Angebotsüberhang *nicht* aufkauft.

□ $\quad U = \bar{p} \cdot x^A = 7{,}5 \cdot 4 = 30$

falls die EU den Angebotsüberhang zum Mindestpreis aufkauft. Der Aufkauf verursacht bei der EU pro Periode Kosten in Höhe von $\bar{p} \cdot (\bar{x}^A - x^T) = 7{,}5 \cdot (4 - 2) = 15$.

Lösung 3.3

Marktformen werden in der Mikroökonomik hauptsächlich anhand der Merkmale

a) Anzahl und relative Größe der Marktteilnehmer,
b) Ausmaß der Markttransparenz und
c) Grad der Homogenität des gehandelten Gutes

unterschieden.

Zu **a)** Heinrich von Stackelberg unterscheidet im Rahmen seines "Marktformenschemas" auf der Angebots- und auf der Nachfrageseite eines Marktes jeweils drei Klassen von Marktteilnehmer-Anzahlen: einer, wenige, viele. Dadurch ergeben sich neun Kombinationsmöglichkeiten, von denen das Monopol (ein Anbieter, viele Nachfrager), das Angebotsoligopol (einige Anbieter, viele Nachfrager) und das Polypol (viele Anbieter, viele Nachfrager) die wichtigsten sind. Das Angebotsoligopol wird heute allerdings zumeist nicht mehr über die Anzahl der Anbieter, sondern über das Merkmal ihrer Reaktionsverbundenheit definiert: Ein Oligopol liegt demnach vor, wenn die Anbieter bei ihren absatzpolitischen Entscheidungen die möglichen Reaktionen ihrer Konkurrenten berücksichtigen beziehungsweise berücksichtigen müssen.

Im Marktformenschema wird unterstellt, dass die Anbieter untereinander in etwa gleich groß sind, ebenso die Nachfrager. Wird diese Annahme aufgegeben, so sind weitere Marktformen unterscheidbar, z.B. das Teilmonopol, mit einem großen und zusätzlich mehreren kleinen Anbietern.

Zu **b)** Wenn alle Marktteilnehmer über die Marktbedingungen, das gehandelte Gut und dessen Preis hinreichend informiert sind, liegt vollständige Markttransparenz vor. Ist diese Bedingung nicht erfüllt, wird von unvollständiger Markttransparenz gesprochen.

Das Merkmal der Markttransparenz kann mit den Marktformen, welche auf die respektive Marktteilnehmeranzahl abstellen (vgl. a), kombiniert werden.

Zu **c)** Wird auf dem Markt ein einheitliches, undifferenziertes Gut gehandelt, von dem alle Mengeneinheiten aus der Sicht der Nachfrager gleichwertig sind, so heißen das Gut und der Markt homogen. Güter, deren Einheiten gewisse Unterschiede (z.B. in der Qualität, Aufmachung oder Verfügbarkeit) aufweisen, heißen heterogen.

Auch das Merkmal der Homogenität/Heterogenität kann mit den zuvor genannten Merkmalen kombiniert werden. Dadurch entstehen weitere, näher spezifizierte Markformen. Von besonderer Bedeutung ist dabei die Marktform der vollkommenen Konkurrenz, bei der ein Polypol auf einem homogenen Markt bei vollständiger Markttransparenz vorliegt. Die Marktform eines Polypols auf einem heterogenen Markt oder bei unvollständiger Markttransparenz heißt dagegen unvollkommene Konkurrenz.

Lösung 3.4

Der Marktgleichgewichtspreis ist durch den Schnittpunkt der beiden Marktkurven bestimmt ($x^A(p) = x^N(p)$); er liegt bei $p^* = 6$. Die zugehörige gleichgewichtige Transaktionsmenge ist $x^* = 4$. Schreibt der Staat nun einen Preis in Höhe der Hälfte des Gleichgewichtspreises, also auf dem Niveau $\bar{p} = 3$, vor, so handelt es sich, sofern $\bar{p}$ wirksam sein soll, um einen *Höchstpreis*, der nicht überschritten werden darf (z.B. zum Zwecke des Verbraucherschutzes vor „zu hohen" Preisen).

Bei $\bar{p} = 3$ wird die Menge $x^N(3) = 8$ nachgefragt, aber nur die Menge $x^A(3) = 1$ angeboten, so dass ein *Nachfrageüberhang* in Höhe der Menge $x^N(3) - x^A(3) = 7$ entsteht.

Die tatsächliche Transaktionsmenge beträgt $x^T(3) = \min \{ x^A(3) , x^N(3) \} = 1$; sie beträgt nur ein Viertel der gleichgewichtigen Transaktionsmenge. Es liegt demnach kein effizienter Tausch vor: Es wird weniger von dem Gut umgesetzt als möglich wäre. Der *Marktumsatz* und damit die Ausgabensumme der Nachfrager und die Einnahmensumme der Anbieter des Gutes ist $U(3) = 3 \cdot x^T(3) = 3$, im Vergleich zu $U^* = p^* \cdot x^* = 24$ im Marktgleichgewicht.

Die Marktversorgung verschlechtert sich also in Folge des Höchstpreises beträchtlich: Nur ein kleiner Teil der Nachfrager kommt in den Genuss des künstlich verbilligten Gutes; die meisten gehen leer aus und bilden *Warteschlangen*. Sie geben ihre zurückgestaute Kaufkraft für andere Güter aus, deren Absatz- und Produktionsbedingungen dadurch ebenfalls eine *Verzerrung* erfahren.

Weil es unter den frustrierten Nachfragern auch solche gibt, die bereit sind eine höheren Preis für das Gut zu zahlen, kommt es zu Zusatzzahlungen (z.B. Bestechungen) und der Herausbildung von *Schwarzmärkten*. Dort wird das Gut (illegal) zu einem höheren als dem Höchstpreis gehandelt, was unter Umständen zu einer Verbesserung der Marktversorgung führt.

Auch für die Anbieter des Gutes verschlechtert sich in Folge des Höchstpreises die wirtschaftliche Situation. Bei dem niedrigeren Höchstpreis ist es für sie vorteilhaft, eine geringere Menge als zuvor anzubieten. Ihre Erlöse und Gewinne werden sich dadurch verschlechtern. Langfristig wird die unattraktive Angebotssituation zu einer Verringerung der Produktion (durch Kapazitätsabbau der verbliebenen Anbieter und Marktaustritte der beim Höchstpreis unrentablen Unternehmen) führen; es kommt dann zu einer *Linksverschiebung der Angebotskurve*. Diese weggefallenen Kapazitäten stehen später, bei einer Aufhebung des Höchstpreises, nicht mehr zur Verfügung. Die Knappheit des Gutes und damit der Nachfrageüberhang wird also im Zeitablauf tendenziell weiter zunehmen und sich verfestigen. Dadurch könnte sich der Staat zu weiteren Markteingriffen veranlasst sehen (Ölfleckeneffekt).

Die Zusammenhänge zeigt noch einmal das folgende Diagramm:

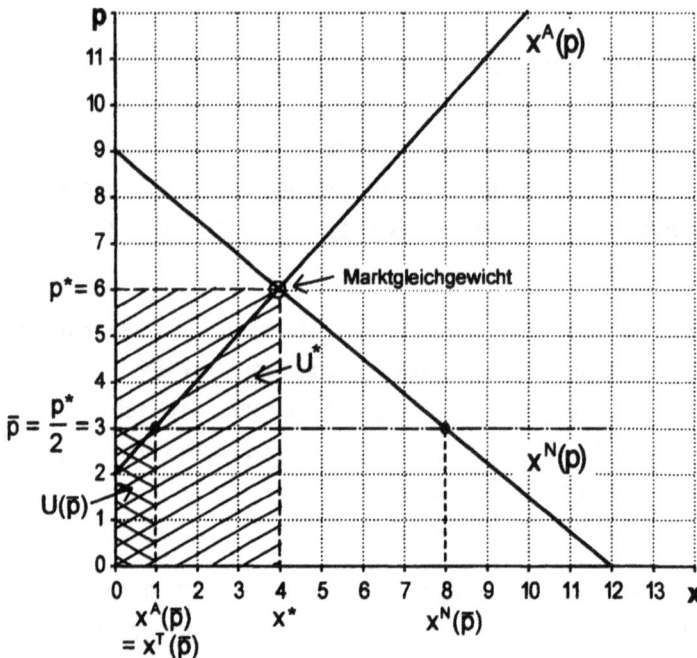

Lösung 3.5

Die Marktform der vollkommenen Konkurrenz, welche in der Mikroökonomik als idealtypisches Referenzsystem dient, an der alle übrigen Marktformen »gemessen« werden, ist durch folgende Merkmale charakterisiert:

☐ Auf beiden Marktseiten gibt es eine Vielzahl von Akteuren, von denen keiner Einfluss auf den Preis hat (Polypol); alle Marktteilnehmer verhalten sich als Mengenanpasser, sie sind preisinabil. Der Preis wird auf dem Markt durch das Zusammentreffen von aggregiertem Angebot und aggregierter Nachfrage bestimmt.

☐ Es herrscht vollständige Markttransparenz, das heißt alle Marktteilnehmer sind über alle tauschrelevanten Sachverhalte informiert, insbesondere über die Liefer- und Bezugsmöglichkeiten sowie über die Qualität und den Preis des Gutes.

☐ Das gehandelte Gut ist homogen; alle Mengeneinheiten sind undifferenziert.

▫ Kein Marktteilnehmer bezieht bei seinen Angebots- oder Nachfrageplanungen sachfremde Aspekte ein, z.B. persönliche, räumliche oder zeitliche Vorlieben.

▫ Der Gütertausch (Angebot, Nachfrage, Transaktion) erfolgt freiwillig. Jeder Marktteilnehmer verfolgt seine eigenen Interessen. Die Haushalte streben nach Präferenzmaximierung, die Unternehmen nach Gewinnmaximierung.

▫ Sowohl die Anbieter als auch die Nachfrager stehen in Konkurrenz untereinander. Das ist eine wichtige Vorraussetzung für das Funktionieren des Preismechanismus.

▫ Die Preisbildung unterliegt keinen staatlichen Manipulationen, und der Markteintritt sowie der Marktaustritt sind frei.

▫ Die Transaktionen auf dem Markt verursachen keine zusätzlichen Kosten.

Lösung 3.6

a) Ein Marktgleichgewicht liegt immer dann vor, wenn sich die Marktangebots- und die Marktnachfragekurve bei einem Preis – dem Gleichgewichtspreis – schneiden. Nach Ansicht der Autoren gibt es auf dem Rohölmarkt drei solche Schnittpunkte, und folglich existieren dort drei Marktgleichgewichte, nämlich bei den Preisniveaus p_1, p_2 und p_3. Es liegt also ein Fall von Mehrdeutigkeit des Marktgleichgewichts vor.

Ein Marktgleichgewicht ist stabil, wenn Abweichungen davon (auftretende Überhänge) den Preismechanismus derart in Gang setzen, dass dieser den Preis auf seinen Gleichgewichtswert zurückführt. Die Stabilitätsanalyse zeigt im vorliegenden Fall, dass nur die Gleichgewichte bei p_1 und p_3 stabil sind, denn nur dort führt der Preismechanismus den Preis bei Abweichungen vom Gleichgewichtswert zu diesem zurück (siehe die Pfeile im Diagramm). Das Marktgleichgewicht bei p_2 ist dagegen instabil: Oberhalb von p_2 herrscht auf dem Markt ein Nachfrageüberhang, der zu einem Preisanstieg – weg von p_2 – führt. Bei Preisniveaus unterhalb von p_2 führt der Preismechanismus wegen des dort bestehenden Angebotsüberhangs zu einem Preisrückgang, ebenfalls weg von p_2. Die Stabilitätsbedingung $_p'x^A > {}_p'x^N$ ist in (p_2, x_2) nicht erfüllt, wohl aber in (p_1, x_1) und (p_3, x_3). Aus Konsumentensicht ist das Gleichgewicht (p_1, x_1) am besten, denn es ermöglicht zugleich die größtmögliche Transaktionsmenge und den niedrigsten Preis.

b) Eine Zunahme der Nachfrage kommt in einer Rechtsverlagerung der Nachfragekurve zum Ausdruck (siehe die gestrichelte Linie D' im Diagramm). Hier hat
sich eine exogene Einflussgröße der Marktnachfrage verändert, etwa das Einkommen der Nachfrager. Dadurch ändert das Marktgleichgewicht seine Position.
Ist der Nachfrageanstieg hinreichend stark (wie im eingezeichneten Fall D'), so
verschwindet die Gleichgewichts–Mehrdeutigkeit und es kommt zu einem
eindeutigen, stabilen Gleichgewicht bei p'. (Denn sowohl die Angebots- als auch
die Nachfragekurve verlaufen natürlich auch jenseits der im Diagramm eingezeichneten Abschnitte weiter.)

Sinkt die Nachfrage dagegen stark, so verlagert sich die Marktnachfragekurve
nach links. Das kann, wie im Falle der gestrichelten Linie D" im Diagramm,
ebenfalls dazu führen, dass die Mehrdeutigkeit verschwindet und nur noch bei p"
ein eindeutiges, stabiles Marktgleichgewicht existiert.

Durch einen Anstieg der Nachfrage von D" auf D' lässt sich so erklären, wie es zu
den extremen Preissprüngen auf den Rohölmärkten im Zuge der beiden Ölkrisen
1973/74 und 1979/80 kam.

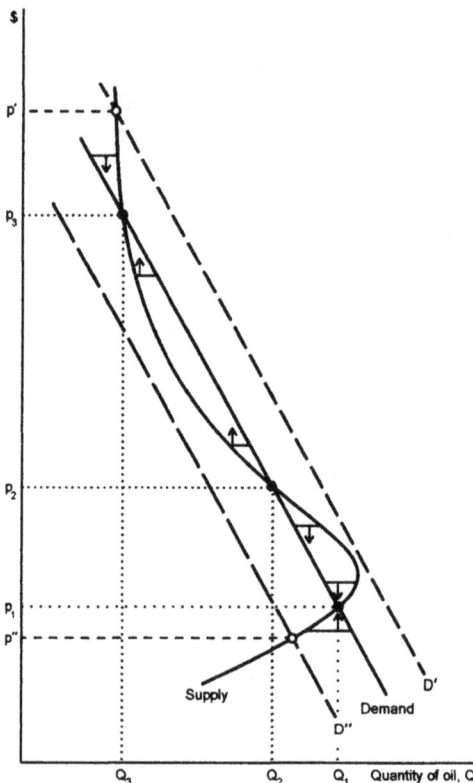

Lösung 3.7

Unter "vollkommener Konkurrenz" wird ein vollständig transparenter Markt in der Form eines Polypols (viele kleine Anbieter und Nachfrager) verstanden, auf dem ein homogenes Gut gehandelt wird. In der kurzen Frist führt der Preismechanismus unter bestimmten Bedingungen ein Marktgleichgewicht herbei. Dieses ist dadurch charakterisiert, dass bei einem bestimmten Niveau des Marktpreises, dem Gleichgewichtspreis p*, angebotene und nachfragte Menge des gehandelten Gutes übereinstimmen. Jede durch exogene Einflüsse bewirkte Abweichung des Marktpreises von seinem Gleichgewichtswert lässt einen "Überhang" entstehen (im Normalfall kommt es zu einem Angebotsüberhang bei p > p* und zu einem Nachfrageüberhang bei p < p*), wodurch sofort der Preismechanismus in Gang gesetzt wird:

Jeder Preis oberhalb des Gleichgewichtspreises bringt infolge des sich dabei einstellenden Angebotsüberhangs für die Anbieter des Gutes die Gefahr mit sich, auf Teilen ihrer Produktionsmenge »sitzen« zu bleiben und wachsende Lagerbestände hinnehmen zu müssen. Jene Anbieter, die eine vergleichsweise günstige Kostenstruktur mit niedrigen Preisuntergrenzen haben, werden deshalb bereit sein, ihre Preisforderung zu verringern, um ihren einzelwirtschaftlichen Überhang abzubauen. Dadurch ziehen sie Absatz von ihren Konkurrenten ab, mit der Folge dass deren einzelwirtschaftlichen Angebotsüberhänge noch größer werden. Diese sehen sich deshalb gezwungen, ebenfalls ihre Preisforderung zu senken, wodurch wiederum die anderen Anbieter zum Nachziehen gezwungen werden. Es kommt so auf der Anbieterseite des Marktes zu einem konkurrenzgetriebenen Preisunterbietungswettlauf der Unternehmen. Infolgedessen sinkt das Niveau des Preises, wodurch sich die angebotene Menge verringert und die nachgefragte Menge vergrößert. Das führt zu einem Schrumpfen des Angebotsüberhangs. Der Preisunterbietungsprozess auf seiten der Anbieter hält solange an, bis der Angebotsüberhang verschwunden ist. Dann befindet sich der Markt im Gleichgewicht, der Preis ist dann auf seinem Gleichgewichtsniveau p*.

Auf analoge Weise kommt es bei Auftreten eines Nachfrageüberhanges zu einem Preisüberbietungswettlauf auf seiten der Nachfrager, ausgelöst durch jene, die eine vergleichsweise hohe Zahlungsbereitschaft für das Gut haben. Der Preisauftrieb reduziert die Nachfragemenge und erhöht die Angebotsmenge des Gutes, wodurch sich der Nachfrageüberhang verringert. Der Prozess hält solange an, bis der Überhang verschwunden ist und der Markt folglich sein Gleichgewicht erreicht hat.

Durch die beiden beschriebenen konkurrenzgetriebenen Preisänderungsprozesse reguliert der Preismechanismus kurzfristig alle auftretenden Abweichungen vom Marktgleichgewicht aus und »drückt« den Preis ständig in Richtung auf seinen Gleichgewichtswert.

Lösung 3.8

a) Marktgleichgewichte sind durch die Gleichheit von angebotener und nachgefragter Menge bei einem Preis, dem Gleichgewichtspreis p*, bestimmt:

$$x^A(p) = p - 2 \overset{!}{=} \frac{B}{50} - p = x^N(p)$$

$$\Leftrightarrow \qquad 2p = \frac{B}{50} + 2$$

$$\Leftrightarrow \qquad p^* = \frac{B}{100} + 1$$

Für positives Nachfragereinkommen B ist der Gleichgewichtspreis stets positiv. Einsetzen von p* in die Angebotsfunktion (es kann auch in die Nachfragefunktion eingesetzt werden) ergibt die Gleichgewichtsmenge:

$$x^* = x^A(p^*) = p^* - 2 = \left(\frac{B}{100} + 1\right) - 2 = \frac{B}{100} - 1$$

Für B > 100 ist auch x* positiv, so dass dann ein Marktgleichgewicht existiert.

Gemäß der Walras'schen Stabilitätsbedingung ist ein Marktgleichgewicht stabil, falls $_p x^A > {}_p x^N$ gilt. Im vorliegenden Fall ist $_p x^A = 1 > 0$ und $_p x^N = -1 < 0$, so dass die Stabilitätsbedingung sicher erfüllt ist. (p*, x*) ist hier also ein stabiles Gleichgewicht.

b) Um zu untersuchen, wie sich eine Größe verändert, wenn eine andere um eine »kleine« Einheit steigt oder fällt, muss die erste Ableitung der Größe nach der anderen Größe gebildet werden.

Nach a) hängt der Gleichgewichtspreis vom Nachfragereinkommen ab, so dass p*
als Funktion von B betrachtet und folglich nach B differenziert werden kann. Dies
ergibt:

$$
{}_B'p^* = {}_B'\left[\frac{B}{100}+1\right] = \frac{1}{100} > 0
$$

Das besagt: Wenn B um eine Einheit größer wird steigt der Gleichgewichtspreis
um 1/100 Einheit.

Das kann daran liegen, dass sich durch den Anstieg von B (bei gleichbleibendem
normalem Angebot) die Marktnachfragekurve nach »rechts« verlagert, was auf
ein superiores Gut hindeutet.

Lösung 3.9

a) Die weltweite Rohölangebotsmenge reagiert in der kurzen Frist relativ
unelastisch auf Preisänderungen. Zum einen liegt dies daran, dass die Rohölförderung sich kurzfristig nicht wesentlich ausweiten oder verringern lässt: Die
Anzahl der Fördertürme ist kurzfristig fix und die vorhandenen Vorräte in
Reservetanks u.ä. sind eng begrenzt. Zum anderen wird auch infolge der
Kartellvereinbarungen die vereinbarte Fördermenge nicht elastisch an Ölpreis-
änderungen angepasst. Die Förderquoten bleiben längerfristig konstant.

b) Auch die Rohölnachfragemenge reagiert in der kurzen Frist relativ *preisunelastisch*. Denn Erdöl ist ein Rohstoff, der kurzfristig nicht durch andere
Ressourcen ersetzt werden kann. Ein Umsteigen auf andere Energieträger (z.B.
Erdgas oder Kohle) ist wegen der spezifischen Umwandlungsanlagen nicht
kurzfristig möglich und auch die Realisierung von Energiesparmaßnahmen
erfordert Zeit. Im Bereich der Chemie (z.B. Kunststoff- und Farbenherstellung) ist
es ähnlich. Bei Preissteigerungen können die Nachfrager also nicht ausweichen
und bei Preissenkungen wird es auch nicht sofort zu neuen, zusätzlichen
Verwendungen kommen.

c) Wegen a) und b) verläuft im Marktdiagramm sowohl die Rohölangebots- als
auch die Rohölnachfragekurve vergleichsweise steil. Es bedarf »großer« Preisänderungen, um »kleine« Mengenänderungen zu bewirken:

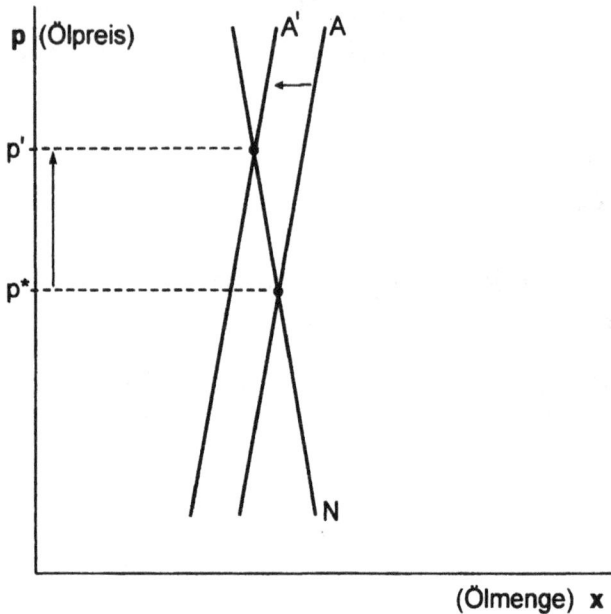

d) Die Anfangssituation ist durch die Angebots/Nachfrage-Konstellation A, N und das damit einhergehende Marktgleichgewicht beim Preis p* gegeben. Kommt es nun zu einer Angebotsverknappung, was einem exogenen Einfluss entspricht (als wenn Anbieter ausgefallen wären), so verlagert sich die Angebotskurve nach »links« (sinkendes Angebot). Die neue Angebotskurve ist A'.

e) Weil beide Marktkurven relativ steil verlaufen, führt schon ein geringer Angebotsrückgang zu einem vergleichsweise starken Anstieg des Gleichgewichtspreises auf das Niveau p'. Denn der Schnittpunkt der Kurven (das Marktgleichgewicht) »wandert« auf der Nachfragekurve weit nach oben.

f) Der Marktumsatz ist als mathematisches Produkt aus Marktpreis (hier: Gleichgewichtspreis) und Transaktionsmenge (hier: Gleichgewichtsmenge) definiert. Geometrisch entspricht der Marktumsatz U der rechteckigen Fläche unter dem Transaktionspunkt (p, x), welcher hier dem Marktgleichgewicht entspricht. Der Flächenvergleich zeigt demnach, wie sich der Marktumsatz ändert, wenn die Angebotskurve eine Verschiebung von A nach A' erfährt:

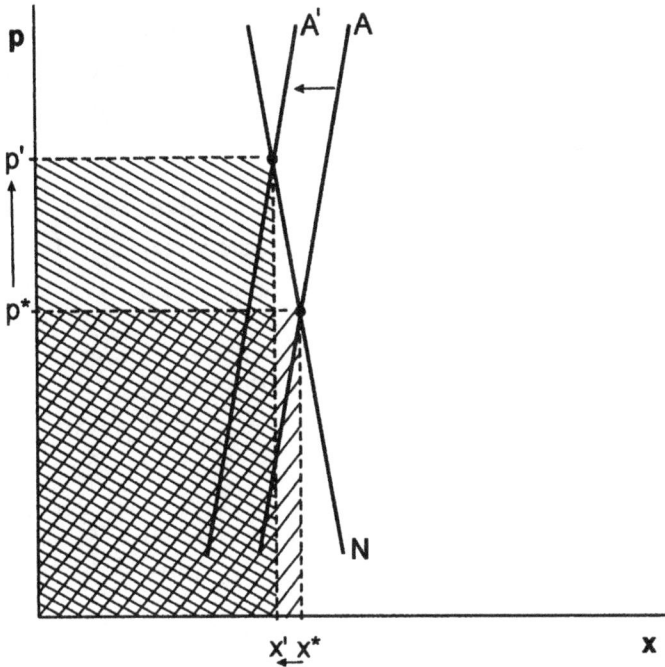

Die aufsteigend schraffierte Fläche ist der anfängliche Marktumsatz $U^* = p^* \cdot x^*$. Die absteigend schraffierte Fläche gibt den Marktumsatz $U' = p' \cdot x'$ nach der Angebotsverknappung wieder. Im dargestellten Fall hat sich der Marktumsatz infolge der Angebotsverknappung offensichtlich erhöht. Das liegt daran, dass p relativ stark gestiegen, x aber nur relativ schwach gefallen ist, also ist $p \cdot x$ größer geworden.

g) Der in f) beschriebene Marktumsatzanstieg bedeutet für die Nachfrager höhere Ausgaben und für die Anbieter höhere Erlöse und vermutlich Gewinne. Hält diese Situation länger an, so wird es auf beiden Marktseiten in der langen Frist zu Anpassungsreaktionen kommen:

Auf seiten der Anbieter setzt der Gewinnmechanismus ein. Die hohen Gewinne locken neue, zusätzliche Anbieter auf den Markt. So wurde beispielsweise infolge der beiden Ölkrisen die Rohölförderung in der Nordsee aufgenommen. Die Markteintritte zusätzlicher Ölanbieter (i.B. Großbritannien und Norwegen) bewirken in der langen Frist eine Verlagerung der Angebotskurve nach »rechts« (Markteintrittseffekt). Dadurch sinkt c.p. der Preis wieder. Zu sinkenden Preisen kann es auf der Angebotsseite auch durch das (heimliche) Ausscheren einzelner

Kartellmitglieder kommen. So haben beispielsweise die Länder Irak und Iran »heimlich« mehr Rohöl verkauft, als ihnen nach den vereinbarten Quoten zustand, um durch die Mehrerlöse ihren Krieg zu finanzieren. Mangelnde Kartelldisziplin kann so, wie seit 1985 zu beobachten, zu Preisunterbietungen und einem sinkenden Preisniveau führen.

Die Nachfrager werden in der langen Frist auf die Rohölverteuerung mit Einsparmaßnahmen und der Suche nach Substitutionsgütern reagieren. Dadurch verschiebt sich die Nachfragekurve langfristig nach »links«, was ebenfalls zu sinkenden Preisen führt (siehe Diagramm).

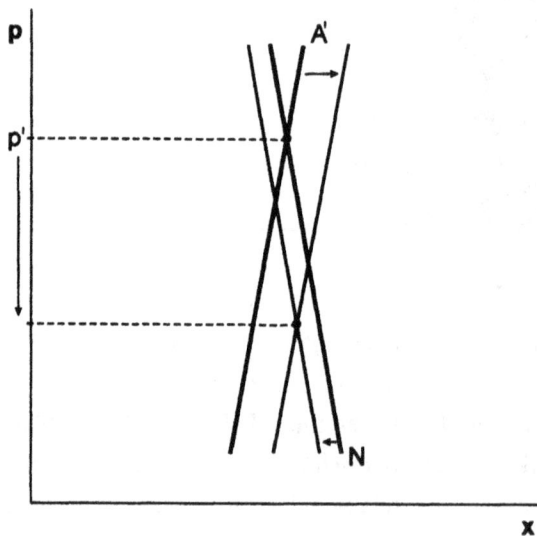

Lösung 3.10

Die dargestellte Verbrauchszunahme bezieht sich auf die tatsächlich auf dem Markt umgesetzte Eisenmenge (Transaktionsmenge). Eine wachsende Transaktionsmenge kann bei annähernd gleichbleibendem Preisniveau nur dann zustande kommen, wenn sich das Marktgleichgewicht im Laufe der Zeit horizontal nach »rechts« verlagert. Dies setzt voraus, dass sich die Angebots- und die Nachfragekurve annähernd gleichmäßig nach »rechts« verschieben (steigendes Angebot und steigende Nachfrage), wie es im folgenden Diagramm für drei aufeinanderfolgende Perioden (1), (2), (3) skizziert wird:

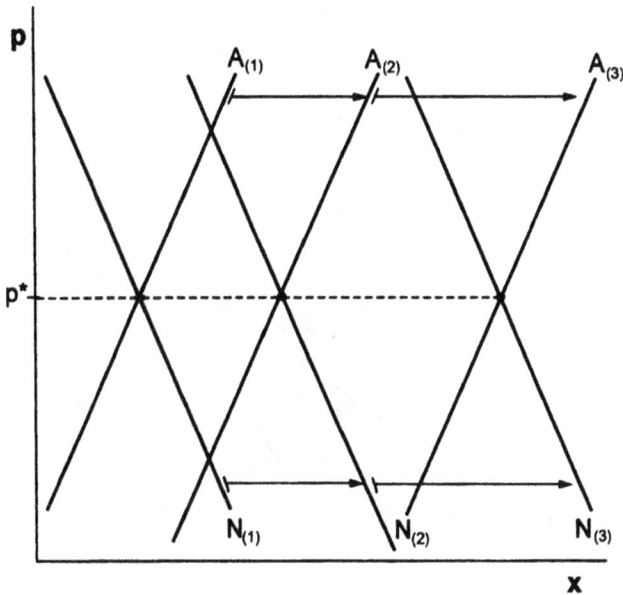

Der über die Zeit erfolgende Angebots- und Nachfrageanstieg beruht auf exogenen Einflüssen. Der Nachfragezuwachs kann zum Beispiel auf steigenden
Einkommen beruhen. Der Angebotsanstieg lässt sich vielleicht auf die
Entdeckung neuer Eisenerzvorkommen, den Eintritt neuer Anbieter oder
Kapazitätsausweitungen bei etablierten Anbietern zurückführen. Die Angebots-
zunahme kann die Folge des nachhaltigen Nachfrageanstiegs sein (Gewinnmechanismus).

Lösung 3.11

Die Marktnachfragekurve weist im unteren Bereich einen anormalen Verlauf auf.
Das kann daran liegen, dass die Nachfrager niedrige Preise mit einer unak-
zeptabel geringer Qualität des Gutes assoziieren. Die Marktangebotsfunktion ist
$x^A(p) = b \cdot p - b$. Ihre Achsenschnittpunkte liegen bei $x_o = x^A(0) = -b$ und bei
$p_o = 1$; die Steigung der Geraden ist $_p'x^A = b$. Die Verläufe für verschiedene
Werte von b sind in das Diagramm eingezeichnet:

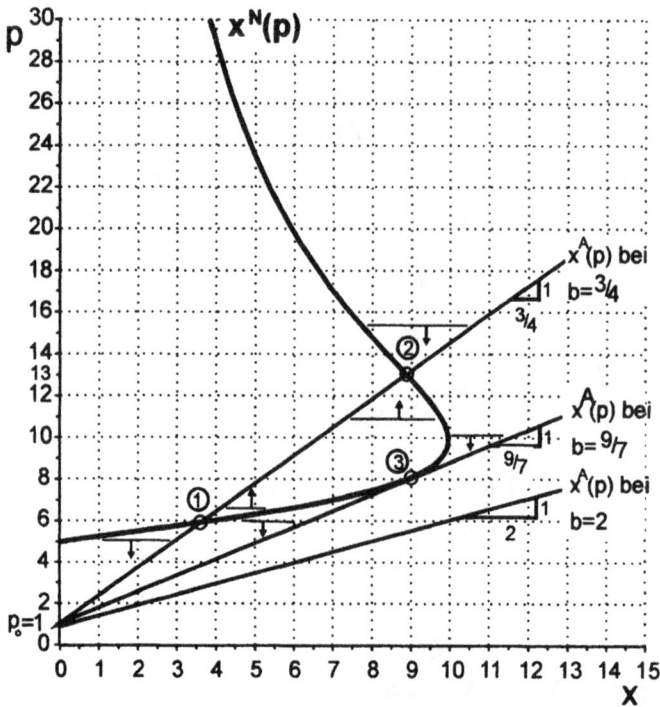

a) Bei $b = 3/4$ lautet die Markangebotskurve: $x^A(p)$ $3/4p - 3/4$. Es ist $_p^{\prime}x^A = 3/4$, $x_o = -3/4$ und $p_o = 1$. Bei $p = 8$ ist beispielsweise $x^A = 5{,}25$.

Ein Marktgleichgewicht *existiert*, wenn und wo sich Angebots- und Nachfrage-kurve im Marktdiagramm treffen, denn dort ist die Markgleichgewichtsbedingung $x^A(p) = x^N(p)$ erfüllt. Bei $b = 3/4$ ist dies in den Punkten ① und ② der Fall. Da es hier also mehr als einen Schnittpunkt der Marktkurven gibt, liegt Mehr-deutigkeit vor: Es gibt zwei Gleichgewichte (p^*, x^*), nämlich bei $(6; 3{,}75)$ und bei $(13; 8{,}9)$.

Ein Marktgleichgewicht heißt *stabil*, wenn der Preismechanismus den Marktpreis nach einer Störung (Abweichung von p^*) wieder auf dieses Gleichgewichtsniveau zurückführt. Das Gleichgewicht ① ist instabil, weil bei einer Abweichung des Preises nach »oben« hin ein Nachfrageüberhang auftritt, der zu einem steigenden Preis (also weg von $p^* = 6$) führt. Unterhalb von $p^* = 6$ treten Angebots-überhänge auf, die zu Preissenkungen (Preisunterbietungskonkurrenz der Anbie-ter) führen, also ebenfalls vom Gleichgewicht weg. Die Instabilität von ① ist auch daran zu erkennen, dass dort die Walras'sche Stabilitätsbedingung $_p^! x^A > _p^! x^N$ verletzt ist.

Das Gleichgewicht ② ist dagegen stabil: Oberhalb treten Angebotsüberhänge auf, die zu Preissenkungen hin zum Gleichgewichtspreis $p^* = 13$ führen, unterhalb kommt es zu preiserhöhenden Nachfrageüberhängen (Preisüberbietungskonkurrenz der Nachfrager). Der Preismechanismus reguliert Störungen des Gleichgewichts also aus. Die Stabilitätsbedingung ist erfüllt. (Im Sinne von Marshall sind übrigens beide Gleichgewichte stabil.)

b) Bei $b = 9/7$ lautet die Marktangebotsfunktion: $x^A(p) = 9/7 \cdot p - 9/7$.

Es ist $_p^! x^A = 9/7$, $x_0 = -9/7$ und $p_0 = 1$. Bei $p = 8$ ist beispielsweise $x^A = 9$.

Das Diagramm zeigt, dass in diesem Fall die Marktangebotskurve die Marktnachfragekurve tangiert, und zwar im Punkt ③. Dort ist die Marktgleichgewichtsbedingung (Gleichheit von angebotener und nachgefragter Menge bei einem Preis) erfüllt, so dass sich bei $(p^*; x^*) = (8; 9)$ ein Gleichgewicht befindet. Da es keine weiteren Gleichgewichte gibt, ist es eindeutig.

Die Stabilitätsanalyse zeigt: Oberhalb von $p^* = 8$ kommt es zu Angebotsüberhängen. Der Preismechanismus bewirkt dann stabilisierende Preissenkungen. Weicht der Marktpreis aber nach unten hin vom Gleichgewichtswert ab, so treten ebenfalls Angebotsüberhänge auf, die auch einen sinkenden Marktpreis zur Folge haben. Der Preismechanismus führt dann den Preis immer weiter vom Gleichgewichtswert $p^* = 8$ weg. Es liegt also der merkwürdige Fall eines Marktgleichgewichts vor, das nach »oben« hin stabil, nach »unten« hin dagegen instabil ist. Insgesamt wird man ein solches Gleichgewicht wohl nicht als stabil ansehen können. Auch die Prüfung der Stabilitätsbedingung liefert dieses Ergebnis: Oberhalb von ③ ist $_p^! x^A > _p^! x^N$, was Stabilität sichert. Unterhalb von ③ ist hingegen $_p^! x^A < _p^! x^N$, die Stabilitätsbedingung also verletzt. (Beachte, dass hier p die Bezugsachse der Steigungen $_p^! x^A$, $_p^! x^N$ ist!)

Nach dem Marshall'schen Stabilitätskonzept ist das Gleichgewicht ③ »links« stabil (Zahlungsbereitschaft > Preisforderung) und »rechts« bis $x = 10$ instabil, weil die Nachfrager dort weiterhin mehr zu zahlen bereit sind, als die Anbieter haben wollen, was letztere zu einer Erhöhung der Angebotsmenge ermuntert.

c) Bei $b = 2$ lautet die Markangebotsfunktion: $x^A(p) = 2p - 2$. Es ist $_p^! x^A = 2$, $x_0 = -2$ und $p_0 = 1$. Bei $p = 8$ ist beispielsweise $x^A = 14$.

Das Diagramm zeigt, dass in diesem Fall kein Gleichgewicht auf dem Markt existiert. Die Angebotskurve verläuft durchgehend unterhalb der Nachfragekurve.

d) Die Ermittlung der Preiselastizität der Nachfrage ist am einfachsten im Marktgleichgewicht ③, also bei $(p^*; x^*) = (8; 9)$. Da sich dort Angebots- und Nachfragekurve tangieren, haben sie in diesem Punkt die gleiche Steigung $'_p x^N(p^*) = '_p x^A(p^*) = 9/7$; vgl. Aufgabenteil b). Die Elastizität ergibt sich dann wie folgt:

$$\varepsilon(x^N : p^*) = \frac{'_p x^A \cdot p^*}{x^*} = \frac{\frac{9}{7} \cdot 8}{9} = \frac{8}{7}$$

Steigt also im betrachteten Gleichgewicht der Preis um ein Prozent, so nimmt die Nachfragemenge um 8/7 Prozent zu. Es liegt also eine anormale Nachfragereaktion vor.

Alternativ: Für beliebige andere Punkte auf der Marktnachfragekurve hätte die Preiselastizität auch mit dem graphischen Verfahren und der Formel $\varepsilon(x^N:p) = p'/(p' - p_0)$ ermittelt werden können. p' ist der Preis, bei dem gemessen wird, p_0 ist der p-Achsenschnittpunkt der Tangenten an dem Nachfragekurvenpunkt.

Lösung 3.12

a) Ein Marktgleichgewicht existiert, wenn Angebot und Nachfrage (repräsentiert durch die betreffenden Marktkurven) in mindestens einem Punkt (p,x) des Marktdiagramms übereinstimmen. Dort ist die Marktgleichgewichtsbedingung erfüllt. Im vorliegenden Fall ergibt sie:

$$\left[x^A(p) = \right] \quad 7 + p = 6 - p \quad \left[= x^N(p)\right]$$

$$\Leftrightarrow \qquad\qquad 2p = -1$$

$$\Leftrightarrow \qquad\qquad p = -\frac{1}{2} < 0$$

Es gibt also keinen Preis $p^* \geq 0$, bei dem angebotene und nachgefragte Menge gleich sind. Ein Marktgleichgewicht existiert bei der betrachteten Angebots-/Nachfrage-Konstellation also nicht. Eine Stabilitätsanalyse erübrigt sich deshalb.

b) Es kann vorkommen, dass Angebot und Nachfrage auf einem Markt nicht zum Ausgleich kommen. Im vorliegenden Fall ist $x^N(0) < x^A(0)$. Die Nachfrage der Dorfbewohner nach Schwimmdienstleistungen ist also bereits bei einem Preis $p = 0$ vollständig gedeckt (Marktsättigung). Für größere Mengen gibt es keine positive Zahlungsbereitschaft mehr. Der frei verfügbare Teich reicht völlig aus.

Bei einem positiven Preis würde sich das mengenmäßige Angebot durch Zubau von Schwimmbädern erhöhen (über das weiterhin bestehende kostenfreie Angebot des Teiches hinaus). Ist die Angebotsfunktion $x^A(p) = 7 + p$, so liegt die Angebotsmengenuntergrenze des *zusätzlichen* Angebots bei $x = 1$ (Abstand zwischen $x = 6$ und $x = 7$) und die Marktpreisuntergrenze bei $p = 0$, was nicht sehr realistisch ist, weil ein Schwimmbad keine minimalen Durchschnittskosten in Höhe von null hat.

c) Mit der neuen Marknachfragefunktion ergibt sich die Marktgleichgewichtsbedingung:

$$\left[x^A(p) = \right] \quad 7 + p = 9 - p \quad \left[= x^N(p)\right]$$

$$\Leftrightarrow \qquad\qquad 2p = 2$$

$$\Leftrightarrow \qquad\qquad p^* = 1$$

Setzt man diesen (positiven) Gleichgewichtspreis in eine der beiden Marktfunktionen ein, so ergibt sich die Gleichgewichtsmenge zu $x^* = 8$. Es existiert nun also ein Marktgleichgewicht bei $(p^*;x^*) = (1;8)$. Es ist eindeutig, weil die obige Marktgleichgewichtsbedingung nur eine Lösung ergibt. Mit anderen Worten: Es existiert nur ein Schnittpunkt der beiden linearen Marktkurven. Das Gleichgewicht ist auch stabil, weil $'_px^A(p^*) > '_px^N(p^*)$ gilt, denn $'_px^A = 1$ und $'_px^N = -1$ (Walras-Stabilität): Oberhalb von p^* kommt es zu preissenkenden Angebotsüberhängen, unterhalb zu preiserhöhenden Nachfrageüberhängen. Der Fall zeigt, dass es durch exogene Umstände (hier: Zutritt neuer Nachfrager) auf einem Markt zu einem vorher nicht existierenden Gleichgewicht kommen kann.

d) Der Marktumsatz im zustande gekommenen Marktgleichgewicht ist $U^* = p^* \cdot x^* = 1 \cdot 8 = 8$ Geldeinheiten.

e) Da sich, wie in c) gezeigt, infolge des Preismechanismus ein Gleichgewicht bei $p^* = 1$ und $x^* = 8$ einstellt, wird der betreffende Punkt auf der

Nachfragefunktion zustande kommen. Mit $_p'x^N = -1$ ergibt sich die Preiselastizität der Nachfrage im Punkte (p*,x*) zu

$$\varepsilon(x^N : p^*) = {}_p'x^N \cdot \frac{p^*}{x^*} = -1 \cdot \frac{1}{8} = -\frac{1}{8}$$

Der Wert besagt, dass im Marktgleichgewicht eine Preisänderung von einem Prozent zu einer entgegen gerichteten Nachfragemengenänderung um ein Achtel Prozent führt. Die Nachfrage reagiert insofern normal und relativ preisunelastisch.

Weil im Marktgleichgewicht $\varepsilon(x^N:p) > -1$, ist übrigens der Marktumsatz U* aus d) nicht der maximal mögliche. $\hat{U}$ würde in jenem Punkt der Nachfragekurve erreicht, bei dem $\varepsilon(x^N:p) = -1$ ist.

Lösung 3.13

Zur Lösung vgl. den Beitrag des Verfassers "Effekte staatlicher Mindestpreis-vorschriften" in der Zeitschrift "Wirtschaftswissenschaftliches Studium", Jg. 29, 2000, Heft 5, S. 275 - 278.

Lösung 3.14

Eine ausführliche Lösung zu dieser Aufgabe ist nachzulesen im Heft 11 der Zeitschrift „Das Wirtschaftsstudium" (WISU), 29. Jg., 2000, Seiten 1544 – 1547.

Lösung 3.15

a) Für $x^N(p) = 1200 - 200p$ gilt:

$$p = 0 \implies x^° = 1200, \quad x = 0 \implies p^° = 6, \quad {}_p'x^N = -200$$

Siehe folgende Abbildung:

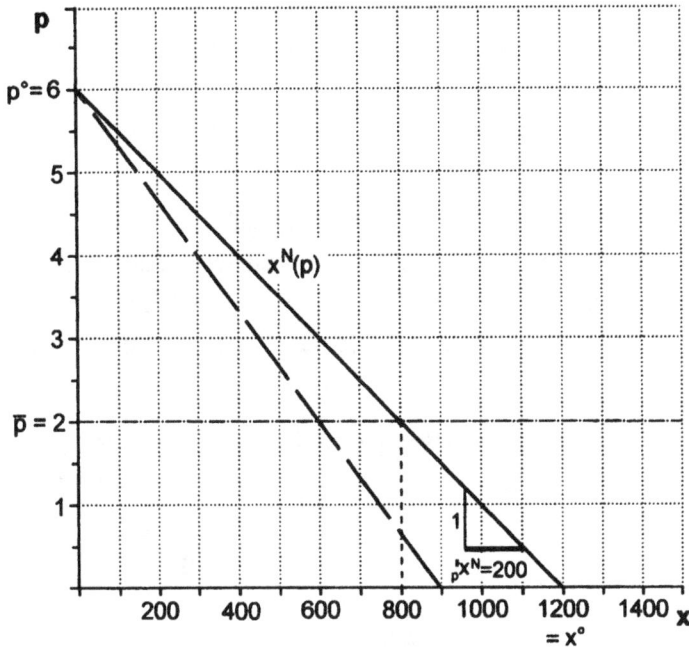

b) Bei einem Preis von $\bar{p} = 2$ wird die Menge

$$x^N(\bar{p}) = 1200 - 200 \cdot 2 = 800$$

nachgefragt und – Markträumung unterstellt – umgesetzt. (Das kann auch aus dem Diagramm ermittelt werden.)

c) Beim herrschenden Preis $\bar{p}$ ergibt sich die Preiselastizität der Nachfrage zu:

$$\varepsilon(x^N:\bar{p}) = \frac{{}_p'x^N(\bar{p}) \cdot \bar{p}}{x^N(\bar{p})}$$

$$= \frac{-200 \cdot 2}{800} \quad : \text{Daten aus a) und b)}$$

$$= -0,5$$

Alternativ kann der Elastizitätswert mittels der graphischen Bestimmungsformel aus dem Diagramm ermittelt werden:

$$\varepsilon(x^N:\bar{p}) = \frac{\bar{p}}{\bar{p} - p^\circ} = \frac{2}{2 - 6} = \frac{2}{-4} = -\frac{1}{2}$$

d) Der Elastizitätswert besagt: Stiege der Preis des britischen Pfundes (etwa weil die Zentralbanken den anvisierten Wechselkurs erhöhen), ausgehend von $\bar{p} = 2$, um ein Prozent, so ginge die mengenmäßige Nachfrage nach dem Pfund um 0,5 Prozent zurück. Es liegt eine normale (weil $\varepsilon < 0$) und relativ unelastische (weil $|\varepsilon| < 1$) Nachfragereaktion vor.

e) Bei $x^N(p) = m - n \cdot p$ lauten die Achsenschnittpunkte allgemein $x^\circ = m$ und $p^\circ = m/n$. Sinkt m von 1200 auf 900, so verlagert sich der x-Achsen-Schnittpunkt der Nachfragekurve nach links. Sinkt zugleich n von 200 auf 150, so bleibt $p^\circ = 900/150 = 1200/200 = 6$ unverändert (siehe Diagramm: gestrichelte Nachfragekurve).

Bei den neuen Funktionsparameterwerten ergibt sich die Preiselastizität der Nachfrage, wieder bei $\bar{p} = 2$, zu:

$$\varepsilon(x^N : \bar{p}) = \frac{'_p x^N(\bar{p}) \cdot \bar{p}}{x^N(\bar{p})} \qquad \text{allgemein:}$$

$$= \frac{-150 \cdot 2}{900 - 150 \cdot 2} \qquad \frac{-n \cdot \bar{p}}{m - n \cdot \bar{p}}$$

$$= \frac{-300}{600} \qquad \frac{1}{1 - \dfrac{m}{n \cdot \bar{p}}}$$

$$= -0,5$$

Die Preiselastizität ändert sich infolge der Drehung der Nachfragekurve um den p-Achsen-Schnittpunkt also nicht. Bleibt m/n unverändert, so auch $\varepsilon(x^N : p)$.

Noch deutlicher sieht man dies an der graphischen Elastizitätsbestimmungsformel, denn in

$$\varepsilon(x^N : \bar{p}) = \frac{\bar{p}}{\bar{p} - p^\circ}$$

ändert sich der Elastizitätswert nicht, wenn $p^\circ = m/n$, also der p-Achsen-Abschnitt, sich nicht ändert.

Lösung 3.16

Die erste Aussage bezieht sich auf die Auswirkung einer Veränderung der *endogenen* Größe Preis. Präzise müsste hier gesagt werden: Bei hohem Preis wird eine große Menge angeboten, bei niedrigem Preis ist die Angebotsmenge gering. Es wird hierbei entlang einer gegebenen Angebotskurve argumentiert (und dabei eine positive Steigung, also ein normaler Verlauf, unterstellt).

Die zweite Aussage bezieht sich hingegen auf die Auswirkung einer Veränderung einer *exogenen* Bestimmungsgröße des Angebots, wie zum Beispiel der Anzahl der Anbieter. Ein "steigendes Angebot" bedeutet, dass sich die Angebotskurve im Marktdiagramm durch äußere Umstände nach »rechts« verlagert. Bei unveränderter Lage der (normal verlaufenden) Marktnachfragekurve geht damit ein Rückgang des gleichgewichtigen Preises einher.

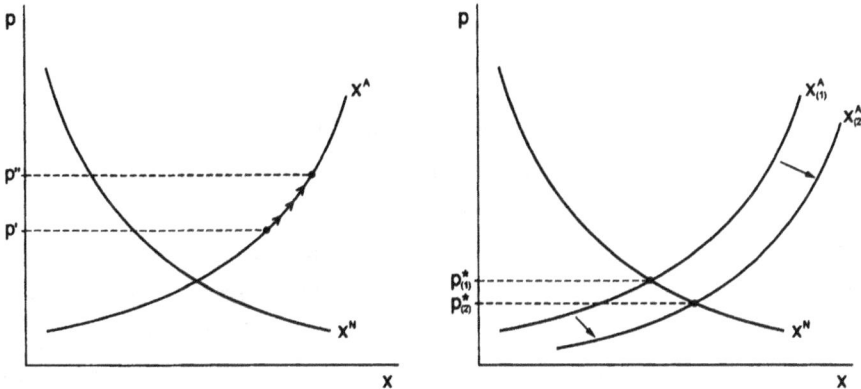

Lösung 3.17

a) Das Gleichgewicht vor Bekanntwerden der BSE-Fälle lag bei $(p_{(1)}, x_{(1)}) = (400, 100)$; nach dem Bekanntwerden lag es bei $(p_{(2)}, x_{(2)}) = (90, 25)$. Siehe folgende Abbildung:

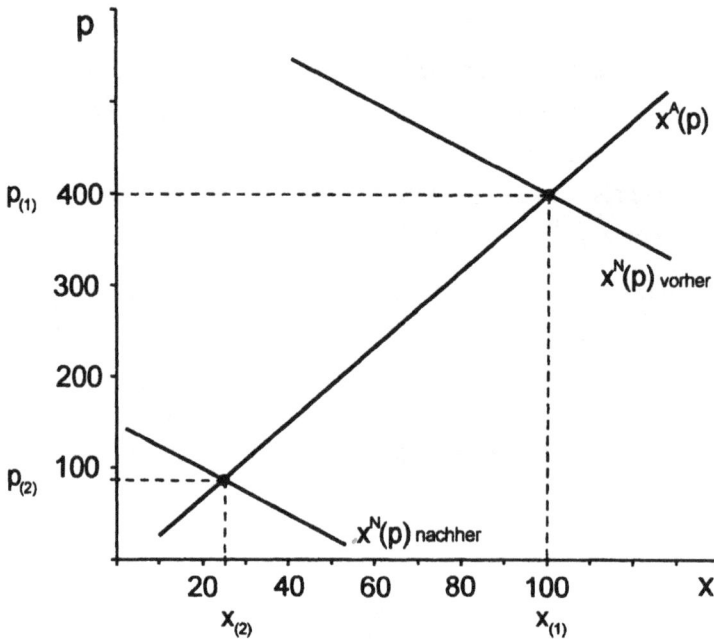

b) Das Bekanntwerden von BSE-Fällen in Deutschland entspricht einer exogenen Datenänderung, die zu einem starken Rückgang der Rindfleischnachfrage geführt hat. Das kommt in einer Verlagerung der Nachfragekurve $x^N(p)$ nach »links« zum Ausdruck. (Über die genaue Steigung der Nachfragekurve wissen wir nichts.) Infolge des Nachfragerückgangs sinkt – bei unverändertem Angebot – die auf dem Markt umgesetzte Menge von 100 auf 25, und der Gleichgewichtspreis geht von 400 auf 90 zurück (beides endogene Variablen). Denn beim alten Gleichgewichtspreis tritt bei dem Nachfragerückgang ein Angebotsüberhang auf, der preissenkend wirkt (infolge der Preisunterbietungskonkurrenz der Anbieter).

c) Die annahmegemäß lineare Angebotsfunktion $x^A(p) = a \cdot p - b$ ist bestimmt durch die beiden zu ermittelnden Koeffizienten a (Steigung $_p x^A$) und b (x-Achsen-Schnittpunkt). Es ist:

$$_p x^A = \frac{\partial x^A}{\partial p} = \frac{x^A_{(2)} - x^A_{(1)}}{p_{(2)} - p_{(1)}} = \frac{25 - 100}{90 - 400} = \frac{-75}{-310} = 0{,}2419 = a$$

Zur Ermittlung von $b = a \cdot p - x^A(p)$ sind die Daten zum Beispiel des anfänglichen Marktgleichgewichtes ($p_{(1)} = 400$, $x^A_{(1)} = 100$) einzusetzen; dies ergibt:

$$b = 0,2419 \cdot 400 - 100 = -3,2258$$

Also lautet die gesuchte Marktangebotsfunktion:

$$x^A(p) = 0,2419 \cdot p + 3,2258$$

Der x-Achsenabschnitt liegt demnach etwa bei $x_0^A = 3,23$.

d) Die Preiselastizität des Angebots bei $p_{(1)} = 400$ und mit $_p x^A = 0,2419$ ist:

$$\varepsilon(x^A : p_{(1)}) = \frac{_p' x^A(p_{(1)}) \cdot p_{(1)}}{x^A(p_{(1)})}$$

$$= \frac{0,2419 \cdot 400}{100} = 0,97$$

Wenn also der Preis für Rindfleisch, ausgehend von $p_{(1)} = 400$ um ein Prozent sinkt, dann sinkt auch die angebotene Rindfleischmenge, und zwar um 0,97 Prozent. Das Rindfleischangebot reagiert also normal und leicht preisunelastisch.

Alternativ: Graphische Bestimmung über

$$\varepsilon(x^A : p_{(1)}) = \frac{x_{(1)}^A - x_0^A}{x_{(1)}^A} = \frac{100 - 3,23}{100} = 0,97$$

Oder mittels der Datenformel:

$$\varepsilon(x^A : p_{(1)}) = \frac{\frac{\partial x^A}{x^A}}{\frac{\partial p}{p}} = \frac{\frac{x_{(2)}^A - x_{(1)}^A}{x_{(1)}^A}}{\frac{p_{(2)} - p_{(1)}}{p_{(1)}}} = \frac{\frac{25 - 100}{100}}{\frac{90 - 400}{400}} = \frac{-0,75}{-0,775} = 0,97$$

Lösung 3.18

Das Marktgleichgewicht ist bestimmt durch den Schnittpunkt von Angebots- und Nachfragefunktion:

$$[x^A(p) =] \quad 2p - 6 = 10 + m - p \quad [= x^N(p)]$$

$$\Leftrightarrow \qquad\qquad 3p = 16 + m$$

$$\Leftrightarrow \qquad\qquad p^* = \frac{16 + m}{3}$$

Durch Einsetzen dieses Gleichgewichtspreises, zum Beispiel in die Angebotsfunktion, ergibt sich die Gleichgewichtsmenge:

$$x^* = x^A(p^*) = 2 \cdot p^* - 6$$

$$= 2 \cdot \frac{16 + m}{3} - 6 = \frac{14 + 2m}{3}$$

In der Anfangssituation (m = 2) ist

$$p^* = \frac{16 + 2}{3} = 6 \quad, \quad x^* = \frac{14 + 2 \cdot 2}{3} = 6$$

und der Marktumsatz im Marktgleichgewicht:

$$U^* = p^* \cdot x^* = 6 \cdot 6 = 36$$

Erhöht der Staat nun seine Nachfrage auf m = 5, was einer exogenen Parameteränderung (Rechtsverlagerung der Marktnachfragekurve) entspricht, so ergibt sich analog:

$$p^* = \frac{16 + 5}{3} = 7 \quad, \quad x^* = \frac{14 + 2 \cdot 5}{3} = 8$$

$$U^* = 7 \cdot 8 = 56$$

Preis, Menge und Marktumsatz sind also infolge der Mehrnachfrage des Staates gestiegen. Die staatliche Maßnahme erreicht ihr Ziel, und die Erlöse der Anbieter erhöhen sich. Durch den damit zugleich bewirkten Preisanstieg verschlechtert sich jedoch die Marktsituation für die privaten Nachfrager; deren Nachfragemenge geht zurück. Die Wirkungen veranschaulicht das folgende Diagramm am Beispiel linearer Marktkurven. Die Zunahme des Marktumsatzes zeigt die schraffierte Fläche:

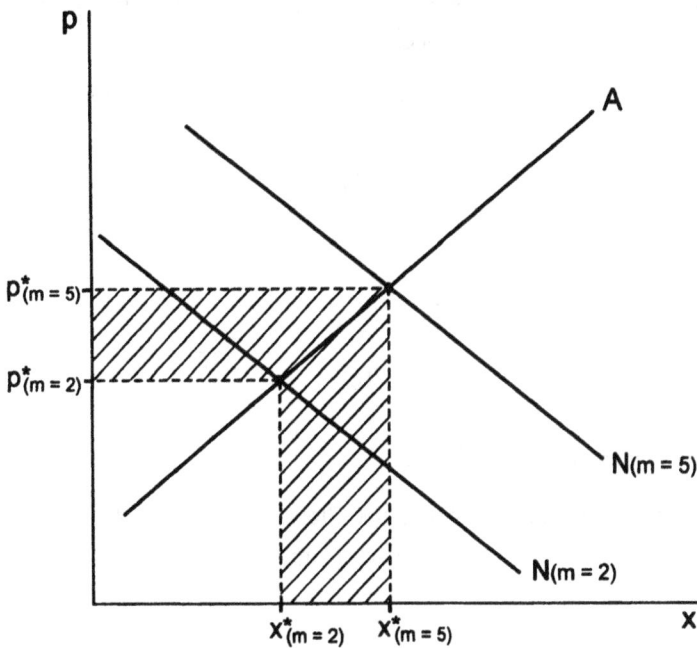

Lösung 3.19

a) Die Preiselastizität der Nachfrage ist bestimmt durch:

$$\varepsilon(x^N:p) = \frac{{}'_p x^N(p) \cdot p}{x^N(p)} = \frac{-n \cdot p}{I^N - n \cdot p} = \frac{1}{1 - \dfrac{I^N}{n \cdot p}}$$

Mit $n = 2$ und einem angenommenen $p = 1$ ergibt sich beispielsweise der Zahlenwert

$$\varepsilon(x^N:p) = \frac{1}{1 - \dfrac{20}{2 \cdot 1}} = \frac{1}{1 - 10} = -\frac{1}{9}$$

An der allgemeinen Bestimmungsformel ist zu erkennen, dass ein wachsendes I^N den Nenner zahlenmäßig verkleinert und damit den Wert des Bruches zahlenmäßig vergrößert. Da der Bruch wegen ${}'_p x^N = -2$ negativ ist, wächst $\varepsilon(x^N:p)$ mit steigender Nachfragerzahl im Negativen, gleichsam »von unten her«, gegen den Wert Null. Der Zutritt weiterer Nachfrager macht die Marktnachfrage bei jedem möglichen Preisniveau preisunelastischer.

Mit den obigen Beispielswerten ergibt sich für $I^N = 22$ der Elastizitätswert

$$\varepsilon(x^N:p) = \frac{1}{1 - \dfrac{22}{2 \cdot 1}} = \frac{1}{1 - 11} = -\frac{1}{10}$$

Es ist:

$$\left[-\frac{1}{9} = \right] -0,\overline{11} \quad < \quad -0,1 \quad \left[= -\frac{1}{10}\right]$$

Die bestätigt die allgemeine Feststellung.

Alternativ kann die Änderung(srichtung) der Preiselastizität bei steigendem I^N auch über die erste Ableitung von $\varepsilon(x^N:p)$ nach I^N ermittelt werden:

$$'_{I^N}\varepsilon(x^N:p) = \left[\frac{-n \cdot p}{I^N - n \cdot p}\right]'_{I^N} = \frac{n \cdot p}{\left[I^N - n \cdot p\right]^2} > 0$$

Je größer I^N, desto größer die negative Eigenpreiselastizität der Nachfrage.

b) Mit der Berechnungsformel aus a) und den vorgegebenen Daten ergibt sich:

$$\varepsilon(x^N:p) = \frac{1}{1 - \dfrac{I^N}{n \cdot p}} = \frac{1}{1 - \dfrac{20}{2 \cdot 5}} = \frac{1}{1 - 2} = -1$$

Bei $p = 5$ liegt demnach der einheitselastische Punkt der Marktnachfragekurve.

Alternativ: Bei der Nachfragefunktion $x^N(p) = 20 - 2 \cdot p$ liegt der p-Achsen-Schnittpunkt bei $p_0 = 10$. Da $p = 5$ genau auf der Hälfte liegt, wird der Punkt in der Mitte der negativ geneigten Geraden betrachtet. Dort liegt bekanntlich stets der einheitselastische Punkt.

c) Die Marktgleichgewichtsbedingung, $x^A(p) = x^N(p)$, ergibt:

$$[a \cdot p - b] \cdot I^A = I^N - n \cdot p$$

$$\Leftrightarrow \qquad I^A \cdot a \cdot p - I^A \cdot b = I^N - n \cdot p$$

$$\Leftrightarrow \qquad p \cdot [I^A \cdot a + n] = I^N + I^A \cdot b$$

$$\Leftrightarrow \qquad p^* = \frac{I^N + I^A \cdot b}{n + I^A \cdot a}$$

$$\Leftrightarrow \qquad p^* \doteq \frac{20 + 18 \cdot 9}{2 + 18 \cdot 1} = \frac{182}{20} = 9{,}1$$

Setzt man diesen Marktgleichgewichtspreis zum Beispiel in die Nachfragefunktion ein, so ergibt sich die Marktgleichgewichtsmenge x^* :

$$x^* = x^N(p^*) = I^N - n \cdot p^* = 20 - 2 \cdot 9{,}1 = 1{,}8$$

d) Erhöht sich I^A auf 23, so ist mit den Berechnungsformeln aus c) nun:

$$p^* = \frac{20 + 23 \cdot 9}{2 + 23 \cdot 1} = \frac{227}{25} = 9{,}08$$

$$x^* = 20 - 2 \cdot 9{,}08 = 1{,}84$$

Demnach ist durch die Erhöhung der Anbieterzahl (exogene Parameteränderung)
der Gleichgewichtspreis gesunken und die Gleichgewichtsmenge gestiegen. Diese
Wirkung eines steigenden Angebots ist normal.

e) Aus der Marktangebotsfunktion $x^A(p) = I^A \cdot a \cdot p + I^A \cdot b$ ergibt sich mit
$'_p x^A = I^A \cdot a$ die Preiselastizität des Angebots zu :

$$\varepsilon(x^A : p) = \frac{'_p x^A(p) \cdot p}{x^A(p)}$$

$$= \frac{\not{I}^A \cdot a \cdot p}{\not{I}^A \cdot a \cdot p - \not{I}^A \cdot b} = \frac{a \cdot p}{a \cdot p - b}$$

Es ergibt sich, dass durch das Herauskürzen von I^A die Bestimmungsgleichung
der Preiselastizität des Angebots gar nicht von der Anzahl der Anbieter (I^A)
abhängt. Folglich ändert sich der Elastizitätswert bei Veränderungen von I^A
nicht.

Lösung 3.20

a)

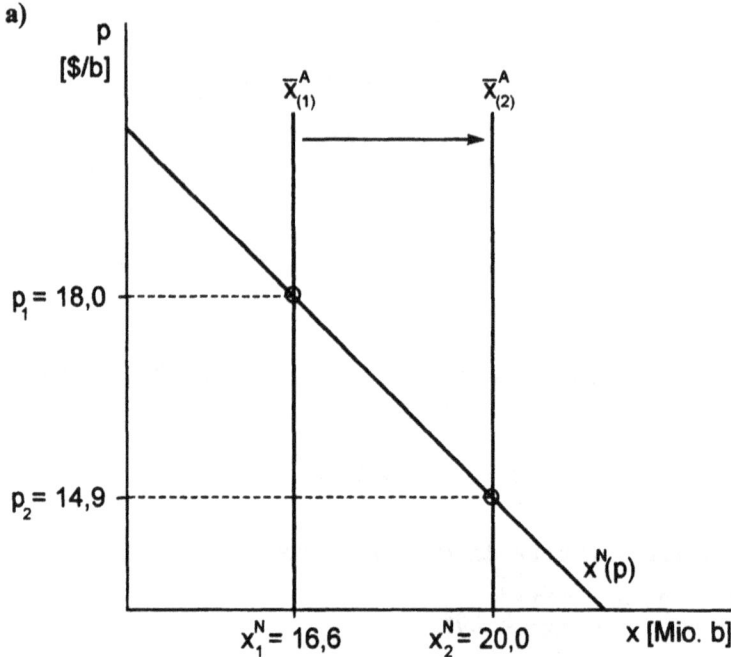

Die Angebotsmenge auf dem Rohölmarkt, speziell die der OPEC, wird von diesem Kartell festgelegt – weitgehend unabhängig von der Preishöhe. Die Marktangebotskurve verläuft daher preisunelastisch (senkrecht; siehe Diagramm). Die im Zitat angesprochene Mehrproduktion kommt einer Verlagerung der Angebotskurve von $\overline{x}_{(1)}^A = 16{,}6$ auf $\overline{x}_{(2)}^A = 20$ Millionen Barrel pro Tag gleich (exogene Parameteränderung). Beim ursprünglichen Zielpreis $p = 18$ trat dadurch ein Angebotsüberhang auf, den der Preismechanismus durch einen Preisrückgang auf $p = 14{,}9$ \$/b beseitigt hat. Denn die Nachfrager waren nicht bereit, die Menge $x_2^N = 20$ zum Preis $p_1 = 18$ abzunehmen. Diese Argumentation unterstellt, dass sich der Rohölmarkt sowohl in der Anfangs- als auch in der Endsituation im Gleichgewicht befand.

Anmerkung: Das Diagramm gibt die Verhältnisse nicht skalengenau wieder.

b) Unter der vorgenannten Annahme liegen das Anfangs- und das Endgleichgewicht auf der Marktnachfragekurve. Durch diese zwei bekannten Punkte ist eine lineare Schätzung $x^N = m - n \cdot p$ der Kurve in diesem Bereich möglich. Die Funktionskoeffizienten m und n lassen sich durch Lineare Interpolation ermitteln:

Die Steigung der gesuchten Geraden ist

$$-n = \frac{\partial x^N}{\partial p} = \frac{x_2^N - x_1^N}{p_2 - p_1} = \frac{20,0 - 16,6}{14,9 - 18,0} = \frac{3,4}{-3,1} \approx -1,1$$

Also ist n = 1,1. Ferner gilt:

$$x_2^N = m - n \cdot 14,9$$

$$\Leftrightarrow \quad m = x_2^N + n \cdot 14,9 = 20 + 1,1 \cdot 14,9 = 36,39$$

Somit lautet die Funktionsgleichung der die beiden Punkte (p_1, x_1^N), (p^2, x_2^N) verbindenden Gerade:

$$x^N(p) = 36,39 - 1,1 \cdot p$$

Anmerkung: Durch Rundungen können sich leicht abweichende Werte ergeben.

c) Aus den beiden Punkten der Marknachfragekurve ergibt sich mittels der Datenformel folgender Wert für die Preiselastizität:

$$\varepsilon(x^N : p) = \frac{\dfrac{\partial x^N}{x_1^N}}{\dfrac{\partial p}{p_1}} = \frac{\dfrac{20,0 - 16,6}{16,6}}{\dfrac{14,9 - 18,0}{18,0}} = \frac{+20,48\,\%}{-17,22\,\%} = -1,19$$

Anmerkung: Hier wurde, wie üblich, der Anfangspunkt (p_1, x_1^N) als Bezugsbasis gewählt. Nimmt man den Endpunkt oder den Mittelpunkt zwischen beiden, so ergibt sich ein etwas anderer Elastizitätswert. Das ist ein grundsätzliches Problem der Datenformel.

d) Der maximal mögliche Marktumsatz wird stets im einheitselastischen Punkt der Nachfragekurve erreicht, also bei $\varepsilon(x^N:p) = -1$; das folgt aus der Amoroso/Robinson-Relation. Bei linearen Kurven mit negativer Steigung, wie im vorliegenden Fall, liegt der einheitselastische Punkt stets genau in der Mitte des Graphen. Die in b) geschätzte Gerade schneidet die Achsen ungefähr bei $x_o^N = 36,4$ und $p_o = 33,1$. Folglich liegt der einheitselastische Punkt in etwa bei $x_o^N/2 = 18,2$ und $p_o/2 = 16,55$. Das heißt, bei einem Ölpreis von etwa 16,55 \$/b ergäbe sich der maximale wertmäßige Marktumsatz, und zwar in Höhe von $\hat{U} = 16,55 \cdot 18,2 = 301$ Millionen Dollar pro Tag.

Alternativ: Maximierung der Marktumsatzfunktion

$$U(p) = p \cdot x^N(p) = p \cdot [36,39 - 1,1 \cdot p] = 36,39p - 1,1 \cdot p^2 \rightarrow \max_p!$$

$$\Rightarrow \quad {}_p'U(p) = 36,39 - 2,2 \cdot p \overset{!}{=} 0 \quad : \text{ Bedingung erster Ordnung}$$

$$\Leftrightarrow \qquad\qquad p^{\hat{U}} = \frac{36,39}{2,2} = 16,54$$

Nachkommadifferenzen beruhen auf Rundungsfehlern.

Lösung 3.21

Vorteilhafte Eigenschaften kurzfristiger Konkurrenzmarktgleichgewichte:

□ Jedes Marktgleichgewicht ist eine *Ruhelage* des Systems 'Markt'. Allgemein sind Gleichgewichte als "Zustände ohne immanente Änderungstendenzen" definiert. Auf- oder Abtriebskräfte in Bezug auf den Preis sind dort nicht mehr wirksam; auch Preiskonkurrenz findet nicht mehr statt (Abwesenheit von Konkurrenzdruck). Die Ruhelage-Eigenschaft ist positiv zu bewerten, da sie für Beständigkeit, Verlässlichkeit, Vorhersehbarkeit steht, was die einzel- und gesamtwirtschaftlichen Planungen erleichtert. Sie fördert die Transparenz. Ein »springendes« oder oszillierendes Gleichgewicht, wie es aus der Systemtheorie bekannt ist, wäre demgegenüber nicht wünschenswert. Dass es so etwas wie ein Gleichgewicht in einem System menschlicher Interaktionen überhaupt gibt, ist in keiner Weise selbstverständlich, sogar eher ungewöhnlich.

□ Marktgleichgewichte sind durch *Markträumung* gekennzeichnet. Damit ist gemeint, dass im Gleichgewicht alle Überhänge auf der Marktebene verschwinden (ü = 0). Es gibt insbesondere keinen Verzicht auf mögliche Ressourcennutzung. Verbleibende unumgesetzte Überschüsse oder zurückgestaute Überhänge wären wenig wünschenswert (z.B. Unterbeschäftigungsgleichgewichte auf dem Arbeitsmarkt). Mangelnde Markträumung brächte zwangsläufig Rationierungen bei Marktteilnehmern mit sich. – Man kann Markträumung auch als Ausdruck der *Koordination von Angebot und Nachfrage* interpretieren. Die zahlreichen unabhängig voneinander aufgestellten einzelwirtschaftlichen

Angebots- und Nachfragepläne werden bestmöglich aufeinander abgestimmt, so dass im Marktgleichgewicht die angebotene Menge der nachgefragten entspricht (und umgekehrt).

◻ Eng mit der Markträumung verbunden ist die Eigenschaft der *Frustrationsfreiheit*: Im Marktgleichgewicht wird kein Marktteilnehmer bei der Realisierung seiner Kauf- oder Verkaufspläne frustriert; es gibt somit keine Hinderungen bei der Planerfüllung, sondern alle Kauf- und Verkaufspläne werden erfüllt. Im Gleichgewicht gibt es demnach auch auf einzelwirtschaftlicher Ebene keine Überhänge: Jeder, der zum Gleichgewichtspreis eine bestimmte Menge des Gutes zu kaufen oder zu verkaufen bereit ist, kann sein Vorhaben realisieren. Weder bleiben Anbieter auf Teilen ihres Angebotes »sitzen« (Angebotsüberhang), noch kommen Nachfrager, die das Gut zum Marktpreis erwerben möchten, nicht zum Zuge (Nachfrageüberhang). Mit den geplanten Transaktionen realisieren die Marktteilnehmer auch ihre letztendlichen eigenen Ziele, wie Gewinn und Bedürfnisbefriedigung.

◻ Im Marktgleichgewicht wird das Prinzip der *Fairness* verwirklicht. Angesichts der Freiwilligkeit von Kauf- und Verkaufshandlung kommen solche Transaktionen nur zustande, wenn beide Marktseiten einwilligen. Es bildet sich somit ein gerechter Gleichgewichtspreis, der die Hochpreiswünsche der Anbieter mit den Niedrigpreiswünschen der Nachfrager in Einklang bringt. Man kann deshalb auch von einem *Interessenausgleich* im Marktgleichgewicht sprechen: Das Preiserhöhungsinteresse der Anbieter und des Preissenkungsinteresse der Nachfrager gleichen sich aus. Der Marktaustausch ist überdies eine *friedliche* Form des Ausgleichs gegensätzlicher Interessen (auch z.B. im zwischenstaatlichen Handel).

◻ Die Eigenschaft der *Effizienz* von Marktgleichgewichten zeigt sich daran, dass im Gleichgewicht (bzw. beim Gleichgewichtspreis) wird das Gut nur von den kostengünstigen Produzenten bereitgestellt wird; und bei sinkendem Preis werden die Anbieter in der Reihenfolge ihrer Kostenungünstigkeit zum Marktaustritt gezwungen. Ebenso wird das Gut nur von den Nachfragern mit den höchsten Zahlungsbereitschaften erworben, also von denen, deren Bedarf vergleichsweise stark ausgeprägt ist. So gesehen kann man Effizienz als Abwesenheit von Verschwendung und Ausbeutung interpretieren. Die verfügbaren Ressourcen werden so weit wie möglich ausgeschöpft. Und die verfügbare Gütermenge wird so auf die Bedarfsträger verteilt, dass die dringendsten Bedarfe vorrangig gedeckt werden (Rationierungsfunktion); sie wird dorthin gelenkt, wo sie unter den herrschenden Bedingungen den größten Beitrag zur Knappheitsminderung leistet.

◻ Mit der Effizienz von Marktgleichgewichten ist auch eng ihre *Optimalität* verbunden. Dies zeigt sich zum einen darin, dass die Gleichgewichtsmenge die größtmögliche Transaktionsmenge ist, die auf einem Markt bei freiwilligen Transaktionen überhaupt umgesetzt werden kann. So wird im Marktgleichgewicht die bestmögliche Konsumentenversorgung und damit die weitestgehende Knappheitsminderung erreicht. Die Knappheit wird unter den gegebenen Bedingungen minimiert. Es wäre wenig wünschenswert, wenn es »bessere« Zustände als das Gleichgewicht gäbe. – Zum zweiten zeigt sich Optimalität im Maximum der Wohlfahrt, da im Marktgleichgewicht der Soziale Überschuss maximiert wird. Die Optimalität bezieht sich allerdings auch auf die Versorgungslage jedes einzelnen Marktteilnehmers, denn Marktgleichgewichte sind Pareto-optimal. Damit ist gemeint, dass in einem solchen Zustand kein Marktteilnehmer besser gestellt werden kann ohne mindestens einen anderen schlechter zu stellen. Im Marktgleichgewicht findet somit nicht nur ein fairer, sondern auch ein optimaler Interessenausgleich statt.

◻ Marktgleichgewichte kommen unter Konkurrenzbedingungen *selbsttätig* und unter den Bedingungen der *Freiheit* zustande, und zwar in der kurzen Frist vermöge des Preismechanismus. Das heißt: Es sind keine äußeren, insbesondere keine staatlichen Maßnahmen oder Zwänge erforderlich. Jede Abweichung vom Marktgleichgewicht führt zu einer schlechteren Güterversorgung. Es könnte als wenig wünschenswert angesehen werden, wenn es hoheitlicher Institutionen und Vorschriften bedürfte, um Märkte in ihr Gleichgewicht zu führen. Das selbsttätige Zustandekommen von Gleichgewichten (sog. Autoregulation) bezieht sich auch auf die Ausregulierung auftretender Störungen (exogener Parameteränderungen): Der Preismechanismus beseitigt Marktungleichgewichte. Die Selbstregulierungsfähigkeit setzt allerdings die Stabilität des Marktgleichgewichts voraus.

Lösung 3.22

a) Die anfängliche Angebotsfunktion lautet: $x^A(p) = 3p - 12$. Sie hat die Achsenabschnitte $p_o^A = 4$, $x_o^A = -12$ und die Steigung $_p'x^A = 3$. Diagramm siehe c)

b)

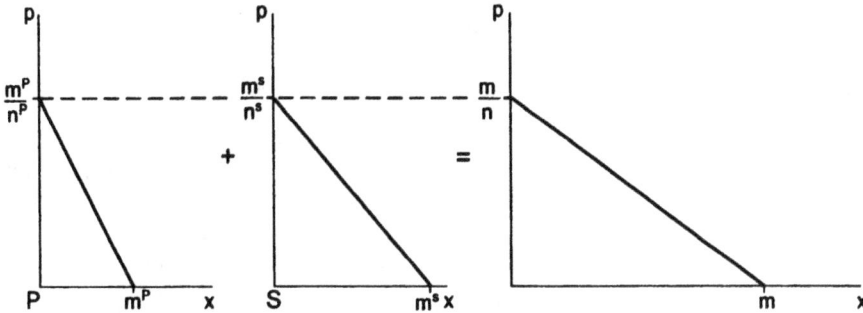

Preisobergrenzen:

$$\frac{m^P}{n^P} = \frac{3}{0{,}25} = 12; \quad \frac{m^S}{n^S} = \frac{9}{0{,}75} = 12$$

Aufgrund der Gleichheit der Preisobergrenzen können die beiden Teil-Nachfrage-funktionen einfach addiert werden (es existiert keine Knickstelle):

$$x^N(p) = [m^P - n^P \cdot p] + [m^S - n^S \cdot p]$$

$$= [m^P + m^S] - [n^P + n^S] \cdot p$$

$$= m - n \cdot p$$

$$\doteq 12 - p \qquad \text{für } 0 \le p \le 12$$

c)

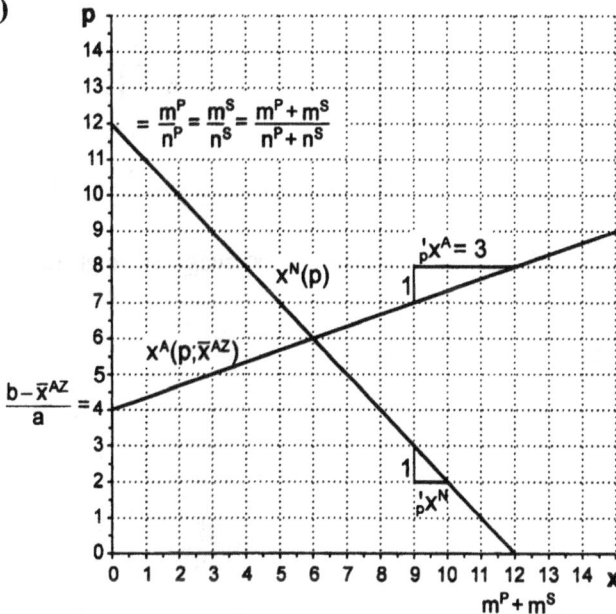

d) Marktgleichgewichtsbedingung:

$$\left[x^A(p) = \right] \quad a \cdot p - b + \bar{x}^{AZ} = m - n \cdot p \quad \left[= x^N(p) \right]$$

$$\Leftrightarrow \qquad\qquad p \cdot [a + n] = m + b - \bar{x}^{AZ}$$

$$\Leftrightarrow \qquad\qquad p^* = \frac{b + m - \bar{x}^{AZ}}{a + n} \quad : \text{Gleichgewichtspreis}$$

$$\doteq \frac{14 + 12 - 2}{3 + 1} = \frac{24}{4} = 6$$

$$x^* = x^A(p^*) = a \cdot p^* - b + \bar{x}^{AZ}$$

$$= 3 \cdot 6 - 14 + 2 = 6 \quad : \text{Gleichgewichtsmenge}$$

Das Marktgleichgewicht liegt also bei $(p^*, x^*) = (6, 6)$. Der Marktumsatz im Marktgleichgewicht beträgt $U^* = p^* \cdot x^* = 6 \cdot 6 = 36$.

e) Da das Marktgleichgewicht hier genau in der Mitte der negativ geneigten linearen Marktnachfragekurve liegt, muss dort die Preiselastizität den Wert minus Eins haben; das Gleichgewicht liegt genau im *einheitselastischen Punkt* der Nachfragekurve.

Alternativ: Formal

$$\varepsilon(x^N : p^*) = \frac{{}_p x^N(p^*) \cdot p^*}{x^*}$$

$$= \frac{-n \cdot p^*}{x^*}$$

$$= \frac{-1 \cdot 6}{6} = -1$$

Alternativ: Graphisch

$$\varepsilon(x^N : p^*) = \frac{p^*}{p^* - p_0}$$

$$= \frac{6}{6 - 12} = -1$$

f) Erhöht sich $\bar{x}^{AZ}$ von 2 auf 4 (exogene Parameteränderung), so folgt aus den Gleichungen des Teils d):

$$p^* = \frac{b + m - 2\bar{x}^{AZ}}{a + n}$$

$$\doteq \frac{14 + 12 - 2 \cdot 2}{3 + 1} = 5{,}5$$

Der Gleichgewichtspreis sinkt also infolge des verstärkten Geldangebotes der Zentralbanken um 0,5 auf 5,5.

$$x^* = a \cdot p^* - b + 2 \cdot \bar{x}^{AZ}$$

$$\doteq 3 \cdot 5,5 - 14 + 2 \cdot 2 = 6,5$$

Die Transaktionsmenge im Marktgleichgewicht steigt infolge der zusätzlichen Goldverkäufe um 0,5 auf 6,5. Der neue Marktumsatz beträgt somit 35,75.

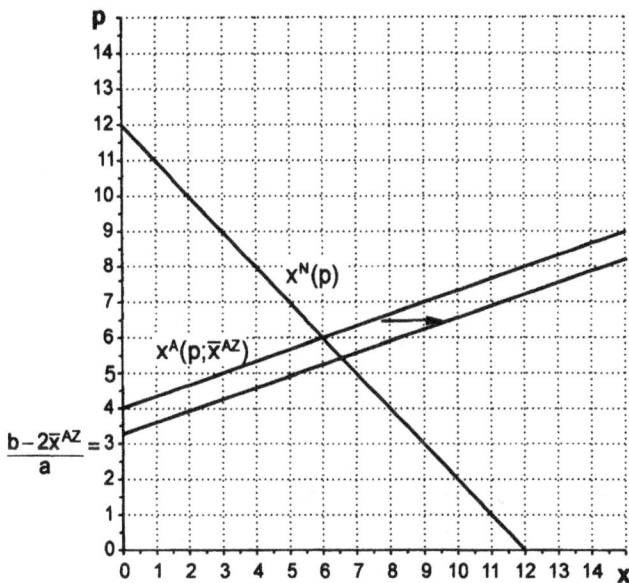

Lösung 3.23

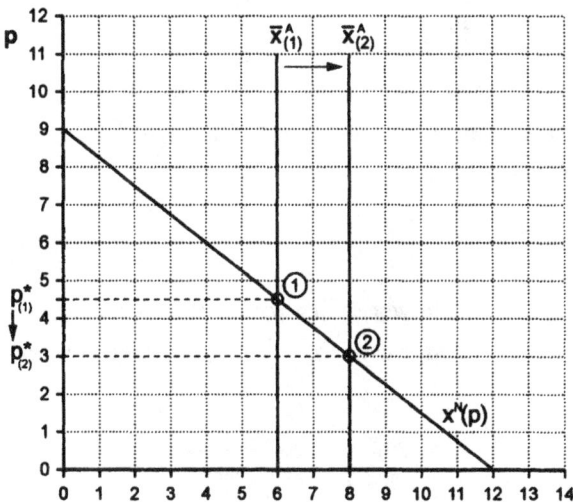

a) Eine die beiden Marktgleichgewichte 1 und 2 verbindende Gerade kann durch die Funktion $x^N(p) = m - n \cdot p$ beschrieben werden. Hierbei ist

$$-n = \frac{\partial x^N}{\partial p} = \frac{\overline{x}^A_{(2)} - \overline{x}^A_{(1)}}{p^*_{(2)} - p^*_{(1)}} = \frac{8 - 6}{3 - 4{,}5} = \frac{2}{-1{,}5} = -\frac{4}{3}$$

Somit ist $n = 4/3$. Das absolute Glied m ergibt sich zum Beispiel durch Einsetzen der Daten des zweiten Punktes in die nach m umgestellte Geradengleichung:

$$m = x^N(p^*_{(2)}) + n \cdot p^*_{(2)}$$

$$= \overline{x}^A_{(2)} + \frac{4}{3} \cdot p^*_{(2)}$$

$$= 8 + \frac{4}{3} \cdot 3$$

$$= 12$$

Damit lautet die gesuchte Nachfragefunktion:

$$x^N(p) = 12 - \frac{4}{3} \cdot p$$

Alternativ kann man die Funktionskoeffizienten m und n über die Achsenabschnitte $p_o = 9$ und $x^N_o = 12$ der durch 1 und 2 verlaufenden Geraden finden:

$$p \overset{!}{=} 0 \;\Rightarrow\; x = x^N_o = m = 12$$

$$x \overset{!}{=} 0 \;\Rightarrow\; p = p_o = \frac{m}{n} = 9 \;\Rightarrow\; n = \frac{m}{9} = \frac{12}{9} = \frac{4}{3}$$

b) Der Marktumsatz ("Gleichgewichtspreis mal Gleichgewichtsmenge") im anfänglichen Markgleichgewicht (1) ist

$$U^*_{(1)} = p^*_{(1)} \cdot \overline{x}^A_{(1)} = 4{,}5 \cdot 6 = 27$$

Die Gleichgewichtsmenge entspricht wegen des preisunelastischen Angebots der Angebotsmenge. Im Marktdiagramm entspricht $U^*_{(1)}$ der aufsteigend schraffierten Rechteckfläche ($4{,}5 \cdot 6$).

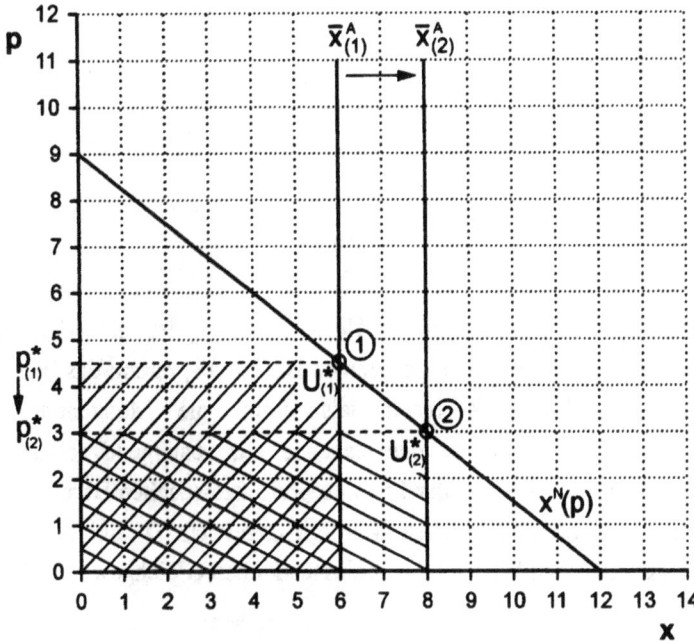

c) Im schlussendlichen Marktgleichgewicht (2) ergibt sich analog zu b):

$$U_{(2)}^{*} = p_{(2)}^{*} \cdot \overline{x}_{(2)}^{A} = 3 \cdot 8 = 24$$

Im Diagramm ist das die absteigend schraffierte Fläche.

d) Infolge der guten Ernte hat sich das Marktangebot erhöht. Da die Nachfrage annahmegemäß unverändert blieb, kam es beim anfänglichen Angebotspreis $p_{(1)}^{*}$ zu einem Angebotsüberhang, der einen Preissenkungsprozess (Preismechanismus) auslöste: Die Transaktionsmenge stieg von 6 auf 8, der Marktpreis sank (von 4,5 auf 3. Da hier der Preis relativ stärker gefallen ist (Faktor 2/3) als die Transaktionsmenge gestiegen ist (Faktor 4/3), ist das mathematische Produkt (2/3 · 4/3 = 8/9) kleiner als Eins; der wertmäßige Marktumsatz ist also gesunken – und damit auch das Einkommen der Landwirte.

e) Der in d) angesprochene Umstand bedeutet:

$$U_{(2)}^* = p_{(2)}^* \cdot \overline{x}_{(2)}^A$$

$$= \left(\frac{2}{3} \cdot p_{(1)}^* \right) \cdot \left(\frac{4}{3} \cdot \overline{x}_{(1)}^A \right)$$

$$= \frac{2}{3} \cdot \frac{4}{3} \cdot p_{(1)}^* \cdot \overline{x}_{(1)}^A$$

$$= \frac{8}{9} \cdot U_{(1)}^*$$

Ursache für den hierdurch beschriebenen Umsatzrückgang ist, dass durch die Preissenkung mehr Umsatz abhanden gekommen ist (im Diagramm: das liegende nur aufsteigend schraffierte Rechteck) als durch die Mengenerhöhung hinzugekommen ist (im Diagramm: das stehende nur absteigend schraffierte Rechteck). Das ist immer so, wenn der Preis im preisunelastischen Bereich einer Nachfragekurve sinkt. Im anfänglichen Marktgleichgewicht ① hat die Preiselastizität der Nachfrage den Wert −1, im schlussendlichen Gleichgewicht ② liegt der Wert bei − 0,5.

Lösung 3.24

Preisfunktionen:

Preise sind eine gemeinsame Orientierungsgröße für Anbieter und Nachfrager eines Gutes (*Orientierungsfunktion*). Dadurch machen sie den Preismechanismus möglich (Preisunterbietungskonkurrenz der Anbieter und Preisüberbietungskonkurrenz der Nachfrager) und infolgedessen letztlich die kurzfristige Abstimmung der einzelwirtschaftlichen Angebots- und Nachfragepläne (*Koordinierungsfunktion*). Preise dienen somit der Gleichgewichtsfindung. Im Marktgleichgewicht herrscht Markträumung und es wird die größtmögliche Gutsmenge umgesetzt (*Marktausgleichsfunktion*). Auch die Beseitigung von Abweichungen vom Gleichgewicht wird erst durch Preise möglich (*Störungsbeseitigungsfunktion*).

Jeder Marktpreis trennt die Anbieter und Nachfrager eines Gutes in jeweils zwei Gruppen:

◻ Nachfrager, die mindestens den Marktpreis zu zahlen bereit sind (aktive Nachfrager) und solche, deren Zahlungsbereitschaft unter dem Marktpreis liegt (passive Nachfrager).

◻ Anbieter, die nicht mehr als den Marktpreis für ihr Produkt fordern (aktive Anbieter) und solche, die mehr als den Marktpreis fordern (passive Anbieter).

Dies unterstellt, dass jeder Marktteilnehmer eine einheitliche Vorstellung vom Wert des Gutes hat. Die Gruppentrennung erfolgt im Marktgleichgewicht so, dass die umgesetzte Gutsmenge auf die Nachfrager mit den (gemessen an den Zahlungsbereitschaften) dringendsten Bedarfen geleitet und nur von den Anbietern mit der günstigsten Kostenstruktur bereitgestellt wird (*Rationierungsfunktion* und *Selektionsfunktion*).

In der langen Frist vermittelt der Marktpreis die Anpassung des Marktes, vor allem die Anpassung der Angebotskapazitäten an das Nachfragevolumen mittels des Kostensenkungs- und des Markteintrittsmechanismus (*Anpassungsfunktion*). Ein anhaltend sinkender Marktpreis zwingt die inkumbenten Anbieter zu Anpassungsaktivitäten.

Nicht nur innerhalb eines Marktes, sondern auch zwischen den Märkten steuern Preise den Fluss und den Einsatz der Produktionsfaktoren (*Allokationsfunktion*), und zwar nach den Kaufwünschen der Nachfrager (*Steuerungsfunktion*). Bei Gütern, von denen die Konsumenten mehr konsumieren möchten, steigt die Nachfrage und damit ceteris paribus auch der Preis. Dies macht den betreffenden Markt lukrativer und führt zu wachsenden Produktions- und Angebotskapazitäten. Gesamtwirtschaftlich stellt das Preissystem die optimale Allokation der Ressourcen sicher.

Preise auf Konkurrenzmärkten informieren über relative Knappheiten der Güter sowie über Veränderungen der Knappheitsverhältnisse (*Informationsfunktion*). Jeder Preis informiert über den Marktwert eines Gutes. Insbesondere zeigen Preise auch, wo Knappheiten gerade am größten sind, wo sich also unternehmerisches Engagement lohnt (*Signalfunktion*). Einem inkumbenten oder potenziellen Anbieter zeigt der Marktpreis an, ob und inwieweit ein Angebot auf dem Markt (noch) rentabel ist.

Da sich auch für die Produktionsfaktoren Preise bilden, tragen diese auch zur Verteilung der Einkommen nach der Marktleistung bei (*Verteilungsfunktion*). Das gilt nicht nur in Bezug auf den Faktor Arbeit, sondern auch für das Kapital, da auch der Unternehmensgewinn von der Preishöhe abhängt.

Preise sorgen dafür, dass Anbieter , die nicht (mehr) kostendeckend arbeiten und somit nachweislich ihrer Unwirtschaftlichkeit ungerechtfertigt knappe Ressourcen binden oder verschwenden, zum Marktaustritt gezwungen werden (*Selektionsfunktion*).

Preise bestimmen wesentlich die Gewinnhöhe (kurz- wie langfristig), einmal über den Erlös ("Preis mal preisabhängige Menge") und dann auch über die Kosten, die von der preisabhängigen Menge abhängen.

Gewinnfunktionen:

Gewinne führen über den Gewinnmechanismus den Marktpreis in der langen Frist auf sein niedrigst mögliches Niveau.

Gewinne zielen auf das
- Gewinnmaximierungsinteresse und das
- Gewinnerhöhungsinteresse

vor allem der Anbieter. Sie stellen einen starken Anreiz für ökonomische Aktivitäten dar (*Anreizfunktion*).

Gewinnpotenziale reizen zur Erschließung:

◻ Gewinnpotenziale locken neue Anbieter auf den Markt (Markteintritte);

◻ Kostensenkungspotenziale reizen zu Kapazitätserweiterungen und Rationalisierungen.

Dadurch wird die langfristige Marktanpassung des Marktes bewirkt (*Anpassungsfunktion*).

Gewinne tragen direkt (durch Einsatz erwirtschafteter Überschüsse) und indirekt (durch Signalisierung von Kreditwürdigkeit und Erfolgskraft für Fremdkapitalgeber) zur Finanzierung von Investitionen der Unternehmen bei (*Finanzierungsfunktion*).

Nur Anbieter, die ein den Wünschen der Nachfrager entsprechendes Angebot bereitstellen, können mit hinreichendem Absatz und positiven Gewinnen rechnen. Je marktgerechter und kostengünstiger ein Angebot ist, desto größer ist der einzelwirtschaftliche Gewinn. Dadurch wird zugleich das Angebot an den Nachfragerpräferenzen ausgerichtet (*Steuerungsfunktion*). Anbieter, die dazu nicht in der Lage sind werden zum Marktaustritt gezwungen (*Selektionsfunktion*). Anhaltend negative Gewinne signalisieren einem Unternehmen, dass es nicht mehr wettbewerbsfähig ist. Insbesondere beim Gewinnmechanismus werden alle Anbieter zum Marktaustritt gezwungen, die die von anderen vorgebrachte Verbesserung der Marktversorgung nicht mitmachen (wollen oder können). Gewinne stellen gleichsam Belohnungen für Unternehmen dar, die ihre Ressourcen optimal oder zumindest besser als andere eingesetzt haben, also für erfolgreiches Bemühen um Knappheitsverringerung (*Anreizfunktion*).

Lösung 3.25

a) Eine lineare Funktion $x^N(p) = m - n \cdot p$ ist durch zwei Punkte eindeutig bestimmt. Am einfachsten sind die beiden Achsenschnittpunkte der Nachfragekurve zu verwenden: $(p, x) = (5, 0), (0, 9275)$. Für die Steigung der Geraden gilt:

$$-n = {}_p'x^N = \frac{\partial x^N}{\partial p} = \frac{9275 - 0}{0 - 5} \quad -1855 \;, \quad \text{ergo:} \quad n = 1855$$

Den Koeffizienten m erhält man durch Umstellen der Funktion und Einsetzen der Daten eines Punktes (hier des ersten):

$$m = x^N + n \cdot p$$
$$= 0 + 1855 \cdot 5 = 9275$$

Alternativ: m entspricht dem aus dem Diagramm unmittelbar ablesbaren x-Achsenabschnitt der Nachfragekurve. Denn

$$p = 0 \;\Rightarrow\; x_o^N = m - n \cdot 0 = m$$

Die Nachfragekurve folgt somit der Funktion

$$x^N(p) = 9275 - 1855 \cdot p$$

b) Die Angebotsfunktion ist hier nur eine Konstante, nämlich die vorhandene, von der Höhe des Preises unabhängige Anzahl von Parkplätzen $\bar{x}^A = 7420$. Die zugehörige "Kurve" ist eine Senkrechte.

c) Die Höhe des Gleichgewichtspreises ergibt sich gemäß der Marktgleichgewichtsbedingung durch Gleichsetzen von Angebots- und Nachfragefunktion:

$$\left[\overline{x}^A =\right]\ \ 7420 \overset{!}{=} 9275 - 1855 \cdot p\ \left[x^N(p)\right]$$

$$\Leftrightarrow\qquad -1855 = -1855 \cdot p$$

$$\Leftrightarrow\qquad p^* = 1$$

Die Gleichgewichtsmenge entspricht in jedem Fall der vorgegebenen Angebotsmenge: $x^* = \overline{x}^A$. Das Marktgleichgewicht liegt somit bei $(p^*, x^*) = (1, 7420)$.

d) Der Marktumsatz im Gleichgewicht ist:

$$U^* = p^* \cdot x^* = 1 \cdot 7420 = 7420$$

Graphisch entspricht er der absteigend schraffierten Rechteckfläche im Marktdiagramm.

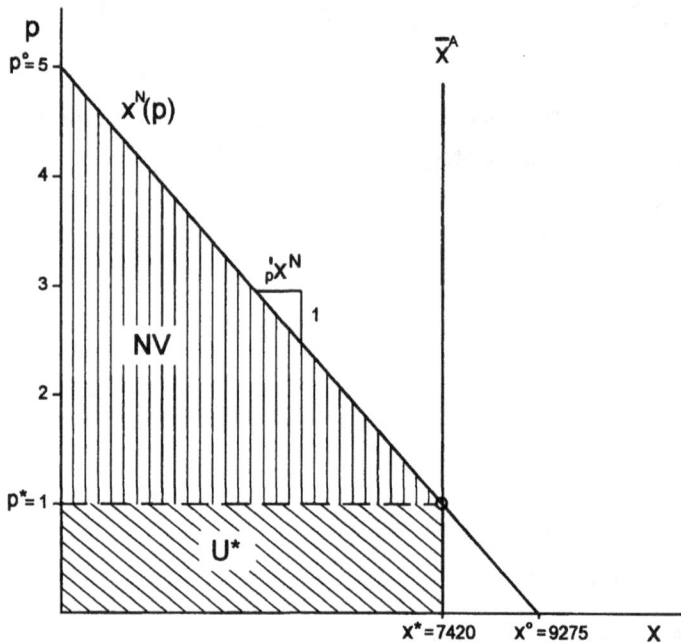

e) Der Umsatz im Marktgleichgewicht ist nicht der maximale, weil ein etwas höherer Preis als p^* zu einem höheren Marktumsatz führt. Der maximale Marktumsatz $\hat{U}$ würde bei $p = 2,5$, also genau in der Mitte der linearen

Nachfragekurve erreicht. Denn dort ist die Bedingung für maximalen wertmäßigen Umsatz, $\varepsilon(x^N:p) = -1$, erfüllt.

f) Graphische Ermittlung mit $p^\circ = 5$ als p-Achsen-Schnittpunkt der geneigten Geraden:

$$\varepsilon(x^N:p^*) = \frac{p^*}{p^* - p^\circ} = \frac{1}{1 - 5} = -\frac{1}{4}$$

Alternativ formal:

$$\varepsilon(x^N:p) = \frac{{}'_p x^N \cdot p^*}{x^*} = \frac{-1855 \cdot 1}{7420} = -0,25$$

g) Für jedes Prozent, um das der Marktpreis, ausgehend von seinem Gleichgewichtswert, steigt (oder fällt), nimmt die Nachfragemenge um ein Viertel Prozent ab (beziehungsweise zu). Es handelt sich um eine relativ eigenpreisunelastische normale Nachfrage.

h) Die Preiselastizität des Angebotes im Marktgleichgewicht ist null, da das Angebot $\bar{x}^A = 7420$ starr ist, also auf Preisänderungen nicht reagiert. Die Angebotsmengenänderung ist null, bezogen auf jede beliebige Preisänderung.

i) Der Nachfragervorteil NV entspricht im Diagramm der senkrecht schraffierten Dreiecksfläche zwischen den Preisniveaus $p^* = 1$, $p^\circ = 5$ und dem Marktgleichgewicht bei $x^* = 7420$. Aufgrund der Linearität der Nachfragekurve lässt sich die Fläche leicht berechnen:

$$NV = \frac{(p^\circ - p^*) \cdot x^*}{2} = \frac{(5 - 1) \cdot 7420}{2} = 29.680$$

j) Der Gesamtnachfragervorteil NV misst, welche Zahlungsbereitschaft der Nachfrager beim herrschenden Marktpreis unausgeschöpft bleibt. Wenn der Marktpreis unter der Zahlungsbereitschaft eines Nachfragers liegt, hat dieser einen wirtschaftlichen Vorteil, weil er eigentlich für den Kauf des Gutes vorgesehene Kaufkraft (Geld) spart. Anders gewendet: Über die tatsächlichen Ausgaben für das Gut in Höhe von $U^* = 7420$ Geldeinheiten hinaus wären die Nachfrager insgesamt bereit, weitere 29.680 Geldeinheiten auszugeben, um in den Genuss des Gutes zu kommen.

Lösung 3.26

a) Da es sich um lineare Funktionen handelt, sind die gesuchten Funktions-koeffizienten am einfachsten durch lineare Interpolation zu bestimmen. Dabei wird jeweils von zwei bekannten und leicht festzustellenden Kurvenpunkten ausgegangen.

Zur Bestimmung der *Angebotsfunktion* $x^A(p) = a \cdot p - b$ wird zweckmäßiger-weise von den Punkten $(p_1^A, x_1^A) = (0{,}25; 0)$ und $(p_2^A, x_2^A) = (1{,}5; 5000)$ ausgegangen; das sind der p-Achsen-Abschnitt und der Schnittpunkt der beiden Geraden. Zunächst wird die Steigung $_px^A$ mittels des Differenzenquotienten errechnet:

$$a = \frac{\partial x^A}{\partial p} = \frac{x_2^A - x_1^A}{p_2^A - p_1^A} = \frac{5000 - 0}{1{,}5 - 0{,}25} = \frac{5000}{1{,}25} = 4000$$

Damit kann nun auch b bestimmt werden. Dazu wird die Funktionsgleichung nach b umgestellt und für x^A und p die Daten eines Punktes, hier des ersten, eingesetzt:

$$b = a \cdot p - x = 4000 \cdot 0{,}25 - 0 = 1000$$

Damit lautet die gesuchte Angebotsfunktion:

$$x^A(p) = 4000 \cdot p - 1000$$

Zur Bestimmung der *Nachfragefunktion* $x^N(p) = m - n \cdot p$ wird von den beiden Achsenschnittpunkten $(p_1^N, x_1^N) = (4, 0)$ und $(p_2^N, x_2^N) = (0, 8000)$ ausge-gangen. Die Steigung $_px^N = -n$ ergibt sich wieder aus dem Differenzen-quotienten:

$$-n = \frac{\partial x^N}{\partial p} = \frac{x_2^N - x_1^N}{p_2^N - p_1^N} = \frac{8000 - 0}{0 - 4} = \frac{8000}{-4} = -2000$$

Somit ist $n = 2000$. Durch Umstellen der Funktionsgleichung und einsetzen beispielsweise des ersten Datenpunktes erhält man

$$m = x + n \cdot p = 0 + 2000 \cdot 4 = 8000$$

Folglich ist die gesuchte Angebotsfunktion:

$$x^N(p) = 8000 - 2000 \cdot p$$

b) Das Marktgleichgewicht liegt bei $(p^*, x^*) = (1{,}5; 5000)$. Das ergibt sich direkt graphisch aus dem Schnittpunkt von Angebots- und Nachfragekurve oder – alternativ – formal aus dem Gleichsetzen von Angebots- und Nachfragefunktion (Marktgleichgewichtsbedingung):

$$[\, x^A(p) =\,]\quad 4000p - 1000 = 8000 - 2000p \quad [\,= x^N(p)\,]$$

$$\Leftrightarrow \qquad\qquad\qquad 6000p = 9000$$

$$\Leftrightarrow \qquad\qquad\qquad p^* = 1{,}5$$

$$x^* = x^A(p^*) = 4000 \cdot 1{,}5 - 1000 = 5000$$

c) Der Marktumsatz U ist als mathematisches Produkt aus Marktpreis und umgesetzter Menge definiert. Im Marktgleichgewicht ergibt sich hier:

$$U^* = p^* \cdot x^* = 1{,}5 \cdot 5000 = 7500$$

Im Marktdiagramm entspricht dieser Wert der Fläche des schraffierten Rechtecks, die sich ja auch als "Länge mal Breite", also "p* mal x*" ergibt.

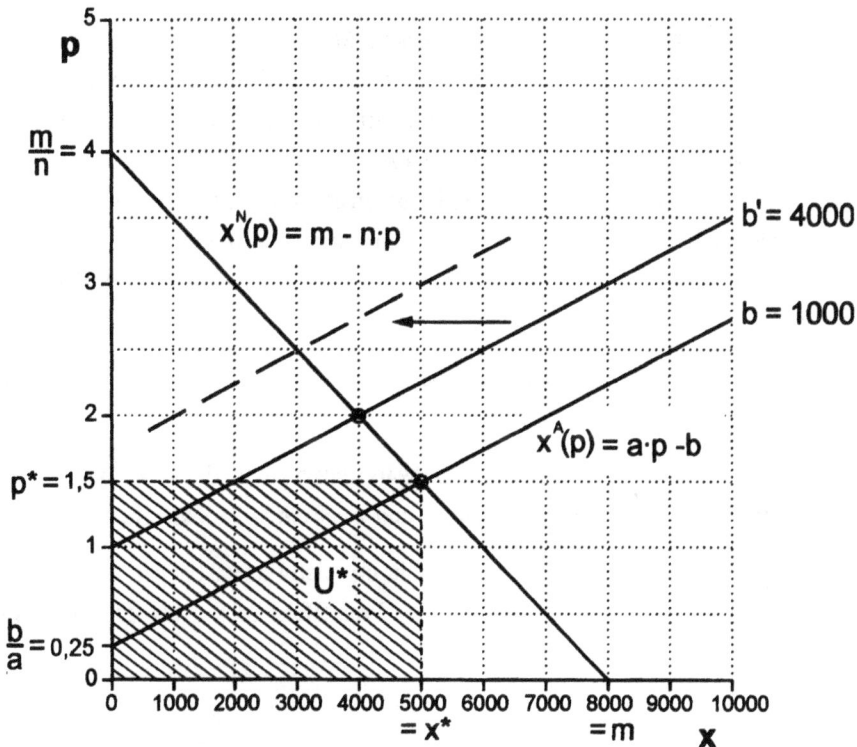

d) Die Preiselastizität der Nachfrage im Marktgleichgewicht lässt sich mittels der Formel zur graphischen Elastizitätsermittlung bestimmen:

$$\varepsilon(x^N : p^*) = \frac{p^*}{p^* - p^\circ}$$

wobei $p^\circ = 4$ der p-Achsenschnittpunkt der Geraden und $p^* = 1,5$ der Gleichgewichtswert des Preises ist. Daraus resultiert:

$$\varepsilon(x^N : p^*) = \frac{1,5}{1,5 - 4} = \frac{1,5}{-2,5} = -0,6$$

Alternativ: Berechnung anhand der in a) ermittelten Nachfragefunktion $x^N(p) = 8000 - 2000p$, mit $'_p x^N = -2000$ und $x^N(p^*) = x^*$:

$$\varepsilon(x^N : p^*) = \frac{'_p x^N \cdot p^*}{x^N(p^*)} = \frac{-2000 \cdot 1,5}{5000} = -0,6$$

Der Elastizitätswert bringt zum Ausdruck, dass jedes Prozent Preisänderung, ausgehend vom Gleichgewichtswert p^*, eine entgegengerichtete Änderung der nachgefragten Menge in Höhe von 0,6 Prozent zur Folge hat. Das ist eine normale, relativ unelastische Reaktion.

e) Die in der Aufgabenstellung angesprochene Missernte bedeutet eine exogene, das heißt im Modell nicht erklärte Parameteränderung, die zu einer Verknappung des Angebots und damit zu einer Linksverlagerung der Marktangebotskurve führt. Das alte Marktgleichgewicht wird gestört. Die neue Angebotskurve lautet $x^A(p) = 4000p - 4000$. Der veränderte Funktionskoeffizient b hat keinen Einfluss auf die Steigung a der Kurve; nur der p-Achsenabschnitt b/a verlagert sich von $1000/4000 = 0,25$ auf $4000/4000 = 1$. Es liegt somit eine Parallelverschiebung vor; siehe Diagramm.

f) Das neue Marktgleichgewicht liegt bei $(p^{*\prime}, x^{*\prime}) = (2, 4000)$ und der neue Marktumsatz beträgt $U^{*\prime} = 8000$.

Demnach ist infolge der Missernte der Marktumsatz und damit auch die Einnahmen der Kaffeeproduzenten gestiegen, und zwar um 500 Geldeinheiten.

Das liegt daran, dass sich das Gleichgewicht im relativ unelastischen Bereich der Nachfragekurve verlagert hat. Dort ist der Preiseffekt größer als der Mengeneffekt, das heißt: der Preisanstieg hat den damit verbundenen Mengenrückgang umsatzmäßig überkompensiert.

Da zudem das neue Gleichgewicht (2, 4000) genau in der Mitte der geneigten linearen Nachfragekurve liegt, also in ihrem einheitselastischen Punkt, wird dort der maximal mögliche Marktumsatz erreicht.

g) Die Vernichtung von Ernteerträgen kommt einer weiteren exogenen Verknappung des Marktangebotes gleich. Die Angebotskurve wird dadurch noch weiter nach »links« verschoben; siehe Diagramm. Dadurch wandert das Marktgleichgewicht auf der Nachfragekurve über den einheitselastischen Punkt hinaus in den relativ preiselastischen Abschnitt hinein. Infolgedessen geht nun der Marktumsatz und damit die Einnahmen der Kaffeeproduzenten zurück.

Anschaulich zeigt sich das, wenn man, wie im Diagramm beispielhaft dargestellt, die Angebotskurve bis zum neuen Marktgleichgewicht (2,5; 3000) verschiebt. Es ist zu erkennen, dass dadurch im Vergleich zur Situation im Gleichgewicht (2, 4000) links vier Kästchen an Umsatz verloren gehen (Mengeneffekt), oben aber nur drei Kästchen an Umsatz hinzukommen (Preiseffekt). Die Umsatzfläche sinkt also, und zwar im Beispiel auf $2,5 \cdot 3000 = 7500$ Geldeinheiten.

Lösung 3.27

a) Die beiden Anbieter sind $i = 1$ und $i = 2$:

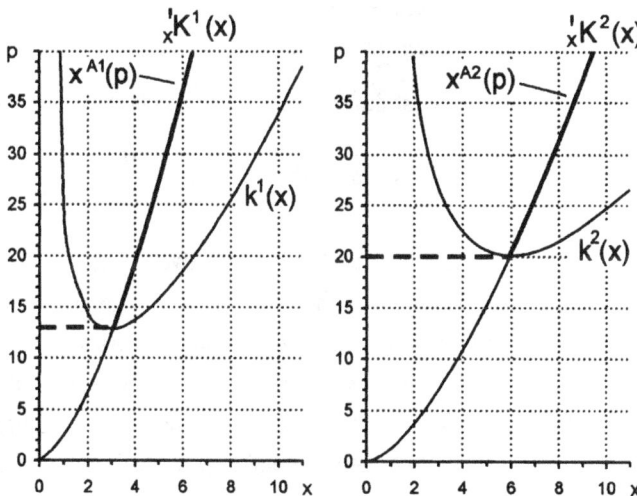

b) Die Angebotskurve $x^{Ai}(p)$ eines preisinabilen Anbieters entspricht jenem Abschnitt seiner Grenzkostenkurve (wegen der Cournot-Bedingung: $p = {}_x^!K(x)$), der oberhalb der Angebotsschwelle (das ist das Durchschnittskostenminimum) liegt. Denn bei Preisen unterhalb seiner Preisuntergrenze $\check{p}^i = \check{k}$ würde er bei jeder Ausbringungsmenge Verluste realisieren.

c)

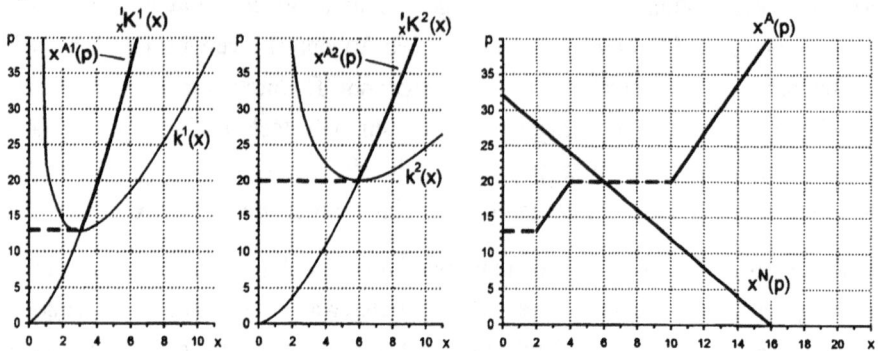

Einzelwirtschaftliche Angebotskurven sind »horizontal« zu aggregieren: Zu alternativen Höhen des für alle Anbieter gleichen Absatzpreises p werden die Angebotsmengen addiert. Die Summe wird jeweils im rechten Marktdiagramm eingetragen. Bei jeder Preishöhe, die der Preisuntergrenze eines Anbieters entspricht, weist die Marktangebotskurve einen *Sprung* auf, dessen Länge der Angebotsschwellenmenge des jeweiligen Anbieters entspricht. Liegt im vorliegenden Fall der Absatzpreis beispielsweise bei $p = 20$ oder darüber, so bietet der zweite Anbieter an; sinkt p dagegen unter diese Preisuntergrenze, so fällt er mit seiner gesamten Schwellenmenge $\check{x}^2 = 6$ aus dem Marktangebot heraus.

d) Der Verlauf der Geraden $x^N(p)$ ist durch ihre Achsenabschnitte bestimmt:

$$p = 0 \;\Rightarrow\; x_o^N = m = 16 \;,\quad x = 0 \;\Rightarrow\; p_o = \frac{m}{n} = \frac{16}{0,5} = 32$$

e) Das rechte Diagramm zeigt: Die Marktnachfragekurve schneidet die Marktangebotskurve in einem ihrer Sprungbereiche. Dort ist die Angebotsmenge nicht eindeutig bestimmt. Deshalb existiert hier kein wohldefiniertes Marktgleichgewicht. Bei $p = 20$ ist $x^N = 6$, $x^A = 10$; es herrscht dort mithin ein Angebotsüberhang, der preissenkend wirkt. Sinkt der Marktpreis allerdings etwas unter das Niveau 20, so geht die Angebotsmenge sprunghaft auf vier zurück, wodurch nun ein Nachfrageüberhang auftritt, der wieder preissteigernd wirkt.

Käme es auf dem Markt durch Verlagerung der Angebots- und/oder der Nachfragekurve zu einem eindeutigen Schnittpunkt der Kurven, so wäre dieses Marktgleichgewicht Walras-stabil, weil im hier betrachteten Fall für alle stetigen Kurvenabschnitte $_p^{\prime}x^A > {}_p^{\prime}x^N$ gilt.

Lösung 3.28

a) Die Angebotsfunktion des ersten Anbieters ergibt sich über die Cournot-Bedingung für preisinabile Unternehmen:

$$_x^{\prime}K^1(x) = 2x \overset{!}{=} p$$

$$\Leftrightarrow \qquad x^{\hat{G}1} = \frac{p}{2} = x^{A1}(p) \qquad \text{wegen des Absehens von Preisuntergrenzen}$$

b) Die Angebotsfunktion des zweiten Anbieters ergibt sich analog:

$$_x^{\prime}K^2(x) = 4x \overset{!}{=} p$$

$$\Leftrightarrow \qquad x^{\hat{G}2} = \frac{p}{4} = x^{A2}(p)$$

c) Die beiden einzelwirtschaftlichen Angebotskurven sind Geraden aus dem Koordinatenursprung (siehe Diagramm).

d) Die Marktangebotskurve ergibt sich durch horizontale Aggregation der einzelwirtschaftlichen Angebotskurven. Im Diagramm wurde die Aggregation exemplarisch für das Preisniveau p = 6 veranschaulicht.

Alternativ: Summation der einzelwirtschaftlichen Angebotsfunktionen (das geht hier nur, weil annahmegemäß von Angebotsschwellen abgesehen werden kann):

$$x^A(p) = x^{A1}(p) + x^{A1}(p) = \frac{p}{2} + \frac{p}{4} = \frac{3}{4}p$$

e) Im Marktgleichgewicht muss gelten:

$$\left[x^A(p) = \right] \; \frac{3}{4} \cdot p \stackrel{!}{=} 21 - p \; \left[= x^N(p) \right]$$

$$\Leftrightarrow \qquad\qquad \frac{7}{4}p = 21$$

$$\Leftrightarrow \qquad\qquad p^* = \frac{4 \cdot 21}{7} = 12 \; : \; \text{Gleichgewichtspreis}$$

Durch Einsetzen – etwa in die Nachfragefunktion – ergibt sich:

$$x^* = x^N(p^*) = 21 - p^* = 21 - 12 = 9 \; : \; \text{Gleichgewichtsmenge}$$

Es existiert also ein Marktgleichgewicht (p^*, x^*) bei $(12, 9)$.

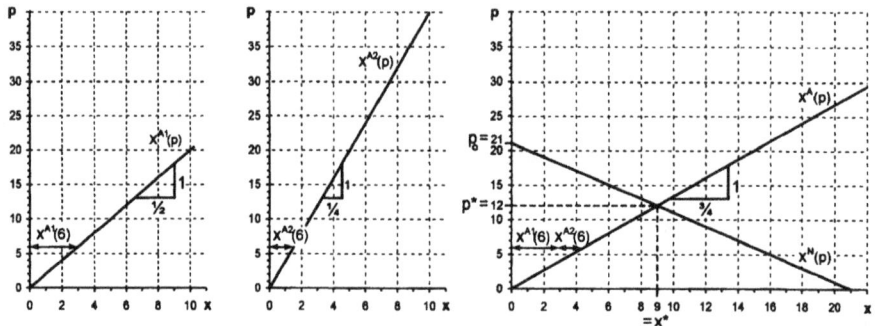

f) Die Marktangebotsfunktion beschreibt eine durch den Koordinatenursprung verlaufende Gerade. Solche linearen Verläufe weisen bekanntlich (unabhängig von ihrer Steigung) überall den Elastizitätswert Eins auf. Die Angebotsmenge verhält sich also direkt proportional zum Preis.

Alternativ:

$$\varepsilon(x^A : p^*) = \frac{\partial_p x^A \cdot p^*}{x^A(p^*)} = \frac{\frac{3}{4} \cdot 12}{9} = 1$$

g) Die Elastizität der durch $x^N(p) = 21 - p$ beschriebenen Marktnachfrage beträgt im Gleichgewicht (bei $p^* = 12$):

$$\varepsilon(x^N : p^*) = \frac{\partial_p x^N \cdot p^*}{x^N(p^*)} = \frac{-1 \cdot 12}{9} = -\frac{4}{3}$$

Der Elastizitätswert zeigt, dass ausgehend vom Marktgleichgewicht eine einprozentige Erhöhung des Marktpreises zu einem Rückgang der nachgefragten Menge um gut 1,3 Prozent führen würde. Die Nachfrage auf dem betrachteten Markt verhält sich also normal und relativ preiselastisch, denn $\varepsilon < 0$, aber $|\varepsilon| > 1$.

Lösung 3.29

a) Ermittlung der Achsenschnittpunkte:

$$A: \quad p = 0 \quad \Rightarrow \quad x_o^A = -10 \quad , \quad x^A = 0 \quad \Rightarrow \quad p_o^A = 20$$

$$N: \quad p = 0 \quad \Rightarrow \quad x_o^N = 50 \quad , \quad x^N = 0 \quad \Rightarrow \quad p_o^N = 100$$

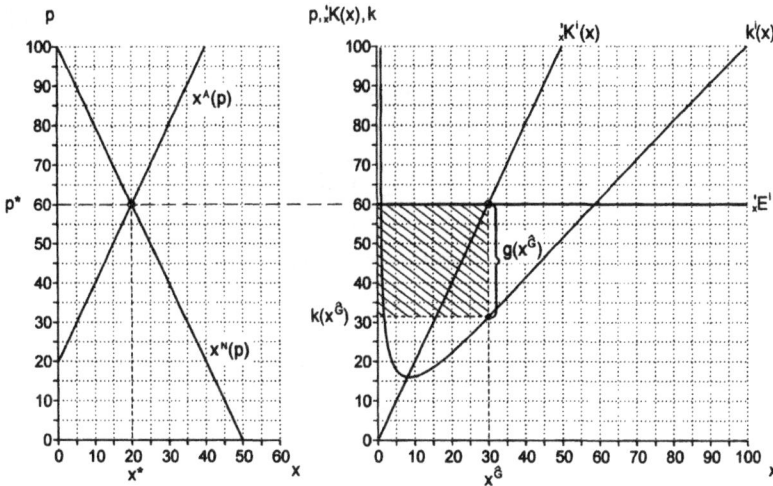

b) Die Marktgleichgewichtsbedingung ergibt:

$$\left[x^A(p) = \right] \; \frac{p}{2} - 10 \; \overset{!}{=} \; 50 - \frac{p}{2} \; \left[= x^N(p) \right]$$

$$\Leftrightarrow \qquad\qquad p^* = 60$$

Setzt man diesen Wert des Gleichgewichtspreises beispielsweise in die Angebotsfunktion ein, so ergibt sich die umgesetzte Menge im Marktgleichgewicht:

$$x^A(p^*) = \frac{p^*}{2} - 10 = \frac{60}{2} - 10 = 30 - 10 = 20 = x^*$$

Das Marktgleichgewicht liegt demnach bei $(p^*, x^*) = (60, 20)$.

c) Nach der Cournot-Bedingung für einen preisinabilen Anbieter muss im Gewinnmaximum gelten

$$p = {}_x^!K(x)$$

Der Absatzpreis an dem sich der Anbieter orientiert, ist der in a) ermittelte Gleichgewichtspreis p* = 60. Die Grenzkosten ergeben sich als erste Ableitung der Kostenfunktion: ${}_x^!K(x) = 2x$. Somit folgt aus der Cournot-Bedingung

$$60 = 2x \qquad \Leftrightarrow \qquad x^{\hat{G}} = 30$$

Die Höhe der Durchschnittskosten bei dieser gewinnmaximierenden Ausbringungsmenge ergeben sich durch Einsetzen in die Durchschnittskostenfunktion

$$k(x) = \frac{K(x)}{x} = \frac{x^2 + 60}{x} = x + \frac{60}{x}$$

$$\Leftrightarrow \qquad k(x^{\hat{G}}) = 30 + \frac{60}{30} = 32$$

Der Durchschnittsgewinn (im Gewinnmaximum) ist definiert als

$$g(x^{\hat{G}}) = p - k(x^{\hat{G}})$$

Mit den zuvor errechneten Werten von $p = p^*$ und $k(x^{\hat{G}})$ ergibt sich

$$g(x^{\hat{G}}) = 60 - 32 = 28$$

Der maximale Gesamtgewinn ist damit.

$$\hat{G} = g(x^{\hat{G}}) \cdot x^{\hat{G}} = 28 \cdot 30 = 840.$$

Es ist als Fläche im rechten Diagramm schraffiert dargestellt.

d) Der staatlich festgesetzte Preis p = 40 liegt unterhalb des in b) ermittelten Gleichgewichtspreises; demnach muss es sich – Wirksamkeit unterstellt – um einen Höchstpreis $\overline{p}$ handeln.

e) Aus dem Diagramm ist durch Absenken der Preishorizontalen von p* = 60 auf $\overline{p}$ = 40 abzulesen, dass die gewinnmaximierende Ausbringungsmenge des Unternehmens infolge des Höchstpreises von 30 auf 20 sinkt. Das lässt sich auch formal analog zu c) zeigen. Die Durchschnittskosten im Gewinnmaximum sinken von 32 auf 23, der Durchschnittsgewinn von 28 auf 17. Damit schrumpft auch der Gesamtgewinn, und zwar auf 340.

4. Angebot bei Preisabilität und auf unvollkommenen Märkten

4.1. Reines Monopol

Lösung 4.1

Ein gewinnmaximierendes Angebot erfordert die Gleichheit von Grenzkosten $_x^!K(x)$ und Grenzerlös $_x^!E(x)$ bei einer bestimmten Ausbringungs- und Angebotsmenge (Cournot-Bedingung). Die Grenzkosten sind hier bekannt ($_x^!K = 5$). Der Grenzerlös muss ermittelt werden. Über die Preis/Absatz-Funktion $p(x)$ ist das hier nicht ohne weiteres möglich, weil nur deren Graph gegeben ist. Erfreulicherweise erlaubt aber die Amoroso/Robinson-Relation die Angabe des Grenzerlöses, sofern man nur den Preis und die Preiselastizität der Nachfrage (beziehungsweise des Absatzes) kennt:

$$_x^!E(x) = p \cdot \left[1 + \frac{1}{\varepsilon(x \colon p)} \right] = p \cdot \frac{1 + \varepsilon(x \colon p)}{\varepsilon(x \colon p)}$$

Setzt man den so bestimmten Grenzerlös mit den Grenzkosten gleich, dann lautet die Cournot-Bedingung:

$$p \cdot \frac{1 + \varepsilon(x \colon p)}{\varepsilon(x \colon p)} = {}_x^!K$$

In dieser Gleichung ist p die einzige Unbekannte, denn die Preiselastizität $\varepsilon(x \colon p)$ kann auf graphischem Wege aus der gegebenen Preis/Absatz-Kurve ermittelt werden. Da diese preisisoelastisch ist, ist es egal, in welchem Kurvenpunkt die Elastizität gemessen wird. Hier wird der Punkt $(p, x) = (4, 55)$ betrachtet:

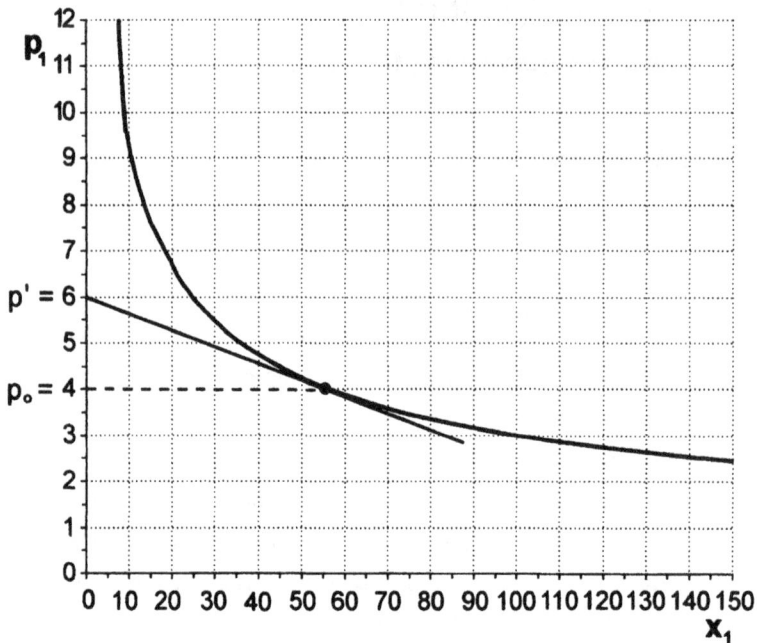

Mit der Formel zur graphischen Elastizitätsbestimmung ergibt sich:

$$\varepsilon(x:p) = \frac{p'}{p' - p_o} = \frac{4}{4 - 6} = \frac{4}{-2} = -2$$

Umstellen der Cournot-Bedingung nach der Unbekannten p und Einsetzen der bekannten Werte ergibt den gewinnmaximierenden Preis des Anbieters:

$$p^{\hat{G}} = \frac{\varepsilon(x:p)}{1 + \varepsilon(x:p)} \cdot {}_x'K$$

$$= \frac{-2}{1 + (-2)} \cdot 10 = 2 \cdot 5 = 10$$

Lösung 4.2

a) Die Durchschnittskostenfunktion der vorgegebenen linearen Kostenfunktion lautet:

$$k(x) = 4 + \frac{3}{x}$$

Diese Funktion weist kein Minimum auf, da k mit wachsendem x anhaltend fällt. Formal: Die durch die erste Ableitung gemessene Steigung ist für alle x negativ:

$$_x^! k(x) = -\frac{3}{x^2} < 0$$

b) Ein preisabiler Anbieter (z.B. Monopolist) erreicht sein Gewinnmaximum dort, wo die Cournot-Bedingung erfüllt ist. Mit $E(x) = p(x) \cdot x = 12x - 0,1 \cdot x^2$ als Erlösfunktion, dem Grenzerlös $_x^! E = 12 - 0,2x$ und den Grenzkosten $_x^! K = 4$ ergibt die Cournot-Bedingung:

$$\left[_x^! E(x) = \right] \quad 12 - 0,2x = 4 \quad \left[= _x^! K(x) \right]$$

$$\Leftrightarrow \qquad\qquad\qquad 8 = 0,2x$$

$$\Leftrightarrow \qquad\qquad\qquad x^{\hat{G}} = 40$$

Einsetzen dieser gewinnmaximierenden Angebotsmenge in die Preis/Absatz-Funktion ergibt den gewinnmaximierenden Preis:

$$p^{\hat{G}} = p(x^{\hat{G}}) = 12 - 0,1 \cdot 40 = 8$$

Der maximale Gewinn ist damit:

$$\hat{G} = E(x^{\hat{G}}) - K(x^{\hat{G}})$$

$$= (12 \cdot 40 - 0,1 \cdot 40^2) - (4 \cdot 40 + 3)$$

$$= 320 - 163$$

$$= 157$$

Da der Maximalgewinn positiv ist, wird der Anbieter die Menge $x^{\hat{G}}$ zum Preis $p^{\hat{G}}$ tatsächlich anbieten.

Die Aufgabe zeigt, dass ein preisabiler Anbieter auch bei durchgehend fallenden Durchschnittskosten gewinnbringend anbieten kann – im Gegensatz zum preisinabilen Anbieter.

Lösung 4.3

Ein Gewinnmaximum des monopolistischen Crest-Anbieters setzt die Erfüllung der Cournot-Bedingung $'_x E(x) = '_x K(x)$ voraus. Die Grenzkosten können aus dem gegebenen Kostendiagramm entnommen werden; sie entsprechen der Steigung der linearen Kostenkurve: Ein Anstieg der Ausbringungsmenge von Null auf Zehn, also um $\Delta x = 10$, erhöht die Gesamtkosten von vier auf 8,2, also um $\Delta K = 4,2$. Die Grenzkosten sind folglich $'_x K = \Delta K / \Delta x = 4,2 / 10 = 0,42$ Dollar je Tube.

Alternativ: $\Delta x = 7$ und $\Delta K = 7 - 4 = 3$, also $'_x K = 3 / 7$.

Die Grenzerlöse sind direkt nicht bestimmbar, wohl aber indirekt mit Hilfe der Amoroso/Robinson-Relation:

$$'_x E = p \cdot \left[1 + \frac{1}{\varepsilon(x:p)} \right] \quad \text{beziehungsweise} \quad '_x E = p \cdot \frac{1 + \varepsilon(x:p)}{\varepsilon(x:p)}$$

Die Preiselastizität der Nachfrage ist bekannt: $\varepsilon(x:p) = -7$. Durch Gleichsetzen von Grenzerlösgleichung und Grenzkosten lässt sich somit die verbliebene Unbekannte p, der gewinnmaximierende Preis, bestimmen:

$$p \cdot \frac{1 + \varepsilon(x:p)}{\varepsilon(x:p)} = '_x K$$

$$\Leftrightarrow \quad p = \frac{\varepsilon(x:p)}{1 + \varepsilon(x:p)} \cdot '_x K$$

$$= \frac{-7}{1 + (-7)} \cdot 0,42 = \frac{7}{6} \cdot 0,42 = 0,49 \text{ Dollar je Tube}$$

(Bei $'_x K = 3/7$ beträgt der gewinnmaximierende Preis p = 0,50 \$ pro Tube.)

Lösung 4.4

a) Berechnung der Koeffizienten m und n der Preis/Absatz-Funktion mit Hilfe der folgenden Tabelle:

(Beachte: Bei einer Preis/Absatz-Funktion p(x) ist der Preis p die abhängige und die Absatzmenge x die unabhängige Variable!)

(1) Datenpunkt- nummer i	(2) Menge x x_i	(3) Preis p y_i	$p(x) = n - m \cdot x$		
			(4) x_i^2	(5) y_i^2	(6) $x_i \cdot y_i$
1	12	145	144	21.025	1.740
2	16	126	256	15.876	2.016
3	10	199	100	39.601	1.990
4	14	164	196	26.896	2.296
5					
6					
7					
8					
9					
10					
Σ =	52	634	696	103.398	8.042
Σ / n =	13	158,5	174	25.849,5	2.010,5
n =	= x̄	= ȳ	$V_X =$	$V_Y =$	$C_{XY} =$
4	α =	β =	5,000	727,250	-50,000
y =	288,50 +	-10,00 · x		r = 0,829	r^2=B = 0,688

Die geschätzte Preis/Absatz-Funktion lautet:

$$p(x) = 288,5 - 10 \cdot x$$

Das Bestimmtheitsmaß B besagt, dass hier 68,75 Prozent der Streuung der Preisdaten durch Variation der Mengendaten erklärt wird. Ein Erklärungsgrad von mehr als zwei Dritteln kann als befriedigend bezeichnet werden.

b) Verlauf der geschätzten Preis/Absatz-Kurve:

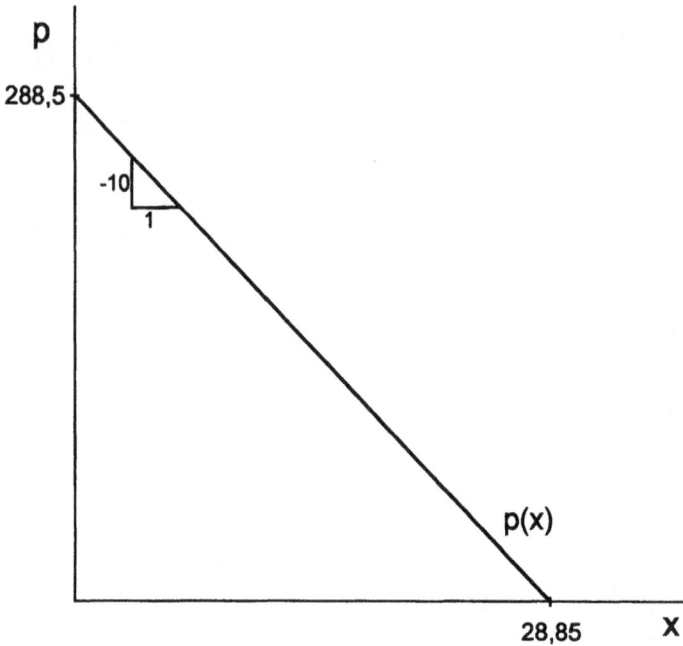

c) Zur Berechnung der Preiselastizität des Absatzes muss zunächst die Absatz-funktion x(p) ermittelt werden. Sie ergibt sich durch Invertieren der Preis/Absatz-Funktion p(x) aus a):

$$p(x) = 288,5 - 10x$$

$$\Leftrightarrow \quad 10x = 288,5 - p$$

$$\Leftrightarrow \quad x(p) = 28,85 - \frac{1}{10} \cdot p$$

Die für die Elastizitätsberechnung erforderliche erste Ableitung ist $_p'x = -1/10$. Damit ergibt sich die gesuchte Preiselastizität zu:

$$\varepsilon(x:p) = \frac{_p'x(p) \cdot p}{x(p)} = \frac{-\dfrac{1}{10} \cdot p}{28,85 - \dfrac{1}{10}p} = \frac{p}{p - 288,5}$$

Einsetzen des vorgegebenen p-Wertes führt schließlich zu:

$$\varepsilon(x:p) = \frac{57,70}{57,70 - 288,5} = -0,25$$

d) Der Elastizitätswert besagt: Erhöht der Anbieter, ausgehend vom Preis p = 57,70, seine Preisforderung um ein Prozent, so sinkt seine Absatzmenge um ein Viertel Prozent. Der Absatz reagiert also normal, aber relativ preisunelastisch. Eine preisunelastische Absatzreaktion ist bei einem preisabilen Anbieter nicht zu erwarten; sie zeigt, dass er im vorliegenden Fall seinen Gewinn nicht maximiert.

e) Gemäß der Amoroso/Robinson-Relation realisiert ein preisabiler Anbieter seinen maximalen Erlös im einheitselastischen Punkt seiner Preis/Absatz-Kurve, also bei $\varepsilon(x:p) = -1$. Da die Preis/Absatz-Kurve des hier betrachteten Monopolisten linear ist, liegt dieser Punkt genau in der Mitte der Geraden (zwischen den Achsenschnittpunkten), also bei $p^{\hat{E}} = 288,5 / 2 = 144,25$.

Alternativ kann man die Elastizitätsformel aus c) gleich minus Eins setzen und dann nach p umstellen. Das führt zum gleichen Ergebnis.

Ein weiterer alternativer Ansatz:

$$E(x) = p(x) \cdot x = (288,5 - 10x) \cdot x = 288,5x - 10x^2 \underset{x}{\rightarrow} \max!$$

$$\Rightarrow \quad {}_x'E = 288,5 - 20x \overset{!}{=} 0 \quad : \text{Bedingung erster Ordnung für}$$
$$\text{ein Maximum der Erlösfunktion}$$

$$\Leftrightarrow \quad 20x = 288,5$$

$$\Leftrightarrow \quad x^{\hat{E}} = \frac{288,5}{20} = 14,425$$

$$p^{\hat{E}} = p(x^{\hat{E}}) = 288,5 - 10 \cdot 14,425 = 144,25$$

Die Kosten spielen in jedem Fall bei der Erlösmaximierung keine Rolle.

Lösung 4.5

Zur Lösung der Gewinnmaximierungsaufgabe sind folgende Funktionen erforderlich:

$$k = 48{,}50 \qquad\qquad p(x) = 288{,}5 - 10x \qquad \Big\} \quad \text{gegeben}$$

$$K(x) = 48{,}50 \cdot x \qquad E(x) = 288{,}5 \cdot x - 10x^2$$

$${}_x^{\prime}K = 48{,}50 \qquad\quad {}_x^{\prime}E(x) = 288{,}5 - 20x \qquad \Big\} \quad \text{hergeleitet}$$

Im Gewinnmaximum muss die Cournot-Bedingung (Bedingung erster Ordnung) erfüllt sein:

$$\big[{}_x^{\prime}K = \big] \quad 48{,}50 = 288{,}5 - 20x \quad \big[= {}_x^{\prime}E \big]$$

$$\Leftrightarrow \qquad x^{\hat{G}} = \frac{288{,}5 - 48{,}5}{20} = \frac{240}{20} = 12$$

Dies ist die gewinnmaximierende Absatzmenge, denn die Bedingung zweiter Ordnung ist erfüllt:

$$ {}_x^{\prime\prime}K = \; 0 > -20 \; = \; {}_x^{\prime\prime}E$$

Der gewinnmaximierende Preis ergibt sich durch Einsetzen von $x^{\hat{G}}$ in die Preis/Absatz-Funktion:

$$p^{\hat{G}} = p(x^{\hat{G}}) = 288{,}5 - 10 \cdot 12 = 168{,}50$$

Da der gewinnmaximierende Preis über den (konstanten) Durchschnittskosten $k = 48{,}50$ liegt, ist der maximale Gewinn positiv; genau:

$$\hat{G} = x^{\hat{G}} \cdot [p^{\hat{G}} - k] = 12 \cdot [168{,}50 - 48{,}50] = 1440.$$

Lösung 4.6

Der preiselastische Bereich (mit $\varepsilon(x\!:\!p) < -1$) liegt im konventionellen p/x-Diagramm links-oberhalb des einheitselastischen Punktes ($\varepsilon(x\!:\!p) -1$). Ein preisabiler Anbieter bemüht sich annahmegemäß, die gewinnmaximierende Menge $x^{\hat{G}}$ anzubieten (sofern $\hat{G} > 0$); das ist gemäß der Cournot-Bedingung diejenige Menge, bei der Grenzerlöse (${}_x^{\prime}E$) und Grenzkosten (${}_x^{\prime}K$) gleich sind, wo sich also deren Kurven schneiden. Der Angebotspunkt $(p^{\hat{G}}, x^{\hat{G}})$ des gewinnmaximierenden preisabilen Anbieters (z.B. eines Monopolisten) heißt Cournot-Punkt *(Co)*. Das folgende Diagramm zeigt, dass der Cournot-Punkt im dick hervorgehobenen preiselastischen Bereich der Preis/Absatz-Kurve p(x) liegt.

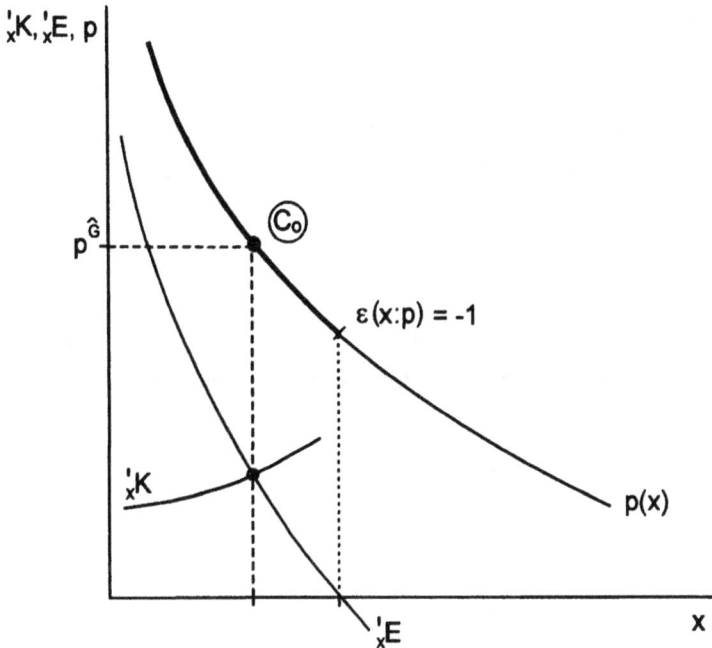

Grenzerlöskurven verlaufen normalerweise fallend und durchstoßen, aus dem ersten Quadranten des Koordinatensystems kommend, an einer Stelle die x-Achse. Bei dieser Nullstelle der Grenzerlösfunktion liegt gemäß der Amoroso/-Robinson-Relation notwendig der einheitselastische Punkt. (Dort liegt übrigens das Erlösmaximum des Unternehmens). Grenzkosten sind bis auf wenige Ausnahmefälle positiv, das heißt, mit steigendem x nehmen die Gesamtkosten der Produktion zu. Daraus folgt, dass die Grenzerlöskurve von der Grenzkostenkurve bei positiven Werten (im ersten Quadranten) geschnitten wird; das kann aber nur links von der Nullstelle der Grenzerlöskurve der Fall sein – also im preiselastischen Bereich der Preis/Absatz-Kurve. Auf das Steigungsverhalten der Grenzkostenkurve kommt es dabei nicht an, die Grenzkosten müssen nur positiv sein.

Alternativ:

Die Cournot-Bedingung *(Co)* fordert $'_x E(x) = '_x K(x)$, die Amoroso/Robinson-Relation *(AR)* sagt: $'_x E(x) = p \cdot (\varepsilon + 1) / \varepsilon$, mit $\varepsilon := \varepsilon(x{:}p)$. Der gewinnmaximierende preisable Anbieter realisiert folglich:

$$'_x E \overset{AR}{=} \ p \cdot \frac{\varepsilon + 1}{\varepsilon} \overset{Co}{=} \ '_x K$$

Daraus folgt: Bei $'_x K > 0$ und $p > 0$ muss $\varepsilon < -1$ sein, damit die Cournot-Bedingung überhaupt einen positiven Wert ergibt (denn nur dann sind Zähler und Nenner des Bruches $(\varepsilon + 1)/\varepsilon$ negativ und somit der Bruch positiv).

Lösung 4.7

a) Zur Ermittlung der Erlösfunktion $E(x) = p(x) \cdot x$ bedarf es der Preis/Absatz-Funktion $p(x)$. Diese ergibt sich durch Invertieren der gegebenen Nachfragefunktion des Marktes:

$$x = 40 - 2p \quad [= x^N(p)]$$

$$\Leftrightarrow \quad 2p = 40 - x$$

$$\Leftrightarrow \quad p = 20 - \frac{x}{2} \quad [= p(x)]$$

Damit folgt die Erlösfunktion:

$$E(x) = \left[20 - \frac{x}{2} \right] \cdot x = 20x - \frac{1}{2} \cdot x^2$$

und daraus durch Ableiten nach x die Grenzerlösfunktion:

$$'_x E(x) = 20 - x$$

Bei einer linearen, negativ geneigten Preis/Absatz-Kurve (wie hier) ist die Grenzerlöskurve stets ebenfalls eine Gerade, und zwar mit dem gleichen p- und dem halben x-Achsen-Abschnitt. (Da Grenzerlöse – im Gegensatz zu Preisen – auch negative Werte aufweisen können, wurde die zugehörige Kurve im nachfolgendem Diagramm durch die x-Achse hindurchstoßend eingezeichnet.)

b) Im Gewinnmaximum muss die Cournot-Bedingung ("Grenzerlös gleich Grenzkosten") erfüllt sein:

$$\left[\, _x^! E(x) = \right] \quad 20 - x = x \quad \left[= \, _x^! K(x) \right]$$

$$\Leftrightarrow \qquad\qquad 20 = 2x$$

$$\Leftrightarrow \qquad\qquad x^{\hat{G}} = 10$$

Wird die gewinnmaximierende Menge in die Preis/Absatz-Funktion aus a) eingesetzt, so ergibt sich der zugehörige Preis, den der preisabile Anbieter fordern muss, um die Menge $x^{\hat{G}}$ auch absetzen zu können (gewinnmaximierender Preis):

$$p^{\hat{G}} = p(x^{\hat{G}}) = 20 - \frac{x^{\hat{G}}}{2} = 20 - \frac{10}{2} = 15$$

Der Punkt $(p^{\hat{G}}, x^{\hat{G}}) = (15, 10)$ auf der Preis/Absatz-Kurve ist der Angebotspunkt des Anbieters, der sogenannte Cournot-Punkt.

Die Bedingung zweiter Ordnung für ein Gewinnmaximum ist im vorliegenden Fall erfüllt: $_x^{"} E(x) = -1 < 1 = \, _x^{"} K(x)$.

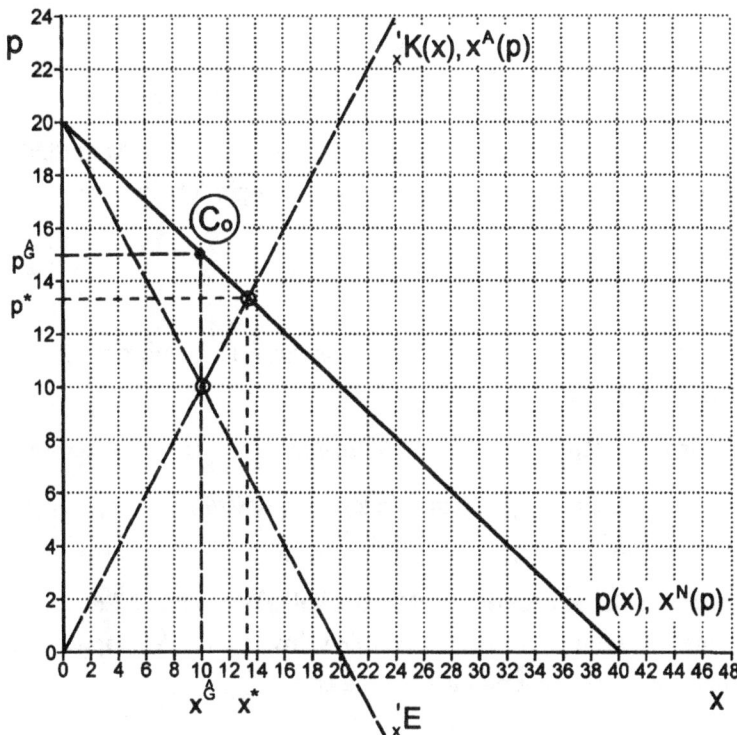

c) Wenn die fünf Einzelkostenfunktionen im Aggregat der Kostenfunktion des Monopolisten entsprechen, dann auch die fünf einzelnen Grenzkostenfunktionen der Grenzkostenfunktion des Monopolisten.

i. Die Marktangebotsfunktion entspricht der Umkehrfunktion der Grenzkosten-funktion des Monopolisten (bzw. des Aggregats der einzelwirtschaftlichen Grenz-kostenkurven): Wegen $_x'K = x$ (Grenzkostenfunktion) und $_x'K = p$ (Cournot-Bedingung der preisinabilen Anbieter) ist $x^A(p) = p$.

Graphisch betrachtet sind die Grenzkostenkurve des Monopolisten und die Marktangebotskurve der fünf Konsumenten identisch, lediglich die Achsen-konvention wird umgekehrt. (Von Angebotsschwellen konnte hier abgesehen werden.)

ii. Der Marktgleichgewichtspreis ergibt sich gemäß der Marktgleichgewichts-bedingung durch Gleichsetzen von Angebots- und Nachfragefunktion:

$$\left[x^A(p) = \right] \quad p \stackrel{!}{=} 40 - 2p \quad \left[= x^N(p) \right]$$

$$\Leftrightarrow \qquad\qquad 3p = 40$$

$$\Leftrightarrow \qquad\qquad p^* = \frac{40}{3} = 13,\overline{3}$$

iii. Einsetzen dieses Gleichgewichtspreises in eine der beiden Marktfunktionen, zum Beispiel die Angebotsfunktion, ergibt die Gleichgewichtsmenge:

$$x^* = x^A(p^*) = p^* = \frac{40}{3} = 13,\overline{3}$$

d) Vergleicht man das Marktergebnis des Monopolfalls b) mit dem des Konkur-renzfalls c), so zeigt sich:

☐ Der Preis ist im Monopolfall um 12,5 Prozent höher als im Konkurrenzfall.

☐ Die umgesetzte Gutmenge ist im Monopolfall um 25 Prozent geringer als im Konkurrenzfall.

Die Nachfrager müssen demnach im Monopolfall einen höheren Preis zahlen und erhalten eine geringere Gutmenge. Durch Zerschlagung des Monopols verbessert sich folglich die Versorgung für die Nachfrager.

Im vorliegenden Fall ist auch der Marktumsatz im Konkurrenzmarktgleichgewicht mit

$$U^* = p^* \cdot x^* = 13,\overline{3} \cdot 13,\overline{3} = 177,\overline{7}$$

höher als im Monopolfall:

$$E^{\hat{G}} = p^{\hat{G}} \cdot x^{\hat{G}} = 15 \cdot 10 = 150.$$

Lösung 4.8

a) Die Erlösfunktion $E(x) = p(x) \cdot x$ des Anbieters lautet:

$$E(x) = \left[n - m \cdot x^2 \right] \cdot x = n \cdot x - m \cdot x^3$$

$$\doteq 54x - 2x^3$$

b) Die Grenzerlösfunktion ist die erste Ableitung der Erlösfunktion:

$$_x^! E(x) = n - 3mx^2 \doteq 54 - 6x^2$$

c) Im Erlösmaximum muss der Grenzerlös null sein (Bedingung erster Ordnung). Also:

$$_x^! E(x) \overset{!}{=} 0$$

$$\Leftrightarrow \quad n - 3mx^2 = 0$$

$$\Leftrightarrow \quad x^2 = \frac{n}{3m}$$

$$\Leftrightarrow \quad x^{\hat{E}} = \sqrt{\frac{n}{3m}} \doteq \sqrt{\frac{54}{3 \cdot 2}} = \sqrt{9} = 3$$

Dies ist die erlösmaximale Ausbringungs- und Absatzmenge, denn die Bedingung zweiter Ordnung ist erfüllt:

$$_x^{''} E(x^{\hat{E}}) = -12x^{\hat{E}} < 0$$

d) Der erlösmaximierende Preis ergibt sich durch Einsetzen von $x^{\hat{E}}$ in die Preis/Absatz-Funktion:

$$p^{\hat{E}} = p(x^{\hat{E}}) = n - m \cdot (x^{\hat{E}})^2$$

$$\doteq 54 - 2 \cdot 3^2 = 36$$

e) Der maximale Erlös ist:

$$\hat{E} = p^{\hat{E}} \cdot x^{\hat{E}} = 36 \cdot 3 = 108$$

Alternativ: Einsetzen von $x^{\hat{E}}$ in die Erlösfunktion:

$$\hat{E} = n \cdot x^{\hat{E}} - m \cdot (x^{\hat{E}})^3$$

$$\doteq 54 \cdot 3 - 2 \cdot 3^3 = 162 - 54 = 108$$

f) Die Bedingung $'_x E(x) = 0$ aus c) für ein Erlösmaximum erfordert gemäß der Amoroso/Robinson-Relation:

$$'_x E(x) = p \cdot \left[1 + \frac{1}{\varepsilon(x:p)} \right] = 0$$

Bei positivem Preis muss die eckige Klammer null sein. Dies setzt jedoch $\varepsilon(x:p) = -1$ voraus. Das heißt: Ein preisabiler Anbieter realisiert sein Erlösmaximum stets im einheitselastischen Punkt seiner Preis/Absatz-Kurve.

Alternativ hätte man durch Invertieren von $p(x)$ die Nachfragefunktion

$$x(p) = \sqrt{\frac{n}{m} - \frac{1}{m} \cdot p} \doteq \sqrt{27 - \frac{1}{2}p}$$

ermitteln und dann darauf die Formel zur Berechnung von $\varepsilon(x:p)$ anwenden können.

Oder man hätte direkt $\varepsilon(p:x)$ berechnet und dann das Lemma

$$\varepsilon(x:p) = \frac{1}{\varepsilon(p:x)}$$

darauf angewendet.

4.2. Unvollkommene Märkte und Übergreifendes

Lösung 4.9

a) Gelingt einem Anbieter eine Marktspaltung, zum Beispiel in zwei Teilmärkte, so muss er durch geschicktes Setzen unterschiedlicher Preise versuchen, auf beiden Teilmärkten gleiche Grenzerlöse zu erzielen. Denn solange sich die Grenzerlöse unterscheiden, kann der Anbieter seinen Gewinn stets dadurch erhöhen, dass er durch Preisvariation Absatz vom Markt mit dem niedrigen zum Teilmarkt mit dem hohen Grenzerlös verlagert. Dann steigt (bei gleicher Gesamtabsatzmenge und daher gleichen Kosten) der Gesamterlös und damit auch der Gewinn.

b) Solange die (einander gleichen) Grenzerlöse den Grenzkosten der Produktion nicht entsprechen, ist die Cournot-Bedingung für ein Gewinnmaximum nicht erfüllt. Bei $'_x E > '_x K$ führt eine Erhöhung der Ausbringungs- und Absatzmenge zu einem Gewinnzuwachs, bei $'_x E < '_x K$ eine Mengensenkung. Bei $'_x E = '_x K$ wird der maximale Gewinn realisiert.

Lösung 4.10

Als „monopolistische Konkurrenz" wird die Marktform des Polypols auf einem unvollkommenen Markt bezeichnet. Es gibt viele Anbieter mit individuellen Preis/Absatz-Funktionen. Weil jeder Anbieter einen heterogenitäts- oder intransparenzbedingten Preissetzungsspielraum hat, kann er seinen Gewinn wie ein Monopolist auf seinem einzelwirtschaftlichen Absatzmarkt maximieren. (Die Preis/Absatz-Funktionen entsprechen nun allerdings nicht mehr Umkehrfunktionen der Marktnachfragefunktion.) Wegen der Anbietervielzahl bleiben allerdings den Konkurrenten Aktionen einzelner Anbieter verborgen. Bei Preissenkungen etwa kommt es zu Kundenwanderungen, ohne dass die Konkurrenten darauf reagieren.

Gewinne der inkumbenten Anbieter locken neue Anbieter auf den Markt, und etablierte Anbieter versuchen ihre Gewinne durch Kostensenkungen beziehungsweise Kapazitätsausweitungen zu erhöhen. Da sich nach Markteintritten die Gesamtnachfrage auf eine größere Anzahl von Anbietern verteilt, verlagern sich

die einzelwirtschaftlichen Preis/Absatz-Kurven nach »links«. Die Kapazitäts-
ausweiterungen der Inkumbenten haben die gleiche Wirkung.

Dieser Prozess hält an, bis auf dem Markt keine Gewinne mehr realisiert werden
können. Dann haben sich die einzelwirtschaftlichen Preis/Absatz-Kurven so weit
nach »links« verschoben, dass sie die langfristige Durchschnittskostenkurve der
Anbieter tangieren. (Die einzelwirtschaftlichen Cournotpunkte fallen dann mit
den Tangentialpunkten zusammen).

Wenn alle Anbieter diesen Zustand erreicht haben, befindet sich der Markt in
seinem langfristigen Gleichgewicht. Das langfristige Marktgleichgewicht bei
monopolistischer Konkurrenz wird auch als *Chamberlin'sche Tangentenlösung*
bezeichnet.

Das genannte Gleichgewicht liegt nicht, wie bei vollkommener Konkurrenz, im
langfristigen Durchschnittskostenminimum der Anbieter, sondern, wegen des
fallenden Verlaufes der Durchschnittskostenkurve, »links« davon und »oberhalb«.

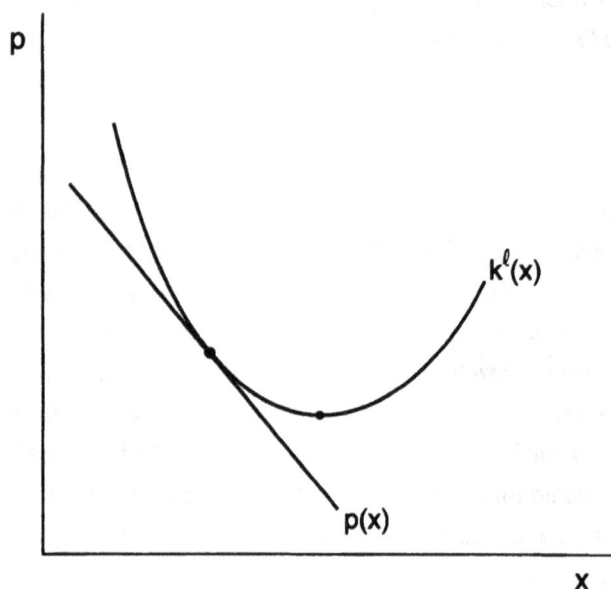

Bei monopolistischer Konkurrenz werden demnach im langfristigen Gleichgewicht nicht alle möglichen Kostensenkungsmöglichkeiten ausgeschöpft. Jeder
der verbliebenen Anbieter produziert »zu wenig« und verkauft diese Menge zu
einem »zu hohen« Preis. Diesem Nachteil steht für die Nachfrage allerdings der

Vorteil einer größeren Produktvielfalt gegenüber, da es ja im Gleichgewicht »zu viele« Anbieter gibt und jeder eine eigene Produktionsvariante anbietet.

Lösung 4.11

a)

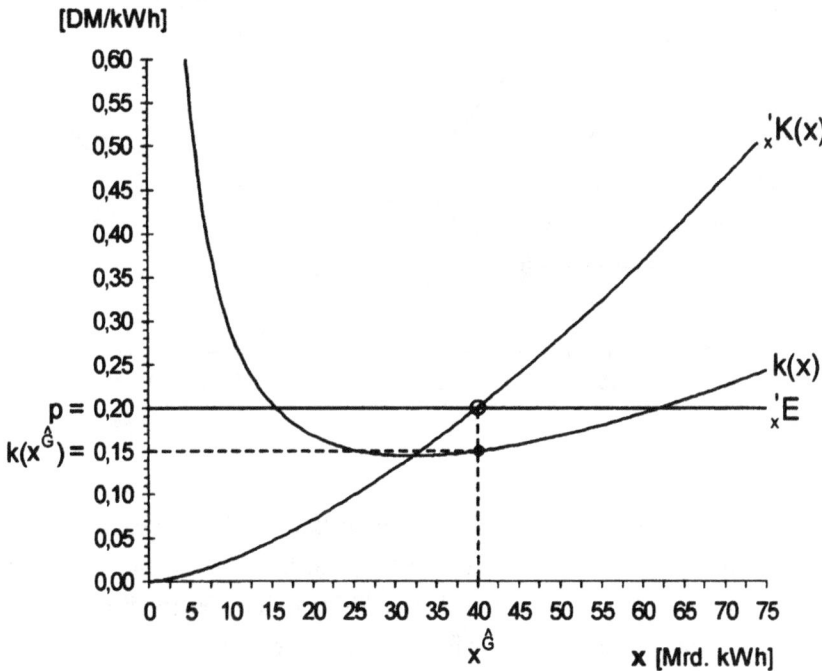

Die gewinnmaximierende Ausbringungs- und Angebotsmenge ergibt sich aus dem Schnittpunkt von Grenzkostenkurve und Preis-Horizontale (Cournot-Bedingung) zu $x^{\hat{G}} = 40$. Über die Durchschnittskostenkurve $k(x)$ erhält man die zugehörigen Durchschnittskosten zu $k(x^{\hat{G}}) = 0,15$. Der Maximalgewinn ergibt sich damit aus:

$$\hat{G} = x^{\hat{G}} \cdot \left[p - k(x^{\hat{G}}) \right] = 40 \cdot \left[0,20 - 0,15 \right] = 2 \text{ Mrd.DM}$$

b)

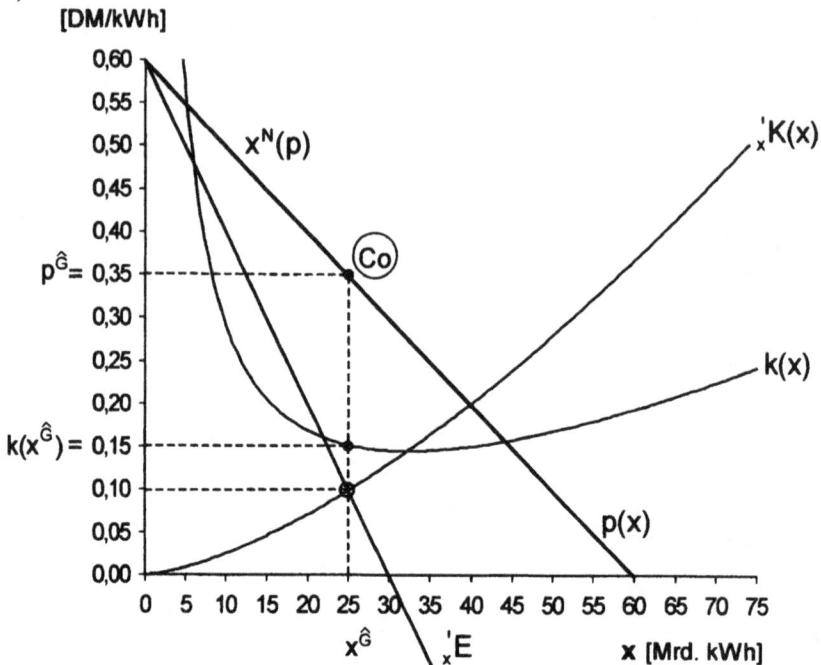

Im Monopolfall entspricht die Marktnachfragefunktion $x^N(p)$ der Umkehrfunktion der Preis/Absatz-Funktion des Alleinanbieters $p(x)$: Die Kurven sind identisch. Die für die Berechnung erforderliche Grenzerlöskurve hat hier (weil $p(x)$ linear ist) den gleichen p-, aber den halben x-Achsenabschnitt wie $p(x)$; siehe Diagramm. (Grenzerlöse können, im Gegensatz zu den übrigen Größen, auch negativ werden.)

Das Gewinnmaximum ist gemäß der Cournot-Bedingung durch den Punkt bestimmt, in dem Grenzkosten und Grenzerlöse gleich sind. Das ist bei $x^{\hat{G}} = 25$ der Fall.

Diese gewinnmaximierende Menge kann der Monopolist erwartungsgemäß absetzen, wenn er den Preis $p^{\hat{G}} = p(x^{\hat{G}}) = p(25) = 0{,}35$ DM/kWh verlangt. Der Angebotspunkt des Strommonopolisten (sog. Cournotpunkt) liegt demnach bei $(p^{\hat{G}}; x^{\hat{G}}) = (0{,}35; 25)$.

Die Durchschnittskosten bei der gewinnmaximierenden Ausbringungsmenge betragen $k(25) = 0{,}15$ DM/kWh.

Damit ergibt sich der Maximalgewinn

$$\hat{G} = x^{\hat{G}} \cdot \left[p^{\hat{G}} - k(x^{\hat{G}}) \right]$$

$$= 25 \cdot [0,35 - 0,15] = 5 \, \text{Mrd.DM}$$

Der Lerner'sche Monopolgrad μ_L gibt den auf den Preis bezogenen Gewinnaufschlag auf die Grenzkosten an. Er beträgt im vorliegenden Fall mit $_x^! K(25) = 0,10$:

$$\mu_L := \frac{p^{\hat{G}} - {_x^!}K(x^{\hat{G}})}{p^{\hat{G}}} = \frac{0,35 - 0,10}{0,35} \approx 0,714$$

Das ist ein sehr hoher Wert, der zeigt, dass das Unternehmen nach der Monopolisierung über eine vergleichsweise große Marktmacht verfügt. Die Nachfrager können nicht leicht zu anderen Angeboten wechseln oder ihren Konsum (hier: an elektrischer Energie) einschränken.

c) Durch die Monopolisierung des Strommarktes hat sich der Strompreis um 75 Prozent von 0,20 auf 0,35 DM/kWh erhöht, während die Absatz- und Konsummenge um 37,5 Prozent von 40 auf 25 Mrd.kWh gesunken ist. Die Marktversorgung hat sich also deutlich verschlechtert: Die Nachfrager erhalten eine geringere Menge zu einem erhöhten Preis. Der Gewinn des Anbieters hat sich dagegen von 2 auf 5 Mrd. DM mehr als verdoppelt. Monopolisten (allgemeiner: alle Anbieter mit Marktmacht) können Vorteile aus der nicht vollkommen preiselastischen Nachfrage ziehen – zum Nachteil der Nachfrager.

Anmerkung: Ergänzend hätte hier auch eine wohlfahrtstheoretische Beurteilung erfolgen können: Änderungen von Nachfragervorteil, Anbietervorteil und Wohlfahrtsverlust.

5. Grundlagen, Methoden und Elastizitäten

Lösung 5.1

Ein durch Abstraktion (Absehen von Nebensächlichem) entstandenes theoretisches Modell repräsentiert vereinfacht einen Ausschnitt der komplexen Realität, wobei das Wesentliche des untersuchten Sachverhalts hervorgehoben wird. Diese Vereinfachung (Komplexitätsreduktion) und ein darauf basierendes theoretisches Vorgehen bringt eine Reihe von Vorteilen mit sich.

Im Folgenden wird eine unstrukturierte (und sicher unvollständige) Liste möglicher Vorteile aufgezählt:

◻ Anhand eines theoretischen Modells ist es einfacher, Zusammenhänge zu analysieren und nachzuvollziehen (Denkhilfe). Denn ein Modell ist weniger kompliziert als die Realität beziehungsweise Praxis. Man befasst sich eben nur mit dem zur Phänomenerklärung oder Problemlösung wirklich Relevanten. Es können auf diese Weise auch ganz neue, bisher verborgene Zusammenhänge und praktisch nutzbare Regelmäßigkeiten entdeckt und neue Lösungsmöglichkeiten gefunden werden, z.B. durch formale Operationen.

◻ Bei der Analyse von relevanten Einflussfaktoren (eines Phänomens oder Problems) und deren Zusammenhängen kann die Mathematik helfen. Theoretiker können die vielfältigen Möglichkeiten der Mathematik nutzen. Formale, also in mathematischer Sprache formulierte Modelle haben den Vorteil, dass sie einen Sachverhalt logisch widerspruchsfrei (konsistent) und präzise abbilden. Sie erlauben die Feststellung aller einer Modellaussage zugrunde liegenden Voraussetzungen (Prämissen) und die Herleitung aller durch die Modellstruktur implizierten Schlussfolgerungen. Problemlösungsmodelle ermöglichen ein »objektives« und begründbares Vorgehen: Man kann sagen, *warum* etwas die (beste) Lösung für ein Problem ist. Manche Probleme lassen sich nur formal lösen.

◻ Beim Analysieren eines Sachverhalts schaut der Theoretiker anhand eines Modells, wie sich Parameteränderungen auswirken und was demzufolge in der Realität getan werden könnte. Praktiker können dagegen keine ceteris paribus-Analysen oder -Versuche durchführen, weil sich in der Wirtschaftsrealität nur in seltenen Fällen einzelne Parameter isoliert variieren lassen. Des weiteren eröffnen formale Modelle die Möglichkeit zu Simulationen und (Computer-)Experimenten, die so in der Realität nicht oder nicht ohne weiteres durchführbar wären. Das »Durchspielen« von Modellen und das Ausprobieren verschiedener Möglichkeiten ist regelmäßig einfacher, schneller, kostengünstiger realisierbar und hinsichtlich der Auswirkungen unproblematischer als praktische Versuche in der Realität. Viele Realexperimente verbieten sich überhaupt (z.B. in der Wirtschaftspolitik oder bei Unternehmensumorganisationen). Mit Hilfe von Modellen können auch besser Prognosen und Handlungsfolgeabschätzungen vorgenommen werden. Ceteris-paribus-Analysen erlauben die Abschätzung isolierter Faktorwirkungen.

❑ Theoretiker können Verbindungen zwischen verschiedenen Sachverhalten herstellen. Sie können gewonnene Erkenntnisse auf andere, ähnliche Sachverhalte übertragen. Theorie-Lösungen haben ein vergleichsweise breites Anwendungsspektrum. Modelle stellen *allgemeine* Erklärungs- oder Lösungsmöglichkeiten bereit. Sie können auch auf andere Anwendungsbereiche übertragen werden, oder sie lassen sich mit anderen bestehenden Erklärungs- oder Lösungsansätzen kombinieren. Ein einmal erstelltes Modell kann deshalb mehrfach zu Phänomenerklärungen oder Problemlösungen genutzt werden. Modelle sind in gewisser Weise so etwas wie Rezepte, die für bestimmte Situationen beispielsweise optimale Verhaltensregeln vorgeben.

❑ Theoretiker können bei ihrem Vorgehen Hintergrundwissen (Theorien, Gesetzmäßigkeiten, Theoreme) heranziehen und Methoden anwenden. Sie gehen im Gegensatz zu Praktikern systematisch und methodisch vor. Das theoriegeleitete Vorgehen ist zielgerichtet, nachvollziehbar, logisch konsistent (widerspruchsfrei) und tendenziell objektiv. Das ist beim Vorgehen der Praktiker typischerweise nicht so.

❑ Der Theoretiker kann in vielen Fällen Kausalitätsrichtungen angeben, wo der Praktiker nur Korrelationen festzustellen vermag.

❑ Theoretiker konzentrieren sich auf das Wesentliche eines Sachverhalts. Praktiker überlasten Sachverhalte häufig mit nebensächlichen Aspekten und Fakten. Sie können das Wesentliche nicht vom Unwesentlichen unterscheiden.

❑ Ein Theoretiker kann zu Erkenntnissen kommen, zu denen ein Praktiker nicht gelangen kann. Die meisten Phänomene sind auf rein praktischer Ebene nicht zu erklären.

◻ Viele Praktiker neigen dazu, sich vorschnell mit einer suboptimalen Lösung eines Problems zufrieden zu gehen und mit ungefähren oder ungesicherten Erklärungen eines Phänomens. Sie sind zudem auf singuläre und subjektiv wahrgenommene Erfahrungswerte angewiesen.

Lösung 5.2

Abstraktion bezeichnet die erste Stufe der wissenschaftlichen (modellorientierten) Vorgehensweise bei der Auseinandersetzungen mit Aufgabenstellungen aus der Realität. Durch sie wird das reale Phänomen beziehungsweise das praktische Problem auf die Theorie-Ebene übertragen. Abstraktion bedeutet, dass von den komplexen realen Gegebenheiten alle für die Erklärung beziehungsweise Lösung irrelevanten Aspekte »weggedacht« werden. Es erfolgt eine Konzentration auf das Wesentliche und Allgemeine. Diese zweckmäßige Vereinfachung erleichtert es, den Untersuchungsgegenstand zu durchschauen und zu verstehen.

Abstraktion ist eine unverzichtbare Voraussetzung für die Modellbildung und damit für die Beschreibung und Erklärung realer Phänomene und die Lösung wirtschaftlicher Probleme mit Hilfe von Modellen (Formalisierung). Modelle, also vereinfachte Nach- oder Abbildungen der Realität, sind leichter »handhabbar« als die Realität selbst. Anhand von Modellen lässt sich beispielsweise untersuchen, wie einzelne Bestimmungsfaktoren eines Sachverhaltes auf diesen wirken (ceteris-paribus-Analyse); von den in der Realität kaum auszuschließenden Einflüssen anderer Faktoren kann auf diese Weise abgesehen werden.

Lösung 5.3

Vom Ansatzpunkt empirischer, theoretischer und anwendungsbezogener Bemühungen her kann die Wirtschaftswissenschaft in eine Mikro- und eine Makroökonomik eingeteilt werden. Während sich die Makroökonomik vorwiegend auf hochaggregierter Ebene mit gesamtwirtschaftlichen Phänomenen und Problemen befasst, geht die Mikroökonomik von einzelwirtschaftlichen Gegebenheiten aus.

Sie versucht, die wirtschaftlichen Zusammenhänge und Geschehnisse aus dem Verhalten der kleinsten ökonomischen Entscheidungseinheiten (private Haushalte, Unternehmen, Staat) zu erklären. Zunächst wird das wirtschaftliche

Verhalten einzelner, zumeist als rational unterstellter Wirtschaftsakteure untersucht. Sodann geht es um deren Zusammenwirken und um die Abstimmung dieser individuellen Handlungen und Pläne. Nach Aggregation der einzelwirtschaftlichen Handlungspläne werden die Möglichkeiten der Koordinierung untersucht. Ebenso die Auswirkungen veränderter exogener Einflussfaktoren auf das einzelwirtschaftliche Verhalten und auf das Ergebnis der Koordination, vor allem auf Märkten. Auf diese Weise lassen sich beispielsweise Aussagen über die Auswirkungen veränderter Rahmenbedingungen oder gewandelter Nachfragerpräferenzen auf die Marktpreisbildung analysieren.

Mikroökonomen bemühen sich darum, theoretisch begründete, empirisch abgesicherte und praktisch anwendbare Erklärungs- und Entscheidungsmodelle zu finden und weiter zu entwickeln. Ihr methodischer Ansatz und ihre theoretischen Errungenschaften sind neben der Volks- auch für die Betriebswirtschaftslehre bedeutsam und liefern gewissermaßen deren theoretisches Fundament (Unternehmenstheorie).

Allgemein betrachtet geht es darum herauszufinden, wie sich einzelne Wirtschaftssubjekte und Gruppen von Akteuren in ökonomischen Situationen, also unter Knappheitsbedingungen, verhalten oder am besten verhalten sollten. Wie lassen sich wirtschaftliche Werte schaffen und nutzen? Wie können die unzähligen Einzelentscheidungen, Pläne und Handlungen optimal aufeinander abgestimmt (koordiniert) werden?

Das Erklärungsspektrum der elementaren Mikroökonomik lässt sich in drei Hauptbereiche einteilen; sie bilden die drei Theoriebausteine der Mikroökonomik:

◻ In der *Haushaltstheorie* geht es um die Erklärung des ökonomischen Verhaltens von einzelnen Haushalten beziehungsweise Konsumenten. Unter anderem wird versucht, aus den gegebenen Präferenzen eines typischen Haushalts und den bekannten wirtschaftlichen Bedingungen (Budget, Güterpreise) sein Nachfrageverhalten zu erklären. Ebenso das individuelle Faktorangebot (insbesondere an Arbeit und Sparkapital). Die *Nachfragetheorie* beginnt mit der Aggregation der einzelwirtschaftlichen Nachfragepläne und untersucht dann die Eigenschaften der Marktnachfrage.

◻ In der *Unternehmenstheorie* wird, aufbauend auf einer Theorie der Produktion, eine die Kostensituation des Unternehmens beschreibende Kostenfunktion hergeleitet. Die Gegenüberstellung von unternehmensbedingten Kosten (die die internen ökonomischen Gegebenheiten des Unternehmen beschreiben) und absatzmarktbestimmten Erlösen die die externen Bedingungen wiederspiegeln ergibt als wichtigste Zielgröße unternehmerischer Aktivitäten den Gewinn. Unter der Annahme, dass es diesen zu maximieren gilt, kann die optimale Ausbringungsmenge und allgemein das Angebot des Unternehmens hergeleitet werden. In diesem Zusammenhang lässt sich auch die Faktornachfrage erklären. Durch Aggregation der einzelwirtschaftlichen Angebote gelangt man zum Marktangebot, dessen Eigenschaften in der *Angebotstheorie* untersucht werden.

❑ In der *Markttheorie* werden anschließend die aggregierte Nachfrage, beschrieben durch die Marktnachfragefunktion, und das aggregierte Angebot, beschrieben durch die Marktangebotsfunktion, für ein bestimmtes Gut in Zusammenhang gebracht. Es wird dann gezeigt, wie unter bestimmten Bedingungen ein Ausgleich von Angebot und Nachfrage und damit ein Gleichgewicht auf dem betreffenden Markt zustande kommt. Die Marktpreisbildung wird unter verschiedenen Marktformen untersucht, neben der vollkommenen Konkurrenz vor allem im Monopol und Oligopol. Besonders relevant und elegant ist die Erklärung der Funktionsweise von Konkurrenzmärkten (sog. Marktmechanismus). Untersucht werden die Eigenschaften von Marktgleichgewichten, die Bedingungen ihres Zustandekommens und die Auswirkungen staatlicher Eingriffe auf die marktliche Koordination von Angebot und Nachfrage.

Die hauptsächliche Methode in der Mikroökonomik ist – ähnlich wie auch in der Makroökonomik – die formale Modellanalyse. Mikrotheoretische Modelle sind entsprechend vereinfachte Abbildungen des jeweils interessierenden Ausschnitts der Wirtschaftsrealität. Sie sind überwiegend in mathematischer Sprache formuliert. Die Untersuchung von Zusammenhängen, Abhängigkeiten und Wirkungen erfolgt zumeist unter der ceteris-paribus-Klausel.

Die Mikroökonomik bildet als ältester und am weitesten entwickelter Zweig der Wirtschaftswissenschaft zugleich deren wesentliche theoretische Grundlage. So gibt es Bemühungen, auch die Makroökonomik mikroökonomisch zu fundieren, um eine größere Eindeutigkeit ihrer Aussagen zu erreichen. Auch die Betriebswirtschaftslehre ist nichts anderes als eine anwendungsorientierte Ausformung der mikroökonomischen Unternehmenstheorie, zumindest dort, wo sie theoretisch gehaltvoll ist. Die moderne Produktions-, Kosten-, Finanzierungs-, Marketing-

und Managementtheorie sind ohne die Mikroökonomik nicht denkbar. Mikroökonomische Konzepte finden auch zur Lösung praktischer Managementprobleme zunehmend Anwendung.

Lösung 5.4

Die zu erörternde Aussage bezieht sich vermutlich auf die Tarif- beziehungsweise Prämienelastizität der Terrano II – Nachfrage. Bezeichnet p die jährliche Versicherungsprämie und x^N die Nachfragemenge des Wagens, so wäre die Elastizität $\varepsilon(x^N:p)$ zu betrachten. Setzt man in deren Definitionsgleichung

$$\varepsilon(x^N : p) = \frac{\dfrac{\partial x^N}{x^N}}{\dfrac{\partial p}{p}}$$

die genannten Daten ein, so ergibt sich mit der rund fünfzigprozentigen Abnahme der Nachfragemenge ($\partial x^N / x^N$) und der rund fünfzigprozentigen Zunahme der Prämie ($\partial p / p$) folgender Elastizitätswert:

$$\varepsilon(x^N : p) = \frac{-50\%}{+50\%} = -1$$

Das bedeutet: Ausgehend von p = 2000 führte jedes Prozent Prämienerhöhung zu einem Rückgang der nachgefragten Menge um ebenfalls (näherungsweise) ein Prozent. Das kann allerdings nicht als "hochelastische" Reaktion der Nachfrager bezeichnet werden. Denn eine "relativ elastische" Nachfrage liegt definitionsgemäß nur dann vor, wenn sich infolge einer einprozentigen Veränderung eines Einflussfaktors die Nachfragemenge um (deutlich) mehr als ein Prozent ändert, was hier aber – wie gezeigt – nicht der Fall ist. Die Aussage Nissans ist demnach nicht fundiert.

Alternativ könnte auch so argumentiert werden, dass es sich bei der Elastizität $\varepsilon(x^N:p)$ um eine Kreuzpreiselastizität handele, nämlich um die der Terrano II – Nachfrage in Bezug auf den Preis für das Gut "Haftpflichtversicherungen". Auch in diesem Sinne ist jedoch die Aussage Nissans nicht fundiert, weil auch hier keine "hochelastische" Reaktion zu beobachten ist. Es hätte dabei allerdings erwähnt werden müssen, dass es sich wegen des negativen Elastizitätswertes bei Allradwagen und Haftpflichtversicherungen um komplementäre Güter handelt.

Lösung 5.5

Die Daten erlauben die Berechnung der Elastizität $\varepsilon(x{:}p)$, die als Absatz- oder Nachfrageelastizität in Bezug auf den Preis der Zigarettenmarke interpretiert werden kann. (Umgekehrt könnte auch $\varepsilon(p{:}x)$ ermittelt werden, was aber ökonomisch weniger intuitiv erscheint.) Die Elastizität $\varepsilon(x{:}p)$ gibt das Verhältnis von prozentualer Absatzmengenänderung zu prozentualer Preisänderung an. Der Absatz ist um 700 Prozent gestiegen; der Preis war zuvor um

$$\frac{\partial p}{p} = \frac{p_2 - p_1}{p_1} = \frac{3{,}30 - 3{,}80}{3{,}80} = \frac{-0{,}50}{3{,}80} = -13{,}16\,\%$$

gesunken. Also ist

$$\varepsilon(x{:}p) = \frac{\dfrac{\partial x}{x}}{\dfrac{\partial p}{p}} = \frac{+700\,\%}{-13{,}16\,\%} = -53{,}2$$

Ausgehend von $p = 3{,}80$ brachte somit jeder Prozentpunkt Preissenkung eine Absatzsteigerung um mehr als das 53-fache (genau um 53,2%). Die "West"-Nachfrage reagiert also normal, weil $\varepsilon < 0$. Der Elastizitätswert ist jedoch außergewöhnlich hoch: es liegt eine extrem stark eigenpreiselastische Nachfrage vor, weil $|\varepsilon| \gg 1$.

Lösung 5.6

a) Die Preiselastizität aus der Nachfragefunktion $x^N(p) = 10^{2{,}06} \cdot p^{-0{,}383}$ mit der Ableitung $_p x^N(p) = -0{,}383 \cdot 10^{2{,}06} \cdot p^{-1{,}383}$ ergibt sich wie folgt:

$$\varepsilon(x^N{:}p) = \frac{{}_p'x^N(p)\cdot p}{x^N(p)}$$

$$= \frac{-0{,}383\cdot 10^{2{,}06}\cdot p^{-1{,}383}\cdot p}{10^{2{,}06}\cdot p^{-0{,}383}}$$

$$= -0{,}383$$

Alles bis auf den Exponent von p lässt sich herauskürzen. Die Eigenpreiselastizität für Zucker beträgt gemäß der Schultz'schen Schätzung also
konstant $-0{,}383$.

b) Der Elastizitätswert besagt, dass die Zuckernachfragemenge je Prozent
Zuckerpreisanstieg um 0,383 Prozent sinkt. Da der Elastizitätswert unabhängig
von der Höhe des Zuckerpreises ist, handelt es sich bei der betrachteten
Nachfragefunktion um eine eigenpreisisoelastische. Die Zuckernachfrage in den
USA reagiert(e) normal (wegen $\varepsilon < 0$) und relativ unelastisch (weil $|\varepsilon| < 1$).

Lösung 5.7

a) Wegen $E = p\cdot x$ ist $p = E/x$. Also:

$$p_{99} = \frac{E_{99}}{x_{99}} = \frac{150\,\text{Mrd.}\,\text{€}}{4{,}86\,\text{Mio.}\,\text{St.}} = 30.864\,\text{€/St.}$$

$$p_{00} = \frac{E_{00}}{x_{00}} = \frac{162\,\text{Mrd.}\,\text{€}}{4{,}75\,\text{Mio.}\,\text{St.}} = 34.105\,\text{€/St.}$$

b) Mit den gegebenen Mengendaten und den in a) berechneten Preisdaten ergibt
sich die Preiselastizität der Nachfrage beziehungsweise des Absatzes (unter
regulären Bedingungen) zu:

$$\varepsilon(x:p) = \frac{\dfrac{\partial x}{x}}{\dfrac{\partial p}{p}} = \frac{\dfrac{x_{00}-x_{99}}{x_{99}}}{\dfrac{p_{00}-p_{99}}{p_{99}}} = \frac{\dfrac{4{,}75-4{,}86}{4{,}86}}{\dfrac{34105-30864}{30864}} = \frac{-2{,}26\,\%}{+10{,}50\,\%} = -0{,}215$$

In der betrachteten Situation führte also jeder Prozent Preiserhöhung zu einem Absatzmengenrückgang von 0,215 Prozent. Das ist eine normale, relativ preis-unelastische Nachfragereaktion.

c) Da es sich bei DaimlerChrysler um ein preisabiles Unternehmen handelt, worauf die vorstehenden Analysen hindeuten, kann die entsprechende Theorie darauf angewendet werden. Danach realisierte der Konzern *nicht* seinen maximalen Erlös, weil das Erlösmaximum eines preisabilen Anbieters stets im einheitselastischen Punkt der Nachfrage- beziehungsweise Preis/Absatz-Kurve erreicht wird. Der Angebotspunkt des Konzerns lag aber gemäß b) im relativ preisunelastischen Bereich. Dort wirken Preiserhöhungen stets erlössteigernd.

d) Mit den Daten ergibt sich analog zu b):

$$\varepsilon(E:p) = \frac{\dfrac{\partial E}{E}}{\dfrac{\partial p}{p}} = \frac{\dfrac{162-150}{150}}{\dfrac{34105-30864}{30864}} = \frac{+8,0\,\%}{+10,5\,\%} = 0,762$$

Alternativ kann die logische Relation $\varepsilon(E:p) = \varepsilon(x:p) + 1$ genutzt werden, die zu einem Elastizitätswert von $-0,215 + 1 = 0,785$ führt. (Die nicht ganz exakte Übereinstimmung der beiden Elastizitätswerte beruht darauf, dass die Daten-formel die Elastizität nicht genau in einem Punkt misst, sondern zwischen zwei auseinanderliegenden Punkten).

e) Der in d) ermittelte Elastizitätswert gibt an, dass im betrachteten Bereich der Preis/Absatz-Kurve von DaimlerChrysler je Prozentpunkt Preiserhöhung der Erlös des Konzerns um ca. 0,77 Prozentpunkte steigt. Im preisunelastischen Bereich der Preis/Absatz-Kurve wirken Preiserhöhungen stets erlössteigernd. Auch hieran sieht man, dass das Unternehmen sich nicht im Erlösmaximum befand, da der Erlös durch Preisanhebungen noch gesteigert werden konnte.

Lösung 5.8

Sei z : Zoll, Im : Importmenge. Die für die Elastizitätsberechnung erforderlichen relativen Datenänderungen sind:

$$\frac{\partial z}{z} = +30\,\% , \qquad \frac{\partial \text{Im}}{\text{Im}} = \frac{-10\,\text{Mio. t}}{27,6\,\text{Mio. t}} \approx -36\,\%$$

Sinnvoll zu berechnen ist die "Zollelastizität der Importnachfrage nach US-amerikanischem Stahl":

$$\varepsilon(\text{Im}:z) = \frac{\dfrac{\partial \text{Im}}{\text{Im}}}{\dfrac{\partial z}{z}} = \frac{-36\%}{+30\%} = -1,2$$

Da der Zoll den Stahlpreis erhöht, kann $\varepsilon(\text{Im}:z)$ in etwa als Preiselastizität der Stahlnachfrage aufgefasst werden. (Tatsächlich müsste man dazu noch die Preishöhe und die Zollhöhe kennen). Der Elastizitätswert $-1,2$ bringt zum Ausdruck, dass jeder Prozentpunkt Zollerhöhung die Nachfragemenge nach ausländischem Stahl um 1,2 Prozentpunkte senkt. Es liegt demnach eine normale (weil $\varepsilon < 0$), relativ elastische (weil $|\varepsilon| > 1$) Nachfragereaktion vor.

Lösung 5.9

Mit V: Vorstandsgehälter und A: Aktienkurs waren die relativen Änderungen:

$$\frac{\partial V}{V} = +89\% \ , \quad \frac{\partial A}{A} = -42\% .$$

Die Elastizität der Vorstandgehälter in Bezug auf den Aktienkurs ist:

$$\varepsilon(V:A) = \frac{\dfrac{\partial V}{V}}{\dfrac{\partial A}{A}} = \frac{+89\%}{-42\%} = -2,12$$

Je Prozentpunkt Aktienkursrückgang stiegen die Vorstandgehälter um 2,12 Prozent. Das ist ein relativ elastischer Zusammenhang (weil $|\varepsilon| > 1$).

Eigentlich sollte man erwarten, dass sich für die Elastizität $\varepsilon(V:A)$ positive Werte ergeben, dass also die Vorstandsgehälter positiv mit dem Aktienkurs korrelieren. Indes ist fraglich, ob zwischen V und A überhaupt ein kausaler oder funktionaler Zusammenhang besteht.

Teil III
Glossar zur Mikroökonomik

Zur Benutzung

- Einträge, die aus mehreren Wörtern bestehen, werden bei der alphabetischen Einordnung wie ein zusammenhängendes Wort behandelt.

- Bestandteile eines Fachbegriffs, die bei seiner gewöhnlichen Verwendung häufig der Kürze wegen weggelassen werden, sind in der Stichwortzeile in Klammern gesetzt und bleiben bei der alphabetischen Einordnung unberücksichtigt.

- Synonyme (insb. auch englischsprachige Bezeichnungen) stehen zu Beginn des Erklärungstextes in runden Klammern. Anstelle englischsprachiger Begriffe sind – soweit möglich – die deutschsprachigen Übersetzungen als Haupteinträge aufgenommen worden.

- Kommt ein Stichwort innerhalb seines Erklärungstextes vor, steht es abgekürzt.

- Hinweise auf andere, für die Erklärung möglicherweise hilfreiche Stichwörter des Glossars, sind in den Erklärungstexten fett gedruckt. Wichtige Nebenbegriffe ohne eigenen Eintrag stehen kursiv.

A

Abgeleitete Nachfrage

(derivative Nachfrage) heißt die **Nachfrage** nach **Produktionsfaktoren**, wenn sie in Abhängigkeit von der Nachfrage nach den damit hergestellten Produkten betrachtet wird. Beispielsweise hängt die Nachfrage nach Arbeit und Kapital von der Endproduktnachfrage ab. Siehe auch **Faktoreinsatzfunktion**.

Abhängigkeitsposition

siehe **homogenes von Stackelberg-Dyopol**.

Absatz(menge)

Menge eines Gutes, die ein Unternehmen während einer bestimmten Periode verkauft. Der A. kann geringer sein als die geplante Angebotsmenge oder die auf das Unternehmen gerichtete Nachfragemenge. Der mit dem Preis bewertete A. eines Unternehmens heißt **Erlös**.

Absatzbeschränkung, bindende

liegt vor, wenn ein Unternehmen aufgrund äußerer Bedingungen nur weniger als seine gewinnmaximierende Produktmenge absetzen kann. Der Gewinn des Unternehmens hat dann bei der beschränkten Absatzmenge sein Maximum noch nicht erreicht. Es liegt dann ein sogenanntes *Randmaximum* vor. Auch bei anderen Zielen als der Gewinnmaximierung können A.en auftreten.

Absatzelastizität

siehe **Preiselastizität des Absatzes**.

Absatzfunktion

mathematische Funktion, die die Abhängigkeit der **Absatzmenge** eines Anbieters von der Ausprägung der absatzpolitischen Instrumente der unternehmerischen **Angebotspolitik** beschreibt. Speziell bei **preisabilen Anbietern** wird die Abhängigkeit des Absatzes vom gesetzten Preis durch die **Preis-Absatz-Funktion** beschrieben. Auch *Werbewirkungsfunktionen* gehören zu den A.en

Abstraktion

erster Schritt der wissenschaftlichen Vorgehensweise bei der Erklärung von Phäno-

menen und der Lösung von Problemen. Dabei werden zur besseren Handhabung und Verständlichkeit des Untersuchungsobjektes die als unwesentlich erachteten Aspekte und Gegebenheiten aus der Betrachtung ausgeschlossen. Dadurch wird die Komplexität der Aufgabenstellung so reduziert, dass nur noch das Wesentliche des Sachverhaltes übrigbleibt und deutlich wird. A. ist eine unverzichtbare Voraussetzung für die Konstruktion theoretischer **Modelle**.

Administrierter Preis

im engeren Sinne ein staatlich festgesetzter oder regulierter **Preis** (z.B. bei der kommunalen Wasserversorgung, der Abfallentsorgung und bei öffentlichen Verkehrsmitteln); siehe auch **Höchstpreis** und **Mindestpreis**. Im weiteren Sinne können auch die unter den Bedingungen von **Marktmacht** privatwirtschaftlich festgelegten Preise als a.P. aufgefasst werden (z.B. **Monopolpreise**). A.P.e weisen im Vergleich zu Preisen, die unter Konkurrenzbedingungen zustande kommen, eine geringere Flexibilität (insb. nach unten hin auf und beeinträchtigen dadurch die **Marktfunktion**.

Aggregation

Zusammenfassung von Größen, insbesondere von Angebots- oder Nachfrageplänen. Formal geht es um die Zusammenfassung der diese Pläne beschreibenden mathematischen Funktionen. Für jedes Niveau des Marktpreises werden alle angebotenen beziehungsweise nachgefragten Gutsmengen aufsummiert. Als Ergebnis ergibt sich die **Marktangebotskurve** beziehungsweise die **Marktnachfragefunktion**.

Akteur

Kurzbezeichnung für **Wirtschaftsakteur**.

Aktionsparameter

(Wettbewerbsinstrument) angebotspolitische Größe, die ein Unternehmen selbst direkt festlegen oder zumindest beeinflussen kann, um seine Ziele zu verfolgen (z.B. Produktpreise, Werbung, Produktentwicklung). Sie wird dann auch als **Instrumentvariable** bezeichnet. A.r werden auch im Wettbewerb eingesetzt, um die eigene Marktposition zu verteidigen oder zu verbessern. Siehe auch **Erwartungsparameter**.

Aktionsverbundenheit

Ausmaß, in dem angebotspolitische Aktionen eines Anbieters auch den Markterfolg seiner Wettbewerber beeinflussen und diese unter Umständen zu Reaktionen veranlassen (daher auch: Aktions-Reaktions-Verbundenheit). Im Vergleich zum eher statischen Begriff der *Anbieter-Interdependenz* ist A. mehr dynamisch zu interpretieren. Wichtig ist die Unterscheidung zwischen starker oder **direkter A.** und schwacher oder **indirekter A.**

Allgemeine Gleichgewichtstheorie

Zweig der mikroökonomischen **Markttheorie**, der sich darum bemüht, das Gesamtsystem aller Märkte theoretisch zu erfassen und nach Bedingungen für die Existenz, Stabilität und Eindeutigkeit eines allgemeinen (simultanen) **Marktgleichgewichts** zu suchen. Solche Bedingungen sind in der Tat gefunden worden. Das Niveau der **Abstraktion** ist in der A.G. allerdings sehr hoch.

Allgemeiner Verbund (zwischen Märkten)

(schwache Interdependenz) besteht zwischen den Gütermärkten dadurch, dass letztlich alle Endprodukte um die begrenzte **Kaufkraft** der Nachfrager konkurrieren. Beispielsweise senken preisänderungsbedingte Mehrausgaben für ein Gut das verbleibende Ausgabenbudget für alle übrigen Güter, was zu einem mehr oder weniger großen Rückgang ihrer Nachfragemengen führt. Praktisch relevant ist der a.V. vor allem bei Gütern, deren Erwerb einen wesentlichen Teil der Kaufkraft der Nachfrager absorbiert.

Allokation

bezeichnet im weiteren Sinne die Verteilung von Gütern auf bestimmte Einsatz- oder Verwendungszwecke. Im engeren Sinne bezieht sich A. auf die Zuweisung von Ressourcen auf produktive Aktivitäten. Siehe im einzelnen **Faktorallokation** oder **Güterallokation**.

Allokationsfunktion (des Preissystems)

bezeichnet die Eigenschaft eines **Konkurrenzmarktes**, vermöge des **Marktmechanismus** die knappen **Produktionsfaktoren** in ihre produktivsten Verwendungen zu lenken. Dadurch wird der Faktoreinsatz der Unternehmen im Hinblick auf die Kaufwünsche der Nachfrager optimiert.

Alternativkosten

siehe **Opportunitätskosten**.

Alternativproduktion

liegt als Form **verbundener Produktion** in einem **Mehrproduktunternehmen** vor, wenn das Produktionssystem entweder Produkte der einen oder der anderen Art herstellen kann, aber nicht verschiedene Produkte zugleich.

Amoroso/Robinson-Relation

nach *Luigi Amoroso* (1886-1965) und *Joan V. Robinson* (1903-1983) benannte formale Relation, die den Zusammenhang zwischen dem **Grenzerlös** und der **Preiselastizität des Absatzes** beschreibt und somit die Berechnung des ersteren durch die letztere ermöglicht. Die A/R-R. zeigt, dass bei einer Preiselastizität von kleiner als minus Eins der Grenzerlös stets positiv ist, wogegen jeder Elastizitätswert zwischen Null und minus Eins zu einem negativen Grenzerlös führt. Durch Einbeziehung in die **Cournot-Bedingung** macht die A./R.-R. den Einfluss der Preiselastizität auf die Angebotspolitik eines **preisabilen Anbieters** deutlich.

Anbieter

Wirtschaftsakteur, der auf einem Markt unter bestimmten Bedingungen (insbesondere hinsichtlich der Höhe des Preises) bereit ist, eine bestimmte Menge des Gutes zu verkaufen. Diese Bereitschaft wird durch die **Angebotsfunktion** des A.s formal beschrieben. Siehe auch **inkumbente A.** und **potenzielle A.**.

Anbieterpreis

Höhe des Preises für ein Gut, zu dem die **Anbieter** gerade bereit sind, insgesamt eine bestimmte Menge des Gutes zu verkaufen. Der A. kann auch auf einen einzelnen Anbieter bezogen werden. In seiner Höhe entspricht der A. in etwa den **Grenzkosten** des oder der Anbieter(s). Formal ist der A. in Abhängigkeit von der Angebotsmenge die Umkehrfunktion der **Angebotsfunktion**.

Anbietervorteil

siehe **Einzelanbietervorteil** oder **Gesamtanbietervorteil**.

Änderung der Nachfrage

kommt zustande, wenn sich eine **exogene Größe** in der **Nachfragefunktion** verändert (z.B. die Anzahl der Nachfrager). Graphisch kommt es bei einer Ä.d.N. zu einer Verlagerung der Nachfragekurve. Bei Änderung einer **endogenen** Bestimmungsgröße der Nachfrage (z.B. des Gutspreises) findet demgegenüber eine Bewegung entlang einer gegebenen Nachfragekurve statt, das heißt es kommt zu einer "Änderung der nachgefragten Menge".

Änderung des Angebots

kommt zustande, wenn sich eine **exogene Größe** in der **Angebotsfunktion** verändert (z.B. der Preis eines variablen Produktionsfaktors). Graphisch kommt es bei einer Ä.d.A. zu einer Verlagerung der Angebotskurve. Bei Änderung einer **endogenen** Bestimmungsgröße des Angebots (z.B. des Produktpreises) findet demgegenüber eine Bewegung entlang einer gegebenen Angebotskurve statt, das heißt es kommt zu einer "Änderung der angebotenen Menge".

Angebot

bezeichnet bei einzelwirtschaftlicher Betrachtung die Bereitschaft eines Wirtschaftsakteurs, unter bestimmten Bedingungen (insbesondere in Abhängigkeit von der Preishöhe) bestimmte Mengen eines Gutes zu verkaufen (siehe speziell **einzelwirtschaftliches A**). Durch **Aggregation** über alle Anbieter gelangt man zum **Marktangebot**. Das auf dem Markt geäußerte und sich in der Marktangebotsfunktion niederschlagende A. ist das A. im engeren Sinne, wir nennen es, wenn es auf Unterschiede ankommt, *aktuales A.*. Der Teil des aktualen A., der beim herrschenden Marktpreis

tatsächlich durch Transaktionen umgesetzt wird, heißt *effektives A.*. Im weiteren Sinne gibt es jedoch auch Angebote, die (noch) nicht auf dem Markt geäußert werden und sich folglich nicht in der Marktangebotsfunktion niederschlagen. Dies ist *latentes A.* (siehe dazu **latenter Markt**). Das aktuale Güterangebot von Unternehmen hängt hauptsächlich vom Absatzpreis und den Faktorpreisen ab. Darüber hinaus beeinflusst die Produktionstechnologie und in der kurzen Frist auch der Umfang des fixen Faktoreinsatzes das A. Das Marktangebot ist zudem von der Anzahl der Anbieter abhängig.

Angebotselastizität

siehe **Preiselastizität des einzelwirtschaftlichen Angebots** oder **Preiselastizität des Marktangebots**.

Angebotsfunktion

mathematische Funktion, welche die Abhängigkeit des mengenmäßigen **Angebots** eines Gutes von den Bestimmungsgrößen des Angebots, insbesondere vom Preis des Gutes, beschreibt. Der Graph der A. heißt *Angebotskurve*. Siehe speziell **einzelwirtschaftliche Angebotsfunktion**; **Marktangebotsfunktion**.

Angebotsgleichgewicht

Zustand, in dem sich ein Unternehmen befindet, wenn es seine optimale Angebotsmenge realisiert, sich also ein Mehrabsatz nicht lohnen würde. Entsprechend der Fristigkeit der Betrachtung kann ein kurzfristiges und ein langfristiges A. unterschieden werden. Während das kurzfristige A. durch die **Cournot-Bedingung** bestimmt ist, liegt das langfristige A. im Minimum der langfristigen **Durchschnittskosten** (siehe dazu auch **Betriebsoptimum**).

Angebotskurve

siehe **Angebotsfunktion**.

Angebotsmengendiagramm

Diagramm in der Theorie des **Oligopols**, bei dem auf jeder Koordinatenachse die Angebotsmenge eines Oligopolisten gemessen wird.

Angebotsmengenuntergrenze

(Schwellenmenge, Mindestangebotsmenge) die von einem Unternehmen bei seiner **Preisuntergrenze** angebotene Produktmenge. Liegt der Absatzpreis in Höhe der A., so heißt das Unternehmen **Grenzanbieter**. Oberhalb der Preisuntergrenze bietet ein **preisinabler Anbieter** entlang seiner **einzelwirtschaftlichen Angebotsfunktion** an; unterhalb der Preisuntergrenze ist die Angebotsmenge in jedem Fall null. Mengen zwischen Null und der A. bietet ein Unternehmen somit auf keinen Fall an.

Angebotspolitik

Gesamtheit der Ziele, Pläne und Handlungen eines Unternehmens im Hinblick auf sein **Angebot** am Markt. Dazu gehört unter anderem die Festlegung der optimalen Angebotsmenge sowie die Auswahl und Dimensionierung der absatzpolitischen Instrumente (siehe auch **Aktionsparameter**). Bei **vollkommener Konkurrenz** beschränkt sich die A. im wesentlichen auf die Festlegung der Angebotsmenge und Maßnahmen zur Kapazitätsanpassung in der Produktion. Ein **preisabiler Anbiete** kann darüber hinaus den Preis, die Werbung und weitere Instrumente zur Absatzbeeinflussung einsetzen. Im **Oligopol** müssen die Anbieter bei ihrer A. nicht nur die Reaktionen der Marktgegenseite (Nachfrager) berücksichtigen, sondern auch die Reaktionen der Marktnebenseite (Konkurrenten).

Angebotspunkt

Kombination aus Absatzpreis und Angebotsmenge eines Anbieters für ein bestimmtes Gut. Der A. liegt auf der **Preis/Absatz-Kurve** des Anbieters, die bei einem preisinabilen Anbieter horizontal und bei einem preisabilen Anbieter normalerweise mit negativer Steigung verläuft. Siehe speziell **Cournot-Punkt**; **Chamberlin-'scher Tangentialpunkt**.

Angebotsschwelle

Kombination (Vektor) aus **Preisuntergrenze** und **Angebotsmengenuntergrenze** eines Anbieters. Bei Absatzpreisen unterhalb der Preisuntergrenze beziehungsweise Absatzmengen unterhalb der Angebotsmengenuntergrenze bietet ein Unternehmen das betreffende

Gut nicht an. Die A. eines **preisinabilen Anbieters** entspricht in der Regel seinem **Durchschnittskostenminimum**. Bei einem **preisabilen Anbieter** wird die A. erreicht, wenn und wo die **Preis/Absatz-Kurve** seine **Durchschnittskostenkurve** tangiert.

Angebotsüberhang

Marktzustand, der dadurch gekennzeichnet ist, dass beim geltenden Marktpreis die angebotene Menge eines Gutes größer ist als die nachgefragte Menge. Auch die Differenz zwischen diesen beiden Mengen wird als A. bezeichnet. Bei einem A. entspricht die **Transaktionsmenge** der Nachfragemenge. In der Realität zeigt sich ein A. in überfüllten Lagern oder in Halden überschüssig produzierter Güter.

Anormale Nachfrage

liegt vor, wenn die Nachfragemenge eines Gutes umso größer ist, je teurer das Gut ist - und umgekehrt. Das ist formal betrachtet dann der Fall, wenn die Eigenableitung (die partielle Ableitung der Nachfragefunktion nach dem Preis desselben Gutes) positiv ist. Das **Gesetz der Nachfrage** ist dann nicht erfüllt. Ursachen können das Vorliegen des **Giffen-Effektes** oder des **Veblen-Effektes** sein. Anormalität ist nur in einem gewissen Preisintervall möglich, ist also ein "lokales Phänomen": Bei sehr hohen Preisen können aufgrund der **Budgetbeschränkung** von keinem Gut beliebig große Mengen nachgefragt werden. Siehe auch **normale Nachfrage**.

Anormales Angebot

liegt vor, wenn die Angebotsmenge eines Gutes bei sinkendem Preis erhöht und bei steigendem Preis verringert wird. Dann weist die Angebotskurve eine negative Steigung auf; das **Gesetz des Angebots** ist nicht erfüllt. Anormalität ist nur in einem gewissen Preisintervall möglich, ist also ein "lokales Phänomen". Denn bei Preisen nahe Null ist keine hohe Angebotsmenge zu erwarten. In der Realität kann es etwa beim Arbeitsangebot zu a.A.en kommen, wenn Arbeitsanbieter auf einen steigenden Lohnsatz mit einer Verringerung ihrer angebotenen Arbeitsmenge reagieren. Auch in der Landwirtschaft kann es dazu kommen, dass Bauern auf einen Preisrückgang ihrer Erzeugnisse mit einer Produktionsausweitung reagieren, um ihren Erlös konstant zu halten. Siehe auch **normales Angebot**.

Äquivalente Variation

jener Geldbetrag, den man einem Konsumenten vor einer **partiellen Preiserhöhung** wegnehmen müsste, damit dieser dadurch genau so schlecht gestellt ist, wie er es nur durch die Preiserhöhung wäre.

Arbeit

produktive Ressource, konkret: produktiv einsetzbare menschlichen Zeit und (geistige oder körperliche) Kraft. Als Aggregat stellt A. einen grundlegenden **Produktionsfaktor** dar.

Arbeitsangebot

Bereitschaft von Menschen, unter bestimmten Bedingungen (z.B. Lohnhöhe) in einer Periode eine bestimmte Menge an Arbeit anzubieten. Formal lässt sich diese Bereitschaft durch eine *Arbeitsangebotsfunktion* beschreiben.

Arbeitseinsatzfunktion

gibt als mathematische Funktion an, wie die zur **Produktion** einer bestimmten Ausbringungsmenge erforderliche **Faktoreinsatzmenge** an **Arbeit** von dieser Ausbringungsmenge abhängt. Formal handelt es sich um die Umkehrfunktion der **Faktorertragsfunktion**.

Arbeitsintensität

spezielle **Faktorintensität**, die das mengenmäßige Verhältnis von Arbeitseinsatz zu Kapitaleinsatz in der Produktion angibt. Die A. wird zum Beispiel in "Arbeitseinheiten pro Maschine" gemessen. Der Kehrwert der A. ist die **Kapitalintensität**.

Arbeitskoeffizient

siehe **Produktionskoeffizient**.

Arbeitsproduktivität

siehe **Durchschnittsproduktivität**.

Arbitrage

bezeichnet die gewinnmotivierte Ausnutzung von Preisunterschieden eines Gutes, die zu einem Zeitpunkt zwischen zwei (in der Regel räumlich) getrennten Märkten bestehen. Durch den Kauf einer Menge des Gutes auf dem billigeren der beiden Märkte (sog. *Billigmarkt*) und dem sofortigen Verkauf dieser Menge auf dem teureren Markt (sog. *Teuermarkt*) kann ein Händler (sog. Arbitrageur) einen risikolosen Gewinn realisieren. Durch die A. steigt ceteris paribus die **Nachfrage** auf dem Billigmarkt (wodurch dort der Preis steigt) und das **Angebot** auf dem Teuermarkt (wodurch dort der Preis sinkt). Es kommt also zu einer *interregionalen Preisangleichung*. A. ist solange lohnend, wie der Preisunterschied zwischen den beiden Märkten größer ist als die mit der A. verbundenen Kosten pro Mengeneinheit des Gutes.

Asymmetrische Konkurrenzreaktion

ungleiche Reaktion der Wettbewerber einer Anbieters auf Preiserhöhungen und Preissenkungen dieses Anbieters. Typischerweise folgen Wettbewerber Preiserhöhungen nicht, weil sich dadurch ihr Absatz und Marktanteil zulasten des preiserhöhenden Anbieters verbessert. Bei Preissenkungen ziehen sie Wettbewerber dagegen mit, um keine Absatz- und Marktanteilseinbußen zu erleiden. Die **Preis/Absatz-Kurve** eines Anbieters mit a.K. weist beim herrschenden Marktpreis einen konkaven Knick auf; siehe **geknickte Preis/Absatz-Kurve**.

Asymmetrische Nachfrageverbundenheit

liegt in der Fremdpreisabhängigkeitsanalyse dann vor, wenn eine bestimmte prozentuale Fremdpreisänderung auf die Nachfragemenge eines Gutes relativ anders wirkt als die gleiche prozentuale Preisänderung des Gutes auf die Nachfrage des Fremdgutes. Die beiden wechselseitigen **Kreuzpreiselastizitäten** haben dann nicht den gleichen Zahlenwert. Eine Extremform der a.N. ist die **diametrale Nachfrageverbundenheit**.

Atomistische Nachfrage

bedeutet, dass es auf der Nachfrageseite eines **Marktes** eine Vielzahl preisinabiler **Nachfrager** gibt. Jeder Nachfrager hat deshalb nur einen unbedeutenden Anteil an der insgesamt nachgefragten Menge und keinen merklichen Einfluss auf den **Marktpreis**.

Auktion

(Versteigerung) heißt eine zeitlich und räumlich begrenzte **Markt**veranstaltung, bei der bestimmte und zuvor bekannt gemachte Waren an den Meistbietenden verkauft werden. Zwei A.-Arten sind zu unterscheiden: 1. Bei der *gewöhnlichen A.* hält ein Auktionator die anwesenden Kaufinteressenten zu einer Überbietung ihrer Preisangebote an. Eine Variante ist die sogenannte *Einschreibung*, bei der jeder Kaufinteressent schriftlich den höchsten Preis nennt, den er für die Ware zu akzeptieren bereit ist. Der Höchstbietende erhält den Zuschlag. 2. Beim *Veiling* wird dagegen vom Auktionator ein sehr hoher Anfangspreis vorgegeben; dieser wird dann von ihm Schritt für Schritt herabgesetzt, bis ein erster Kaufinteressent den gerade genannten Preis akzeptiert; dieser erhält den Zuschlag.

Ausbreitungseffekt

(Interventionsspirale) Erfahrungsregel, dass jeder staatliche Markteingriff meist rasch Anlass zu weiteren **Interventionen** im gleichen und auch auf anderen verbundenen Märkten gibt. Ursache sind vor allem unvorhergesehene Neben- und Folgewirkungen des Eingriffs sowie Verhaltensänderungen der **Markt-teilnehmer**. Infolge des A.s breiten sich staatliche Markteingriffe über die Märkte aus, wodurch die **Marktfunktion** beeinträchtigt oder im Extremfall ganz aufgehoben wird.

Ausbringungsmenge

(Produktionsmenge, Ertrag, Output, Ausstoß) die von einem **produktiven System** während einer **Produktionsperiode** produzierte Menge eines **Produktes**, also die Anzahl der hergestellten Produkteinheiten. In der **kurzen Frist** misst die A. die mehr oder weniger große Auslastung der vorhandenen Produktionskapazität. Wird dagegen von steter Normal- oder Vollauslastung ausgegangen, so kann die

A. in der **langen Frist** auch als Indikator für die Größe der Produktionskapazität (Betriebsgröße) dienen; man spricht dann besser von Ausbringungs- oder **Outputniveau**.

Ausgaben

mathematisches Produkt aus Preis und gekaufter Menge eines Gutes. In der **Nachfragetheorie** werden unterschieden: die A. eines Haushalts für ein Gut, die Gesamt-A. eines Haushalts für alle Güter sowie die Gesamt-A. aller Haushalte für ein Gut.

Ausgabenanteilstheorem

beschreibt formal den Zusammenhang zwischen der Höhe der **Einkommenselastizität der Nachfrage** und der Veränderung des Ausgabenanteils für ein Gut bei Einkommens- oder Budgetänderungen.

Ausgabenbudget

Kaufkraft, die einem einzelnen Haushalt oder allen Haushalten zusammen zum Kauf von Gütern während einer **Konsumperiode** zur Verfügung steht. Das A. entspricht dem Teil des verfügbaren Einkommens, der nicht gespart wird.

Ausgabenelastizität

(Preiselastizität der Ausgaben) Elastizität der auf ein Gut bezogenen **Ausgaben** eines Haushalts oder aller Haushalte in Bezug auf den Preis des Gutes. Die A. gibt an, um wie viel Prozent sich die Ausgaben für ein Gut verändern, wenn der Preis des Gutes um ein Prozent steigt (oder fällt). Die A. ist zahlenmäßig stets um eins größer als die **Preiselastizität der Nachfrage**.

Auslesefunktion

(Selektionsfunktion) eine **Preisfunktion**, welche die Eigenschaft von Marktpreisen beschreibt, wirtschaftliche (rentable) von unwirtschaftlichen (unrentablen) Gütern und Unternehmen zu trennen. Zu jedem Niveau des Marktpreises haben nur die kostengünstigsten Angebote und Anbieter auf dem Markt Bestand. Die übrigen müssen den Markt verlassen oder kommen erst gar nicht auf den Markt. Dadurch stellt das Marktsystem sicher,

dass die Nachfrage nur von den kostengünstigsten Angeboten gedeckt wird. Staatliche
Markteingriffe (z.B. Erhaltungssubventionen)
können die A. außer Kraft setzen, wodurch sich
das **Marktergebnis** verschlechtert.

Ausschreibung

(Submission) öffentliche Bekanntgabe einer
Kaufabsicht, vor allem seitens staatlicher
Institutionen für größere Leistungen (z.B.
Bauvorhaben). Interessierte Anbieter können
sich dann schriftlich unter Angabe des
gewünschten Preises (Preisgebot) um die
Erbringung der Leistung bewerben. Aus den
eingegangenen Angeboten kann die
ausschreibende Institution das ihr am besten
erscheinende Angebot auswählen. Einerseits
lösen A.en eine Konkurrenz unter den
Anbietern aus, andererseits kann die Gefahr
bestehen, dass es zu Absprachen zwischen
ihnen kommt, mit der Folge allgemein
überhöhter Preisforderungen

Autoregulation

siehe **Selbstregulation**.

Axiom

Grundvoraussetzung einer **Theorie**. A.e
müssen untereinander logisch widerspruchsfrei
sein. Zudem sollten sie möglichst einfach und
allgemein akzeptabel sein, das heißt: empirisch
belegt oder unmittelbar einsichtig (evident).
Einer Theorie sollten möglichst wenige A.e
zugrunde liegen. Änderungen an einem A.
wirken sich substanziell auf die Ergebnisse der
Theorie aus.

B

Basar

extremes Gegenteil eines **homogenen
Marktes**. Auf einem B. werden auch sachlich
gleichartiges Einheiten eines Gutes zu
unterschiedlichen, jeweils zwischen Anbieter
und Nachfrager auszuhandelnden Preisen
gehandelt. Die **Preisbildung** ist somit
vergleichsweise aufwändig und benachteiligt
systematisch Nachfrager ohne Verhandlungs-
geschick.

Bekundete Präferenzen

(revealed preferences) auf *Paul A. Samuelson*
(1948) zurückgehender behavioristischer
Ansatz in der Theorie des Konsumentenverhaltens. Umgekehrt zur üblichen **Haushaltstheorie** wird versucht, aus beobachtbaren
Kaufakten (Nachfragerverhalten) auf die
Präferenzstruktur (**Indifferenzkurven**) zurück-
zuschließen. Es kann gezeigt werden, dass dies
unter bestimmten Annahmen hinsichtlich der
Konsistenz der Präferenzen möglich ist.

Besserpräferenz

Ausdruck der Tatsache, dass ein Konsument ein
Güterbündel unabhängig von Preisen
gegenüber einem anderen als besser vorzieht
(präferiert). Formal wird die B. durch das
Symbol > ausgedrückt.

Betrieb

der Bereich eines **Unternehmens**, in dem sich
die **Produktion** vollzieht. Gelegentlich werden
die Begriffe B. und Unternehmen synonym
verwendet.

Betriebsgröße, optimale

siehe **optimale Betriebsgröße**.

Betriebsoptimum

(langfristiges Angebotsoptimum) hat ein
Unternehmen dann erreicht, wenn es unter
gegebenen Bedingungen (Absatzpreis, Produktionstechnologie, Faktorpreise) sowohl die
optimale Betriebsgröße als auch die dabei
optimale **Ausbringungsmenge** realisiert. Bei
der dann angebotenen Menge des Produktes
stimmen die kurzfristigen Gesamt-, Grenz- und
Durchschnittskosten mit ihren langfristigen
Gegenstücken überein; siehe dazu **kurzfristige
Kosten(funktion)** und **langfristige Kosten-
(funktion)**.

Beweglichkeit der Nachfrage

siehe **Nachfragebeweglichkeit**.

Bezugsgruppeneffekte

siehe **externe Konsumeffekte**.

Billigmarkt

heißt im **Arbitrage**-Modell der Teilmarkt, auf dem der Preis des Gutes im Vergleich zum **Teuermarkt** niedrig ist.

Bodenertragsgesetz

bezeichnet die Erfahrungsregel der **klassischen Produktionstheorie**, nach der die **Grenzproduktivität** eines Produktionsfaktors mit steigender Einsatzmenge des Faktoren zunächst positiv und zunehmend, dann positiv und abnehmend und schließlich negativ wird. Die **Faktorertragskurven** verlaufen glockenförmig. Eine Produktionsfunktion mit diesen Eigenschaften ist die *Sato-Funktion*.

Bowley'scher Dyopolpunkt

nach *Arthur L. Bowley* (1924) benannter Punkt im **Angebotsmengendiagramm**, der sich im Falle eines homogenen **von Stackelberg-Dyopols** ergibt, wenn beide Anbieter die **Unabhängigkeitsposition** einzunehmen versuchen. In einer solchen ungleichgewichtigen Situation kommt es zu allseitig aggressivem Angebotsverhalten der Dyopolisten, mit der Folge eines ruinösen Preisverfalls.

Branche

(Wirtschaftszweig, Industrie) Gesamtheit der Unternehmen, die Güter einer bestimmten Art bereitstellen. Die Unternehmen einer B. konkurrieren in der Regel miteinander als Anbieter auf den gleichen Märkten. Zudem verwenden sie zur Produktion ihrer Produkte gleiche Technologien und bedienen sich ähnlicher Distributionsweisen.

Branchenbedingte externe Effekte

sind solche **externen Effekte**, die von den Änderungen der Gesamtausbringungsmenge einer **Branche** auf die Kostensituation der einzelnen Anbieter ausgehen. Ein *negativer b.e.E.* liegt vor, wenn ein wachsender Branchenoutput zu Kostenerhöhungen bei den Anbietern führt (z.B. weil die Ressourcen knapper und damit teurer werden). Ein *positiver b.e.E.* ist dagegen zu verzeichnen, wenn ein wachsender Branchenoutput Kostensenkungen bei den Anbietern bewirkt.

Break-even-Punkt

siehe **Gewinnschwelle**.

Bruttoeintrittsrate

Anzahl der in einer Periode neu auf den Markt kommenden **Marktteilnehmer** einer Marktseite. Durch Abzug der in der Periode den Markt verlassenden Teilnehmer (*Bruttoaustrittsrate*) ergibt sich die **Nettoeintrittsrate**.

Budget

siehe **Ausgabenbudget** (eines Haushalts) oder **Kostenbudget** (eines Unternehmens).

Budgetanteil

jener Anteil des **Ausgabenbudgets**, der von einem Haushalt oder von allen Haushalten zusammen für ein bestimmtes Gut ausgegeben wird.

Budgetbeschränkung

(Budgetrestriktion) Bedingung, dass die Summe der **Ausgaben** eines Haushalts dessen **Ausgabenbudget** nicht übersteigen darf. Ein Haushalt mit einem begrenzten Ausgabenbudget kann bei positiven Preisen der Güter nur Güterbündel in einem beschränkten Bereich des **Güterraumes** kaufen. Diese Grenze wird durch die **Budgetgerade** beschrieben. Die B. gilt in dieser Form nur, wenn von Ersparnissen und Kreditmöglichkeiten abgesehen wird.

Budgetgerade

(Budgetlinie) beschreibt als graphische Repräsentation der **Budgetbeschränkung** die äußersten Konsummöglichkeiten eines Haushalts im **Güterraum**. Auf der B. liegen alle Güterbündel, die ein Haushalt sich bei vollständiger Verausgabung seines **Ausgabenbudgets** bei den geltenden Güterpreisen leisten kann. Die Steigung der B. wird durch das Verhältnis der Güterpreise bestimmt, die Lage hängt von der Höhe des Ausgabenbudgets ab.

Budgetlinie

siehe **Budgetgerade**.

Budgetrestriktion

siehe **Budgetbeschränkung**.

C

CES-Produktionsfunktion

(Constant Elasticity of Substitution) ein spezifizierter Typ der **Produktionsfunktion**. Sie kann als Verallgemeinerung der **Cobb/-Douglas-Produktionsfunktion** im Rahmen der **neoklassischen Produktionstheorie** aufgefasst werden, lässt sich aber auch so formulieren, dass sie die **Leontief-Produktionsfunktion** der **linear-limitationalen Produktionstheorie** als Spezialfall umfasst. Der besondere Vorteil der CES-F. besteht darin, dass sie es erlaubt, Produktionen mit beliebiger (allerdings konstanter) **Substitutionselastizität** formal zu beschreiben. Eine Verallgemeinerung der CES-F. bildet die *VES-Funktion* (Variable Elasticity of Substitution).

Ceteris-paribus-Bedingung

(abgekürzt: c.p.) Modus der Analyse des Zusammenhangs zwischen mehreren grundsätzlich variablen Einflussgrößen und einer oder mehreren Untersuchungsgröße(n). Die c.p.B. besagt, dass jeweils nur die Auswirkung *einer* als unabhängig definierten Variable auf eine bestimmte als abhängig definierte Variable untersucht wird. Alle übrigen möglichen Einflussgrößen werden bei der Analyse als unverändert unterstellt beziehungsweise konstant gehalten. Der Zusammenhang wird also "unter sonst gleichen Bedingungen" analysiert. Das wichtigste formale Hilfsmittel zur *c.p.-Analyse* sind partielle Ableitungen. Analysen unter der c.p.B. sind nur dann sinnvoll, wenn die als konstant unterstellten Variablen durch die unternommenen Variationen der einen Variablen wirklich nicht wesentlich verändert werden.

Chamberlin'scher Tangentialpunkt

nach *Edward Chamberlin* (1933) bezeichneter langfristiger **Angebotspunkt** eines Anbieters unter den Bedingungen **monopolistischer Konkurrenz**. Es ist jener Punkt auf der Kurve der langfristigen **Durchschnittskosten** des Anbieters, in dem diese durch seine **Preis/Absatz-Kurve** tangiert wird. Hier realisiert der Anbieter keinen Gewinn mehr, so dass es zu keinen Markteintritten mehr kommt (siehe **Markteintrittsmechanismus**). Im Gegensatz zur **vollkommenen Konkurrenz** operiert jeder Anbieter in diesem **langfristigen Marktgleichgewicht** aber nicht im Durchschnittskostenminimum. Das ist gleichsam der Nachteil, der für den Vorteil des differenzierten Angebots bei monopolistischer Konkurrenz hingenommen werden muss.

Cobb/Douglas-Produktionsfunktion

nach *Charles W. Cobb* und *Paul H. Douglas* (1928) benannter einfacher und häufig verwendeter Typ von **Produktionsfunktionen**. Nach ihrer formalen Struktur ist die Ausbringungsmenge gleich dem mathematischen Produkt aus den jeweils mit einem eigenen Exponenten versehenen Faktoreinsatzmengen. Die C./D.-P. erfüllt nicht nur die Voraussetzungen der neoklassischen Produktionstheorie, sondern weist darüber hinaus eine Reihe weiterer vorteilhafter formaler Eigenschaften auf. Sie bewährt sich vor allem bei der Modellierung größerer Produktionssysteme, welche die Möglichkeit der **Faktorsubstitution** bieten.

cost-plus-pricing

siehe **Kosten-plus-Regel**.

Cournot-Bedingung

nach *Augustin A. Cournot* (1838) bezeichnetes Theorem, welches besagt, dass im inneren **Gewinnmaximum** eines Unternehmens der **Grenzerlös** des Absatzes gleich den **Grenzkosten** der Produktion sein muss. Da im Falle eines **preisinabilen Anbieters** der Grenzerlös dem Absatz- beziehungsweise Marktpreis entspricht, lautet die C.-B. dann einfach: "Preis gleich Grenzkosten". In dieser Form wird sie auch als *Grenzkostenpreisregel* bezeichnet. Die C.-B. ist eine notwendige Bedingung für ein Gewinnmaximum (Bedingung erster Ordnung). Sie ist dafür aber nicht hinreichend. Das heißt, sie kann nur dann als Handlungsregel im Rahmen der unternehmerischen **Angebotspolitik** dienen, wenn auch die Bedingung zweiter Ordnung für ein Maximum der Gewinnfunktion erfüllt ist. Bei **Preisdifferenzierung** fordert die C.-B. die Gleichheit der Grenzerlöse aller Teilmärkte und ihre Übereinstimmung mit den Grenzkosten der Produktion.

Cournot-Dyopol

ältestes und auch einfachstes **Dyopol**-Modell, bei dem die *Cournot'sche Verhaltensannahme* vorausgesetzt wird: Jeder der beiden Dyopolisten legt seine gewinnmaximierende Angebotsmenge unter der Annahme fest, dass der jeweils andere auf die eigene Festlegung nicht reagiert. Je nachdem, ob ein homogenes oder heterogenes Gut betrachtet wird, liegt ein homogenes oder ein heterogenes C.D vor.

Cournot-Punkt

(Cournot'scher Punkt) gewinnmaximierender **Angebotspunkt** auf der **Preis/Absatz-Kurve** eines **preisabilen Anbieters**. Im Falle eines **Monopols** heißt der durch den C.P. bestimmte Preis *Monopolpreis* und die Menge *Monopolmenge*. Siehe auch **Cournot-Bedingung**.

D

Datum

heißt eine entscheidungsrelevante Größe, die einer Einzelwirtschaft »von außen« her (insbesondere vom Markt her) vorgegeben ist und auf die sie keinen merklichen Einfluss hat. Bei der Modellierung des einzelwirtschaftlichen Verhaltens sind Daten **exogene Größen**. So ist beispielsweise für einen preisinabilen Anbieter der Absatzpreis bei der Festlegung seiner gewinnmaximierenden Angebotsmenge ein D. Auch staatlich festgesetzte Preise stellen Daten dar.

Deckungsbeitrag

siehe **Durchschnittsdeckungsbeitrag** oder **Gesamtdeckungsbeitrag**.

Deckungsbeitragselastizität

gibt an, um wie viel Prozent sich der **Durchschnittsdeckungsbeitrag** eines Anbieters bezüglich eines bestimmten Produktes ändert, wenn seine **Ausbringungsmenge** um ein Prozent steigt (oder fällt).

Derivative Nachfrage

siehe **abgeleitete Nachfrage**.

Diametrale Nachfrageverbundenheit

extreme Form der **asymmetrischen Nachfrageverbundenheit**, bei der sich die beiden wechselseitigen **Kreuzpreiselastizitäten** zweier Güter nicht nur in ihrem Zahlenwert, sondern sogar in ihrem Vorzeichen unterscheiden. Dann ist beispielsweise das eine Gut ein **ökonomisches Substitut** des anderen, während das andere ein **ökonomisches Komplement** des einen ist.

Differentialgewinn

heißt ein **Gewinn**, der darauf beruht, dass ein Unternehmen sein Produkt zwar zum gleichen Absatzpreis wie seine Mitanbieter verkaufen kann, es aber eine grundsätzlich günstigere Kostenstruktur aufweist, insbesondere geringere **Durchschnittskosten**.

Direkte (starke) Aktionsverbundenheit

liegt vor, wenn sich angebotspolitische Maßnahmen eines Anbieters nicht nur »anonym«, vermittelt über den Markt (wie bei der **indirekten Aktionsverbundenheit**), sondern direkt identifizierbar und spürbar auf die Absatzlage anderer Wettbewerber auswirken. Dadurch werden diese zu gezielten Reaktionen veranlasst, was wiederum auf die Angebotssituation des initiierenden Anbieters zurückwirkt. Daher wird A. auch *Reaktionsverbundenheit* genannt. Bei d.A. hängt der Erfolg eines Anbieters nicht nur vom Einsatz seiner **Aktionsparameter** und der Reaktion der Nachfrager darauf ab, sondern auch von den Reaktionen der übrigen Mitanbieter. Die d.A. ist tendenziell umso ausgeprägter, je weniger Anbieter es auf einem Markt gibt, je homogener das Angebot und je höher die Markttransparenz ist. D.A. ist daher ein wesentliches Merkmal des **Oligopols**. Siehe auch **oligopolistische Interdependenz**.

Direkte Preiselastizität

siehe **Eigenpreiselastizität**.

Dirigismuseffekt

besagt, dass staatliche Markteingriffe (**Interventionen**), insbesondere Preisvorschriften, die

Selbstregulation des Marktes (**Marktmecha-nismus**) außer Kraft setzen. An ihre Stelle treten ein staatliche Vorgaben. Das widerspricht der marktwirtschaftlichen Ordnung.

Dorfman/Steiner-Theorem

nach *Robert Dorfman* und *Peter O. Steiner* (1954) benanntes Theorem, welches (etwas vereinfacht formuliert) besagt, dass ein werbungstreibender Anbieter seinen **Gewinn** dann maximiert, wenn der Anteil seiner Werbe-ausgaben am Erlös gleich dem Quotienten aus **Werbeelastizität** und dem Absolutbetrag der **Preiselastizität des Absatzes** ist.

Durchschnittliche Fixkosten

durch die **Ausbringungsmenge** dividierte **Fix-kosten**. Also jener Fixkostenanteil, die auf jede produzierte Produkteinheit im Durchschnitt entfällt. Die Tatsache, dass die d.F. und damit häufig auch die gesamten **Durchschnittskosten** mit steigender Ausbringungsmenge abnehmen, wird als **Fixkostendegression** bezeichnet.

Durchschnittsdeckungsbeitrag

(Stückdeckungsbeitrag) Differenz zwischen dem Absatzpreis und den **variablen Durchschnittskosten** eines Anbieters bezüglich eines bestimmten Produktes. In der Höhe des D.s zeigt sich, welchen Beitrag der Absatz jeder Einheit des Gutes zur Deckung der **Fixkosten** liefert. Siehe auch **Gesamtdeckungsbeitrag**.

Durchschnittserlös

(Stückerlös) **Erlös** pro abgesetzter Mengen-einheit eines Gutes. Zur Berechnung wird der Erlös des Unternehmens durch dessen Ausbringungsmenge dividiert. Die Abhän-gigkeit des D.s insbesondere von der Absatzmenge wird durch die *Durchschnitts-erlösfunktion* beschrieben. Deren Graph heißt *Durchschnittserlöskurve*. Falls keine Steuern zu berücksichtigen sind, entspricht der D. dem Preis und die Durchschnittserlöskurve der **Preis/Absatz-Kurve** des Unternehmens.

Durchschnittsertrag

siehe **Durchschnittsproduktivität**.

Durchschnittsgewinn

(Stückgewinn) **Gesamtgewinn** dividiert durch die **Absatzmenge**. Der Betrag, den im Durchschnitt jede verkaufte Produkteinheit zum Gewinn des Unternehmens beiträgt. Relevant ist vor allem der D. im Gewinnmaximum (sog. *gewinnmaximierender D.*). Dieser stimmt in der Regel nicht mit dem *maximalen D.* überein, der bei einem preisinabilen Anbieter bei der durchschnittskostenminimierenden Ausbring-ungs- und Absatzmenge erreicht wird.

Durchschnittskosten

(Stückkosten) **Produktionskosten** je pro-duzierter Ausbringungseinheit. Die D. ergeben sich durch Division der **Gesamtkosten** durch die **Ausbringungsmenge**. Die Abhängigkeit der D. von der Ausbringungsmenge wird als **Durchschnittskostenfunktion** bezeichnet. Es lassen sich langfristige und kurzfristige D. unterscheiden; siehe **langfristige Kosten** und **kurzfristige Kosten**.

Durchschnittskostenelastizität

gibt an, um wie viel Prozent sich die **Durch-schnittskosten** der Produktion ändern, wenn die **Ausbringungsmenge** des Unternehmens um ein Prozent steigt (oder fällt).

Durchschnittskostenfunktion

beschreibt als mathematische Funktion die Abhängigkeit der **Durchschnittskosten** von der **Ausbringungsmenge** eines Unternehmens. Jeder möglichen Ausbringungsmenge wird die Höhe der dabei sich ergebenden kurzfristigen oder langfristigen Durchschnittskosten zu-geordnet. Der Graph der D. heißt *Durch-schnittskostenkurve*. Diese hat in kurzen Frist häufig einen U-förmigen Verlauf, weist also ein Minimum auf (siehe dazu **Durchschnitts-kostenminimum**).

Durchschnittskostenminimum

derjenige Punkt auf der Kurve der **Durch-schnittskosten**, in dem diese ihren minimalen Zahlenwert annehmen. Das D. entspricht der **Angebotsschwelle** des Unternehmens. Je nachdem, ob man **kurzfristige Kosten** oder langfristige Kosten betrachtet, liegt ein kurzfristiges oder ein langfristiges D. vor.

Durchschnittsproduktivität

(Durchschnittsertrag, Produktivität im engeren Sinne) Maß für die Ergiebigkeit eines **Produktionsfaktors** in der **Produktion**. Die D. ist definiert als Quotient aus Ausbringungsmenge und Einsatzmenge eines Produktionsfaktors, also "Output durch Input". Sie gibt an, welche Produktmenge jede eingesetzte Mengeneinheit des Faktors im Durchschnitt produziert hat. In der Praxis ist vor allem die *Arbeitsproduktivität* von großer Bedeutung, gemessen in Output je Beschäftigten oder je Beschäftigtenstunde. Der Kehrwert der D. wird als **Produktionskoeffizient** bezeichnet. Siehe auch **Grenzproduktivität**.

Dynamische Analyse

untersucht Änderungen und Anpassungsvorgänge über die Zeit hinweg, also nicht nur auf eine Periode bezogen, wie die **statische Analyse**, sondern periodenübergreifend. Dynamische Modelle sind daran zu erkennen, dass die Zeit (als kontinuierliche Größe oder als Periodennummer) als Variable erscheint.

Dyopol

(Duopol) spezielle Form des **Oligopols** mit nur zwei Anbietern. Siehe speziell **homogenes D.**; **heterogenes D.**

E

Effektive (Markt-)Angebotskurve

Angebotskurve einer Branche, die sich nach der Auswirkung des **Faktorpreiseffektes** ergibt. Siehe auch **Angebotsfunktion**.

Effektive (Markt-)Nachfragekurve

Nachfragekurve die sich auf einem Markt mit **externen Konsumeffekten** ergibt, wenn für alle möglichen Höhen des Preises die tatsächlichen Nachfragemengen den von den Konsumenten erwarteten Nachfragemengen entsprechen. Siehe auch **Nachfragefunktion**.

Effektiver Markt

liegt vor, wenn es für ein Gut sowohl eine wohldefinierte **Angebotsfunktion** als auch eine **Nachfragefunktion** gibt und diese eine Konstellation aufweisen, die ein **Marktgleichgewicht** möglich macht. Siehe auch **potenzieller Markt**.

Effizienz, technische

liegt in der **Produktion** vor, wenn eine bestimmte **Ausbringungsmenge** mit dem unter den technologischen Gegebenheiten geringstmöglichen **Faktoreinsatz** produziert wird. Umgekehrt formuliert erfordert t.E., dass mit einem vorgegebenen Faktoreinsatz der höchstmögliche Output produziert wird. Bei t.E. findet keine Verschwendung knapper Güter statt. Eine Produktion, die nicht technisch effizient ist, heißt *technisch ineffizient*. Siehe auch **effiziente Faktorallokation**.

Effiziente Faktorallokation

Verteilung der verfügbaren Bestände an **Produktionsfaktoren** auf die einzelnen Produktionsmöglichkeiten so, dass jede Änderung der Verteilung zu einer Verringerung der **Ausbringungsmenge** mindestens eines Produktes führt.

Effiziente Produktion

siehe **Effizienz, technische**.

Eigenpreisabhängigkeitsanalyse

(Marshall'sche Analyse) der Teil der Analyse der **Marktnachfrage**, der sich mit der Frage befasst, wie die Nachfragemenge eines Gutes vom Preis eben dieses Gutes abhängt. Formal erfolgt die E. unter der **ceteris-paribus-Bedingung** anhand der **Marktnachfragefunktion**. Die Eigenpreisabhängigkeit der Nachfrage wird durch die **Marshall'sche Nachfragefunktion** beschrieben.

Eigenpreiselastizität der Nachfrage

(direkte Preiselastizität der Nachfrage) Maßzahl für die Abhängigkeit der Nachfragemenge eines Gutes vom Preis des betreffenden Gutes. Die E.d.N. ist gleich dem Quotienten einer der relativen Nachfragemengenänderung eines Gutes und der Preisänderung dieses Gutes. Sie gibt an, um wie viel Prozent sich die nachgefragte Menge des Gutes ändert, wenn der Preis des Gutes um ein Prozent steigt (oder fällt).

Eindeutigkeit (eines Marktgleichgewichts)

liegt vor, wenn es auf einem Markt nur ein einziges **Marktgleichgewicht** gibt. Die Marktangebotskurve und die Marktnachfragekurve schneiden sich dann nur bei einem Niveau des Preises. Gegenteil: **Mehrdeutigkeit**.

Einheitselastischer Punkt

heißt ein Punkt auf einer Kurve, in dem die Elastizität den Zahlenwert minus Eins hat. Relevant ist der e.P. vor allem bei **Marktnachfragekurven** und **Preis/Absatz-Kurven**, denn er markiert dort die Preis-/Mengen-Kombination, bei welcher der größtmögliche Umsatz beziehungsweise Erlös zustande kommt.

Einhüllende

(Enveloppe, Umhüllende) Kurve, die von oben (*obere E.*) oder von unten (*untere E.*) eine gegebene Kurvenschar einfasst und begrenzt. Dabei hat typischerweise jede einzelne Kurve der Kurvenschar genau einen Punkt mit der E.n gemeinsam. Beispielsweise ist in der **Kostentheorie** ist die Kurve der **langfristigen Kosten** eine untere E., da sie die Schar der kurzfristigen Kostenkurven von unten her begrenzt (einhüllt). Für jeden denkbaren Kapitaleinsatz ergibt sich eine bestimmte kurzfristige Kostenkurve. Da es jedoch bei jeder kurzfristigen Kostenkurve eine Ausbringungsmenge gibt, bei der die gegebene Kapitaleinsatzmenge auch aus langfristiger Perspektive kostenminimal ist, hat jede der kurzfristigen Kostenkurven einen Punkt mit der langfristigen Kostenkurve gemein. Die Gesamtheit aller dieser langfristig kostenminimalen Punkte, also die langfristige Kostenkurve, ist folglich die untere »Begrenzung« der Schar kurzfristiger Kostenkurven. Diese Aussagen gelten nicht nur für den Verlauf der **Gesamtkosten**, sondern auch für den der **Durchschnittskosten**.

Einkommen/Konsum-Kurve

Verbindungslinie aller **Konsumoptima** in einem **Konsummengendiagramm**, die sich bei alternativen Niveaus des Einkommens oder Budgets des Nachfragers ergeben. Aus der E/K-K. kann die individuelle Engel'sche Nachfragekurve hergeleitet werden.

Einkommensabhängigkeitsanalyse

(Engel'sche Analyse) der Teil der Analyse der **Marktnachfrage**, der sich mit der Frage befasst, wie die Nachfragemenge eines Gutes vom Budget oder Einkommen der Nachfrager abhängt. Formal erfolgt die E. unter der **ceteris-paribus-Bedingung** anhand der **Marktnachfragefunktion**. Die Einkommensabhängigkeit der Nachfrage wird durch die **Engel'sche Nachfragefunktion** beschrieben.

Einkommenseffekt

Änderung der **Nachfrage** nach einem Gut aufgrund der Realeinkommens- beziehungsweise Kaufkraftänderung, die mit einer Preisänderung bei diesem, oder einem anderen Gut verbunden ist. So wirkt sich beispielsweise die Verteuerung eines Gutes, auf das ein wesentlicher Anteil der Haushaltsausgaben entfällt, wie eine Einkommenssenkung aus (z.B. Benzinpreisverteuerung). Je nachdem, ob das betreffende Gut **superior** oder **inferior** ist, führt die betreffende Realeinkommensänderung zu einer größeren oder zu einer geringeren Nachfragemenge nach diesem Gut. Gemäß der **Slutsky-Zerlegung** wird der E. durch den **Substitutionseffekt** ergänzt.

Einkommenselastizität der Nachfrage

Maßzahl für die Abhängigkeit der **Marktnachfrage** vom **Budget** oder Einkommen der Nachfrager. Die E.d.N. gibt an, um wie viel Prozent sich die Nachfragemenge eines Gutes ändert, wenn das Einkommen aller Nachfrager - oder das Durchschnittseinkommen - um ein Prozent steigt (oder fällt).

Einleiteffekt

Absatzzuwachs, den ein Anbieter beim Einsatz eines **Aktionsparameters** dadurch erzielt, dass ganz neue Nachfrager auf den Markt gelockt werden. Siehe auch **Umleiteffekt**.

Einproduktunternehmen

heißt ein **Unternehmen** (bzw. Betrieb), in dem durch Einsatz von Produktionsfaktoren nur ein einzelnes **Produkt** produziert wird. Gegenteil: **Mehrproduktunternehmen.**

Einsatzfaktor

siehe **Produktionsfaktor.**

Einzelanbietervorteil

(Produzentenrente) misst durch die Differenz aus Erlös und variablen Kosten die Wohlfahrt eines Anbieters. Es ist die Summe der Geldbeträge, die der Anbieter für jede einzelne verkaufte Produkteinheit über die jeweiligen Grenzkosten hinaus auf dem Markt realisiert. Die Höhe der Produktionskosten einer (zusätzlichen) Mengeneinheit des Produktes entspricht dem Preis, ab dem ein Anbieter zur Produktion und zum Absatz dieser Einheit bereit ist. Erhält das Unternehmen einen höheren Preis, so realisiert es einen seine Wohlfahrt steigernden sogenannten Differentialgewinn, der auf seiner vergleichsweise günstigen Kostenstruktur beruht. Graphisch entspricht der E. der Fläche zwischen der Grenzkostenkurve des Anbieters und der horizontalen Linie in Höhe seines Absatzpreises.

Einzelnachfragervorteil

(Konsumentenrente) misst durch die Differenz aus Zahlungsbereitschaft und Ausgaben die Wohlfahrt eines Nachfragers. Es ist die Summe der Geldbeträge, die der Nachfrager für jede einzelne von ihm gekaufte Guteinheit über den tatsächlich gezahlten Preis hinaus zu zahlen bereit gewesen wäre. Kann ein Nachfrager eine Guteinheit zu einen Preis erwerben, der unter seiner maximalen Zahlungsbereitschaft für dieses Gut liegt, so realisiert er eine seine Wohlfahrt steigernde Ausgabenersparnis. Graphisch entspricht der E. der Fläche zwischen der einzelwirtschaftlichen Nachfragekurve (oder Zahlungsbereitschaftsverteilung) des Nachfragers und der horizontalen Linie in Höhe des Marktpreises.

Einzelfaktorvariation

siehe **partielle Faktorvariation.**

Einzelwirtschaft

(Wirtschaftsakteur, Wirtschaftssubjekt, Wirtschaftseinheit) kleinste institutionelle Einheit, die selbständig für sich selbst Wirtschaftspläne aufstellt und über ihre ökonomischen Aktivitäten eigenverantwortlich entscheidet. E.en können sowohl Einzelpersonen oder Individuen (Konsumenten, Produzenten) als auch Personenmehrheiten oder Organisationen (**Unternehmen, Haushalte**) sein. Auch der Staat kann als Einzelwirtschaft aufgefasst werden.

Einzelwirtschaftliche Angebotsfunktion

die **Angebotsfunktion** eines einzelnen **preisinabilen Anbieters.** Formal entspricht sie der Umkehrfunktion der **Grenzkostenfunktion** des Unternehmens, oberhalb der **Angebotsschwelle.** Sie resultiert aus der **Cournot-Bedingung,** ordnet also jedem möglichen Niveau des Absatzpreises die gewinnmaximierende Absatzmenge zu. Dabei werden nur nichtnegative Gewinne akzeptiert. Der Graph der e.A. heißt *einzelwirtschaftliche Angebotskurve.*

Einzelwirtschaftliches Angebot

entspricht der, zumeist durch das **Gewinnmaximum** bestimmten mengenmäßigen Verkaufsbereitschaft eines Anbieters. In Abhängigkeit von den Einflussgrößen des Gewinns (hauptsächlich der Preise der eingesetzten Produktionsfaktoren und des produzierten Gutes sowie der Preiselastizität des Absatzes) wird diese Verkaufsbereitschaft im Falle eines **preisinabilen Anbieters** durch die **einzelwirtschaftliche Angebotsfunktion** ausgedrückt, im Falle eines **preisabilen Anbieters** durch den **Cournot-Punkt.** Im allgemeinen Fall kann das e.A. aber auch durch andere Unternehmensziele bestimmt sein, zum Beispiel Erlösmaximierung oder Marktanteilserhaltung.

Elastizität

von *Alfred Marshall* (1890) bekannt gemachtes Maß, das zahlenmäßig den Zusammenhang zwischen zwei Variablen beschreibt. Dabei werden die relativen (prozentualen) Änderungen dieser Größen zueinander ins Verhältnis gesetzt. Eine "E. von y in Bezug auf x" (oder:

"x-Elastizität von y") gibt an, um wie viel Prozent sich y ändert, wenn x um ein Prozent steigt (oder fällt). E.en weisen den entscheidenden Vorteil auf, nicht maßeinheitenbehaftet zu sein. Dadurch sind Elastizitätswerte aus verschiedenen Anwendungsbereichen miteinander vergleichbar, was bei der Verwendung anderer Zusammenhangsmaße (z.B. Ableitungen) in der Regel nicht der Fall ist. Spezielle Elastizitäten sind unter vielen anderem die **Preiselastizitäten**, die **Einkommenselastizität**, die **Produktionselastizität** sowie die **Kostenelastizitäten**.

Elastizitätstheorem der Nachfragetheorie
besagt, dass für die Nachfrage nach irgendeinem bestimmten Gut die Summe aller Nachfrageelastizitäten (**Eigenpreiselastizität** plus alle **Kreuzpreiselastizitäten** plus **Einkommenselastizität**) stets gleich Null ist beziehungsweise sein muss. Dies kann man zur Berechnung einer Elastizität nutzen, wenn alle übrigen bekannt sind.

Elastizitätstheorem der Produktionstheorie
siehe **Wicksell/Johnson-Theorem**.

Elastizitätstheorem Markttheorie
beschreibt für einen **Markt** formal die Anhängigkeit der relativen (prozentualen) Änderung des Gleichgewichtspreises von den relativen Änderungen exogener Einflussgrößen. Der quantitative Zusammenhang hängt von verschiedenen **Elastizitäten** der beiden Marktfunktionen ab - daher die Bezeichnung.

Empirem
eine durch methodisch-systematische Untersuchungen in der Realität beziehungsweise in empirischem Datenmaterial gefundene Regelmäßigkeit oder Struktur, die den Charakter einer Gesetzmäßigkeit haben. Bekannte E.e sind etwa das **Engel'sche Gesetz** und das **Gesetz vom abnehmenden Ertragszuwachs**. Auch wenn die meisten **Empireme** keine totale oder allgemeine Gültigkeit beanspruchen können, sind sie von unverzichtbarem Erkenntniswert. Denn sie mache Aussagen über Typisches in der Realität und können deshalb der Theoriebildung zugrunde gelegt werden.

Sie helfen auch, relevante von weniger relevanten Fällen in der **Theorie** zu unterscheiden.

endogen
bezogen auf ein betrachtetes **theoretisches Modell** "innen", "innerhalb bestimmt", "von innen herkommend". Gegenteil: **exogen**. Siehe auch **endogene Größe**.

Endogene Größe
Einflussgröße in einem wirtschaftstheoretischen **Modell**, die im Rahmen des Modells erklärt, also in ihrem Wert bestimmt wird - zumeist in Abhängigkeit von **exogenen Größen**. In der graphischen Darstellung eines Modells sind in der Regel jene Variablen endogen, die an den Diagrammachsen stehen. In mathematischen Funktionen treten e.G.n oft in Form der abhängigen und unabhängigen Variablen auf.

Endogenisierung
wissenschaftliches Bemühen, das darauf gerichtet durch den Ausbau und die Kombination theoretischer **Modelle** die Anzahl **exogener Größen** durch Umwandlung in **endogene Größen** zu verringern. Dadurch muss weniger »von außen« vorgegeben werden und vorab bekannt sein, und der Erklärungsumfang der Modelle nimmt zu. Beispiel: Im Modell der Angebotsplanung des preisinabilen Anbieters ist der Absatzpreis eine exogene Größe, während im Marktmodell die Angebotsfunktion bekannt sein muss. Durch Kombination der beiden Modelle erfolgt eine E., indem das Marktmodell die Höhe des Preises erklärt und das Angebotsmodell die Angebotsfunktion.

Engel-Kurve
nach *Ernst Engel* (1857) benannte Kurve, die graphisch die Abhängigkeit der **Ausgaben** der Haushalte (also gekaufte Menge mal Preis) für ein bestimmtes Gut von der Höhe des Einkommens oder des Ausgabenbudgets des Haushalte beschreibt.

Engel'sche Aggregationsbedingung
siehe **Engel'sches Theorem**.

Engel'sche Analyse

siehe **Einkommensabhängigkeitsanalyse**.

Engel'sche Nachfragefunktion

spezielle Form der **Nachfragefunktion**, die zeigt, wie die mengenmäßige **Nachfrage** nach einem Gut ceteris paribus von der Höhe des Einkommens oder Budgets abhängt. Ihr Graph ist die *Engel'sche Nachfragekurve*. Diese Kurven dürfen nicht mit den **Engel-Kurven** verwechselt werden, bei denen anstelle von Mengen die Ausgaben über dem Einkommen aufgetragen werden.

Engel'sches Gesetz

bezeichnet die Erfahrungsregel, dass es sich bei Nahrungsmitteln um schwach **superiore Güter** handelt, dass also die **Einkommenselastizität** der Nahrungsmittelnachfrage kleiner als Eins ist. Mit steigendem Einkommen nehmen die nachgefragten Nahrungsmittelmengen nur unterproportional zu. Das E.G. ist emirisch recht gut gestützt, aber nicht allgemeingültig.

Engel'sches Theorem

(Engel'sche Aggregationsbedingung) besagt, dass bei Budgetänderungen die Summe aller Mehrausgaben für die Güter stets gleich der Änderung der Gesamtausgaben der Nachfrager für diese Güter sein muss. Das E.T. zeigt, dass die **Einkommenselastizitäten** der einzelnen Güter nicht unabhängig voneinander sind.

Engpassfaktor

heißt ein **Produktionsfaktor**, dessen verfügbare Einsatzmenge die erreichbare Ausbringungsmenge begrenzt, dessen Mangel also nicht durch den Mehreinsatz anderer Faktoren ausgeglichen werden kann. Nur durch Erhöhung der Einsatzmenge des E. kann die Ausbringungsmenge erhöht werden. E.en sind besonders relevant in der **linear-limitationaler Produktionstheorie**.

Enveloppe

siehe **Einhüllende**.

Erlös

periodenbezogene Einnahmen eines Anbieters aus dem Absatz eines Produktes. Formal ergibt sich der E. als mathematisches Produkt aus Absatzpreis (netto, d.h. nach Abzug abzuführender Steuern) und Absatzmenge. Die Abhängigkeit des E.s insbesondere von der Absatzmenge wird durch die *Erlösfunktion* beschrieben; deren Graph heißt *Erlöskurve*. Im Falle eines **preisinabilen Anbieters** ist der Absatzpreis vom Markt her vorgegeben und die Erlösfunktion ist linear. Bei einem **preisabilen Anbieter** hängt der E. gemäß dessen **Preis/Absatz-Funktion** von der Absatzmenge ab, wobei die Erlösfunktion typischerweise ein Maximum aufweist.

Erlösgrundgleichung erster Ordnung

beschreibt den formalen Zusammenhang zwischen der Höhe des **Grenzerlöses**, der **Preis/Absatz-Funktion**, ihrer Ableitung sowie der Absatzmenge. Sie zeigt unter anderem, dass bei fallenden Preis/Absatz-Kurven der Grenzerlös stets kleiner als der Preis ist. Die E.e.O. ist auch die Vorstufe zur **Amoroso/-Robinson-Relation**.

Ersparnis

Differenz zwischen dem verfügbaren Einkommen und den geplanten Ausgaben (Budget).

Ertrag

siehe **Ausbringungsmenge**.

Ertragsfunktion

siehe **Faktorertragsfunktion**.

Ertragsgebirge

siehe **Produktionsfunktion**.

Erwartungsparameter

im Rahmen der Angebotspolitik eines Unternehmens eine relevante Größe, deren Wert das Unternehmen als Reaktion auf die Festlegung seiner **Aktionsparameter** erwartet, die es aber nicht selbst direkt bestimmen kann (z.B. die Absatzmenge, wenn das Unternehmen den Produktpreis oder den Werbeaufwand festlegt). Bei einem E. kann es sich auch um **eine Zielvariable** des Unternehmens handeln (z.B. Gewinn oder Erlös).

Essenzieller Faktor

(unverzichtbarer Faktor) **Produktionsfaktor**, ohne dessen Einsatz die **Ausbringungsmenge** einer Produktion stets null ist. Nur wenn alle essenziellen Faktoren in gewissen positiven Mengen in der Produktion eingesetzt werden, kommt ein positiver Output zustande.

Euler'sches Theorem

nach *Leonhard Euler* (1707-1783) benannter mathematischer Satz, der für Funktionen, welche die Eigenschaft der **Homogenität** aufweisen, folgende Aussage trifft: Die Summe aller mit ihren zugehörigen partiellen Ableitungen multiplizierten Werte der unabhängigen Variablen ist gleich dem mit dem Homogenitätsgrad multiplizierten Funktionswert der Funktion. Das E.T. ist an verschiedenen Stellen in der Nachfrage- und der Produktionstheorie von Nutzen.

Existenzbedingung (für ein **Marktgleichgewicht**)

nennt die Voraussetzungen, die erfüllt sein müssen, damit auf einem Markt ein Gleichgewicht existiert. Wenn ein **Marktgleichgewicht** existiert, dann schneiden sich - graphisch argumentiert - die Marktangebotskurve und die Marktnachfragekurve innerhalb des **Marktdiagramms** (einschließlich der Diagrammachsen).

ex ante

(im vorhinein) Analyseform, die auf zukünftige, geplante, mögliche Gegebenheiten gerichtet ist und diese zu erklären oder zu arrangieren versucht. Gegenteil: **ex post**.

exogen

bezogen auf ein betrachtetes **theoretisches Modell** "außen", "außerhalb bestimmt", "von außen herkommend". Gegenteil: **endogen**. Siehe **exogene Größe**.

Exogene Größe

Einflussgröße in einem wirtschaftstheoretischen **Modell**, die nicht im Rahmen des Modells erklärt wird, sondern »von außen« vorgegeben werden muss und dann ihrerseits zur Erklärung der **endogenen Größen** des Modells beiträgt. In der graphischen Darstellung eines Modells sind alle Einflussgrößen exogen, die nicht an den Diagrammachsen stehen. In mathematischen Funktionen treten e.G.n regelmäßig in Form von **Parametern** auf.

Expansionspfad

siehe **kurzfristiger E.** oder **langfristiger E.**

ex post

(im nachhinein) Analyseform, die auf vergangene, realisierte, faktische Gegebenheiten gerichtet ist und diese zu erklären oder zu beschreiben versucht. Gegenteil: **ex ante**.

Externe Effekte

Einflüsse, die vom wirtschaftlichen Handeln (Produzieren oder Konsumieren) eines Wirtschaftsakteurs direkt, das heißt ohne Vermittlung durch einen Markt, auf die wirtschaftlichen Handlungsbedingungen eines anderen Akteurs wirken, wobei dem beeinflussten Akteur zusätzliche Vorteile (*positiver externer Effekt*) oder Nachteile (*negativer externer Effekt*) entstehen. Vorteile können zum Beispiel zusätzliche Einnahmen oder Kosteneinsparungen sein, Nachteile sind dagegen zusätzliche Kosten oder verringerte Einnahmen. E.E. verzerren die wirtschaftlichen Entscheidungen der Akteure und beeinträchtigen die Funktion und Optimalität des **Marktmechanismus**: Aktivitäten, die negative e.E. hervorbringen, werden über ihr optimales Maß hinaus ausgedehnt, wogegen solche mit positiven e.E. in unteroptimalem Umfang vorgenommen werden. Siehe speziell **externe Produktionseffekte**; **externe Konsumeffekte**.

Externe Konsumeffekte

(Bezugsgruppeneffekte) **externe Effekte** auf die **individuelle Nachfrage**, die von dem Nachfrage- und Konsumverhalten anderer Haushalte ausgehen. Die beiden wichtigsten e.K. sind der **Mitläufereffekt** und der **Snobeffekt**.

Externe Produktionseffekte

(Brancheneffekte) **externe Effekte** auf das einzelwirtschaftliche Angebot, die von dem Produktions- und Angebotsverhalten anderer Unternehmen ausgehen. So kann beispielsweise die Einleitung giftiger Abwässer eines

Chemieunternehmens in einen Fluss die Wasseraufbereitungskosten einer flussabwärts gelegenen Brauerei erhöhen (*negativer e.P.*). Ein *positiver e.P.* liegt dagegen vor, wenn etwa ein Imker und ein Blumenzüchter ihre jeweilige Produktion in räumlicher Nähe betreiben, da die Bienen die Bestäubung der Blumen und damit den Ertrag des Gärtners erhöhen, während zugleich die Blumen die Futterkosten des Imkers senken. Siehe auch speziell **branchenbedingte externe Effekte**; **Faktorpreiseffekt**.

F

Faktor
siehe **Produktionsfaktor** oder **Skalenfaktor**.

Faktorallokation
Verteilung der verfügbaren Mengen an **Produktionsfaktoren** auf die einzelnen Produktionsmöglichkeiten zur Herstellung der verschiedenen Produkte. Siehe auch **effiziente Faktorallokation**.

Faktoreinsatzfunktion
beschreibt in Form einer mathematischen Funktion die Abhängigkeit der in einer **Produktion** mindestens erforderlichen Einsatzmenge eines Produktionsfaktors von der Höhe der Ausbringungsmenge - bei Konstanz aller übrigen Faktoreinsätze. Sie ist die Umkehrfunktion der **Faktorertragsfunktion**. Der Graph der F. heißt *Faktoreinsatzkurve*. Die F. ist im Vergleich zur **Faktornachfragefunktion** eine rein technologische Relation.

Faktoreinsatzmenge
die während einer **Produktionsperiode** in der **Produktion** eingesetzte oder einsetzbare Menge eines **Produktionsfaktors**. Der Arbeitseinsatz wird zum Beispiel in Arbeitern oder Arbeitsstunden, der Kapitaleinsatz in Maschinen oder Maschinenstunden gemessen.

Faktoreinsatzmengenkombination
siehe **Faktorenbündel**.

Faktorenbündel
(Faktoreinsatzmengenkombination) geordnete Zusammenstellung bestimmter Inputmengen aller Produktionsfaktoren eines Produktionsprozesses. Graphisch wird ein Faktorenbündel durch einen Punkt im **Faktorraum** dargestellt; formal lässt es sich durch einen Vektor ausdrücken, dessen einzelne Komponenten die Einsatzmengen der einzelnen Faktoren angeben.

Faktorertragsfunktion
(partielle Ertragsfunktion) spezielle Form der **Produktionsfunktion**, die sich bei Variation der Einsatzmenge eines einzelnen Produktionsfaktors (bei Konstanz aller übrigen Faktoreinsätze) ergibt. Die F. gibt an, wieviel von einem Produkt in Abhängigkeit von der Einsatzmenge des variablen Faktors maximal produziert werden kann. Der Graph der F. heißt *Faktorertragskurve*.

Faktorgrenzertrag
siehe **Grenzertrag**.

Faktorintensität
das in einem bestimmten **Produktionspunkt** realisierte mengenmäßige Einsatzverhältnis der **Produktionsfaktoren**, also der Quotient zweier **Faktoreinsatzmengen**. Wichtige Beispiele sind die **Arbeitsintensität** und die **Kapitalintensität**.

Faktormengendiagramm
graphische Darstellung eines Koordinatensystems, auf dessen Achsen die Mengen von (in der Regel zwei) **Produktionsfaktoren** gemessen werden, die ein Unternehmen in verschiedenen Kombinationen (sog. **Faktorenbündel**) in der Produktion eines Produktes einsetzen kann. In F. werden vor allem **Isoquanten** und **Isokostengeraden** eingezeichnet. Siehe auch **Faktorraum**.

Faktormengenrestriktionen
mengenmäßige Beschränkung oder Vorgabe des Einsatzes eines oder mehrerer **Produktionsfaktoren**. F. sind nur bei kurzfristiger

Betrachtung von Bedeutung. Siehe speziell **Höchstmengenrestriktion; Mindestmengenrestriktion; Intervallrestriktion; fixer Faktor.**

Faktornachfragefunktion

gibt an, welche Menge von einem **Produktionsfaktor** bei den zu zahlenden Faktorpreisen und der zu produzierenden Ausbringungsmenge (sog. *technische Form der F.*) beziehungsweise dem erzielbaren Absatzpreis des Produktes (sog. *ökonomische Form der F.*) eingesetzt und somit vom Unternehmen nachgefragt wird. Siehe speziell **kurzfristige Faktornachfragefunktion; langfristige Faktornachfragefunktion.** Siehe auch **abgeleitete Nachfrage.**

Faktorpreis

Preis bezogen auf eine Mengeneinheit eines **Produktionsfaktors.** So ist beispielsweise der F. des Produktionsfaktors Arbeit der Lohnsatz, gemessen in Geldeinheiten pro Arbeitsstunde oder pro Arbeitskraft und Periode.

Faktorpreiseffekt

bezeichnet die Wirkung eines steigenden Branchenoutputs auf die Höhe der Faktorpreise. Wenn alle Anbieter eines Produktes ihre Ausbringungsmenge erhöhen, dann nimmt auch die gesamte Faktornachfrage zu. Dies führt in der Regel zu steigenden Faktorpreisen. Dadurch kommt es zu einer Verlagerung der Grenzkostenkurven der Anbieter nach »oben«. Dadurch reduziert sich das Ausmaß einer lohnenden Angebotsausweitung.

Faktorraum

Gesamtheit aller denkbaren **Faktorenbündel,** die einem Unternehmen bei der Produktion zur Auswahl stehen könnten. Bei nur zwei Produktionsfaktoren entspricht der F. graphisch der Ebene in einem rechtwinkligen Koordinatensystem (**Faktormengendiagramm**), die durch die beiden Achsen (auf denen jeweils die Menge eines Faktors abgetragen wird) begrenzt ist.

Faktorsubstitution

mengenmäßige Ersetzung eines **Produktionsfaktors** durch einen anderen, bei unveränderter Ausbringung und **technisch effizienter** Produktion. Graphisch erfolgt die F. entlang einer **Isoquante.** Vorangetrieben wird F. besonders durch Veränderungen des Faktorpreisverhältnisses.

Faktorsubstitutionsrate

siehe **Grenzrate der Faktorsubstitution.**

Faktorvariation/-variabilität

siehe **partielle F.** oder **totale F.** oder **isoquante F.**

False trading

heißen **Transaktionen,** wenn sie außerhalb des **Marktgleichgewichtes,** bei (noch) nicht realisierter **Markträumung** ausgeführt werden. Das f.t. ist ein zentraler Begriff der **Ungleichgewichtstheorie.**

Festpreis

staatlich vorgeschriebene genau festlegte Höhe eines Marktpreises. Man kann einen F. als Kombination von **Höchstpreis** und gleich hohem **Mindestpreis** auffassen.

Fixer Faktor

Form der **Faktormengenrestriktion,** bei der ein Produktionsfaktor stets in einer ganz bestimmten Menge bei der Produktion eingesetzt werden muss. Die Einsatzmenge des Faktors ist somit fixiert und kann kurzfristig weder über- noch unterschritten werden.

Fixkosten

derjenige Teil der **kurzfristigen Kosten,** dessen Höhe nicht von der betrachteten Einflussgröße (zumeist der Ausbringungsmenge) abhängt. Die F. sind das mathematische Produkt aus Faktorpreis und Einsatzmenge des **fixen Faktors** (bzw. aller fixen Faktoren).

Fixkostendegression

Effekt, der vorliegt, wenn die **Durchschnittskosten** mit steigender Ausbringungsmenge zunächst abnehmen, weil die **durchschnittlichen Fixkosten** von Unendlich her kommend sinken. Die F. hat nichts mit *Größenvorteilen* (siehe **Skalendegression**) eines Unternehmens zu tun; sie bezieht sich auf die zunehmende Auslastung einer in der **kurzen Frist** gegebenen Betriebsgröße.

formal

heißen Darstellungen und Argumentationen, die sich spezieller wohldefinierter abkürzender Symbole und Zeichen bedienen - vor allem mathematischer. Dies verbessert die Übersichtlichkeit und ermöglicht die Anwendung logischer Umformungen und mathematischer Verfahren. Typische Beispiele formaler Darstellungen sind mathematische "Formeln".

Freiheit von Geldillusion

liegt vor, wenn proportionale Änderungen *aller* Güterpreise und des Ausgabenbudgets keine Auswirkungen auf die Konsumoptima und somit die Güternachfragen der Haushalte haben. Das ist insbesondere bei »vollständiger Inflation« der Fall, wenn alle Preise und Einkommen um den gleichen Prozentsatz steigen. Haushalte, die bei vollständiger Inflation ihr Konsumverhalten ändern, unterliegen dagegen der Geldillusion.

Freitausch

Kriterium zur Charakterisierung eines **Marktes**. Die Bedingung des F. ist erfüllt, wenn Anbieter und Nachfrager freie Tauschhandlungen vornehmen können. F. setzt voraus: kostenfreie Transaktionen, Abwesenheit staatlicher Interventionen, Offenheit des Marktes, und Freiwilligkeit des Austausches.

Fremdpreisabhängigkeitsanalyse

(Kreuzanalyse) der Teil der Analyse der **Marktnachfrage**, der sich mit der Frage befasst, wie die Nachfragemenge eines Gutes vom Preis anderer Güter abhängt. Formal erfolgt die E. unter der **ceteris-paribus-Bedingung** anhand der **Marktnachfragefunktion**. Die Fremdpreisabhängigkeit der Nachfrage wird durch die **Kreuznachfragefunktion** beschrieben.

Fremdpreiselastizität der Nachfrage

siehe **Kreuzpreiselastizität der Nachfrage**.

Funktioneller Verbund (zwischen Märkten)

wechselweise Abhängigkeit oder Zusammenhang von Märkten, der durch die direkte mengenmäßige Verbundenheit von Nachfragen

entsteht. Zu nennen sind vor allem funktionelle **Substitute**, funktionelle **Komplemente** sowie die **abgeleitete Nachfrage**.

Fusion

(Verschmelzung) Zusammenschluss von Unternehmen zu einer rechtlichen Einheit, bei dem in der Regel zumindest ein beteiligtes Unternehmen seine vorherige rechtliche Selbständigkeit verliert (z.B. wenn ein Anbieter einen Wettbewerber aufkauft).

G

Geknickte Preis/Absatz-Kurve

tritt bei den Anbietern eines **heterogenen Oligopols** auf, wenn folgende Verhaltensweise dominiert: Bei Preiserhöhungen rechnet jeder Anbieter damit, dass seine Konkurrenten ihre Preise unverändert lassen (weil sich dann ihre Absatzmöglichkeiten verbessern), wogegen bei Preissenkungen jeder Anbieter davon ausgeht, dass die Konkurrenten die Preissenkung nachvollziehen werden (um keine Marktanteilseinbußen zu erleiden). Es liegt also eine **asymmetrische Konkurrenzreaktion** vor. Unter diesen Bedingungen hat die **Preis/Absatz-Kurve** jedes Anbieters bei seinem gerade geltenden Absatzpreis einen Knick. Eine Preiserhöhung würde in den preiselastischen Bereich und damit zu einem starken Absatzrückgang führen. Ein Preissenkung führte dagegen in den preisunelastischen Bereich und brächte deshalb nur einen geringen Absatzzuwachs.

Geldillusion

siehe **Freiheit von Geldillusion**.

Geldtausch

Tausch "Gut gegen Geld" (Verkauf, Kauf) oder "Geld gegen Geld". Gegenteil: **Naturaltausch**.

Genereller Effekt

bezeichnet jene Wirkungen, die der Einsatz eines Instruments der unternehmerischen **Absatzpolitik** auf die Gesamtnachfrage beziehungsweise den Gesamtabsatz aller Anbieter des Gutes hat. Siehe auch **spezieller Effekt**.

Gesamtanbietervorteil

wohlfahrtstheoretisches Maß, definiert als Summe der **Einzelanbietervorteile** aller Anbieter eines Marktes. Graphisch entspricht der G. der Fläche zwischen der Marktangebotskurve und der horizontalen Linie in Höhe des Marktpreises bis zur tatsächlich umgesetzten Menge des Gutes.

Gesamtdeckungsbeitrag

ergibt sich als Summe der Deckungsbeiträge aller abgesetzten Produkteinheiten oder als mathematisches Produkt aus **Durchschnittsdeckungsbeitrag** und abgesetzter Gutsmenge. Der G. gibt an, wie viel der Absatz eines Gutes insgesamt zur Deckung der **Fixkosten** beiträgt. Ein positiver **Gewinn** wird nur dann realisiert, wenn der G. die **Fixkosten** übersteigt.

Gesamtgewinn

siehe **Gewinn**.

Gesamtkosten

periodenbezogene Summe aus **variablen Kosten** und **Fixkosten**. In der **langen Frist** gibt es allerdings keine Fixkosten, da es langfristig definitionsgemäß keine fixen Faktoreinsatzmengen (**Faktormengenrestriktion**) gibt. Die funktionale Abhängigkeit der G. von der Ausbringungsmenge der Produktion wird durch die **Kostenfunktion** beschrieben. Kosten in der Wirtschaftstheorie umfassen stets auch die kalkulatorischen Kosten, wie Unternehmerlohn und Verzinsung des eingesetzten Kapitals.

Gesamtkostenelastizität

gibt an, um wie viel Prozent die **Gesamtkosten** eines Unternehmens sich ändern, wenn die **Ausbringungsmenge** um ein Prozent erhöht (oder gesenkt) wird.

Gesamtnachfragervorteil

wohlfahrtstheoretisches Maß, definiert als Summe der **Einzelnachfragervorteile** aller Nachfrager eines Marktes. Graphisch entspricht der G. der Fläche zwischen der Marktnachfragekurve und der horizontalen Linie in Höhe des Marktpreises bis zur tatsächlich umgesetzten Menge des Gutes.

Gesamtvorteil

wohlfahrtstheoretisches Maß, definiert als Summe aus **Gesamtanbietervorteil** und **Gesamtnachfragervorteil**.

Geschlossener Markt

extremes Gegenteil eines **offenen Marktes**. Ein g.M. weist so hohe *Markteintrittsbarrieren* auf, dass es unter keinen Umständen zum Eintritt neuer Anbieter kommt. Durch Konkurse und Unternehmenszusammenschlüsse nimmt deshalb die Anbieterzahl im Zeitablauf ab, wodurch die potenzielle **Marktmacht** der verbleibenden Anbieter zunimmt. Dadurch wächst die Gefahr, dass es zur **Kollusion** zwischen den Anbietern kommt. Das **Marktergebnis** verschlechtert sich also.

Gesetz, wirtschaftliches

bestimmter Zusammenhang oder Regelmäßigkeit im Bereich der Wirtschaft, die auf wissenschaftliche Weise ermittelt oder begründet worden ist. Wirtschaftliche Gesetze haben nicht den Rang naturwissenschaftlicher Gesetze und sind deshalb eher als "Gesetzmäßigkeiten" zu betrachten. Empirische Gesetze werden auch als **Empireme**, theoretische Gesetze als **Theoreme** bezeichnet, wobei letztere meist logische Zusammenhänge und Regelmäßigkeiten in einem wirtschaftstheoretischen **Modell** beschreiben.

Gesetz der abnehmenden Grenzrate der Faktorsubstitution

bezeichnet den Sachverhalt, dass bei **isoquanter Faktorvariation** jede zusätzlich eingesetzte Einheit des substituierenden Faktors jeweils nur eine geringere Menge eines anderen Faktors ersetzen kann als die gleiche vorangegangene Zunahme des substituierenden Faktors. Handelt es sich bei dem substituierenden Faktor um Kapital und bei dem substituierten um Arbeit, so besagt das "G.d.a.G.d. Substitution von Arbeit durch Kapital", dass - bei gleichbleibendem Output - jede zusätzlich eingesetzte Kapitaleinheit weniger Arbeit ersetzt als die vorangegangene, dass also die Substitution umso schwieriger ist, je weiter sie schon fortgeschritten ist.

Gesetz der abnehmenden Grenzrate der Gütersubstitution

bezeichnet die Erfahrungsregel, dass ein Konsument bei **indifferenter Variation** von einem Gut umso weniger herzugeben bereit ist, je weniger er davon noch in seinem Güterbündel hat. Graphisch zeigt sich das G.d.a.G.d.G. im konvexen Verlauf der **Indifferenzkurven**. Ausnahmen von dem "Gesetz" liegen vor, wenn Güter betrachtet werden, für die nicht die dem G.d.a.G.d.G. zugrunde liegende Annahme der Mischungsvorliebe der Konsumenten gilt.

Gesetz der Nachfrage

bezeichnet die Erfahrungsregel, dass die auf dem Markt insgesamt nachgefragte Menge eines Gutes bei höheren Preisen dieses Gutes geringer ist als bei niedrigen Preisen. Die **Marktnachfragekurve** weist demnach einen fallenden Verlauf beziehungsweise eine negative Steigung auf; dies wird auch als *normaler Verlauf* bezeichnet. Die nicht seltenen Ausnahmen vom G.d.N. liegen in den Fällen **anormaler Nachfrage** vor.

Gesetz der Unterschiedslosigkeit

siehe **Gesetz des einheitlichen Preises**.

Gesetz des Angebots

bezeichnet die Erfahrungsregel, dass die Menge, die insgesamt auf einem Markt von einem Gut angeboten wird, bei höheren Preisen größer ist als bei niedrigen. Die **Marktangebotskurve** weist demnach einen steigenden Verlauf beziehungsweise eine positive Steigung auf; dies wird auch als *normaler Verlauf* bezeichnet. Das G.d.A. ist produktionstechnologisch bedingt, da höhere Ausbringungs- und Angebotsmengen zumindest in der **kurzen Frist** nur zu steigenden Kosten möglich sind. Bei Vorliegen zunehmender **Skalenerträge** kann die langfristige Angebotskurve hingegen einen fallenden Verlauf haben und erfüllt dann das G.d.A. nicht. Es gibt noch weitere Ursachen für ein **anormales Angebot**.

Gesetz des einheitlichen Preises

(Gesetz der Unterschiedslosigkeit des Preises, Jevons'sches Gesetz, Law of indifference) auf William St. Jevons (1835-1882) zurückgehendes Theorem der Markttheorie, welches besagt, dass es auf einem **homogenen Markt** bei vollständiger **Markttransparenz** nur einen einheitlichen Preis für das gehandelte Gut geben kann.

Gesetz vom abnehmenden Ertragszuwachs

(Grenzertragsgesetz) bezeichnet die Erfahrungsregel, dass der **Grenzertrag** eines Produktionsfaktors bei Konstanz aller übrigen Faktoreinsätze umso geringer ist, je mehr von ihm in der Produktion eingesetzt wird (**partielle Faktorvariation**). Das heißt, die Ausbringungsmenge steigt unterproportional mit der Einsatzmenge eines einzelnen Faktors. Das G.v.a.E. ist eine Grundannahme (**Axiom**) der **neoklassischen Produktionstheorie**.

Gewinn

periodenbezogene Differenz aus **Erlösen** und **Kosten** eines Unternehmens, wobei letztere auch die kalkulatorischen Kosten umfassen. Daher ist G. das, was ein Anbieter über die marktübliche Verzinsung des eingesetzten Kapitals und eines ebenfalls marktüblichen Unternehmerlohns hinaus als Einnahmenüberschuss realisiert (sog. *surplus profit*). Die Abhängigkeit des G.s speziell von der Absatzmenge wird durch die *Gewinnfunktion* beschrieben. Deren Graph heißt *Gewinnkurve*. Ein negativer Gewinn wird als *Verlust* bezeichnet. Siehe speziell auch **Differentialgewinn**.

Gewinngrenze

diejenige periodenbezogene Absatzmenge eines Produktes, ab der das Unternehmen die Zone eines positiven **Gewinns** zu verlassen beginnt, bei deren Überschreiten also die **Gesamtkosten** der Produktion stets über dem realisierten **Erlös** liegen. Siehe auch **Gewinnschwelle**.

Gewinnmaximierungsbedingung

siehe **Cournot-Bedingung**.

Gewinnmaximierungshypothese

Verhaltensannahme, nach der Unternehmen bei ihren Entscheidungen (insbesondere bei der Angebotsplanung) stets bestrebt sind, einen maximalen **Gewinn** zu realisieren. In der Realität dominieren bei den privaten Unternehmen Gewinnziele, wenn auch in verschiedenen Varianten. Unter Wettbewerbsbedingungen können Unternehmen nicht wesentlich oder dauerhaft vom Gewinnziel abweichen ohne ihre Existenz zu gefährden; das zeigt der **Gewinnmechanismus**.

Gewinnmaximum

diejenige Preis/Mengen-Kombination, bei der ein **Anbieter** seinen maximalen **Gewinn** realisiert. Der maximale Gewinn kann auch negativ, also ein Verlust sein.

Gewinnmechanismus

bezeichnet als Komponente des **Marktmechanismus** die Funktionsweise und Wirkung des langfristigen Prozesses der Marktanpassung auf Konkurrenzmärkten. Dieser wettbewerbsgetriebene Prozess wird durch den **Gewinn** der Anbieter-Unternehmen gesteuert. Er beruht auf dem Gewinnerhöhungs- und Gewinnerhaltungsinteresse, sowohl der **inkumbenten Anbieter (Kostensenkungsmechanismus)** als auch dem Gewinnerzielungsinteresse **potenzieller Anbieter (Marktzutrittsmechnismus)**. Märkte, in denen überdurchschnittliche Gewinne realisiert werden, absorbieren wachsende Faktormengen und erfahren dadurch eine preis- und gewinnsenkende Kapazitätsausweitung. Märkte mit unterdurchschnittlichen Gewinnen haben dagegen einen kapazitätssenkenden Faktormengenentzug hinzunehmen, wodurch das Produktionsvolumen an die geringe(re) Nachfrage angepasst wird.

Gewinnschwelle

(break-even point) diejenige periodenbezogene Absatzmenge eines Produktes, bei welcher der vom Anbieter realisierte **Erlös** die **Gesamtkosten** der Produktion des Produktes erstmals gerade voll abdeckt. Erst jenseits der G. erreicht das Unternehmen mit dem Produkt positive **Gewinne**. Siehe auch **Gewinngrenze**.

Giffen-Effekt

nach *Robert Giffen* (1837-1910) benannter Fall, bei dem sich für ein **inferiores Gut** eine **anormale Nachfrage** ergibt (sog. Giffen-Gut).

Bei einer Preiserhöhung wird dann eine größere Menge des Gutes nachgefragt (und umgekehrt). Der G.-E. kann nur unter extremen Bedingungen zustande kommen. Theoretisch wird der G.-E. anhand der **Slutsky-Zerlegung** dadurch erklärt, dass in diesem Falle der **Substitutionseffekt** von einem entgegengerichteten **Einkommenseffekt** überkompensiert wird.

Giffen-Gut

heißt ein **inferiores Gut**, das eine **anormale Nachfrage** aufweist. Siehe **Giffen-Effekt**.

Gleichgewicht

Zustand ohne immanente Änderungstendenzen. Siehe speziell **Marktgleichgewicht**; **Oligopolgleichgewicht**.

Gleichgewichtsmenge

jene **Transaktionsmenge**, die sich im **Gleichgewicht** eines Marktes ergibt. Sie entspricht der beim **Gleichgewichtspreis** insgesamt angebotenen und nachgefragten Menge des gehandelten Gutes. Die G. ist die größtmögliche Transaktionsmenge, die auf einem Markt bei freiwilligem Tausch zustande kommen kann

Gleichgewichtspreis

(Marktpreis im engeren Sinne) die Höhe des Preises im Gleichgewicht eines Marktes. Der **Markt** befindet sich dann in einer Ruhelage ohne immanente Änderungstendenzen. Beim *kurzfristigen* G. kommt es zur **Markträumung**; es ist dann kein kurzfristiger Anpassungsdruck **(Preismechanismus)** mehr wirksam. Bei **vollkommener Konkurrenz** ergibt sich der G. durch den Schnittpunkt von Angebots- und Nachfragekurve; beim G. entspricht also die geplante Angebotsmenge der geplanten Nachfragemenge des Gutes. Die Kaufwünsche der Nachfrager, die diesen Preis zu zahlen bereit sind, werden dann ebenso realisiert wie die Verkaufspläne der Anbieter, die zu diesem Preis zum Verkauf bereit sind. Der *langfristige* G. entspricht der Höhe der minimalen langfristigen **Durchschnittskosten** der Anbieter bei der bestehenden Produktionstechnologie. - Im Falle eines **Monopols** kann der **Monopolpreis** als G. *im* *weiteren Sinne* aufgefasst werden, weil auch dabei Markträumung herrscht und keine kurzfristigen Preisänderungstendenzen wirksam sind.

Gleichgewichtstheorie

Teilgebiet der **Markttheorie**, das sich mit Fragen der Bedingtheit (*statische G.*), des Zustandekommens (*dynamische G.*) und allgemein mit den Eigenschaften (Existenz, Eindeutigkeit, Stabilität) von **Marktgleichgewichten** auf einzelnen Märkten (*partielle G.*) oder im Märkteverbund (*konjunktionale G.*) befasst. Das *totale Gleichgewicht* aller Märkte ist Gegenstand der **Allgemeinen Gleichgewichtstheorie**. Der Objektbereich der G. weist eine große Überdeckung mit der **Preistheorie** auf. Es gibt aber auch Gleichgewichtskonzepte, in denen Preise keine Rolle spielen; siehe dazu **Ungleichgewichtstheorie**.

Grauer Markt

illegaler **Markt**, der sich als Folge der staatlichen Festsetzung eines **Mindestpreises** bildet, weil es dann zu einem dauerhaften **Angebotsüberhang** kommt, der durch den **Preismechanismus** nicht offen abgebaut werden kann. Auf dem g.M. werden Teilmengen des Gutes außerhalb des »offiziellen Marktes« illegal zu Preisen unterhalb des Mindestpreises gehandelt. Diese Preise werden in der Nähe des **Gleichgewichtspreises** für das Gut liegen.

Grenzanbieter

heißt ein Unternehmen, das gerade an seiner **Angebotsschwelle** operiert. Der Preis, zu dem es sein Produkt absetzen kann, liegt in der Höhe seiner **Preisuntergrenze**. G. realisieren keinen Gewinn, aber auch (noch) keinen Verlust. Da sich die Preisuntergrenzen der Unternehmen wegen der unterschiedlichen Kostenstrukturen unterscheiden, wird jedes Unternehmen bei einem anderen Niveau des Marktpreises zum G.

Grenzausgaben

Änderung der **Ausgaben**, zu der es bei einem Wirtschaftsakteur kommt, wenn dieser, durch die Preissenkung eines Gutes angeregt, von einem Gut eine zusätzliche Mengeneinheit kauft. Ob die Ausgaben des Akteurs bei einer

Preisänderung zu- oder abnehmen hängt vom Verlauf seiner individuellen Nachfragekurve ab; siehe **individuelle Nachfrage**.

Grenzerlös

Änderung des **Erlöses**, die ein Unternehmen durch den Absatz einer zusätzlichen Produkteinheit realisieren kann. Die Abhängigkeit des G.s von der Absatzmenge wird durch die *Grenzerlösfunktion* beschrieben. Deren Graph heißt *Grenzerlöskurve*. Graphisch entspricht der G. der Steigung der Erlöskurve in einem ihrer Punkte. Formal handelt es sich beim G. um die erste Ableitung der Erlösfunktion bei einer bestimmten Absatzmenge. Die Ableitung entspricht dem Quotienten aus Erlös- und Absatzmengenänderung. Bei **preisinabilen Anbietern** entspricht der G. dem vom Markt her bestimmten Absatzpreis und ist konstant, das heißt unabhängig von der einzelwirtschaftlichen Absatzmenge. Bei Anbietern, die eine negativ geneigte **Preis/Absatz-Kurve** haben, fällt dagegen der G. mit der Absatzmenge und kann auch negativ werden.

Grenzertrag

Output- beziehungsweise Ertragszuwachs, der durch den Einsatz einer zusätzlichen Mengeneinheit eines **Produktionsfaktors** in der Produktion ermöglicht wird. Die Höhe des G.s eines Faktors ist im allgemeinen davon abhängig, wie viel von dem Faktor bereits in Produktion eingesetzt wird. Der G. entspricht näherungsweise der **Grenzproduktivität**. Die graphische Darstellung des Zusammenhangs zwischen G. und Faktoreinsatz heißt **Grenzertragskurve**.

Grenzertrag des Geldes

der durch eine zusätzliche, für einen vermehrten Faktoreinsatz verausgabte Geldeinheit ermöglichte Mehrertrag (Outputzuwachs) eines Unternehmens. Dabei wird davon ausgegangen, dass das Unternehmen das erhöhte Kostenbudget weiterhin kostenminimal für den vermehrten Einsatz der variablen Produktionsfaktoren einsetzt. Der G.d.G. entspricht jeweils dem Quotienten aus dem **Grenzertrag** beziehungsweise der **Grenzproduktivität** und dem Preis der variabel eingesetzten Produktionsfaktoren.

Grenzertragsausgleichstheorem

allgemeinere Form der **Minimalkosten-kombinationsbedingung**. Das G. besagt, dass in einer **Minimalkostenkombination** der Quotient aus **Grenzproduktivität** und Faktorpreis (sog. **Grenzertrag des Geldes**) für alle Produktionsfaktoren gleich sein muss.

Grenzertragsgesetz

siehe **Gesetz vom abnehmenden Ertragszuwachs**.

Grenzgewinn

Differenz zwischen **Grenzerlös** und **Grenzkosten**. Der G. ist die Änderung des **Gewinns**, die ein Unternehmen durch die Produktion und den Absatz einer zusätzlichen Produkteinheit realisieren kann. Der G. kann positiv (Gewinnzunahme) oder negativ (Gewinnabnahme) sein.

Grenzkosten

(Marginalkosten) Kostenzuwachs, der durch die Erhöhung der Ausbringungsmenge eines **produktiven Systems** um eine Mengeneinheit entsteht. Graphisch entsprechen die G. der Steigung der Kurve der **Gesamtkosten** in einem ihrer Punkte. Formal sind sie gleich der ersten Ableitung der **Kostenfunktion** bei einer bestimmten Ausbringungsmenge. Die Ableitung entspricht dem Quotienten aus Kosten- und Ausbringungsänderung. Die Abhängigkeit der G. von der Ausbringungsmenge wird durch die *Grenzkostenfunktion* beschrieben. Deren Graph heißt *Grenzkostenkurve*. Je nachdem, ob man **kurzfristige Kosten** oder **langfristige Kosten** betrachtet, liegen kurzfristige oder langfristige G. vor.

Grenzkosten der Arbeit

Lohnkostenänderung, die bei einer Erhöhung der Ausbringungsmenge um eine Mengeneinheit durch den dazu erhöhten Arbeitseinsatz auftritt.

Grenzkosten des Kapitals

Kapitalkostenänderung, die bei einer Erhöhung der Ausbringungsmenge um eine Mengeneinheit durch den dazu erhöhten Kapitaleinsatz auftritt.

Grenzkostenelastizität

gibt an, um wie viel Prozent sich die **Grenzkosten** eines Unternehmens ändern, wenn die Ausbringungsmenge um ein Prozent zunimmt (oder abnimmt) Bei einem **preisinabilen Anbieter** entspricht die G. dem Kehrwert der **Preiselastizität des einzelwirtschaftlichen Angebots**.

Grenzkostenfunktion

siehe **Grenzkosten**.

Grenzkostenpreisregel

Gewinnmaximierungsbedingung für einen **preisinabilen Anbieter**. Siehe im einzelnen **Cournot-Bedingung**.

Grenznachfrage

Änderung der Nachfragemenge bei Änderung einer Bestimmungsgröße der **Nachfrage** (v.a. des Eigenpreises) um eine »kleine« Einheit. Formal wird dies durch die erste Ableitung der **Nachfragefunktion** nach der betrachteten Bestimmungsgröße beschrieben. Die G. kann in Bezug auf die **individuelle Nachfrage** ebenso betrachtet werden wie hinsichtlich der **Marktnachfrage**.

Grenznachfrager

heißt ein **Nachfrager**, der beim geltenden **Marktpreis** gerade noch nichts von dem betrachteten Gut nachfragt, aber bei einer kleinen Preissenkung sofort eine positive Menge davon nachfragen würde. Ab welcher Preishöhe ein Haushalt oder Konsument zum G. wird, hängt von seiner maximalen Zahlungsbereitschaft für das Gut ab.

Grenzproduktivität

erste Ableitung der **Produktionsfunktion** nach einem der Faktoreinsätze. Graphisch entspricht die G. der Steigung der **Faktorertragsfunktion** in einem Punkt. Die G. eines Faktors hängt im allgemeinen von der Einsatzmenge des Faktors ab. Sie entspricht in etwa dem **Grenzertrag**. Die graphische Darstellung des Zusammenhangs zwischen G. und Faktoreinsatz heißt *Grenzproduktivitätskurve*, deren formale Beschreibung ist die *Grenzproduktivitätsfunktion*.

Grenzproduktivitätsbedingung

besagt, dass bei gewinnmaximierendem Faktoreinsatz der Preis jedes variablen Faktors dessen **Wertgrenzprodukt** entsprechenden muss.

Grenzproduktivitätstheorie

eine **Theorie** zur Erklärung der Faktornachfrage **preisinabiler Anbieter** und der Entlohnung der Faktoranbieter. Die G. zeigt auf der Grundlage der **Gewinnmaximierungshypothese**, dass Unternehmen jeden variablen Produktionsfaktor nur bis zu dem Umfang einsetzen, bei dem das **Wertgrenzprodukt** dem Preis des Faktors entspricht (**Grenzproduktivitätsbedingung**). Die letzte, gerade noch eingesetzte Faktoreinheit schafft also soviel an Werten wie sie kostet. Verursacht der Einsatz einer zusätzlichen Faktoreinheit dagegen höhere Kosten als sie an realisierbaren Marktwerten produziert, so wird auf ihren Einsatz verzichtet. Je teurer also ein Faktor ist, desto weniger wird von ihm eingesetzt, sofern sein **Grenzertrag** mit zunehmender Einsatzmenge abnimmt (**Gesetz vom abnehmenden Ertragszuwachs**).

Grenzrate der Faktorsubstitution

(Faktorsubstitutionsrate) entspricht - graphisch gesehen - dem Absolutbetrag der Steigung einer **Isoquante** in einem Punkt. Ökonomisch gesehen gibt die G.d.F. an, wie viele Mengeneinheiten eines **Produktionsfaktors** den Mindereinsatz eines anderen Faktors um eine Einheit ausgleichen können, so dass die gleiche Ausbringungsmenge wie zuvor produziert werden kann. Siehe auch **Gesetz von der abnehmenden Grenzrate der Faktorsubstitution**.

Grenzrate der Gütersubstitution

(Gütersubstitutionsrate) entspricht - graphisch gesehen - dem Absolutbetrag der Steigung einer **Indifferenzkurve** in einem Punkt. Ökonomisch gesehen gibt die G.d.G. an, auf wie viele Mengeneinheiten eines Gutes ein Konsument zu verzichten bereit ist, um eine zusätzliche Einheit eines anderen Gutes zu erhalten. Sie drückt also die Tausch- beziehungsweise Zahlungsbereitschaft des Konsumenten für das gewünschte Gut aus, gemessen in Einheiten des anderen

Gutes. Siehe auch **Gesetz von der abnehmenden Grenzrate der Gütersubstitution**.

Grenzrate der Transformation

(Transformationsrate) entspricht - graphisch gesehen - dem Absolutbetrag der Steigung der **Transformationskurve**. Die G.d.T. gibt an, auf wie viele Mengeneinheiten eines Gutes bei vollständigem Einsatz aller Produktionsfaktoren verzichtet werden muss, wenn eine zusätzliche Mengeneinheit eines anderen Gutes produziert werden soll. Das entspricht gewissermaßen den gütermäßigen **Opportunitätskosten** der zusätzlich zu produzierenden Guteinheit. Da wegen des **Gesetzes vom abnehmenden Ertragszuwachs** jede zusätzlich produzierte Guteinheit einen immer höheren Ressourceneinsatz erfordert, nimmt die G.d.T. mit zunehmender Umschichtung der Faktoreinsätze immer weiter zu.

Gut

Ware oder Dienstleistung im weitesten Sinne, die als Mittel der Bedürfnisbefriedigung von Konsumenten dienen kann (*Konsumgut*) oder der **Produktion** anderer Güter in Unternehmen (*Produktionsgut* bzw. **Produktionsfaktor**). Bei natürlich gegebenen Gütern wird auch von **Ressourcen** im weiteren Sinne gesprochen. Produzierte Güter heißen **Produkte**. Siehe speziell **heterogenes Gut; homogenes Gut**.

Güterallokation

Verteilung verfügbarer Güter auf die Konsumenten beziehungsweise Haushalte. Im Falle der Verteilung von Kaufkraft oder Einkommen auf die Haushalte wird von *Distribution* gesprochen. Siehe auch **optimale Güterallokation**.

Güterbündel

(Gütermengenkombination) geordnete Zusammenstellung bestimmter Konsummengen aller Güter (siehe **Gut**), die ein Konsument in einer bestimmten Periode zu konsumieren erwägen kann. Graphisch wird ein G. durch einen Punkt im **Güterraum** dargestellt; mathematisch lässt es sich durch einen Vektor ausdrücken, dessen Komponenten die Konsummengen der einzelnen Güter angeben.

Gütermengenkombination

siehe **Güterbündel**.

Güterraum

Gesamtheit aller denkbaren **Güterbündel**, die einem Konsumenten zur Auswahl stehen könnten. Bei nur zwei Gütern entspricht der G. graphisch der Ebene in einem rechtwinkligen Koordinatensystem (**Konsummengendiagramm**), die durch die beiden Achsen begrenzt wird, auf denen die Mengen der beiden Güter abgetragen werden.

Gütersubstitution

mengenmäßige Ersetzung eines Konsumgutes durch ein anderes, bei unverändertem Präferenzniveau (**Präferenzstärke**), das heißt bei **indifferenter Variation**. Graphisch erfolgt die G. entlang einer **Indifferenzkurve**.

Gütersubstitutionsrate

siehe **Grenzrate der Gütersubstitution**.

H

Haushalt

eine kleinste Einzelwirtschaft, die über ein eigenes Ausgabenbudget verfügt und auf den Märkten in erster Linie als Nachfrager von Gütern zu Konsumzwecken auftritt. Darüber hinaus möglicherweise auch als Anbieter von Faktorleistungen (z.B. Arbeit). Als Handlungsmaxime des H.s wird zumeist unterstellt, er versuche dasjenige **Güterbündel** zu konsumieren, für das er die höchste **Präferenzstärke** hat. Die konsumierenden Personen innerhalb eines Haushalts werden als *Konsumenten* bezeichnet. Meist werden die Begriffe H. und Konsument synonym verwendet.

Haushaltsoptimum

siehe **Konsumoptimum**.

Haushaltstheorie

(Konsumententheorie) Sammelbezeichnung für eine Gruppe von **Theorien**, die das ökonomische Verhalten des **Haushalts** zum Gegenstand haben. Zentrale Komponenten der

H. sind die Theorie der **Präferenzen** und der **individuellen Nachfrage**. Siehe auch **bekundete Präferenzen**.

Heterogener Markt

Markt, auf dem die **Homogenitätsbedingung** nicht erfüllt ist, auf dem also ein **heterogenes Gut** gehandelt wird. Es liegt dann ein differenziertes Gut vor oder Marktbedingungen sind uneinheitlich. H.M.e können in der Regel in unterschiedliche Teilmärkte eingeteilt werden.

Heterogenes Dyopol

(Preisdyopol) ein **Dyopol**, in dem von den beiden Anbietern ein **heterogenes Gut** bereitgestellt und auf dem Markt zu unterschiedlichen Preisen angeboten wird.

Heterogenes Gut

ein **Gut**, dessen einzelne Mengeneinheiten aus der Sicht der Nachfrager gewisse Unterschiede aufweisen. Diese können sachlich bedingt sein (z.B. unterschiedliche Varianten, Aufmachungen, Funktionen oder Qualitäten) oder auf sachfremden Präferenzen beruhen (z.B. persönliche, räumliche oder zeitliche). Die Einheiten eines h.G.s sind nur bis zu einem gewissen Grad gegeneinander substituierbar. H.G.r werden auf einem **heterogenen Markt** gehandelt. Heterogenität der Güter ist eine Voraussetzung für **Preisdifferenzierung** und eröffnet den Anbietern Spielräume für eine autonome Preissetzung.

Höchstmengenrestriktion

Form der **Faktormengenrestriktion**, bei der nur eine bestimmte, höchstens verfügbare Menge eines **Produktionsfaktors** zum Einsatz kommen kann. Diese muss allerdings nicht vollständig in der Produktion eingesetzt werden.

Höchstpreis

staatlich festgelegter Höchstwert für den Preis eines Gutes. Der H. darf bei den Markttransaktionen unter-, aber nicht überschritten werden. Ein H. ist nur dann wirksam, wenn er unterhalb des **Gleichgewichtspreises** angesetzt wird. Die Wirksamkeit des **Preismechanismus** wird, wie bei jedem gesetzten Preis, unterbunden. Beim H. entsteht auf dem Markt ein anhaltender **Nachfrageüberhang**, was zu einer Reihe negativer Auswirkungen führt (u.a. die Entstehung von **Schwarzmärkten**).

homogen

siehe **Homogenität** (von Funktionen) oder **homogenes Gut** oder **homogener Markt**.

Homogener Markt

ein **Markt**, der dadurch gekennzeichnet ist, dass auf ihm ein **homogenes Gut** bei vollständiger **Markttransparenz** und bei Abwesenheit sachfremder Präferenzen (z.B. räumliche, zeitliche oder persönliche) gehandelt wird. Es gilt dann das **Gesetz des einheitlichen Preises**.

Homogenes Cournot-Dyopol

spezieller (einfacher) Typ des **homogenen Dyopols** und des **Cournot-Dyopols**, das durch folgende Annahme hinsichtlich des Anbieterverhaltens gekennzeichnet ist: Jeder der beiden Anbieter geht davon aus, dass sein Angebotsverhalten keine Reaktionen bei dem Konkurrenten hervorruft, dass also der jeweils andere Anbieter seine optimale Angebotsmenge festlegt und dann dabei bleibt (*Cournot'sche Verhaltensannahme*). Dadurch wird Lernfähigkeit bei den Dyopolisten ausgeschlossen.

Homogenes Dyopol

(Mengendyopol) ein **Dyopol**, in dem von den beiden Anbietern ein **homogenes Gut** bereitgestellt und auf dem Markt zu einem einheitlichen Preis angeboten wird. Siehe speziell **homogenes Cournot-Dyopol**; **homogenes von Stackelberg-Dyopol**.

Homogenes Gut

einheitliches, undifferenziertes **Gut**, dessen einzelne Mengeneinheiten aus der Sicht der Nachfrager völlig gleichartig sind, so dass keine unterschiedlichen Präferenzen hinsichtlich der einzelnen Gutseinheiten vorliegen. Da sich die Mengeneinheiten eines h.G.s insbesondere hinsichtlich Art, Aufmachung, Funktion und Qualität nicht unterscheiden, sind sie völlig untereinander substituierbar. Ein nicht-homogenes Gut wird als **heterogenes Gut** bezeichnet.

Homogenes Oligopol

siehe speziell **homogenes Dyopol**.

Homogenes von Stackelberg-Dyopol

spezieller Typ des **homogenen Dyopols**, das durch folgende Annahme hinsichtlich des Anbieterverhaltens gekennzeichnet ist: Während der erste Anbieter davon ausgeht, dass sein Angebotsverhalten keine Reaktionen bei dem zweiten Anbieter hervorruft, berücksichtigt der zweite Anbieter dieses Cournot'sche Verhalten (siehe: **homogenes Cournot-Dyopol**) des ersten und bezieht dessen erwartete Reaktionen in seine Angebotsplanung mit ein (*von Stackelberg'sche Verhaltensannahme*). Hier wird also bei einem der Dyopolisten Lernfähigkeit unterstellt. Dieser zweite Anbieter befindet sich in der *Unabhängigkeitsposition*, während der erste in der *Abhängigkeitsposition* ist.

Homogenität (von Funktionen)

formale Eigenschaft gewisser mathematischer Funktionen. Eine Funktion heißt homogen vom Grade $\hbar$, wenn sich bei Multiplikation aller unabhängigen Variablen mit einem mathematischen Faktor μ ein $\mu^\hbar$-facher Funktionswert ergibt. Bei $\hbar = 2$ führt beispielsweise eine Verdreifachung aller Variablenwerte zu einer Verneunfachung des Funktionswertes. Ökonomisch spielt vor allem die H. von **Produktionsfunktionen** eine große Rolle. Bei einer homogenen Produktionsfunktion führt ein μ-facher Faktoreinsatz stets zu einer $\mu^\hbar$-fachen Ausbringungsmenge, egal von welchem ursprünglichen Faktoreinsatz man ausgeht. Siehe auch **Skalenerträge**.

Homogenität (von Gütern)

siehe **homogenes Gut**.

Homogenitätsbedingung

Kriterium zur Charakterisierung eines **Marktes**. Die H. ist erfüllt, wenn auf dem Markt ein einheitliches, undifferenziertes Gut gehandelt wird. Alle Einheiten des Gutes sind dann aus Sicht der Nachfrager sachlich gleichartig, die

Marktteilnehmer haben keine sachfremden Präferenzen (z.B. persönliche, räumliche, zeitliche).

I

Indifferente (Güter-)Variation

beschreibt eine Bewegung entlang einer **Indifferenzkurve** durch entsprechendes Vergrößern und Verkleinern von Konsumgütermengen. Ein Konsument akzeptiert eine Verringerung der konsumierbaren Menge eines Gutes nur dann, wenn er dafür zum Ausgleich zusätzliche Mengeneinheiten eines anderen Gutes erhält. Das Präferenzniveau (siehe **Präferenzstärke**) bleibt bei einer solchen i.V. konstant.

Indifferenz

liegt dann vor, wenn ein Konsument von mehreren **Güterbündeln** keines den anderen vorzieht und folglich alle betrachteten Güterbündel als gleichgut erachtet. Alle zueinander indifferenten Güterbündel liegen auf einer Linie, der **Indifferenzkurve**.

Indifferenzfunktion

beschreibt formal den Zusammenhang zwischen den Mengen aller Konsumgüter, für deren Kombinationen der Konsument jeweils die gleiche **Präferenzstärke** empfindet. Die Präferenzstärke geht als **Parameter** φ in die I. ein. Für jeden Zahlenwert von φ ergibt sich als Funktionsgraph eine andere **Indifferenzkurve**. Diese umfasst alle **Güterbündel** für die der Konsument eine bestimmte, gleich hohe Präferenzstärke hat.

Indifferenzkurve

graphische Darstellung der Gesamtheit jener **Güterbündel** des **Güterraumes**, die aus der Sicht des Konsumenten gleichgut sind, zwischen denen er also indifferent ist. Entlang einer Indifferenzkurve können einzelne Güter mengenmäßig gegen andere ausgetauscht (substituiert) werden, ohne dass der Konsument sich dadurch besser oder schlechter stellt (**indifferente Variation**). Formal werden die Indifferenzkurven eines Konsumenten durch seine **Indifferenzfunktion** beschrieben. Siehe auch **Grenzrate der Gütersubstitution**.

Indirekte (schwache) Aktions-verbundenheit

betrifft die Marktwirkungen angebotspolitischer Maßnahmen. Schaffen es Anbieter zum Beispiel durch Kostensenkungen oder Kapazitätsausweitungen ihren Absatz zu erhöhen so sinkt das Absatzpotential ihrer Konkurrenten. Ohne in **direkter Aktionsverbundenheit** zu stehen, wirkt sich also der Einsatz von **Aktionsparametern** auf die Angebotssituation von (möglicherweise unbekannten) Konkurrenten aus - allerdings in sehr geringem Ausmaß. Dies ist zum Beispiel unter den Bedingungen **vollkommener** und **unvollkommener Konkurrenz** der Fall.

Indirekte Preiselastizität

siehe **Kreuzpreiselastizität**.

Individuelle Nachfrage

entspricht der durch das **Konsumoptimum** bestimmten Kaufbereitschaft eines Haushalts. In Abhängigkeit von den Einflussgrößen des Konsumoptimums (hauptsächlich den Preisen aller Güter und der Höhe des Ausgabenbudgets) wird die i.N. durch die *individuelle Nachfragefunktion* beschrieben. Wird nur die Nachfrage nach einem einzelnen Gut betrachtet, spricht man von *partieller i.N.*. Die Gesamtheit der Nachfragen eines Haushalts nach allen Gütern, wie sie durch den **optimalen Konsumplan** beschrieben wird, heißt *totale i.N.*.

Ineffizienzeffekt

bezeichnet eine Wirkung staatlicher Markteingriffe (**Interventionen**), die darin besteht, dass es zu vermeidbaren Knappheiten kommt und also das **Marktergebnis** ineffizient(er) wird. So sinkt beispielsweise nach Einführung eines Höchst- oder Mindestpreises die **Transaktionsmenge**, wodurch sich die Marktversorgung verschlechtert, und es treten auf jeden Fall **Wohlfahrtsverluste** auf.

Inferiores Gut

Gut, von dem bei steigendem **Ausgabenbudget** oder Einkommen eine geringere Menge nachgefragt wird. Formal gesehen ist ein Gut inferior, wenn die Ableitung der zugehörigen **Engel'schen Nachfragefunktion** nach dem

Budget (und damit auch die **Einkommens-elastizität der Nachfrage**) negativ ist. Inferiorität ist ein "lokales Phänomen", das nur in einem gewissen Einkommensintervall auftreten kann. Bei geringen Einkommens-niveaus ist jedes Gut **superior**.

Informationsfunktion (des Preissystems)

bezeichnet die Eigenschaft eines **Konkur-renzmarktes**, die relativen Knappheiten von Gütern sowie ihre Veränderungen durch Preise und Preisänderungen anzuzeigen. Siehe auch **Signalfunktion**.

Inkumbenter Anbieter

Unternehmen, das als **Anbieter** eines Gutes auf dem betreffenden Markt tätig ist. Gegenteil: **potenzieller Anbieter**. I.A., die bereits längere Zeit das Gut anbieten, werden auch als *etablierte Anbieter* bezeichnet. Siehe auch **Marktteilnehmer**.

Input (der Produktion)

Synonym für den Einsatz von **Produktions-faktoren** in der Produktion (Faktoreinsatz).

Instabilität (eines Gleichgewichts)
siehe **Stabilität**.

Instrumentvariable

Größe, mit der im Zuge einer Optimierung die **Zielvariablen** einer bestimmten Eigenschaft (z.B. Extremum oder bestimmter Zielwert) zugeführt werden soll. Die I., über die ein Unternehmen zur Erreichung seiner Ziele verfügt, werden auch als **Aktionsparameter** bezeichnet.

Integrabilitätstheorie

befasst sich mit den Möglichkeiten, die Präferenzstruktur (**Präferenzordnung**) eines Konsumenten aus Beobachtungsdaten seines Nachfrageverhaltens zu rekonstruieren. Siehe **bekundete Präferenzen**.

Interaktion

wechselseitig aufeinander bezogenes Handeln zweier oder mehrerer Akteure. Dies kann den Charakter eines Zusammenwirkens, aber auch

den des Gegeneinanderwirkens haben. Siehe **Aktionsverbundenheit**.

Interdependenz (der Märkte)

gegenseitige Abhängigkeit und Beeinflussung von Märkten. Über zahlreiche Wirkungs-beziehungen (z.B. Preise, Mengen, Kaufkraft) hängen praktisch alle Märkte miteinander zusammen (*totale I.*). Vorgänge und Veränderungen auf einem Markt wirken sich deshalb mehr oder weniger spürbar auf alle übrigen Märkte aus. Eine besonders enge I. ist beim **Marktkomplex** vorhanden.

Interregionale Preisangleichung

Wirkung von **Arbitrage**. Durch Arbitrage-aktivitäten gleichen sich die Preise räumlich getrennter Märkte eines sachlich gleichen Gutes an. Auf dem **Billigmarkt** steigt der Preis infolge der zusätzlichen Nachfrage der Arbitrageure; auf dem **Teuermarkt** sinkt der Preis infolge des zusätzlichen Angebots der Arbitrageure. Es verbleibt eine interregionale Preisdifferenz in Höhe der Transportkosten pro Gutseinheit.

Interregionale Renditeangleichung

kommt dadurch zustande, dass unterschiedliche Renditen in verschiedenen Wirtschaftssektoren ausgleichende Kapitalbewegungen auslösen. Aus Sektoren, in denen die Rentabilität gering ist, ziehen gewinnorientierte Investoren Kapital ab und lenken es in lukrativere Bereiche, in denen dann durch die Kapazitätsausweitung die Rentabilität sinkt. Auf diese Weise gleichen sich die Renditen der einzelnen Sektoren an. Die i.R. setzt allerdings freie Kapitalmobilität und Transparenz der Renditen voraus.

Intertemporale Preisangleichung
siehe **Spekulation**.

Intervallrestriktion

Form der **Faktormengenrestriktion**, bei der ein Produktionsfaktor, von dem eine bestimmte Höchstmenge verfügbar ist (**Höchstmengen-restriktion**), stets mit einer gewissen (unter der Höchstmenge liegenden) Mindestmenge eingesetzt werden muss (**Mindestmengen-restriktion**). Im Intervall zwischen der

Mindest- und der Höchstmenge - und nur dort - kann der Faktor von dem Unternehmen variabel eingesetzt werden.

Intervention

bezeichnet allgemein einen punktuellen staatlichen Markteingriff, der nicht auf Dauer angelegt ist (sonst: *Regulierung*). Im engeren Sinne gehören gezielte staatliche Käufe und Verkäufe auf Märkten zu den I.en (siehe **Stützungstransaktionen**). Im weiteren Sinne können auch staatlich festgesetzte **Höchstpreise** und **Mindestpreise** dazugezählt werden.

Investition

Anschaffung neuer Bestände von **Produktionsfaktoren**. Insbesondere werden die Erhöhung des produktiven Kapitalbestandes und ebenso der Einsatz der entsprechenden Finanzmittel als I. bezeichnet. Kapitalinvestitionen (die über den Ersatz ausgefallener Anlagen hinausgehen) erhöhen typischerweise die Produktionskapazität, senken die variablen, erhöhen aber die fixen Kosten.

Isogrenzerlösfunktion

funktionale Beziehung zwischen allen Angebotsmengenkombinationen eines **Preisdifferenzierung** betreibenden Anbieters, bei denen die **Grenzerlöse** auf allen **Teilmärkten** gleich hoch sind. Gleichheit der Grenzerlöse ist eine Voraussetzung für maximalen Gewinn (siehe dazu **Cournot-Bedingung**).

Isokostengerade

graphische Darstellung aller **Faktorenbündel** im **Faktormengendiagramm**, die ein Unternehmen mit einem bestimmten **Kostenbudget** bei vorgegebenen Faktorpreisen höchstens kaufen kann. Die Achsenabschnitte der negativ geneigten I. entsprechen den Faktormengen, die das Unternehmen bei vollständiger Verausgabung des Kostenbudget für jeweils nur einen Produktionsfaktor finanzieren könnte. Jede I. repräsentiert ein bestimmtes Kostenbudget, und jedes Kostenbudget kann durch eine bestimmte I. repräsentiert werden. Die Steigung der I. wird durch das Verhältnis der Faktorpreise bestimmt.

Isoquante

Gesamtheit aller **technisch effizienten Faktorenbündel** im **Faktorraum**, mit denen jeweils eine bestimmte **Ausbringungsmenge** produziert werden kann. Formal wird die I. durch die *Isoquantenfunktion* beschrieben. Deren Graph wird auch als I. bezeichnet. Sollen nicht nur die technisch effizienten, sondern die Gesamtheit aller Faktorenbündel bezeichnet werden, die genau eine bestimmte Ausbringungsmenge zu produzieren erlauben, so empfiehlt sich die Bezeichnung *Isooutputlinie* beziehungsweise *Isooutputfunktion*. Jede I. repräsentiert eine bestimmte Ausbringungsmenge, und jede Ausbringungsmenge kann durch eine bestimmte Isoquante eindeutig repräsentiert werden. Unter den Voraussetzungen der **neoklassischen Produktionstheorie** haben I. stets einen fallenden und konvexen Verlauf. Siehe auch **Substitutionalität** und **Grenzrate der Faktorsubstitution**.

Isoquante Faktorvariation/-variabilität

Variation von **Faktoreinsatzmengen** in der Produktion eines Gutes derart, dass die sich ergebenden **Faktorenbündel** stets die gleiche **Ausbringungsmenge** zu produzieren erlauben. Alle derartigen Faktorenbündel liegen, graphisch betrachtet, auf einer **Isoquante**.

Isoquantenelastizität

in der Produktionstheorie die **Elastizität** der Einsatzmenge eines Faktors in Bezug auf die Einsatzmenge eines anderen Faktors, und zwar auf einer **Isoquante**. Die I. zeigt, um wie viel Prozent der Input des einen Faktors erhöht werden muss, wenn - bei gleichbleibender Ausbringungsmenge - der Input des anderen Faktors um ein Prozent gesenkt wird.

J

Jevons'scher Mechanismus

nach *William St. Jevons* (1835-1882) bezeichneter Prozess der Preisvereinheitlichung auf **homogenen Märkten** bei vollständiger **Markttransparenz**. Der J.M. sichert das **Gesetz des einheitlichen Preises**. Das jeweils günstigste Angebot eines Gutes spricht sich unter den Nachfragern herum und bewegt diese, sich von ungünstigen Angeboten abzuwenden, bis schließlich alle Angebote gleichgünstig sind.

Jevons'sches Gesetz
siehe **Gesetz des einheitlichen Preises.**

K

Kapazität(sbeschränkung)
siehe **Produktionskapazität.**

Kapazitätsgrenze
jene **Ausbringungsmenge,** die ein Unternehmen in einem bestimmten Zeitraum nicht überschreiten kann oder will. Die **Produktionskapazität** kann durch fehlende Ressourcen (siehe **Faktormengenrestriktion**), durch die Produktionstechnologie (sog. technische K.) oder ökonomisch begrenzt sein. Seine ökonomische K. könnte ein Unternehmen überschreiten, dies lohnte sich jedoch nicht. Siehe dazu speziell **kurzfristige ökonomische K.** und **langfristige ökonomische K.**

Kapital
produktiv eingesetzte produzierte Produktionsmittel (Anlagen, Maschinen, Geräte etc). Als Aggregat betrachtet ist K. ein grundlegender **Produktionsfaktor.** In diesem engeren Sinne wird es auch als *Realkapital* bezeichnet. Im weiteren Sinne ist mit K. auch *Finanzkapital* gemeint, das zur Anschaffung von Realkapital eingesetzt werden kann. Siehe auch **Investition**

Kapitalintensität
spezielle **Faktorintensität,** die das mengenmäßige Verhältnis von Kapitaleinsatz zu Arbeitseinsatz in der Produktion angibt. Sie spiegelt die durchschnittliche Kapitalausstattung je Arbeitsplatz wider. Zudem kann sie als Quotient der **Durchschnittsproduktivitäten** von Arbeit durch Kapital aufgefasst werden. Der Kehrwert der K. ist die **Arbeitsintensität.**

Kapitalkoeffizient
siehe **Produktionskoeffizient.**

Kapitalkosten
mathematisches Produkt aus dem Kapitalpreis und der in der Produktion eingesetzten Kapitalmenge (die z.B. in Maschinenstunden gemessen wird). Die K. umfassen neben den Fremdkapitalzinsen auch die kalkulatorischen Zinsen auf das eigene Kapital des Unternehmers.

Kapitalproduktivität
siehe **Durchschnittsproduktivität.**

Kapitalrentabilität
Kennzahl eines **Unternehmens** oder einer **Investition,** die das Verhältnis von erwirtschaftetem **Gewinn** der Periode und eingesetztem **Kapital** angibt. Sie zeigt, wie sich das eingesetzte Kapital während der betrachteten Periode verzinst hat. Umfasst der Gewinn nicht die Kosten für Fremdkapital und das betrachtete Kapital nur das Eigenkapital, so liegt speziell eine *Eigen-K.* vor. Bezieht man hingegen den Gewinn zuzüglich der Fremdkapitalzinsen auf das Gesamtkapital, so ergibt sich die *Gesamt-K.*. Eine der K. sehr ähnliche Kennzahl ist der *Return on Investment* (RoI).

Kapitalrentabilitätsmaximierungsbedingung
eine modifizierte Form der **Cournot-Bedingung,** die zeigt, was bei maximaler **Kapitalrentabilität** eines Anbieters gelten muss (Bedingung erster Ordnung). Außer den Grenzerlösen und Grenzkosten spielen hierbei auch die Kapitalelastizität sowie die Höhe von Preis und Durchschnittskosten eine Rolle.

Kartell
formelle Verhaltensabstimmung zwischen rechtlich selbständigen Unternehmen mit dem Ziel, zum Vorteil der Vertragsparteien den Wettbewerb zwischen ihnen einzuschränken. So

werden beispielsweise bestimmte, oberhalb des Konkurrenzniveaus liegende Preise vereinbart, um höhere Gewinne zu erzielen.

Kassamarkt

ein **Markt**, auf dem **Transaktionen** vereinbart werden, die auch sofort ausgeführt werden. Gegenteil: **Terminmarkt**.

Kaufkraft

siehe **Ausgabenbudget**.

Kausaler Verbund (zwischen Märkten)

sehr enge und direkte Kopplung zwischen Märkten, die rein technisch, physikalisch, chemisch oder biologisch bedingt ist. Ein Beispiel ist die **Kuppelproduktion**.

King'sche Regel

nach *Gregory King* (1648-1714) benannte Erfahrungsregel, nach der auf dem Getreidemarkt jede einprozentige Änderung der Angebotsmenge zu einer mehr als einprozentigen Preisänderung führt. Ursache für diesen Sachverhalt ist die Tatsache, dass in der kurzen Frist sowohl das Getreideangebot als auch die Getreidenachfrage typischerweise relativ preisunelastisch sind. Es liegt insbesondere eine dem Absolutbetrag nach geringe **Preiselastizität der Nachfrage** vor. **Exogen** bedingte Verlagerungen der Angebotskurve wirken deshalb vergleichsweise stark auf den Gleichgewichtspreis.

Klassische Produktionstheorie

älteste **Theorie der Produktion**, die, ähnlich wie die **neoklassische Produktionstheorie**, von substituierbaren Faktoreinsätzen ausgeht, aber im Gegensatz dazu beim Verlauf der **Faktorertragsfunktion** auch zunehmende und negative **Grenzproduktivitäten** zulässt. Die Aussagen der k.P. beziehen sich hauptsächlich auf die Produktionsbedingungen in der Landwirtschaft. Für die industrielle Produktion wird die Tauglichkeit der k.P. stark bezweifelt.

Knappheit

Diskrepanz zwischen dem Umfang menschlicher Bedürfnisse und der zu ihrer Befriedigung verfügbaren Gütermengen. In den meisten Situationen übersteigt der durch die Bedürfnisse bestimmte Güterbedarf die begrenzt verfügbare Gütermenge. K. ist zugleich Voraussetzung und wesentliche Triebkraft des wirtschaftlichen Handelns und legt ein Verhalten nach dem **ökonomischen Prinzip** nahe. K. kann als elementare Ursache und zugleich als Grundherausforderung sowohl der **Wirtschaft** als auch der **Wirtschaftswissenschaft** angesehen werden.

Kollusion

verdeckte Absprachen und Verhaltensabstimmungen zwischen Anbietern eines Marktes, die in ihrer Wirkung dem **Kartell** gleichkommen, aber schwieriger nachzuweisen und zu unterbinden sind.

Komparativ-statische Analyse

Untersuchung und Vergleich von (gleichgewichtigen) Zuständen eines ökonomischen Systems, die sich durch den Einfluss **exogener Größen** ändern. Die Anpassungsprozesse zwischen verschiedenen Zuständen werden bei der k.-s.A. (im Gegensatz zur **dynamischen Analyse**) nicht thematisiert.

Kompensierende Vaiation

jener Geldbetrag, den man einem Konsumenten nach einer **partiellen Preiserhöhung** geben müsste, damit dieser dadurch wieder genau so gut gestellt ist, wie er es vor der Preiserhöhung wäre.

Komplement, ökonomisches

(Komplementärgut) ein Gut, das bei der Verteuerung eines anderen Gutes weniger nachgefragt wird (und umgekehrt). Ökonomisch komplementäre Güter sind häufig zugleich *funktionell komplementär*, das heißt sie ergänzen sich beim Konsum - zumeist in einem bestimmten Mengenverhältnis. Beispiele hierfür sind Briefpapier und Briefumschläge sowie Tintenstrahldrucker und Tintenkartuschen. Formal liegt ein ökonomisches Komplement vor, wenn die partielle Ableitung der **Kreuznachfragefunktion** dieses Gutes nach dem Preis eines anderen Gutes (also die Kreuzableitung) negativ ist. Dann hat auch die **Kreuzpreiselastizität der Nachfrage** ein negatives Vorzeichen.

Komplementärgut

siehe **Komplement**.

Komplementarität im Konsum

liegt vor, wenn bestimmte Güter nur oder vorzugsweise gemeinsam zur Bedürfnisbefriedigung beitragen. Ein Mehrverbrauch eines Gutes zieht den Wunsch nach einem Mehrverbrauch eines anderen Gutes (des **Komplements**) nach sich (und umgekehrt). Im strengen Falle erfolgt dies in einem festen Mengenverhältnis. Im allgemeinen ist der mengenmäßige Zusammenhang zwischen den Gütermengen jedoch mehr oder weniger lose.

Komplementarität in der Produktion

liegt vor, wenn **Produktionsfaktoren** nur in einem bestimmten mengenmäßigen Einsatzverhältnis zur **Produktion** beitragen können. Der vermehrte Einsatz eines einzelnen Faktors erhöht die Ausbringungsmenge nicht. Diese extreme Form der K.i.d.P. heißt **Limitationalität**. Im allgemeinen können die Faktoreinsatzmengenverhältnisse jedoch mehr oder weniger variiert werden.

Konditionales System

jene Komponente eines Wirtschaftssystems, die die Rahmenbedingungen (z.B. Gesetze) des Wirtschaftens vorgibt. Die Rahmensetzung erfolgt überwiegend durch den Staat.

Konkurrenz

Form des Wettbewerbs, in der die Wettbewerber nicht, wie bei **Rivalität** in **direkter Aktionsverbundenheit** stehen, sondern in **indirekter Aktionsverbundenheit**. Das ist in der Regel der Fall, wenn es »viele« Wettbewerber gibt. Diese orientieren sich bei ihrer **Angebotspolitik** vorrangig an Größen, die auf der Marktebene bestimmt werden (z.B. Marktpreis). Ein gegenseitiges Beobachten der Konkurrenten lohnt sich nicht, und **strategisches Wettbewerbsverhalten** ist weder möglich noch vorteilhaft. Siehe auch **vollkommene Konkurrenz; monopolistische Konkurrenz**.

Konkurrenzmarkt

ein **Markt**, auf dem sowohl die Anbieter als auch die Nachfrager in **Konkurrenz** zueinander stehen. Das setzt in der Regel eine Mehrzahl von Akteuren auf beiden Marktseiten voraus.

Konkurrenzreaktion, asymmetrische

siehe **asymmetrische Konkurrenzreaktion**.

Konsum(tion)

heißt die letztliche Verwendung (Gebrauch oder Verbrauch) von Gütern (siehe **Gut**) zum Zwecke der Bedürfnisbefriedigung durch die **Konsumenten** beziehungsweise **Haushalte**. Siehe auch **Haushaltstheorie**.

Konsument

siehe **Haushalt**.

Konsumentenrente

siehe **Nachfragervorteil**.

Konsummengendiagramm

graphische Darstellung eines Koordinatensystems, auf dessen Achsen die möglichen Konsummengen von (in der Regel zwei) Gütern gemessen werden, die einem Konsumenten in verschiedenen Kombinationen (sog. **Güterbündel**) zur Auswahl stehen. In K.en werden vor allem **Indifferenzkurven** und **Budgetgeraden** eingezeichnet.

Konsumoptimum

(optimaler Konsumplan) jenes **Güterbündel**, für das ein Haushalt unter Beachtung seiner **Budgetbeschränkung** die höchste **Präferenzstärke** hat; also das präferenzmaximierende unter allen finanzierbaren Güterbündeln des **Güterraumes**. Graphisch entspricht das K. jenem Punkt im **Konsummengendiagramm**, in dem die Budgetgerade des Haushalts von einer seiner Indifferenzkurven tangiert wird (sofern es nicht auf einer der Achsen liegt). Siehe auch **Konsumoptimumbedingung**.

Konsumoptimumbedingung

gibt an, dass im **Konsumoptimum** eines Haushalts eine Indifferenzkurve und die

Budgetgerade in ihrem gemeinsamen Berührungspunkt die gleiche Steigung haben müssen - sofern es nicht auf einer der Achsen liegt. Im Konsumoptimum entspricht also die **Grenzrate der Gütersubstitution** (Absolutbetrag der Steigung der Indifferenzkurve) dem Quotienten der Güterpreise (Absolutbetrag der Budgetgeradensteigung). Die K. ist eine notwendige Bedingung für das Vorliegen eines Konsumoptimums.

Konsumperiode

Zeitabschnitt, in dem der Konsum eines **Güterbündels** in einem **Haushalt** erfolgt. Auf die K. beziehen sich die zu konsumierenden Gütermengen und das Einkommen beziehungsweise Ausgabenbudget des Haushalts.

Konsumplan, optimaler

siehe **Konsumoptimum**.

Konsumtives System

jene Komponente eines Wirtschaftssystems, in der durch den Gebrauch oder Verbrauch von Gütern (siehe **Gut**) Bedürfnisse befriedigt werden. Der konsumtive Vorgang innerhalb eines k.S. wird als **Konsum(tion)** bezeichnet. Er findet hauptsächlich in den **Haushalten** statt.

Koordinatives System

jene Komponente eines Wirtschaftssystems, in der die einzelwirtschaftlichen Bedarfe und Produktionsmöglichkeiten unter den durch das **konditionale System** gesetzten Rahmenbedingungen aufeinander abgestimmt werden. Im marktwirtschaftlichen System erfolgt die Koordination durch freiwillige Austauschprozesse auf Märkten (**Marktmechanismus**).

Koordinationsfunktion (des Preissystems)

bezeichnet die Eigenschaft eines **Konkurrenzmarktes**, vermöge des **Marktmechanismus** (**Preismechanismus** und **Gewinnmechanismus**) eine Abstimmung (Koordination) der dezentral und unabhängig voneinander aufgestellten Angebots- und Nachfragepläne der Wirtschaftsakteure derart zustande zu bringen, dass diese Pläne bestmöglich realisiert werden. Die Koordination von **Angebot** und **Nachfrage** wird wesentlich über die Marktpreise gesteuert. In der kurzen Frist sorgt der **Preismecha-**

nismus für Markträumung und maximale Transaktionsmengen, in der langen Frist bewirkt der **Gewinnmechanismus** die optimale Bemessung und Ausrichtung der Produktionskapazitäten an der Nachfrage. Die Wirksamkeit der K. setzt **Konkurrenz** unter den **Marktteilnehmern** voraus.

Kosten

siehe **Opportunitätskosten** oder **Produktionskosten** oder **Gesamtkosten** oder **Durchschnittskosten** oder **Grenzkosten**.

Kostenbudget

Kaufkraft, die einem Unternehmen für den Kauf von Faktorleistungen (**Produktionsfaktoren**) für die Produktion zur Verfügung steht oder die sie sich selbst im Rahmen seiner Produktions- und Kostenplanung vorgibt. Das K. entspricht den für die **Produktionsperiode** vorgesehenen produktionsbezogenen Ausgaben des Unternehmens. Graphisch lässt sich jedes K. durch eine **Isokostengerade** repräsentieren.

Kostenbudgetgleichung

zeigt in Form einer Gleichung oder Funktion, wie das **Kostenbudget** eines Unternehmens auf die einzelnen **Produktionsfaktoren** aufgeteilt wird. Die Summe der Faktorkosten, das sind die mit ihren Faktorpreisen bewerteten Einsatzmengen der Produktionsfaktoren, muss stets dem Kostenbudget entsprechen. Die graphische Darstellung einer K. erfolgt durch eine **Isokostengerade**.

Kostenelastizität

siehe **Gesamtkostenelastizität** oder **Durchschnittskostenelastizität** oder **Grenzkostenelastizität**.

(Gesamt-)Kostenfunktion

mathematische Funktion, die den quantitativen Zusammenhang zwischen der Höhe der **Gesamtkosten** der Produktion und der oder den hauptsächlichen Kosteneinflussgröße(n) beschreibt. Dabei wird vor allem die Ausbringungsmenge des Produktes betrachtet. Die K. lässt sich direkt aus der **Produktionsfunktion** herleiten. Siehe speziell **kurzfristige Kostenfunktion**; **langfristige Kostenfunktion**.

Kostengrundgleichung erster Ordnung

beschreibt formal die logischen Beziehungen zwischen den Funktionen der **Grenzkosten** und der **Durchschnittskosten**.

Kostengrundgleichung zweiter Ordnung

beschreibt formal die logischen Beziehungen zwischen Änderungen der **Grenzkosten** und Änderungen der **Durchschnittskosten**.

Kostenminimierungsprinzip

allgemeiner ökonomischer Grundsatz, dass ein bestimmtes Ziel mit dem geringstmöglichen Mitteleinsatz realisiert werden soll. In der **Produktion** soll demnach jede Ausbringungsmenge mit dem geringstmöglichen **Kostenbudget** bereitgestellt werden. Das K. folgt direkt aus dem **ökonomischen Prinzip**.

Kosten-plus-Regel

(Markup pricing, Cost-plus pricing) Regel, nach der manche **preisabile Anbieter** den Preis für ein von ihnen angebotenes Gut bestimmen. Der Angebotspreis ergibt sich gemäß der K.-p.-R. durch einen absoluten oder prozentualen Aufschlag auf die gesamten oder die variablen **Durchschnittskosten** des Produktes. Die K.-p.-R. führt im allgemeinen nicht zu einem den Gewinn maximierenden Preis und weist zudem logisch-konzeptionelle Mängel auf. Sie findet dennoch in der Praxis häufig Anwendung.

Kostenremanenz

Phänomen, dass die Höhe der **Gesamtkosten** bei einem Rückgang der Produktionsmenge nicht in gleichem Maße sinken, wie sie zuvor bei einer gleichhohen Zunahme der Ausbringung gestiegen sind. Die **Gesamtkostenkurve** hat dann bei einer Erhöhung des Outputs eine größere Steigung als bei einem gleichgroßen Rückgang. Ursachen von K. sind unter anderem die Neigung des Managements, an Gewohntem festzuhalten, sowie die mangelnde Mobilität von Produktionsfaktoren (z.B. infolge von Desinvestitions- und Kündigungshemmnissen oder langfristigen Lieferverträgen).

Kostensenkungsmechanismus

Komponente des **Gewinnmechanismus**. Der K. beschreibt die aufgrund von gewinn-motivierten Kostensenkungen der **inkumbenten Anbieter** erfolgende »Rechtsverlagerung« der einzelwirtschaftlichen und damit auch der aggregierten Angebotskurve eines Marktes. Insbesondere Kapitalerweiterungen führen in der Regel zu sinkenden **Grenzkosten** (unter Umständen auch zu sinkenden **Durchschnittskosten**). Bei unveränderter Marktnachfrage bewirkt der K. einen Rückgang des **Marktpreises**. Dies wirkt der anfänglichen Gewinnerhöhung entgegen und senkt langfristig durch die Erschließung aller **Kostensenkungspotenziale** die Gewinne der inkumbenten Anbieter auf null. Der K. kann den **Markteintrittsmechanismus** unterstützen, er kann aber auch allein die langfristige Marktanpassung bewirken.

Kostensenkungspotenzial

Ausmaß, in dem die **Produktionskosten** je Ausbringungseinheit in einer bestimmten Angebots- oder Marktsituation unter den geltenden Produktionsbedingungen (insb. Produktionstechnologie und Faktorpreise) noch gesenkt werden können. Das K. entspricht also der Differenz zwischen der Höhe der aktuellen **Durchschnittskosten** und den langfristig minimalen Durschnittskosten. Auf **Konkurrenzmärkten** sichert der **Kostensenkungsmechanismus** die Erschließung der bestehenden K.e.

Kostentheorie

Sammelbezeichnung für eine Gruppe von **Theorien**, die die **Kosten** zum Gegenstand haben. Untersucht werden besonders die Bestimmungsgrößen und Verlaufseigenschaften von Kosten sowie ihre Bedeutung im Hinblick auf die **Angebotspolitik** von Unternehmen. Die K. basiert auf der **Produktionstheorie** und ist ihrerseits Grundlage der **Unternehmenstheorie**.

Krelle-Koeffizient

auf *Wilhelm Krelle* (1961) zurückgehendes Maß für die Beweglichkeit der Nachfrage in Form einer Quasi-**Elastizität**. Der K.-K. gibt an, wie viel Prozent der Absatzmenge eines Anbieters zu einem seiner Wettbewerber übergeht, wenn er seine Preisforderung um ein Prozent erhöht - oder um wie viel Prozent seine

Absatzmenge dadurch steigt, dass Absatz von einem seiner Wettbewerber zu ihm übergeht, weil er seine Preisforderung um ein Prozent gesenkt hat. Bei hoher Nachfragebeweglichkeit führen Leistungsschwächen von Anbietern umgehend zu hohen Absatzeinbußen; umgekehrt ziehen Leistungsverbesserungen rasch und spürbar Nachfrage von den Mitanbietern ab. Anhand des K.-K. können **Marktformen** unterschieden werden.

Kreuzanalyse
siehe **Fremdpreisabhängigkeitsanalyse**.

Kreuznachfragefunktion
spezielle Form der **Nachfragefunktion**, die zeigt, wie die mengenmäßige Nachfrage nach einem Gut ceteris paribus vom Preis eines anderen Gutes abhängt (Fremdpreisabhängigkeit). Der Graph der K. ist die *Kreuznachfragekurve*.

Kreuzpreiselastizität der Nachfrage
(Fremdpreiselastizität der Nachfrage, indirekte Preiselastizität der Nachfrage) Maßzahl für die Abhängigkeit der **Nachfragemenge** eines Gutes von Preisänderungen eines anderen Gutes. Die K.d.N. ist gleich dem Quotienten aus der relativen Mengenänderung eines Gutes und der Preisänderung des anderen Gutes. Die K.d.N. gibt also an, um wie viel Prozent sich die Nachfragemenge eines Gutes ändert, wenn der Preis eines anderen Gutes um ein Prozent steigt (oder fällt). Siehe auch **Komplement, ökonomisches; Substitut, ökonomisches**.

Kuppelproduktion
liegt als Form **verbundener Produktion** in einem **Mehrproduktunternehmen** vor, wenn bei der Herstellung eines Produktes zwangsläufig zugleich auch andere Produkte anfallen.

Kurze Frist
(kurzfristige Analyse) bezeichnet allgemein, unabhängig von konkreten Zeitangaben, einen Analysemodus, der davon ausgeht, dass beim Untersuchungsgegenstand bestimmte Einflussgrößen unverändert bleiben, die in der **langen Frist** veränderlich sind. In der **Unternehmenstheorie** ist die k.F. jener Anpassungszeitraum, in dem ein Unternehmen bei der Produktion nur **partielle Faktorvariation** betreiben kann. Kurzfristig gibt es also mindestens einen Produktionsfaktor, den das Unternehmen nicht variieren kann. Deshalb kann in der kurzen Frist in der Regel nicht mit der **Minimalkostenkombination** produziert werden. Die **kurzfristigen Kosten** sind höher als die langfristigen. In der **Markttheorie** ist die k.F. durch gegebene Produktionskapazitäten und eine feste Anzahl von **Marktteilnehmern** bestimmt.

Kurze Marktseite
diejenige Seite eines **Marktes**, deren Akteure beim geltenden **Marktpreis** ihre Kauf- oder Verkaufspläne voll realisieren können, also keiner Rationierung unterliegen. Im Falle eines **Angebotsüberhangs** ist die Nachfrage die k.M., bei einem **Nachfrageüberhang** ist dagegen die Angebotsseite »kurz«. Siehe auch **Transaktionsmenge**.

Kurzfristige Faktornachfragefunktion
beschreibt in der **kurzen Frist** die Abhängigkeit der Faktornachfrage (Nachfrage der Unternehmen nach **Produktionsfaktoren**) von ihren Bestimmungsgrößen, insbesondere von der Ausbringungsmenge des Produktes. Bei nur einem variabel einsetzbaren Produktionsfaktor entspricht die k.F. dessen **Faktoreinsatzfunktion**.

Kurzfristige Kosten
jene **Produktionskosten**, die ein Unternehmen in der **kurzen Frist**, das heißt bei **partieller Faktorvariation**, zur Produktion einer bestimmten Ausbringungsmenge für den Kauf der erforderlichen **Faktoreinsatzmengen** mindestens aufzuwenden hat. Die Kosten fixer **Faktoren** gehen als **Fixkosten** in die k.K. ein. Die k.K. können nicht niedriger als die **langfristigen Kosten** sein. K.K. werden formal durch eine **kurzfristige Kostenfunktion** beschrieben.

Kurzfristige Kostenfunktion
mathematische Funktion, die zu jeder möglichen Ausbringungsmenge eines Produktes die Höhe der **kurzfristigen Kosten** der Produktion angibt. Formal entspricht sie der Summe aus **variablen Kosten** und **Fixkosten**.

Der Graph der k.K. heißt *kurzfristige Kostenkurve*.

Kurzfristige ökonomische Kapazitätsgrenze

Produktions- und Absatzmenge, die sich für ein Unternehmen in der **kurzen Frist** nicht zu überschreiten lohnt. Eine naheliegende Definition der k.ö.K. besteht in der gewinnmaximierenden Ausbringungsmenge des Unternehmens (**Gewinnmaximum**).

Kurzfristiger Expansionspfad

Gesamtheit der **Faktorenbündel** im **Faktorraum**, mit denen ein Unternehmen in der **kurzen Frist** alle möglichen Ausbringungsmengen **technisch effizient** und möglichst kostengünstig realisieren kann.

Kurzfristiger Produktionspunkt

ein **Produktionspunkt**, bei dem die variablen **Faktoreinsatzmengen** durch die **kurzfristigen Faktornachfragefunktionen** bestimmt sind. Die übrigen Faktoreinsatzmengen entsprechen den fix vorgegeben. Siehe auch **Faktormengenrestriktionen**.

Kurzfristiges Marktgleichgewicht

Marktzustand ohne kurzfristigen immanenten Preisanpassungsdruck. Dies setzt Abwesenheit von Angebots- und Nachfrageüberhängen voraus. Das k.M. liegt folglich im Schnittpunkt von Angebots- und Nachfragekurve. Im k.M. besteht Gleichheit zwischen der zum **Gleichgewichtspreis** angebotenen und nachgefragten Gütermenge; es liegt **Markträumung** vor. Der **Preismechanismus** führt k.M.e herbei, ist allerdings, wenn sie erreicht sind, nicht mehr wirksam. Sie auch **Angebot**; **Nachfrage**.

Kurzfristige technische Kapazitätsgrenze

(**Produktionskapazität**) maximale Ausbringungsmenge, die ein Unternehmen bei kurzfristiger Betrachtung (siehe **kurze Frist**) in einer Produktionsperiode von einem Produkt produzieren kann. Die k.t.K. ist durch die verfügbaren Mengen an **Produktionsfaktoren** und die technologischen Bedingungen, wie sie durch die **Produktionsfunktion** beschrieben werden, bestimmt. Eine Kapazitätsbeschrän-

kung heißt bindend, wenn ein Unternehmen seine aktuelle Ausbringungsmenge nicht mehr weiter steigern kann. Beschränkte Kapazitäten sind ein Phänomen der **kurzen Frist**; in der **langen Frist** sind grundsätzlich alle Kapazitäten beliebig variierbar.

L

Lange Frist

(langfristige Analyse) bezeichnet allgemein, unabhängig von konkreten Zeitangaben, einen Analysemodus, der davon ausgeht, dass beim Untersuchungsgegenstand alle relevanten Einflussgrößen grundsätzlich veränderlich sind. In der Unternehmenstheorie bezeichnet die l.F. jenen Anpassungszeitraum, in dem ein Unternehmen bei seiner Produktion **totale Faktorvariation** betreiben kann. Langfristig sind alle Produktionsfaktoren variierbar und können kostenminimal an die Ausbringungsmenge angepasst werden (**Minimalkostenkombination**). Die langfristigen Anpassungsmöglichkeiten der **Einzelwirtschaften** übertragen sich auf die Märkte. In der **Markttheorie** ist die l.F. durch veränderliche Produktionskapazitäten und Marktteilnehmeranzahl bestimmt. Siehe auch **kurze Frist**.

Lange Marktseite

diejenige Seite eines Marktes, deren Akteure beim geltenden **Marktpreis** ihre Pläne nicht voll realisieren können, also einen Überhang bilden und einer Rationierung unterliegen. Im Falle eines **Angebotsüberhangs** ist das Angebot die l.M.; bei einem **Nachfrageüberhang** ist dagegen die Nachfrageseite »lang«. Siehe auch **Transaktionsmenge**.

Langfristige Angebotskurve

der Teil der langfristigen **Grenzkostenkurve** eines preisinabilen Unternehmens, der oberhalb der langfristigen **Preisuntergrenze** (langfristiges **Durchschnittskostenminimum**) liegt. Siehe auch allgemein **Angebotsfunktion**.

Langfristige Faktornachfragefunktion

beschreibt in der **langen Frist** die Abhängigkeit der Faktornachfrage von ihren Bestimmungsgrößen, insbesondere von der Ausbringungsmenge des Produktes. Die l.F. eines Produktionsfaktors gibt jeweils die Einsatzmengen dieses Faktors in der **Minimalkostenkombination** an, und zwar entlang des **langfristigen Expansionspfades**. Siehe auch **Shephard's Lemma**.

Langfristige Kosten

jene **Produktionskosten**, die ein Unternehmen in der **langen Frist**, das heißt bei **totaler Faktorvariabilität** zur Produktion einer bestimmten Ausbringungsmenge zum Kauf der erforderlichen **Faktoreinsatzmengen** mindestens aufzuwenden hat. Da langfristig alle Faktoreinsätze variabel sind, gibt es hier keine **Fixkosten**. L.K. werden formal durch eine **langfristige Kostenfunktion** beschrieben.

Langfristige Kostenfunktion

mathematische Funktion, die für ein Unternehmen zu jedem möglichen **Outputniveau** eines Produktes die Höhe der **langfristigen Kosten** angibt. Formal entspricht sie der Summe aller mit den zugehörigen Preisen multiplizierten **Faktoreinsatzmengen** in der **Minimalkostenkombination** beziehungsweise den **langfristigen Faktornachfragefunktionen**. Der Graph der l.K. heißt *langfristige Kostenkurve*. Dessen Verlauf hängt wesentlich von den **Skalenerträgen** der Produktion ab.

Langfristige Marktgleichgewichtsbedingung

zeigt, wodurch ein **langfristiges Marktgleichgewicht** bestimmt ist. Im langfristigen Marktgleichgewicht operieren alle Anbieter im Minimum ihrer (lang- und kurzfristigen) **Durchschnittskosten** und realisieren bei voller Kostendeckung keine Gewinne mehr. Im Gegensatz zum **kurzfristigen Marktgleichgewicht** hängt das l.M. nicht von der Marktnachfrage ab, sondern nur von den Produktionskosten beziehungsweise der Produktionstechnologie.

Langfristige ökonomische Kapazitätsgrenze

Absatz und **Outputniveau**, das sich für ein Unternehmen in der **langen Frist** nicht zu überschreiten lohnt. Das **Betriebsoptimum** kann als l.ö.K. aufgefasst werden.

Langfristiger Expansionspfad

Gesamtheit der **Faktorenbündel** im **Faktorraum**, mit denen ein Unternehmen in der **langen Frist** alle möglichen Ausbringungsmengen **technisch effizient** und kostenminimal realisieren kann. Der l.E. besteht bei vorgegebenen Faktorpreisen aus der Gesamtheit der sich damit ergebenden **Minimalkostenkombinationen**.

Langfristiger Produktionspunkt

ein **Produktionspunkt**, bei dem alle **Faktoreinsatzmengen** durch die **langfristigen Faktornachfragefunktionen** bestimmt sind, also denen in der **Minimalkostenkombination** entsprechen. Alle L.P.e liegen auf dem **langfristigen Expansionspfad**.

Langfristiges Angebotsoptimum

siehe **Betriebsoptimum**.

Langfristiges Marktgleichgewicht

fiktiver Zustand eines Marktes, bei dem ein durch die Wirkungen des **Kostensenkungsmechanismus** und des **Marktzutrittsmechanismus** bewirkter langfristiger Preisrückgang gänzlich zum Stillstand gekommen ist. Das l.M. ist durch die **langfristige Marktgleichgewichtsbedingung** bestimmt: Der langfristige **Gleichgewichtspreis** liegt in Höhe der minimalen langfristigen Durchschnittskosten der Anbieter. Das Erreichen des l.M.s ist im Gegensatz zum **kurzfristigen Marktgleichgewicht** nicht immer zu erwarten. Denn es kommt längerfristig zu Änderungen der Nachfrage, der Produktionstechnologie und der Faktorpreise, bevor der Markt sein l.M. tatsächlich erreicht hat. Die theoretische Bedeutung des l.M. liegt unter anderem darin, dass es erklärt, in welche Richtung sich der Markt langfristig entwickelt und wievielen Anbietern er »Platz« bietet.

Latenter Markt

unterentwickelter Zustand eines **Marktes**, in dem es zwar vereinzelte Angebote und

Nachfragen für ein Gut gibt, es aber (noch) nicht systematisch zu **Transaktionen** kommt. Für einen solchen (noch) nicht voll entwickelten, fragmentierten Markt sind **Angebotsfunktion** und **Nachfragefunktion** nicht ausgeprägt, die Marktbedingungen undefiniert und es bildet sich noch kein oder kein einheitlicher Marktpreis. Für die Wirtschaftsakteure ist ein l.M. unscheinbar. Die einzelwirtschaftlichen Angebote und Nachfragen sind verborgen (latent) und werden nicht marktmäßig offenbart. Der l.M. ist die typische Erscheinungsform von Märkten, die sich in ihrer Entstehungsphase befinden. Der latente Zustand kann jedoch durchaus längere Zeit bestehen. Auch im Falle erheblicher Informationsasymmetrien, wenn ein Markt zusammenbricht (siehe **Marktversagen**) liegt ein l.M. vor.

Leontief-Produktionsfunktion

nach *Wassily Leontief* (1941) benannter spezifizierter Typ von **Produktionsfunktion** im Rahmen der **linear-limitationalen Produktionstheorie**. Die Ausbringungsmenge hängt hauptsächlich von der verfügbaren Menge des knappsten Produktionsfaktors (sog. **Engpassfaktor**) ab. Wird dessen Einsatzmenge erhöht, so steigt der Output linear (mit konstanter **Produktivität**) an, bis ein anderer Faktor zum Engpassfaktor wird.

Lerner'scher Monopolgrad

nach *Abba P. Lerner* (1933) benannte Maßzahl für die **Marktmacht** eines **preisabilen Anbieters**, insbesondere eines **Monopolisten**. Der L.M. entspricht der auf den Absatzpreis des Anbieters bezogenen Differenz zwischen diesem Absatzpreis und den Grenzkosten. Je höher ein Anbieter seinen gewinnmaximierenden Absatzpreis über den Grenzkosten ansetzen kann, desto größer ist seine durch dem L.M. gemessene Marktmacht, speziell seine Preissetzungsmacht. Bei **vollkommener Konkurrenz** ist bei jedem Anbieter der Preis gleich den Grenzkosten (**Grenzkostenpreisregel**), so dass der L.M. dann null ist. Es kann gezeigt werden, dass der L.M. dem Kehrwert des Absolutbetrages der **Preiselastizität der Nachfrage** beziehungsweise des Absatzes entspricht.

Limitationalität

liegt im Inputbereich der **Produktion** vor, wenn die **Faktoreinsatzmengen**, die von den einzelnen **Produktionsfaktoren** erforderlich sind, um eine bestimmte Ausbringungsmenge **technisch effizient** produzieren zu können, eindeutig feststehen. Die zur Produktion eines bestimmten Outputs erforderliche Einsatzmenge eines Faktors hängt dann nicht, wie im Falle der **Substitutionalität**, von den Einsatzmengen der übrigen Faktoren ab. Ein Wenigereinsatz eines Faktors kann durch einen Mehreinsatz eines anderen Faktors nicht ausgeglichen werden, das heißt: Faktormengensubstitution ist bei L. nicht möglich. Der knappste Faktor (sog. **Engpassfaktor**) bestimmt die Ausbringungsmenge. Die **Isoquanten** schrumpfen zu einzelnen Punkten zusammen. L. wird unter anderem im Rahmen der **linear-limitationalen Produktionstheorie** unterstellt.

Linear-limitationale Produktionstheorie

eine Theorie der **Produktion**, die von konstanten **Faktorintensitäten** und **Produktionskoeffizienten** ausgeht. Der jeweils knappste Faktor (sog. **Engpassfaktor**) bestimmt (limitiert) den möglichen Produktionsoutput. Dessen verminderte Einsatzmenge kann nicht durch den Mehreinsatz anderer Faktoren ausgeglichen werden (siehe **Limitationalität**). Zwischen der Ausbringungsmenge und der Einsatzmenge des Engpassfaktors besteht ein linearer Zusammenhang. Die L.-l.P. eignet sich besonders zur Modellierung kleiner, einfacher und mechanischer Produktionssysteme. Eine **Produktionsfunktion** mit den genannten Eigenschaften ist die **Leontief-Produktionsfunktion**.

Lohnkosten

mathematisches Produkt aus dem Lohnsatz (pro eingesetzter Arbeitseinheit) und der in der Produktion eingesetzten Arbeitsmenge. Zu den L. zählt auch der kalkulatorische Unternehmerlohn.

Lohnelastizität der Arbeitsnachfrage

gibt an, um wie viel Prozent sich die von Unternehmen nachgefragte Arbeitsmenge (siehe **Faktornachfragefunktion**) ändert, wenn der Lohnsatz um ein Prozent steigt (oder fällt). Die

L. hängt von den **Produktionselastizitäten** der **Produktionsfaktoren** ab.

Lohnquote

Anteil der **Lohnkosten** an den **langfristigen Kosten** eines Unternehmens. Volkswirtschaftlich entspricht die L. dem Anteil der Lohneinkommen am gesamten Volkseinkommen.

M

Makroökonomik

wirtschaftswissenschaftlicher Ansatz, der sich mit dem Verhalten gesamtwirtschaftlicher Größen auf typischerweise hohem Aggregationsniveau befasst. Alle gleichartigen Einzelwirtschaften werden zu sog. *Sektoren* zusammengefasst (z.B. Haushaltssektor, Unternehmenssektor). Dann werden die zwischen diesen Sektoren fließenden Güter- und Geldströme untersucht (*Wirtschaftskreislauf*). Betrachtet werden überwiegend aggregierte Größen (z.B. gesamtwirtschaftliche Investitionen, Staatsausgaben, Geldmenge) und Märkte (z.B. Gütermarkt, Arbeitsmarkt). Makroökonomische Theorien bemühen sich besonders um die Erklärung der Entstehung und Verteilung des Volkseinkommens, der Höhe von Beschäftigung und allgemeinem Preisniveau sowie der Konjunktur und des Wirtschaftswachstums. Die M. hat heute den Charakter einer eigenständigen Teildisziplin der Wirtschaftswissenschaft. Es gibt allerdings Versuche, die M. mikroökonomisch zu fundieren, also ihre Aussagen auf mikroökonomische Relationen zurückzuführen beziehungsweise aus ihnen herzuleiten; siehe hierzu auch **Ungleichgewichtstheorie**.

Markt

virtueller Ort, an dem das aggregierte **Angebot** und die aggregierte **Nachfrage** für ein bestimmtes Gut zusammentreffen und dadurch Tauschhandlungen (**Transaktionen**) möglich werden. Dieser Ort muss nicht notwendig real räumlich existieren. Unter bestimmten Bedingungen bildet sich auf dem M. ein **Marktpreis** für das Gut. Siehe auch **effektiver Markt**; **potenzieller Markt**. Das regelgerechte

Funktionieren eines M. unter den Bedingungen der **Konkurrenz** wird als **Marktmechanismus** bezeichnet. Siehe auch **Marktteilnehmer**.

Marktangebot

(aggregiertes Angebot) Gesamtheit aller auf ein bestimmtes Gut gerichteten **einzelwirtschaftlichen Angebote**. Das M. wird formal durch die **Marktangebotsfunktion** beschrieben. Diese gibt zu jeder möglichen Höhe des **Marktpreises** die von allen **preisinabilen Anbietern** insgesamt angebotene Menge des Gutes an.

Marktangebotsfunktion

beschreibt in Form einer mathematischen Funktion das **Marktangebot**, also die Abhängigkeit der aggregierten Angebotsmenge eines Gutes von ihren wesentlichen Bestimmungsgrößen, insbesondere dem Preis. Der Graph der Marktangebotsfunktion heißt *Marktangebotskurve*. Die M. wird mittels **Aggregation** aus den **einzelwirtschaftlichen Angebotsfunktionen** hergeleitet.

Marktanteilstheorem

besagt, dass der Markt- beziehungsweise Gesamtausgabenanteil eines Gutes mit wachsendem Einkommen der Nachfrager dann zunimmt, wenn die **Einkommenselastizität der Nachfrage** nach diesem Gut größer ist als die durchschnittliche Einkommenselastizität aller Güter. Im gegenteiligen Fall sinkt der Anteil.

Marktausgleich

Zustand eines **Marktes**, in dem bei einer bestimmten Höhe des Preises die möglicherweise ungleichen Größen 'Angebotsmenge' und 'Nachfragemenge' durch endogene oder exogene Umstände ausgeglichen werden. Bei M. gibt es keine **Überhänge** mehr. Der kurzfristige M. kommt unter regulären Bedingung von selbst zustande, nämlich durch den **Preismechanismus**; der Zustand wird als **Marktgleichgewicht** bezeichnet. Eine Beispiel für eine exogene Herbeiführung sind staatliche Aufkäufe von **Angebotsüberhängen** oder vorgeschriebene Produktionsbeschränkungen.

Marktaustritt

Verlassen eines Marktes durch einen vordem **inkumbenten Anbieter**. Der betreffende Anbieter stellt sein Angebot dauerhaft ein. Im Falle vollkommener Konkurrenz fällt seine einzelwirtschaftliche Angebotskurve aus dem Aggregat (Marktangebotskurve) heraus. Bei einem M. kann es sein, dass das Unternehmen seine Tätigkeit insgesamt einstellt (Geschäftsaufgabe oder Konkurs) oder sich nur auf anderen Märkten weiter als Anbieter betätigt. Wichtigster Grund für M.e ist der dauerhafte Verlust der Rentabilität beziehungsweise die Aussicht, auf dem Markt nur noch **Verluste** realisieren zu können.

Marktdiagramm

(Preis/Mengen-Diagramm, Marshall'sches Diagramm) Diagramm, in dem die funktionalen Kurven des **Marktangebots** und der **Marktnachfrage** eines Marktes zusammen dargestellt werden. Auf der Ordinatenachse wird üblicherweise der Preis aufgetragen, auf der Abszisse die Menge des gehandelten Gutes. Im M. lassen sich verschiedene Konstellationen von Angebots- und Nachfragekurven sowie unterschiedliche Rahmenbedingungen des Austausches analysieren.

Marktdurchdringung

heißt der Quotient aus **Marktvolumen** und **Marktpotential**. In einem weitgehend gesättigten Markt erreicht das Marktvolumen annähernd das Marktpotential, so dass die M. knapp unter Eins liegt.

Markteintritt

erstmalige Aufnahme des Angebots auf einem Markt durch einen zuvor nicht **inkumbenten Anbieter**. Bei einem solchen *Neuanbieter* kann es sich um ein bereits existierendes Unternehmen handeln, das seine bisherigen Aktivitäten um den betrachteten Markt erweitert, oder um ein ganz neu gegründetes Unternehmen. Wesentlicher Bestimmungsgrund für M.e ist die Aussicht auf (zusätzliche) Gewinne.

Markteintrittsbarrieren

Umstände, die den **Markteintritt** eines neuen Anbieters erschweren, weniger rentabel machen oder ganz verhindern. M. führen tendenziell zu wachsender Unternehmenskonzentration, **Marktmacht**, einer Störung oder Aussetzung des **Markteintrittsmechanismus** und einer allgemeinen Verschlechterung des **Marktergebnisses**. Ein Markt ohne wesentliche M. heißt **offener Markt**.

Markteintrittsmechanismus

Komponente des **Gewinnmechanismus**. Der M. beschreibt, wie es durch gewinnmotivierte **Markteintritte** neuer, ehedem **potenzieller Anbieter** zu einer »Rechtsverlagerung« der Angebotskurve auf einem **Konkurrenzmarkt** kommt. Merklich positive Gewinne der inkumbenten Anbieter locken neue Anbieter auf den Markt. Bei unveränderter Marktnachfrage bewirkt der Angebotsanstieg einen Rückgang des **Marktpreises**. Dies senkt die ursprünglich bestehenden Gewinne der **inkumbenten Anbieter**. Dadurch sinkt die **Bruttoeintrittsrate** ab, bis schließlich auf dem Markt keine Gewinne mehr realisiert werden können und er sich im **langfristigen Marktgleichgewicht** befindet.

Marktergebnis

Sammelbegriff für alle preis-, mengen-, freiheits, wert- und wohlfahrtsmäßigen Resultate, zu denen es auf einem **Markt** kommt. Das M. wird insbesondere für Vergleiche zwischen verschiedenen Märkten und Marktformen herangezogen.

Marktformen

Typen von Märkten, die meist durch Kombinationen bestimmter quantitativer und/oder qualitativer Merkmale definiert sind. Die quantitativen Merkmale stellen auf die Anzahl der Anbieter und Nachfrager sowie deren relative Größe ab (**morphologische Marktformenunterscheidung**). Die qualitativen Merkmale betreffen vor allem die Homogenität oder Heterogenität des gehandelten Gutes, die Vollkommenheit oder Unvollkommenheit der Markttransparenz sowie die Freiheit des Marktein- und Marktaustritts. Es ist auch möglich, M. mittels spezieller Reaktionsmaße zu unterscheiden; siehe dazu **Krelle-Koeffizient**; **Triffin-Koeffizient**. Die wichtigsten und bekanntesten M. sind das (homogene oder heterogene) **Monopol, Oligopol** und **Polypol.**

Marktfunktion

Funktionsweise und regelgerechtes Funktionieren eines Marktes, wie es vor allem durch den **Marktmechanismus** beschrieben wird. Ein funktionierender Markt bringt eine Reihe wünschenswerter Wirkungen mit sich oder erfüllt bestimmte Anforderungen, die manchmal ebenfalls als M.en bezeichnet werden. Wird das Funktionieren eines Marktes durch marktmächtige Marktteilnehmer oder staatliche Maßnahmen gestört oder außer Kraft gesetzt, verschlechtert sich regelmäßig das **Marktergebnis.** - In noch einer anderen Bedeutung wird der Begriff M. im Plural verwendet: *Marktfunktionen* bezeichnet als Oberbegriff die **Marktangebotsfunktion** und die **Marktnachfragefunktion.**

Marktgleichgewicht

Marktzustand, in dem keine auf Änderungen der Marktgrößen hinwirkenden Kräfte mehr wirksam sind. Alle Marktteilnehmer sehen ihre Pläne erfüllt. Das setzt insbesondere **Markträumung** voraus. Siehe speziell **kurzfristiges Marktgleichgewicht; langfristiges Marktgewicht.** Siehe auch **Marktgleichgewichtsbedingung.**

Marktgleichgewichtsbedingung

notwendige Bedingung für das Vorliegen eines **Marktgleichgewichtes.** Sie besagt, dass im Marktgleichgewicht weder Nachfrage- noch Angebotsüberhänge vorliegen dürfen. Die angebotene und die nachgefragte Menge müssen also beim Gleichgewichtspreis übereinstimmen (**Markträumung**).

Marktkomplex

(Marktverbund) heißt eine Anzahl von Märkten, die räumlich oder zeitlich oder sachlich eng miteinander verbunden sind und somit stark wechselwirken. Was auf einem Markt geschieht, hat deutliche Aus- und Rückwirkungen auf die übrigen Märkte des M.s. Die Wechselwirkung auf *räumlich verbundenen Märkte* heißt **Arbitrage,** die auf *zeitlich verbundenen Märkten* heißt **Spekulation.** Zu den vier Erscheinungsformen

sachlicher verbundener Märkte siehe speziell **allgemeiner Verbund; funktioneller Verbund; kausaler Verbund; ökonomischer Verbund.**

Marktlagengewinn

(windfall profit) heißt ein **Gewinn,** der auf zufälligen vorteilhaften Umständen des Absatzes und nicht auf gezielten Maßnahmen einer erfolgreichen Unternehmenspolitik oder einer günstigen Kostenstruktur (siehe **Differentialgewinn**) beruht. Der Konkurs eines industriellen Wettbewerbers, eine außergewöhnlich gute Witterung in der Landwirtschaft oder eine günstige Wechselkursentwicklung können Unternehmen M.e bescheren.

Marktmacht

hat ein Anbieter oder Nachfrager auf einem **Markt,** wenn er dort die Austauschbedingungen, insbesondere den Preis spürbar zu seinen Gunsten beeinflussen kann. Das ist stets bei **preisabilen Anbietern** der Fall. Eine Möglichkeit M. zu messen, bietet der **Lerner'sche Monopolgrad.**

Marktmechanismus

Oberbegriff für das isolierte oder kombinierte Wirken des kurzfristigen **Preismechanismus** und des langfristigem **Gewinnmechanismus.** Aufgrund des M. bildet jeder Markt und auch jeder Verbund von Märkten (siehe **Marktkomplex**) ein selbstregulierendes System. Durch den M. kann ein Markt(verbund) in ein Gleichgewicht kommen. Siehe dazu **kurzfristiges Marktgleichgewicht; langfristiges Marktgleichgewicht.**

Marktmengenobergrenze

(Marktsättigungsmenge) die bei einem **Marktpreis** von null von allen Nachfragern insgesamt nachgefragte Menge des Gutes. Graphisch betrachtet ist der M. im **Marktdiagramm** durch den Schnittpunkt der **Marktnachfrage**kurve mit der Mengenachse bestimmt.

Marktnachfrage

(aggregierte Nachfrage) Gesamtheit aller auf ein bestimmtes Gut gerichteten **individuellen Nachfragen.** Die M. wird formal durch die

Marktnachfragefunktion beschrieben. Diese gibt zu jeder möglichen Höhe des Marktpreises die von allen Nachfragern insgesamt nachgefragte Menge des Gutes an.

Marktnachfragefunktion

beschreibt formal die **Marktnachfrage**, also die Abhängigkeit der aggregierten Nachfragemenge für ein Gut von ihren wesentlichen Bestimmungsgrößen, insbesondere dem Eigenpreis. Der Graph der Marktnachfragefunktion heißt *Marktnachfragekurve*. Die M. wird mittels **Aggregation** aus den **individuellen Nachfrage**funktionen hergeleitet.

Marktpotenzial

maximal realisierbares mengen- oder wertmäßiges **Marktvolumen** in einer Periode. Im **langfristigen Marktgleichgewicht** ist das M. durch die dann umsetzbare Gleichgewichtsmenge und den langfristigen Gleichgewichtspreis bestimmt.

Marktpreis

die auf dem **Markt** eines bestimmten Gutes geltende Höhe des Preises, an der sich die **Marktteilnehmer** orientieren. Beim M. kann es sich um den **Gleichgewichtspreis** des Marktes handeln, aber auch um einen vorübergehend vom Gleichgewichtswert abweichenden Preis oder speziell um eine staatlich vorgeschriebene Preishöhe (**Mindestpreis, Höchstpreis**). Siehe auch **administrierter Preis**. Ist der M. kein annähernd einheitlicher Wert, so wird auch vom *Marktpreisniveau* gesprochen.

Marktpreisobergrenze

jene Höhe des **Marktpreises**, oberhalb der kein Nachfrager mehr eine positive Menge des Gutes zu kaufen bereit ist. Graphisch betrachtet ist der M. im **Marktdiagramm** durch den Schnittpunkt der **Marktnachfrage**kurve mit der Preisachse bestimmt. Ein vom Staat festgesetzter Mindestpreis in Höhe der M. verbietet gleichsam die Nachfrage des Gutes; daher auch die Bezeichnung *Prohibitivpreis*.

Marktpreisuntergrenze

die **Preisuntergrenze** des am kostengünstigsten operierenden Anbieters eines Gutes, das heißt

desjenigen Unternehmens mit den niedrigsten **Durchschnittskostenminimum**. Bei Preishöhen unterhalb der M. wird auf dem Markt keine positive Menge des Gutes (mehr) angeboten.

Markträumung

(Marktausgleich im engeren Sinne) Marktzustand, in dem die beim geltenden **Marktpreis** insgesamt angebotene Menge des Gutes gleich der insgesamt nachgefragten Menge ist. Bei M. sind die Wirtschaftspläne aller Marktteilnehmer erfüllt. Es liegt weder ein **Angebotsüberhang** noch ein **Nachfrageüberhang** vor. Im Unterschied zum weitergefassten Begriff des **Marktausgleichs** kommt eine M. stets durch das freiwillige Handeln der autonom entscheidenden Marktteilnehmer zustande (**Preismechanismus**), nicht durch äußere Umstände oder gezielte Maßnahmen.

Marktreaktionsfunktionen

(Responsefunktionen) beschreiben in der Theorie **preisabler Anbieter** in Form mathematischer Funktionen die Abhängigkeit einer Marktgröße mit Zielcharakter, (vor allem der Nachfrage- oder Absatzmenge) von einer oder mehreren Größen mit Instrumentcharakter (z.B. Preis und Werbeaufwand des eigenen Unternehmens oder von Wettbewerbern). Eine M. bildet somit formal ab, wie der »Absatzmarkt« eines Anbieters auf Veränderungen von **Aktionsparametern** reagiert. Eine spezielle und besonders wichtige Gruppe von M. sind die **Preis/Absatz-Funktionen**.

Marktsättigungsmenge

siehe **Marktmengenobergrenze**.

Marktspaltung

von einem **preisabilen Anbieter** gezielt herbeigeführte Aufteilung des Marktes für ein ansonsten homogenes Gut in mehrere **Teilmärkte**. Auf jedem dieser Teilmärkte setzt der Anbieter einen unterschiedlich hohen Preis für das Gut, um dadurch seinen Gewinn zu erhöhen. Siehe auch **Preisdifferenzierung**.

Marktstruktur

Gesamtheit jener handlungsrelevanten Bedingungen, die den Teilnehmern eines **Marktes** als

Datum vorgegeben sind und deren Angebots-oder Nachfrageverhalten wesentlich beeinflussen. Ein wichtiges Element der M. ist die **Marktform**, wie zum Beispiel die Zahl der Anbieter und Nachfrager, das Maß an Markttransparenz und die Art des gehandelten Gutes. Auch die **Produktionstechnologie** gehört zur M.

Marktteilnehmer

sind alle Akteure, die bereit sind, unter bestimmten Bedingungen (insb. Preishöhe) kurzfristig Einheiten des auf dem Markt gehandelten Gutes zu verkaufen oder zu kaufen. Das sind die **Anbieter** und **Nachfrager** des Gutes. Diejenigen von ihnen, die zu den aktuell geltenden Marktbedingungen tatsächlich **Transaktionen** tätigen, heißen *aktiv*. Die übrigen heißen *passiv*; das sind zum einen Anbieter, denen der herrschende Marktpreis zu niedrig ist, und Nachfrager, denen er zu hoch ist; zum anderen jene Marktteilnehmer, die möglicherweise aufgrund eines bestehenden Angebots- oder Nachfrage-**Überhangs** nicht zum Zuge kommen. Nicht zu den M.n gehören **potenzielle Anbieter** und **potenzielle Nachfrager**. Um diese von den auf dem Markt befindlichen Akteuren zu unterscheiden, nennt man letztere auch die *inkumbenten* Anbieter und Nachfrager.

Markttheorie

Sammelbezeichnung für eine Gruppe von **Theorien**, die den **Markt** oder Systeme von Märkten zum Gegenstand haben. Von zentraler Bedeutung sind dabei Fragen der Funktionsweise und Funktionsgrenzen (siehe **Gleichgewichtstheorie**, **Preistheorie**, **Marktversagen**) sowie der Entstehung und zeitlichen Entwicklung von Märkten. Der **Wettbewerb** spielt dabei eine fundamentale Rolle. Wichtige Themenbereiche sind ferner die Autoregulation von Märkten (siehe **Marktmechanismus**), die Interaktion von Marktteilnehmern sowie die Auswirkungen verschiedener Rahmenbedingungen und staatlicher **Interventionen** auf das **Marktergebnis**.

Markttransparenz

Grad der Übersichtlichkeit eines **Marktes** und der Informiertheit der **Marktteilnehmer**. Die T. bezieht sich hauptsächlich auf die Regeln des Tausches, die Art, Qualität und Verfügbarkeit des Gutes sowie vor allem den Preis. Sind die Marktteilnehmer vollständig über die Bedingungen auf dem Markt informiert, so herrscht *vollständige Markttransparenz*. Diese setzt allerdings nicht die Kenntnis aller einzelwirtschaftlichen Angebots- und Nachfragekonditionen voraus. Das ist ein entscheidender Vorteil des marktwirtschaftlichen Systems gegenüber einer zentral geplanten Wirtschaft.

Marktumsatz

(wertmäßiges Marktvolumen) mathematisches Produkt aus **Marktpreis** und **Transaktionsmenge**. Der M. entspricht zum einen der Summe der **Erlöse** aller Anbieter, zum anderen der Summe der **Ausgaben** aller Nachfrager für das Gut. Im **Marktgleichgewicht** kommt nicht immer der maximale M. zustande. Dieser wird im **einheitselastischen Punkt** der Marktnachfragekurve erreicht.

Marktungleichgewicht

Marktzustand, in dem der **Marktpreis** dauerhaft nicht auf der Höhe des **Gleichgewichtspreises** liegt. Im M. stimmen angebotene und nachgefragte Menge des Gutes nicht überein, es herrscht folglich keine **Markträumung**. Zu einem **Marktausgleich** kann es dann nur durch äußere Umstände (z.B. staatliche Käufe oder Verkäufe des Gutes) kommen. Anderenfalls verbleibt ein **Überhang**. Dann drängen die Marktkräfte auf eine Veränderung.

Marktunvollkommenheiten

siehe **unvollkommener Markt**.

Marktverbund

siehe **Marktkomplex**.

Marktverhalten

Sammelbezeichnung für alle marktbezogenen Planungen, Entscheidungen, Handlungsabsichten und Aktivitäten der inkumbenten und potenziellen Teilnehmer eines Marktes (siehe **Marktteilnehmer**). Dazu gehört insbesondere ihr Angebots- und Nachfrageverhalten.

Marktversagen

bezeichnet Situationen und Umstände, bei denen ein **Markt** entweder nicht zustande kommt, obwohl es eigentlich Angebote und Nachfragen gibt (siehe **latenter Markt**), oder nicht in erwünschter Weise funktioniert (Störungen des **Marktmechanismus**; **ruinöser Wettbewerb**) oder zu einem unerwünschten **Marktergebnis** führt. Zu M. in Form von *Wettbewerbsversagen* kommt es beispielsweise bei einer stark asymmetrischen Informationsverteilung zwischen den Marktteilnehmern und bei Vorliegen der Bedingungen eines **natürlichen Monopols**. Die Erscheinungsform des *Preisversagens* tritt hingegen auf, wenn erhebliche **externe Effekte** wirksam sind oder wenn es sich bei dem Gut um ein Kollektivgut handelt. Von M. kann man nur sprechen, wenn ein sich selbst überlassener, freier Markt betrachtet wird. Beruhen die genannten Probleme dagegen auf staatlichen Markteingriffen (siehe **Intervention**), so liegt *Staatsversagen* vor.

Marktvolumen

heißt der in einer Periode von allen Anbietern eines Gutes insgesamt realisierte Absatz oder Umsatz. Siehe speziell **Marktumsatz** (*wertmäßiges M.*); **Transaktionsmenge** (*mengenmäßiges M.*). Das M. kann nicht über dem **Marktpotenzial** liegen. Der Anteil des M. am Marktpotenzial heißt *Marktausschöpfungsquote*.

Marshall'sche Analyse

siehe **Eigenpreisabhängigkeitsanalyse**.

Marshall'sche Nachfragefunktion

nach *Alfred Marshall* (1842-1924) benannte spezielle Form der **Nachfragefunktion**, die angibt, wie die mengenmäßige Nachfrage nach einem Gut vom Preis eben dieses Gutes abhängt (**Eigenpreisabhängigkeit**). Die M.N. ist regelmäßig gemeint, wenn einfach nur von "der" Nachfragefunktion gesprochen wird. Ihre graphische Darstellung heißt *(Marshall'sche) Nachfragekurve*.

Marshall'scher Mengenmechanismus

von *Alfred Marshall* (1890) vertretene Alternative zum **Preismechanismus** für die Erklärung des kurzfristigen Marktausgleichs auf Konkurrenzmärkten. Übersteigt bei einer bestimmten **Transaktionsmenge** die Preisforderung der Anbieter die Zahlungsbereitschaft der Nachfrager, so senken die Anbieter ihre Angebotsmenge. Dies führt bei **Marshall-Stabilität** dazu, dass Preisforderungen und Zahlungsbereitschaften irgendwann übereinstimmen. Ist dagegen bei einer bestimmten Transaktionsmenge die Zahlungsbereitschaft der Nachfrager höher als die Preisforderung der Anbieter, so erhöhen die Anbieter ihre Angebotsmenge bis schließlich Preisforderung und Zahlungsbereitschaft übereinstimmen. Dann ist das **Marktgleichgewicht** erreicht.

Marshall-Stabilität

spezielle Auffassung von der **Stabilität** eines **Marktgleichgewichts**. M.-S. liegt vor, wenn bei der betreffenden Angebots/Nachfrage-Konstellation der **Marshall'sche Mengenmechanismus** den Markt nach Störungen immer wieder zum Gleichgewicht zurückführt. M.-S. setzt im üblichen **Marktdiagramm** voraus, dass bei Transaktionsmengen, die kleiner als die Gleichgewichtsmenge sind, die Nachfragekurve »oberhalb« der Angebotskurve liegt, und bei Mengen, die größer als die Gleichgewichtsmenge sind, die Angebotskurve »oberhalb« der Nachfragekurve verläuft. Siehe auch **Walras-Stabilität**.

Mehrdeutigkeit (des Marktgleichgewichts)

bezeichnet Angebots/Nachfrage-Konstellationen, bei denen es auf einem Markt zu mehr als einem **Marktgleichgewicht** kommen kann. Dies setzt - graphisch argumentiert - voraus, dass sich die Marktangebots- und die Marktnachfragekurve bei mehr als einer Höhe des Preises schneiden oder berühren. Gegenteil: **Eindeutigkeit**.

Mehrproduktunternehmen

heißt ein **Unternehmen** (bzw. Betrieb), in dem durch Einsatz von Produktionsfaktoren in einer Produktionsperiode mehrere verschiedene **Produkt** produziert werden. Gegenteil: **Einproduktunternehmen**. Siehe auch **verbundene Produktion**.

Mengenanpasserverhalten

siehe **Preisnehmerverhalten**.

Mengeneffekt

bezeichnet im Zusammenhang mit der **Amoroso/Robinson-Relation** die Änderung des **Erlöses** der Anbieter beziehungsweise der **Ausgaben** der Nachfrager, die (bei der ursprünglichen Höhe des Preises) durch eine preisänderungsbedingte Absatzmengenänderung bewirkt wird. Preiserhöhungen bringen im Normalfall einen negativen M., Preissenkungen einen positiven. Siehe auch **Preiseffekt**.

Mengenmechanismus, Marshall'scher

siehe **Marshall'scher Mengenmechanismus**.

Mengen-Reaktionsfunktion

gibt die gewinnmaximierende Angebotsmenge eines Anbieters im **homogenen Dyopol** in Abhängigkeit von der als gegeben unterstellten Angebotsmenge des anderen Anbieters an.

Mikroökonomik

wirtschaftswissenschaftlicher Ansatz, der ökonomische Phänomene aus dem Verhalten der **Einzelwirtschaften** sowie den Wechselbeziehungen zwischen diesen zu erklären sucht (sog. *methodologischer Individualismus*). In besonderer Weise geht es dabei um das Verständnis der Funktionsweise von Märkten, der **Preisbildung** und des Wettbewerbs. Aber auch zahlreiche einzelwirtschaftliche Probleme (v.a. Entscheidungs- und Optimierungsprobleme) werden thematisiert. Die M. ist eine eigenständige Teildisziplin der Wirtschaftswissenschaft und umfasst alle Theorien, die auf dem genannten Ansatz beruhen. Sie bildet auch die theoretische Grundlage der Betriebswirtschaftslehre. Es gibt auch Bemühungen um eine mikroökonomische Fundierung der **Makroökonomik**.

Mindestmengenrestriktion

Form der **Faktormengenrestriktion**, bei der eine bestimmte, mindestens einzusetzende Menge eines **Produktionsfaktors** existiert, die bei der Produktion beliebig überschritten, aber nicht unterschritten werden kann.

Mindestpreis

staatlich festgelegte Mindesthöhe für den Preis eines Gutes. Der M. darf von den Markt-

teilnehmern über-, aber nicht nicht unterschritten werden. Ein M. ist nur dann wirksam, wenn er oberhalb des **Gleichgewichtspreises** angesetzt wird. Die Wirksamkeit des **Preismechanismus** wird unterbunden. Beim M. entsteht auf dem Markt ein anhaltender **Angebotsüberhang**, was zu einer Reihe negativer Folgewirkungen führt (u.a. die Entstehung von **grauen Märkten**).

Minimalkostenbudget

dasjenige **Kostenbudget**, das mindestens aufzuwenden ist, um eine bestimmte Ausbringungsmenge produzieren, das heißt die erforderlichen **Faktoreinsatzmengen** finanzieren zu können. In der langen Frist (bei **totaler Faktorvariabilität**) tangiert die zu dem M. gehörende **Isokostengerade** die zu der Ausbringungsmenge gehörende **Isoquante** in der **Minimalkostenkombination**. In der kurzen Frist (bei **partieller Faktorvariabilität**) ist der Produktionspunkt der Schnittpunkt aus **kurzfristigem Expansionspfad** und Isoquante. Die durch diesen Punkt verlaufende Isokostengerade repräsentiert dann das M. Das M. entspricht in jedem Fall den **Produktionskosten** der betrachteten Ausbringungsmenge. Sowohl die **langfristigen Kosten** als auch die **kurzfristigen Kosten** sind also M.s.

Minimalkostenkombination

dasjenige **Faktorenbündel** auf einer **Isoquante**, mit dem die zu ihr gehörende Ausbringungsmenge zu den langfristig geringstmöglichen Kosten produziert werden kann. Für jede mögliche Ausbringungsmenge ist die M. durch die **Minimalkostenkombinationsbedingung** bestimmt.

Minimalkostenkombinationsbedingung

beschreibt formal die Tatsache, dass jede **Minimalkostenkombination** ein Tangentialpunkt ist, in dem sich eine **Isokostengerade** und eine **Isoquante** berühren. Somit entspricht in einer **Minimalkostenkombination** notwendig die **Grenzrate der Faktorsubstitution** dem Faktorpreisverhältnis. Denn erstere entspricht dem Absolutbetrag der Isoquantensteigung und letztere dem Absolutbetrag der Isokostengeradensteigung. Da sich die beiden Kurven in der Minimalkostenkombination tangieren, müssen dort ihre Steigungen gleich sein.

Mischungsvorliebe

eine Grundannahme (**Axiom**) der **Haushaltstheorie** über die **Präferenzen** von Konsumenten. Die **Präferenzordnung** eines Konsumenten weist die Eigenschaft der M. auf, wenn er gemischte **Güterbündel**, die alle Güter in einem »ausgewogenen« Mengenverhältnis enthalten, einseitig zusammengesetzten Güterbündeln vorzieht. M. zeigt sich in der konvexen Krümmung der **Indifferenzkurven**.

Mitläufereffekt

(Bandwagon-Effekt) ein **externer Konsumeffekt** der dadurch gekennzeichnet ist, dass die **Nachfrage** nach einem Gut über das »gewöhnliche« Maß hinaus zunimmt, wenn und weil andere Nachfrager dieses Gut verstärkt nachfragen beziehungsweise kaufen (z.B. infolge einer Preissenkung). Ein Mitläufer bemüht sich darum, das Konsumverhalten jener Nachfrager nachzuahmen, zu deren Gruppe er gehören möchte (*Bezugsgruppe*). Besonders ausgeprägt ist der M. im Bereich der Mode. Der M. hat zur Folge, dass etwa bei sinkendem Preis des Gutes die nachgefragte Menge nicht nur aufgrund der Verbilligung zunimmt (**Gesetz der Nachfrage**), sondern zusätzlich deshalb, weil die Nachfragezunahme der Bezugsgruppe die Mitläufer wegen ihres Nachahmungsverhaltens zu einer Steigerung ihrer Nachfrage anregt. Der M. verstärkt also die Wirkung der Preissenkung. Ein ausgeprägter M. macht die Marktnachfrage preiselastischer; die **effektive Marktnachfragekurve** wird flacher.

Modell, theoretisches

ergibt sich nach erfolgter **Abstraktion** als ein analytisch besser handhabbares, vereinfachtes Abbild zur Erklärung eines bestimmten Ausschnitts der Realität. Die meisten M.e der Wirtschaftstheorie liegen heute in Form mathematischer Strukturen (z.B. Gleichungen) vor. Ein solches M. basiert auf gewissen Grundvoraussetzungen (sog. **Axiome**), aus denen dann auf dem Wege logischer Schlussfolgerungen erklärungskräftige Aussagen hergeleitet werden (sog. *Deduktion*). Um realitätsgerecht zu sein, müssen die Grundvoraussetzungen von M.en realen Gegebenheiten entsprechen.

Monopol

eine **Marktform**, bei der einer großen Anzahl von Nachfragen nur ein einziger Anbieter (**Monopolist**) gegenübersteht. Der Monopolist hat keine Wettbewerber, und die Nachfrager können nicht auf alternative Angebote ausweichen. Er bedient allein die gesamte Marktnachfrage, deren funktionale Beschreibung sich ihm als konjekturale **Preis/Absatz-Funktion** darstellt. Der Monopolist kann den Preis seines Produktes nach seinen Zielen festlegen (**Preissetzerverhalten**). Im Falle der Gewinnmaximierung wählt er auf der **Preis/Absatz-Kurve** den **Cournot-Punkt**. Ein M. auf einem vollkommenen Markt (insbesondere bei Homogenität des gehandelten Gutes) heißt *reines M.*. Siehe auch **natürliches Monopol**.

Monopolgrad

siehe **Lerner'scher Monopolgrad**.

Monopolist

heißt der Alleinanbieter eines Gutes im Falle eines **Monopols**. Der M. hat keine Konkurrenten, er kann seine **Aktionsparameter** autonom in Bezug auf die Nachfrage nach seinem Produkt festlegen. Die Abhängigkeit dieser Marktnachfrage (bzw. seines Absatzes) speziell von der Höhe des von ihm gesetzten Preises wird durch eine **Preis/Absatz-Funktion** beschrieben.

Monopolistische Konkurrenz

bezeichnet nach *Edward Chamberlin* (1933) die **Marktform** eines **Polypols** auf einem **unvollkommenen Markt**. Das Marktmodell der m.K. dient zur Beschreibung der in der Realität häufig vorfindbaren Situation, in der auf einem Markt viele Anbieter aufgrund von Produktdifferenzierung ein **heterogenes Gut** anbieten und deshalb einen begrenzten **Preissetzungsspielraum** haben, sich also ähnlich wie **Monopolisten** als **Preissetzer** verhalten können. Eine **direkte Aktionsverbundenheit** der Anbieter (wie im **Oligopol**) besteht aber nicht. Das Modell der m.K. zeigt, dass die Vorteile der Produktdifferenzierung nur zu

Kosten und Preisen realisierbar sind, die
oberhalb ihres bei **vollkommener Konkurrenz**
realisierbaren Minimums liegen. Siehe dazu im
Vergleich: **Chamberlin'scher Tangentialpunkt** und **langfristige Marktgleichgewichtsbedingung.**

Monopolistischer Preissetzungsspielraum

jener mehr oder weniger ausgeprägte Bereich
der **Preis/Absatz-Kurve** eines **preisabilen
Anbieters,** in dem dieser seinen Absatzpreis
wie ein **Monopolist** frei festsetzen kann, im
dem er sich also einer vergleichsweise wenig
preiselastischen Nachfrage nach seinem Produkt
gegenübersieht. Ein P. kann dadurch zustande
kommen, dass Nachfrager Präferenzen für das
betrachtete Angebot haben oder auf es nicht
verzichten können. Im Falle der **monopolistischen Konkurrenz** ist der m.P. nach
oben und unten begrenzt: »Zu hohe« Preise
lösen starke Nachfragerabgänge zu den
Konkurrenten aus, »zu niedrige« lösen dagegen
starke (die Produktionskapazität bald über-
steigende) Nachfragerzugänge aus.

Monopolmenge
siehe **Cournot-Punkt.**

Monopolpreis
siehe **Cournot-Punkt.**

Morphologische
Marktformenunterscheidung

(Marktformenschema) auf *Heinrich von
Stackelberg* (1934) zurückgehende quantitative
Unterscheidung von **Marktformen** nach der
Besetzungsanzahl der beiden Marktseiten. Auf
jeder Marktseite können entweder ein Akteure,
einige wenige oder viele vorhanden sein. Durch
Gegenüberstellen dieser drei Klassen auf beiden
Marktseiten ergeben sich neun Kombinationen,
denen jeweils eine Marktform zugeordnet wird.
Trifft zum Beispiel ein Anbieter auf viele
Nachfrager, so liegt ein **Monopol** vor. Bei der
m.M. wird in der Grundform davon
ausgegangen, dass alle Teilnehmer einer
Marktseite ungefähr gleich groß sind. Lockert
man diese Voraussetzung, ergeben sich weitere
Marktformen.

N

Nachfrage

bezeichnet bei einzelwirtschaftlicher Betrachtung die Bereitschaft eines Wirtschaftsakteurs, unter bestimmten Bedingungen (insbesondere in Anhängigkeit von der Preishöhe)
bestimmte Mengen eines Gutes zu kaufen (siehe
speziell **individuelle N.**). Durch **Aggregation**
über alle Nachfrager gelangt man zur **Marktnachfrage.** Die auf dem Markt geäußerte und sich in
der Marktnachfragefunktion niederschlagende
N. ist die N. im engeren Sinne, wir nennen sie,
wenn es auf Unterschiede ankommt, *aktuale N.*.
Der Teil der aktualen N., der beim herrschenden Marktpreis tatsächlich durch
Transaktionen befriedigt wird, heißt *effektive
N.*. Im weiteren Sinne gibt es jedoch auch
Nachfragen, die (noch) nicht auf dem Markt
geäußert werden und sich folglich nicht in der
Marktnachfragefunktion niederschlagen. Dies
ist *latente N.* (siehe dazu **latenter Markt**). Die
wichtigsten Bestimmungsgrößen der aktualen
Güternachfrage der Haushalte sind der Preis des
Gutes (Eigenpreis), die Preise anderer Güter
(Fremdpreise) und das Einkommen beziehungs-
weise Ausgabenbudget der Nachfrager (siehe
Nachfrageelastizitäten). Die Marktnachfrage
hängt darüber hinaus von der Anzahl der
Nachfrager ab. Zur N. der Unternehmen nach
Produktionsfaktoren siehe **abgeleitete N.** und
Faktornachfragefunktion.

Nachfragebeweglichkeit
siehe **Krelle-Koeffizient.**

Nachfrageelastizität
siehe **Einkommenselastizität der Nachfrage**
oder **Eigenpreiselastizität der Nachfrage** oder
Kreuzpreiselastizität der Nachfrage.

Nachfragefunktion

mathematische Funktion, die die Abhängigkeit
der mengenmäßigen **Nachfrage** eines Gutes
von den Bestimmungsgrößen der Nachfrage
(Eigenpreis, Fremdpreise, Nachfragereinkommen) angibt. Der Graph der N. heißt
Nachfragekurve. Einzelwirtschaftliche N.en
dienen weniger der praktischen Anwendung als
der Herleitung von **Marktnachfrage**-
Funktionen durch **Aggregation.**

Nachfrageinterdependenz, ökonomische

bezeichnet die durch die **Kreuznachfrage-funktionen** beschriebenen gegenseitigen Abhängigkeiten der Nachfragen verschiedener Güter. Die Tatsache, dass aufgrund der beschränkten Budgets der Haushalte letztlich die Nachfragemengen aller Güter voneinander abhängen (also interdependent sind), wird als *schwache N.* bezeichnet: Letztlich konkurrieren alle Güter um die begrenzte Kaufkraft der Nachfrager. Theoretisch und praktisch relevanter ist dagegen die N. aufgrund von Einkommens- und Preisänderungen. Diese wirken sich infolge der mit ihnen einhergehenden **Einkommenseffekte** oder **Substitutionseffekte** auf zahlreiche benachbarte Märkte aus Märkte aus - wenn auch mehr oder weniger abgeschwächt; siehe **Markt-komplex**. Von *asymmetrischer N.* wird gesprochen, wenn die Nachfrage nach einem Gut in anderem Ausmaß von dem Preis eines anderen Gutes abhängt als die Nachfrage des anderen Gutes vom Preis des betrachteten Gutes. Im Extremfall kann beispielsweise ein Gut für ein zweites Gut ein ökonomisches **Substitut** sein, während das zweite Gut für das erste ein ökonomisches **Komplement** ist (*diametrale N.*).

Nachfragekurve

siehe **Nachfragefunktion**.

Nachfrager

Wirtschaftsakteur, der auf einem Markt unter bestimmten Bedingungen (insbesondere hinsichtlich der Höhe des Preises) bereit ist, eine bestimmte Menge des Gutes zu kaufen. Diese Bereitschaft kann durch die **Nach-fragefunktion** des N. formal beschrieben werden. Solche Funktionen sind allerdings nur im Hinblick auf die **Aggregation** von Bedeutung.

Nachfragerpreis

Höhe des Preises für ein Gut, bei dem die Nachfrager gerade bereit sind, insgesamt eine bestimmte Menge des Gutes zu kaufen. Der N. kann auch auf einen einzelnen Nachfrager bezogen werden. In seiner Höhe entspricht der N. der maximalen *Zahlungsbereitschaft* des oder der Nachfrager(s). Formal ist der N. in

Abhängigkeit von der Nachfragemenge die Umkehrfunktion der **Marshall'schen Nach-fragefunktion**.

Nachfragereaktanz

Summe aller **Kreuzpreiselastizitäten** eines Gutes (ohne die **Eigenpreiselastizität**). Die N. gibt an, ob ein Gut in Bezug auf alle übrigen Güter per saldo ein ökonomisches **Substitut** oder **Komplement** ist.

Nachfragervorteil

siehe **Einzelnachfragervorteil** oder **Gesamt-nachfragervorteil**.

Nachfragetheorie

Sammelbezeichnung für eine Gruppe von **Theorien**, welche die **Nachfrage** nach **Gütern** zum Gegenstand haben. Untersucht werden vor allem die Bestimmungsgründe der **indivi-duellen Nachfrage** und der - zumeist daraus hergeleiteten - **Marktnachfrage**.

Nachfrageüberhang

Marktzustand, der dadurch gekennzeichnet ist, dass beim geltenden Marktpreis die nachgefragte Menge eines Gutes größer ist als die angebotene Menge. Auch die Differenz zwischen diesen beiden Mengen wird als N. bezeichnet. Bei einem N. entspricht die **Trans-aktionsmenge** der angebotenen Menge. In der Realität zeigt sich ein N. in Warteschlangen und langen Lieferzeiten.

Nachfrageverbundenheit

siehe **Nachfrageinterdependenz**.

Naturaltausch

Tausch "Gut gegen Gut", ohne Zwischenschaltung von Geld. Gegenteil: **Geldtausch**.

Natürliches Monopol

Marktsituation, die dadurch gekennzeichnet ist, dass jede relevante Angebotsmenge von einem einzigen Anbieter kostengünstiger bereitgestellt werden kann als von zwei oder mehr Unternehmen. Das ist im besonderen dann der Fall, wenn die langfristigen **Durchschnitts-kosten** mit zunehmendem Outputniveau anhaltend fallen. Jede Anbietermehrzahl löst

dann eine wachstumsorientierte Verdrängungs-
konkurrenz zwischen den Unternehmen aus, an
deren Ende nur noch ein Alleinanbieter
(natürlicher Monopolist) übrigbleibt, der sich
dann nicht mehr wie ein Konkurrenzanbieter
verhält; siehe **Monopol**. Unter den
Bedingungen eines n.M.s funktioniert die
Anbieterkonkurrenz also nicht beziehungsweise
führt zu einem schlechten Marktergebnis. Siehe
auch **Marktversagen**.

Neoklassische Produktionstheorie

eine **Produktionstheorie**, die von drei
wesentlichen Annahmen über die Eigenschaften
von **Produktionsfunktionen** ausgeht: 1. Die
Grenzproduktivität jedes **Produktionsfaktors** ist stets positiv. 2. Die Grenzproduktivität jedes Produktionsfaktors nimmt
mit steigender Einsatzmenge des betreffenden
Faktors ab. 3. Die Grenzproduktivität jedes
Produktionsfaktors nimmt zu, wenn von einem
anderen Faktor eine größere Menge eingesetzt
wird. - Die N.P. unterstellt gegeneinander
substituierbare Faktoreinsätzen (konvexe
Isoquanten) und durchgehend konkaven
Faktorertragsfunktionen. Der wichtigste Typ
neoklassischer Produktionsfunktionen ist die
Cobb/Douglas-Produktionsfunktion; etwas
allgemeiner ist die **CES-Produktionsfunktion**.

Neoklassische Theorie

eine umfassende und differenzierte **Theorie** der
Wirtschaft, die aus der Weiterentwicklung der
klassischen Wirtschaftstheorie entstanden ist
und in ihren Anfängen bis in die siebziger Jahre
des 19. Jahrhunderts zurückreicht. Während in
der klassischen Theorie Fragen der
gesamtwirtschaftlichen Produktion und des
Wachstums im Vordergrund standen, steht im
Zentrum der N.T. die Analyse der optimalen
Verteilung knapper Güter auf miteinander kon-
kurrierende Verwendungszwecke, sei es im
Konsumbereich, sei es in der Produktion. Dabei
wird vom Entscheidungsverhalten einzelner
Wirtschaftsakteure ausgegangen. Die N.T. ist
daher im wesentlichen **Mikroökonomik**. Sie
stellt die Probleme der **Preisbildung** auf
Märkten sowie des Wettbewerbs in den

Vordergrund und bedient sich in ihrer
Argumentation vorwiegend sogenannter
»Grenzgrößen« (*marginalistischer Ansatz*).

Nettoeintrittsrate

Differenz aus **Bruttoeintrittsrate** und Bruttoaustrittsrate (siehe **Markteintritt, Marktaustritt**). Die N. gibt bezogen auf einen Markt
an, wie sich in einer Periode die Anzahl der
Marktteilnehmer einer Marktseite verändert. Sie
kann positiv (wachsende Teilnehmeranzahl)
oder negativ (schrumpfende Teilnehmeranzahl)
sein.

Neuanbieter

siehe **Markteintritt**.

Nicht-betriebsbedingte Zusatzkosten

Kosten, die in einem Unternehmen außerhalb
des Bereiches der eigentlichen Leistungs-
erstellung (Betrieb) zum Beispiel durch
Administration, Führung, Information, Koordination, Kontrolle sowie durch etwaige
Transporte produzierter Güter entstehen. Ihnen
steht kein Aufwand für die Produktionsfaktoren
im engeren Sinne gegenüber. Die n.-b.Z. steigen
mit wachsender Betriebsgröße und addieren
sich zu den rein produktionsbedingten
langfristigen **Durchschnittskosten**.

Normale Nachfrage

liegt vor, wenn die Nachfragemenge eines
Gutes umso geringer ist, je teurer das Gut ist -
und umgekehrt. Die **Marshall'sche Nachfragefunktion** hat dann eine durchgehend
negative Steigung; es gilt das **Gesetz der
Nachfrage**. Siehe auch **anormale Nachfrage**.

Normales Angebot

liegt vor, wenn die Angebotsmenge eines Gutes
umso größer ist, je höher der Preis des Gut ist -
und umgekehrt. Die **Angebotsfunktion** hat
dann durchgehend eine positive Steigung; es gilt
das **Gesetz des Angebots** ist erfüllt. Siehe auch
anormales Angebot.

O

Offenbarte Präferenzen

siehe **bekundete Präferenzen**.

Offener Markt

liegt vor, wenn sowohl für Nichtmarkt-
teilnehmer der Zutritt zum Markt als auch für
Marktteilnehmer der Austritt aus dem Markt
frei ist, das heißt erlaubt, möglich und nicht mit
wesentlichen Ein- oder Austrittskosten
verbunden. Ein o.M. ist also einer ohne
wesentliche Eintritts- und Austrittshemmnisse.
Gleichwohl erfordert der Eintritt eines
potenziellen Anbieters in einen offenen Markt,
ähnlich wie eine Änderung des Kapitalbestandes
bei **inkumbenten Anbietern**, eine gewisse
Zeit. Das extreme Gegenteil eines o.M.s ist ein
geschlossene Markt.

Ökonomie

Fachbezeichnung für die Wirtschaft als Erfah-
rungsbereich und als Gegenstand der
Wirtschaftswissenschaft (**Ökonomik**). Alle
wirtschaftlichen Phänomene und Probleme
beruhen letztlich auf **Knappheit**.

Ökonomik

Fachbezeichnung für die Wirtschaftswissenschaft. Sie bemüht sich um das Verständnis
wirtschaftlicher Phänomene (Erklärung) und die
Lösung wirtschaftlicher Probleme. Dazu dient
als wichtigstes Instrument die **Theorie**.

Ökonomische Nachfrageinterdependenz

beschreibt, wie die Nachfragemengen
bestimmter Güter von den Preisen anderer
Güter abhängen. Steigt oder sinkt der Preis
eines Gutes, so kann infolgedessen die
Nachfrage eines anderen Gutes steigen
(**ökonomisches Substitut**), sinken (**ökonomisches Komplement**) oder unverändert
bleiben (**ökonomisch unabgängiges Gut**).
Siehe auch **Kreuznachfragefunktion**.

Ökonomisches Komplement

siehe **Komplement**.

Ökonomisches Prinzip

Handlungsmaxime für Knappheitssituationen,
die auf eine weitestmögliche Verringerung der
Knappheit gerichtet ist. Das ö.P. besagt in
seiner Ausformung als *Minimalprinzip*, dass
versucht werden soll, ein bestimmtes Ergebnis
(Erfolg, Ertrag, Ziel) mit dem geringstmöglichen Aufwand an Mitteln zu erreichen. In
der Ausformung als *Maximalprinzip* besagt es,
dass versuchst werden soll, mit den gegebenen
Mitteln das bestmögliche Ergebnis zu erreichen.
In der Produktion findet das ö.P. in der
Forderung nach **technischer Effizienz** seinen
Niederschlag, in der Kostenplanung kommt es
im **Kostenminimierungsprinzip** zum Ausdruck. Siehe auch **optimale Güterallokation**.

Ökonomisches Substitut

siehe **Substitut**.

Ökonomisch unabhängiges Gut

ein Gut, auf dessen Nachfragemenge sich
Preisänderungen eines bestimmten anderen
Gutes nicht auswirken. Die erste Ableitung der
Kreuznachfragefunktion des betrachteten
Gutes nach dem Preis des anderen Gutes ist
dann null.

Oligopol

eine **Marktform**, bei der einer großen
Nachfrageranzahl nur einige wenige Anbieter
(Oligopolisten) gegenüberstehen. Jeder von
ihnen muss bei seinen absatzpolitischen
Maßnahmen die dadurch hervorgerufenen
Reaktionen der übrigen Anbieter berücksichtigen. Zwischen den Oligopolisten besteht eine
fühlbare **direkte Aktionsverbundenheit**. Ein
O. auf einem **homogenen Markt** wird als
homogenes O., ein solches auf einem heterogen
Markt dagegen als *heterogenes O.* bezeichnet.
Ein O. mit nur zwei Anbietern heißt **Dyopol**. Es
gibt bislang keine einheitliche O.-Theorie,
sondern eine Vielzahl von O.-Modellen, die,
von verschiedenen Annahmen ausgehend, zu
völlig unterschiedlichen (teils wider-
sprüchlichen) Aussagen über das Markt-
verhalten und Marktergebnis gelangen. Solange
man nicht weiß, welche Annahmen in einer

konkreten O.-Situation gelten, ist die Auswahl eines Modells zur Beschreibung und Erklärung der Situation nicht möglich.

Oligopolgleichgewicht

Zustand eines **Oligopol**-Marktes, der durch zwei Eigenschaften gekennzeichnet ist: Zum einen liegt **Markträumung** vor, zum anderen wählt jeder Oligopolist genau den (optimalen) **Angebotspunkt**, den die übrigen Oligopolisten erwarten. Dies wird auch als *Nash-Gleichgewicht* bezeichnet. Die wechselseitige Erfüllung der Erwartungen beziehungsweise der Prozess, der die Anbieter dahin führt, tritt gleichsam an die Stelle des **Preismechanismus** bei **vollkommener Konkurrenz**.

Oligopolist

heißt ein Anbieter in der Marktform eines **Oligopols**. Der O. steht mit seinen Wettbewerbern in **direkter Aktionsverbundenheit**. Er hat einen wesentlichen Marktanteil und kann für andere fühlbar Einfluss auf das Marktgeschehen nehmen. Er muss bei seinen Planungen und Aktionen die möglichen Aktionen und Reaktionen seiner Rivalen (siehe **Rivalität**) berücksichtigen, also strategisch handeln.

Oligopolistische Interdependenz

direkte wechselseitige Abhängigkeit der einzelwirtschaftlichen **Angebotspolitiken** im **Oligopol**. Die (optimale) Angebotspolitik eines Oligopolisten hängt bei o.I. auch von den (erwarteten) Angebotspolitiken beziehungsweise Reaktionen seiner Rivalen ab. O.I. kann als statischer Aspekt der **direkten Aktionsverbundenheit** angesehen werden.

Opportunitätskosten

(Alternativkosten) bezeichnen allgemein die Kosten einer ausgewählten Handlungsalternative. Die O. entsprechen dem höchsten entgangenen Nutzen (Einkommen oder Ertrag) der durch eine andere Handlungsalternative hätte erzielt werden können, wenn auf die gewählte Alternative verzichtet worden wäre. Die Kosten einer Alternative sind also durch die bestmögliche aller entgangenen Alternativen bestimmt. Beispiel: Die O. des in einem Unternehmen investierten Kapitals entsprechen

der bestmöglichen Rendite, die in einer alternativen Kapitalanlageform gleichen Risikos realisiert werden könnte. Durch derartige Vergleiche lassen sich kalkulatorische Kosten abschätzen.

Optimale Betriebsgröße

kosten- oder gewinnoptimaler Umfang des Gesamteinsatzes von Produktionsfaktoren in der **Produktion**. Die o.B. kann auch über das **Outputniveau** definiert werden. Speziell die *kostenoptimale Betriebsgröße* bezeichnet jenes Outputniveau, bei der die **langfristigen Durchschnittskosten** minimal sind. Siehe auch **Betriebsoptimum**.

Optimale Güterallokation

Verteilung der verfügbaren Gütermengen auf die Haushalte derart, dass jede Änderung dieser Verteilung zu einer Verringerung des des realisierbaren Präferenzniveaus (**Präferenzstärke**) bei mindestens einem Konsumenten führt. Siehe auch **Pareto-Optimum**.

Optimaler Konsumplan

siehe **Konsumoptimum**.

Optionsfixierer

heißt ein Anbieter, der zugleich den Absatzpreis und die Abnahmemenge des von ihm angebotenen Gutes bestimmt. Ein Nachfrager (sog. *Optionsempfänger*) kann dann nur entscheiden, ob er das Angebot (die Kaufoption) annimmt oder ablehnt.

Output (der Produktion)

in der kurzen Frist (bei gegebener Produktionskapazität) Synonym für **Ausbringungsmenge** im engeren Sinne. In der langen Frist Synonym für **Outputniveau**.

Outputniveau (der Produktion)

(Ausbringungsniveau, Skalenertrag) spezielle Bezeichnung für die **Ausbringungsmenge** bei langfristiger Betrachtung (siehe **lange Frist**). Im Gegensatz zur Ausbringungsmenge in der kurzen Frist, die sich auf die Auslastung einer gegebenen Produktionskapazität bezieht, wird in der langen Frist stets eine optimale (d.h. kostenminimierende) Anpassung der Produktionskapazität an die Ausbringungsmenge beziehungsweise das O. unterstellt. Außer der Ausbringungsmenge bei optimaler Auslastung der Produktionskapazität lässt sich als O. auch die maximale Ausbringungsmenge betrachten.

P

(Produktions-)Output
siehe **Ausbringungsmenge**.

Parallelproduktion

(unverbundene Produktion) liegt vor, wenn in einem **Mehrproduktunternehmen** Produktionsprozesse für unterschiedliche Produkte isoliert und unbeeinflusst voneinander betrieben werden. Die produzierten Mengen sind technologisch unabhängig voneinander.

(Bewusstes) Parallelverhalten

Form des abgestimmten Verhaltens zwischen den Anbietern auf einem Markt. Dabei wird ohne direkte Absprachen eine gleichförmige **Angebotspolitik** betrieben, wie sie etwa bei der Orientierung der Anbieter an einem *Marktführer* zum Ausdruck kommt.

Parameter

bezeichnet zumeist formal eine **exogene Größe** eines **Modells**. Bei **ceteris-paribus**-Analysen haben die konstant gehaltenen "übrigen Variablen" den Charakter von P. - Es ist jedoch üblich geworden, den P.-Begriff auch zur Bezeichnung wichtiger Unternehmensvariablen im Wettbewerb zu verwenden; siehe beispielsweise **Aktionsparameter**, **Erwartungsparameter**.

Pareto-Optimum

nach *Vilfrdo Pareto* (1848-1923) benannter Verteilungszustand, bei dem zugleich eine **effiziente Faktorallokation** und eine **optimale Güterallokation** realisiert wird. Dann ist es durch irgendeine Umverteilung nicht mehr möglich, einen Konsumenten besser zu stellen, ohne mindestens einen anderen schlechter zu stellen.

Partialanalyse

Untersuchung der Gegebenheiten und des Geschehens in einem begrenzten Ausschnitt der Wirtschaftsrealität. Wichtigster Anwendungsbereich der P. ist die Analyse einzelner **Märkte** oder **Marktkomplexe** (Wechselwirkung zwischen verbundenen Märkten).

Partielle Faktorvariation/-variabilität

Variation(sfähigkeit) der Einsatzmengen von **Produktionsfaktoren**, wobei mindestens ein anderer Produktionsfaktor nicht variiert wird. Wird nur der Einsatz eines einzelnen Faktors verändert, bei Konstanz aller übrigen, so liegt der Spezialfall *Einzelfaktorvariation* vor.

Partielle Preisänderung

(partielle Preisvariation) eine Veränderung der Höhe des Preises eines einzelnen Gutes, bei Konstanz aller übrigen Güterpreise und aller sonstigen möglichen Einflussgrößen. Also eine Einzelpreisänderung ceteris paribus.

Polypol

jene **Marktform**, die durch eine Vielzahl von Nachfragern (**atomistische Nachfrage**) und eine hinreichend große Anzahl von Anbietern (*Polypolisten*) gekennzeichnet ist. Alle Marktteilnehmer sind so »klein«, dass sie einzeln keinen Einfluss auf den Marktpreis haben (**Preisnehmerverhalten**). Zwischen den Polypolisten besteht eine **indirekte Aktionsverbundenheit**. Die Marktform des P. auf einem **vollkommenen Markt** wird als **vollkommene Konkurrenz**, die auf einem **unvollkommenen Markt** als **monopolistische Konkurrenz** bezeichnet.

Polypolist
siehe **preisinabiler Anbieter**.

Potenzielle Konkurrenz

Konkurrenzdruck, dem sich **inkumbente Anbieter** durch noch nicht auf dem Markt aktive, aber möglicherweise eintretende Neuanbieter (sog. **potenzielle Anbieter**) ausgesetzt sehen. P.K. wirkt unter bestimmten Bedingungen ähnlich disziplinierend auf die inkumbenten Anbieter, wie ihre *effektive Konkurrenz* untereinander. Die p.K. ist tendenziell umso ausgeprägter, je geringer die **Markteintrittsbarrieren** auf dem betreffenden Markt sind.

Potenzielle Anbieter

Unternehmen, die (noch) nicht als **Anbieter** eines Gutes auf einem betrachteten **Markt** engagiert sind, aber jederzeit durch Eintritt in den Markt zu **inkumbenten Anbietern** werden könnten. P.A. gehören (noch) nicht zum Markt; das unterscheidet sie von *latenten Anbietern* (siehe **Angebot**). Bei p.A.n kann es sich sowohl um schon existierende Unternehmen handeln, die bereits auf anderen Märkten engagiert sind, als auch um ganz neu gegründete Unternehmen. Durch **Markteintritt** wird ein p.A. zum *Neuanbieter* (Newcomer).

Potenzielle Nachfrager

Haushalte oder Unternehmen, die (noch) nicht als **Nachfrager** eines Gutes auf einem betrachteten **Markt** engagiert sind, aber jederzeit durch Eintritt in den Markt zu **inkumbenten Nachfragern** werden könnten. P.N. gehören (noch) nicht zum Markt; das unterscheidet sie von *latenten Nachfragern* (siehe **Nachfrage**). Durch **Markteintritt** wird ein p.N. zum *Neunachfrager*.

Potenzieller Markt

liegt vor, wenn es zwar **Angebot** und **Nachfrage** nach einem Gut gibt, aber beide nicht in einer solchen Weise zusammenpassen oder zusammentreffen, dass es zu effektiven Tauschhandlungen kommt. Es existiert folglich auch kein **Marktgleichgewicht**. Ein **Markt** im üblichen Sinne ist dann nur der Möglichkeit nach vorhanden, tritt aber nicht in Erscheinung. Siehe auch **latenter Markt**; **effektiver Markt**.

Präferenzen

subjektive handlungsleitende Vorstellungen eines **Wirtschaftssubjektes** über die Vorzugswürdigkeit einzelner Entscheidungsalternativen gegenüber anderen. In der Wirtschaftstheorie wird es als Ausdruck ökonomischer Rationalität angesehen, wenn ein Wirtschaftssubjekt sich stets für die von ihm höchstpräferierte Alterna-

tive entscheidet. Die P. der Nachfrager sind unter anderem ein Kriterium zur Definition und Abgrenzung von Märkten, je nach Art des gehandelten **Gutes**. Sie bilden zugleich die Grundlage der Theorie der **individuellen Nachfrage**, wobei sie gewissen **Axiomen** genügen müssen (*Präferenztheorie*). Siehe auch **bekundete Präferenzen**.

Präferenzfeld

quantifizierte **Präferenzordnung** eines Konsumenten im **Güterraum**. Im **Konsumentendiagramm** werden die **Präferenzstärken** der **Güterbündel** (meist nur die der ganzzahligen Gütermengenkombinationen) dargestellt. Ein P. ermöglicht es, vergleichsweise einfach **Indifferenzkurven** zu zeichnen.

Präferenzfunktion

mathematische Funktion zur Beschreibung der **Präferenzordnung** eines Konsumenten. Jedem **Güterbündel** (Gütermengenkombination) wird die **Präferenzstärke** zugeordnet, die der Konsument dafür im Hinblick auf den Konsum empfindet. In der graphischen Darstellung werden die Linien gleicher Präferenzstärke als **Indifferenzkurven** bezeichnet.

Präferenzniveau

siehe **Präferenzstärke**.

Präferenzordnung

(Indifferenzordnung) Struktur der **Präferenzen** eines Konsumenten hinsichtlich aller ihm zur Auswahl stehenden **Güterbündel**, unabhängig von ihrer Finanzierbarkeit. Die P. erstreckt sich also auf den gesamten **Güterraum**. Sie zeigt sich graphisch in der Anordnung der **Indifferenzkurven** des Konsumenten und wird formal durch die **Präferenzfunktion** beschrieben. Anhand der P. kann festgestellt werden, wie ein Konsument vorgegebene Güterbündel präferenzmäßig bewertet, welche also aus seiner Sicht besser als andere (**Besserpräferenz**) und welche untereinander gleichgut sind (**Indifferenz**).

Präferenzstärke

(Präferenzniveau) drückt zahlenmäßig aus, wie stark ein Konsument ein bestimmtes **Güterbündel** begehrt. Jede **Indifferenzkurve** (und somit jedes ihrer Güterbündel) repräsentiert ein ganz bestimmtes Präferenzniveau. Formal gibt die **Präferenzfunktion** die P. an.

Preis

in Geldeinheiten je Mengeneinheit eines Gutes ausgedrückter Tauschwert dieses Gutes, zum Beispiel Euro pro Stück. Der P. eines Gutes ist das, was ein Nachfrager von seinem **Budget** hergeben muss, um eine Mengeneinheit des betreffenden Gutes zu erhalten, beziehungsweise das, was ein Anbieter des Gutes für eine Mengeneinheit desselben erhält. (P. und **Grenzerlös** stimmen allerdings nur bei einem **preisinabilen Anbieter** überein.) Der Quotient zweier Preise entspricht dem umgekehrten mengenmäßigen Austauschverhältnis der beiden Güter. Unter bestimmten Bedingungen spiegeln P.e, insbesondere P.-Verhältnisse, die Knappheitsrelationen der Güter wider. Güter, die zu einem Preis von null zu haben sind, heißen *freie Güter*.

Preisabiler Anbieter

Unternehmen, das im Rahmen seiner **Angebotspolitik** die Möglichkeit hat, Einfluss auf die Höhes des Preises, zu dem es sein Produkt anbietet, zu nehmen - zumindest in einem gewissen Preisintervall. P.A. haben also einen autonomen **Preissetzungsspielraum**. Sie können sich als **Preissetzer** verhalten. Das ist unter anderem im **Monopol** und bei **monopolistischer Konkurrenz** der Fall. In einem erweiterten Sinne kann Preisabilität auch auf den Beschaffungsbereich (direkter Einfluss auf die Faktorpreise) und auf seiten der Haushalte vorliegen.

(Konjekturale) Preis/Absatz-Funktion

spezielle Form der **Absatzfunktion**, in der nur die funktionale Beziehung zwischen der von einem Anbieter abgesetzten Menge eines Gutes und dem Preis des Gutes betrachtet wird. Der Absatzpreis wird dabei als die wesentlich den Absatz bestimmenden Größe angesehen (**Aktionsparameter**). Die Absatzmenge ist dann eine erwartete Größe (**Erwartungsparameter**). Der Graph der P./A.-F. heißt **Preis/Absatz-Kurve**. Im **Monopol** entspricht die P./A.-F. der gesamten **Marktnachfrage-**

Funktion. Ansonsten beschreibt die P./A.-F. nur die Preisabhängigkeit des auf den einzelnen Anbieter entfallenden Teils der Marktnachfrage. Für manche Zwecke empfiehlt es sich statt der Abhängigkeit der zu erwartenden Absatzmenge vom geforderten Preis umgekehrt die Abhängigkeit des forderbaren Preises von der anvisierten Absatzmenge zu betrachten (sog. *inverse P./A.-F.*)

Preis/Absatz-Kurve

Graph der **Preis/Absatz-Funktion**. Die P./A.-K. wird in einem **Marktdiagramm** dargestellt und hat in der Regel eine negative Steigung. In diesem fallenden Verlauf kommt zum Ausdruck, dass der **preisabile Anbieter** bei hoher Preisforderung nur eine geringe, bei niedriger Preisforderung dagegen eine große Absatzmenge realisieren kann.

Preisbildung

Art und Weise des Zustandekommens von Preisen (siehe **Preis**). Es gibt zumindest vier Formen der P.: 1. Preisfestsetzung durch den Staat oder von Marktteilnehmern aufgrund von Marktmacht (siehe **administrierte Preise**); 2. Aushandeln von Preisen zwischen einzelnen Anbietern und Nachfragern (z.B. bei der Auftragsfertigung); 3. Ermittlung von Höchstgeboten (siehe **Auktion**); 4. P. durch den **Preismechanismus**, der auf einem **Markt** Angebot und Nachfrage aufeinander abstimmt (**Gleichgewichtspreis**). Letzteres wird auch als P. im engeren Sinne bezeichnet. Untersucht wird die P. im Rahmen der **Preistheorie**.

Preisdifferenzierung

liegt vor, wenn ein technologisch und kostenmäßig einheitliches Gut verschiedenen Käufer(gruppe)n zu unterschiedlichen Preisen angeboten wird. Voraussetzungen dafür sind die Separierbarkeit der Kunden in **Teilmärkte** (es darf keine Möglichkeit der **Arbitrage** bestehen) und die Unterschiedlichkeit dieser Gruppen hinsichtlich bestimmter absatzpolitisch relevanter Merkmale (**Marktspaltung**). Nach dem Diskriminierungskriterium lassen sich unterscheiden: personelle, zeitliche, räumliche und sachliche P. Im letztgenannten Fall wird noch nach qualitativen (z.B. nach der

Verwendungsart) und quantitativen (z.B. nach der Abnahmemenge) Gesichtpunkten differenziert.

Preiseffekt

uneinheitlich verwendete Bezeichnung für die von Preisänderungen ausgehenden Wirkungen. Im Zusammenhang mit der **Amoroso/-Robinson-Relation** bezeichnet der P. die Änderung des **Erlöses** der Anbieter beziehungsweise der **Ausgaben** der Nachfrager, die (bei der ursprünglichen Höhe der Absatzmenge) durch eine Preisänderung bewirkt wird. Preiserhöhungen bringen im Normalfall einen positiven P., Preissenkungen einen negativen. Siehe auch **Mengeneffekt**.

Preiselastizität der (Markt-)Nachfrage

siehe **Eigenpreiselastizität der Nachfrage** oder **Kreuzpreiselastizität der Nachfrage**.

Preiselastizität des Absatzes

misst die relative Änderung der Absatzmenge eines Unternehmens im Verhältnis zur relativen Veränderung des Angebotspreises. Diesen Zusammenhang beschreibt die **Preis/Absatz-Funktion**. Die P.d.A. gibt also an, um wie viel Prozent sich die Absatzmenge eines **preisabilen Anbieters** ändert, wenn er den Preis seines Produktes um ein Prozent erhöht (oder senkt). Im Falle eines **Monopols** entspricht die P.d.A. der **Eigenpreiselastizität der Nachfrage**, allerdings aus der Sicht des Anbieters.

Preiselastizität des Angebots

siehe **Preiselastizität des einzelwirtschaftlichen Angebots** oder **Preiselastizität des Marktangebots**.

Preiselastizität des einzelwirtschaftlichen Angebots

gibt an, um wie viel Prozent sich die von einem **preisinabilen Anbieter** angebotene Menge eines Gutes ändert, wenn der vom Markt her bestimmte Absatzpreis des Gutes um ein Prozent steigt (oder fällt). Unter normalen Bedingungen kann von einem hohen Wert der P.d.e.A. auf eine hohe Produktionsflexibilität geschlossen werden. Die P.d.e.A. entspricht unter regulären Bedingungen dem Kehrwert der **Grenzkostenelastizität des Anbieters**.

Preiselastizität des Marktangebots

gibt an, um wie viel Prozent sich die gesamte Angebotsmenge eines Gutes ändert, wenn der Preis, zu dem das Gut auf dem Markt abgesetzt werden kann, um ein Prozent steigt (oder fällt). Siehe auch **Marktangebot**.

Preisfunktionen

wünschenswerte Wirkungen und Aufgaben von **Preisen** im Rahmen des marktwirtschaftlichen Systems: Sie sollen über die relativen Knappheiten der gehandelten Güter und damit über lukrative Produktions- und Kaufmöglichkeiten Auskunft geben (*Informations- und Signalfunktion*). Sie sollen kurzfristig die Abstimmung der Wirtschaftspläne von Anbietern und Nachfragern bewirken (*Koordinationsfunktion*). Sie sollen langfristig die Ausrichtung der Produktion(skapazitäten) am Bedarf beziehungsweise den Nachfragerwünschen sicherstellen (*Steuerungsfunktion*). Sie sollen dafür sorgen, dass nur die effizientesten Anbieter und die Nachfrager mit dem dringendsten Bedarf Marktumsätze tätigen (*Selektions- und Rationierungsfunktion*). Sie sollen nach Maßgabe der erbrachten Marktleistungen die primäre Einkommensverteilung bestimmen (*Verteilungsfunktion*).

Preisinabiler Anbieter

Unternehmen, das durch seine Angebotspolitik keinen merklichen Einfluss auf die Höhe des Preises nehmen kann, zu dem es sein Produkt absetzt. Für einen p.A. ist es nicht möglich oder nicht vorteilhaft, eine autonome Preispolitik zu betreiben; er realisiert praktisch keinen **Preissetzungsspielraum**. Er orientiert sich an dem vom Markt her bestimmten Preis für sein Produkt; er nimmt diesen als **Datum** hin und verhält sich in dieser Hinsicht als **Preisnehmer**. In der Marktform der **vollkommenen Konkurrenz** sind alle Anbieter preisinabil.

Preis/Konsum-Kurve

Verbindungslinie aller **Konsumoptima** in einem **Konsummengendiagramm**, die sich bei alternativen Höhen des Preises eines Gutes ergeben. Aus der P./K.-K. können die individuelle Marshall'sche und die Kreuz-Nachfragekurve hergeleitet werden. Siehe dazu **Nachfragefunktion**.

Preismechanismus

Komponente des **Marktmechanismus**, die den kurzfristigen Prozess der Selbstregulation auf polypolistisch strukturierten vollkommenen Märkten beschreibt. Bei **vollkommener Konkurrenz** löst jeder auftretende **Angebotsüberhang** kurzfristig konkurrenzgetriebene Anpassungen der Preisforderungen der Anbieter aus, die zu einem Rückgang des Preises führen, und damit - bei **Stabilität** - zum Verschwinden des Angebotsüberhangs. Analog dazu ruft jeder auftretende **Nachfrageüberhang** kurzfristig konkurrenzgetriebene Anpassungen der Preisbietungen der Nachfrager hervor, die zu einem Anstieg des Preises führen und damit - bei Stabilität - zum Verschwinden des Nachfrageüberhangs. Ist **Markträumung** erreicht, ist der P. nicht (mehr) wirksam. Bei staatlich vorgeschriebenen **Höchstpreisen** oder **Mindestpreisen** wird das Wirksamwerden des P. unterbunden. Siehe auch **Gewinnmechanismus**.

Preis/Mengen-Diagramm

Diagramm, auf dessen beiden Achsen der Preis eines Gutes und eine Menge dieses Gutes gemessen werden. Das P./M.-D. dient unter anderem zur Darstellung **Marshall'scher Nachfragefunktionen** und **Angebotsfunktionen**, beide sowohl einzelwirtschaftlich als auch aggregiert. Werden Marktangebots- und Nachfragekurven gemeinsam in einem P./M.-D. dargestellt, wird dies auch **Marktdiagramm** oder *Marshall'sches Diagramm* genannt.

Preisnehmerverhalten

(Mengenanpasserverhalten) Angebotsverhalten eines **preisinabilen Anbieters**. Besonders ausgeprägt ist das P. im Falle **vollkommener Konkurrenz**, bei der die Anbieter ihr Produkt nur zu dem vom Absatzmarkt her bestimmten Preis absetzen können. Ihre **Angebotspolitik** ist auf die Wahl der optimalen Angebotsmenge beschränkt. Daher werden sie auch *Mengenanpasser* genannt. Der Begriff des P. kann auch auf die Nachfrager angewendet werden, sofern es sich um eine **atomistische** Nachfrage handelt.

Preis-Reaktionsfunktion

mathematische Funktion, die angibt, wie der gewinnmaximierende Angebotspreis eines Anbieters im **heterogenen Dyopol** vom als gegeben unterstellten Angebotspreis des anderen Anbieters abhängt.

Preissetzerverhalten

Angebotsverhalten eines **preisabilen Anbieters**. Besonders ausgeprägt ist das P. im **Monopol**: Ein **Monopolist** ist imstande, den Preis seines Produktes frei nach seinen eigenen Zielen festzulegen. Bei **monopolistischer Konkurrenz** können die Anbieter ihren Absatzpreis zumindest innerhalb gewisser Grenzen (*Preissetzungsspielraum*) festlegen.

Preissetzungsspielraum

siehe **monopolistischer Preissetzungsspielraum**.

Preistheorie

Teilgebiet der **Markttheorie**, das sich mit dem Wesen und den Funktionen des **Preises** sowie mit Fragen der **Preisbildung** unter verschiedenen Rahmenbedingungen (insb. verschiedenen **Marktformen**) befasst. Der Objektbereich der P. überdeckt sich zu einem großen Teil mit dem der **Gleichgewichtstheorie**. Es gibt jedoch Fragestellungen der P., die nichts mit Gleichgewichten zu tun haben, und Gleichgewichtskonzepte, die nichts mit Preisen zu tun haben.

Preisüberbietungsprozess

setzt auf seiten der Nachfrager eines **Konkurrenzmarktes** dann ein, wenn ein **Nachfrageüberhang** entsteht - sofern die Preisbildung keinen Beschränkungen unterliegt. Der Nachfrageüberhang bewegt einige Nachfrager, deren Zahlungsbereitschaften für das Gut deutlich über dem Preis liegen, dazu, den Anbietern Preiszugeständnisse zu machen, also höhere Zahlungen zu bieten, um vorzugsweise beliefert zu werden und ihren einzelwirtschaftlichen Kaufwunsch realisieren zu können, also nicht »leer« auszugehen. Die **Konkurrenz** unter den Nachfragern führt dann dazu, dass sich auch die übrigen Nachfrager zu

Preiszugeständnissen gezwungen sehen, da
sonst deren Chance, in den Genuss des Gutes
zu kommen, noch weiter abnimmt. So kommt
es zu einem »Preisüberbietungswettlauf« der
Nachfrager, der zu einem steigenden Marktpreisniveau führt. Der P. ist eine wesentliche
Komponente des **Preismechanismus**.

Preisunterbietungsprozess

setzt auf seiten der Anbieter eines **Konkurrenzmarktes** dann ein, wenn ein **Angebotsüberhang** entsteht - sofern die Preisbildung
keinen Beschränkungen unterliegt. Der
Angebotsüberhang bewegt einige Anbieter,
deren Produktionskosten für das Gut deutlich
unter dem Preis liegen, dazu, ihren Kunden
Preisnachlässe zu gewähren, um ihren einzelwirtschaftlichen Überhang abzubauen zu
können und nicht auf Teilen ihrer Ausbringung
»sitzen« zu bleiben. Die **Konkurrenz** unter den
Anbietern führt dann dazu, dass sich auch die
übrigen Anbieter zum Nachziehen, also zu
Preisnachlässen gezwungen sehen, da sonst
deren Angebotsüberhänge weiter zunehmen. So
kommt es zu einem »Preisunterbietungswettlauf« der Anbieter, der zu einem sinkenden
Marktpreisniveau führt. Der P. ist eine
wesentliche Komponente des **Preismechanismus**.

Preisuntergrenze

diejenige Höhe, bis zu der der Preis eines
Produktes sinken kann, ohne dass einem
Anbieter bei dessen Absatz ein **Verlust**
entsteht. Die P. ist also der niedrigste gerade
noch akzeptable Preis eines Gutes aus der Sicht
eines Anbieters. Es gibt verschiedene
Auffassungen über die Höhe der P. Am
überzeugendsten erscheint die minimale Höhe
der **Durchschnittskosten**. In diesem Sinne
hängt die P. von der Kostenstruktur des Unternehmens ab. Die bei der P. angebotene
Produktmenge ist die **Angebotsmengenuntergrenze** des Anbieters. Siehe auch **Angebotsschwelle**. Aus strategischen Gründen kann ein
Anbieter sein Produkt für eine gewisse Zeit
unterhalb der P. - also mit Verlusten - anbieten
(möglicherweise sogar zu einem Preis von null);
die maximale Dauer hängt von den finanziellen
Rücklagen des Unternehmens ab. Siehe auch
Marktpreisuntergrenze.

Prinzip von Angebot und Nachfrage

Bezeichnung für den Sachverhalt, dass sich auf
Konkurrenzmärkten gleichgewichtige **Marktpreise** durch das Zusammenwirken von
Angebot und **Nachfrage** bilden, und zwar
vermöge des **Preismechanismus**.

Private Kosten

Kosten, die der Einzelwirtschaft (Unternehmen,
Haushalt) bei der Produktion oder Konsumtion
einer bestimmten Gütermenge entstehen. Die
p.K. können sich von den **sozialen Kosten**
unterscheiden, die der Gesamtwirtschaft durch
die Produktion oder Konsumtion entstehen.

Problemzuwachseffekt

bezeichnet eine Wirkung staatlicher Markteingriffe, die darin besteht, dass die anfangs
auftretenden Probleme im Laufe der Zeit nicht
ab- sondern noch weiter zunehmen. Das
Marktergebnis verschlechtert sich umso mehr,
je länger die **Intervention** dauert oder betrieben
wird. So nehmen beispielsweise die **Überhänge**
nach Einführung von staatliche vorgeschriebenen Höchst- oder Mindestpreisen
immer mehr zu, weil sich infolge der
veränderten Marktbedingungen langfristig die
Angebots- oder Nachfragekurven verlagern.

Produkt

(Erzeugnis, produziertes Gut) heißt ein **Gut**,
das durch eine Kombination von **Produktionsfaktoren** im Rahmen der **Produktion** bereitgestellt wird. Dabei kann es sich um ein
materielles Gut (*Ware*) oder um ein
immaterielles Gut (*Dienstleistung*) handeln.

Produktion

Herstellung oder Bereitstellung von Waren oder
Dienstleistungen Veränderung von Gütern in
sachlicher, zeitlicher oder räumlicher Hinsicht;
insbesondere jede Umwandlung von Gütern in
andere Güter, ebenso Transporte und
Lagerungen von Gütern (siehe auch **Gut**).
Herstellung bezeichnet dabei P. im engeren,
Bereitstellung im weiteren Wortsinn. Auch der
gedankliche Ort der Her- oder Bereitstellung
wird P. genannt. Als Institution bezeichnet P.
ein **produktives System**, zum Beispiel einen
Betrieb. Die zur Herstellung von **Produkten** in

der P. eingesetzten Güter heißen **Produktions-faktoren**.

Produktionseffekt, externer

bezeichnet die Abhängigkeit der Produktions- und Kostenbedingungen eines Unternehmens vom Produktions- und Angebotsverhalten anderer Unternehmen. Ein Beispiel ist der **Faktorpreiseffekt**.

Produktionselastizität

Maßzahl der **Produktion**, die angibt, um wie viel Prozent die **Ausbringungsmenge** sich ändert, wenn die Einsatzmenge eines bestimmten **Produktionsfaktors** um ein Prozent erhöht (oder gesenkt) wird. Für jeden Faktor kann eine P. bestimmt werden. Der Zahlenwert der P. eines Faktors hängt möglicherweise von dessen Einsatzmenge ab. Siehe auch **Wicksel/Johnson-Theorem**.

Produktionsfaktor

(Faktor, Einsatzgut, Einsatzfaktor Produktionsinput, Ressource) ein zur **Produktion** von **Produkten** erforderliches beziehungsweise eingesetztes **Gut**. In der Regel müssen mehrere P.en im Produktionsprozess kombiniert eingesetzt werden. Die wichtigsten P.en sind **Arbeit** und **Kapital**. Siehe auch **essenzieller Faktor**.

Produktionsfunktion

mathematische Funktion zur Beschreibung des mengenmäßigen Input/Output-Zusammenhangs in einem **produktiven System**. Die P. ordnet jedem möglichen **Faktorenbündel** die damit unter den technologischen Gegebenheiten maximal produzierbare **Ausbringungsmenge** des produzierten Produktes zu. Der Graph einer P. heißt *Ertragsgebirge*. Durch Einschränkung der freien Variablenwahl ergeben sich als spezielle Formen der P. die **Faktorertragsfunktion**, die **Skalenertragsfunktion** und die **Isoquante**.

Produktionskapazität

siehe **kurzfristige technische Kapazitätsgrenze**.

Produktionskoeffizient

(Inputkoeffizient) gibt die Menge eines **Produktionsfaktors** an, die zur **Produktion** einer Mengeneinheit eines bestimmten Produktes im Durchschnitt benötigt wird - bei vorgegebenen Einsatzmengen der übrigen Faktoren. Als Quotient aus Input und Output entspricht der F. dem Kehrwert der **Durchschnittsproduktivität** des Faktors. P. spielen vor allem in der **linear-limitationalen Produktionstheorie** eine große Rolle; sie werden dort als konstant unterstellt.

Produktionskosten

jene Höhe der **Kosten** (bzw. des **Kostenbudgets**) die zur **Produktion** einer bestimmten **Ausbringungsmenge** mindestens erforderlich sind. Sie entsprechen also dem **Minimalkostenbudget** zur Herstellung dieser Menge. Denn ein Unternehmen ist gemäß dem **Kostenminimierungsprinzip** stets bestrebt, seinen Output zu minimalen Kosten bereitzustellen. P. messen den bewerteten Faktoreinsatz. Sie umfassen auch kalkulatorische Größen wie den Unternehmerlohn und die Verzinsung des eingesetzten Kapitals.

Produktionsmenge

siehe **Ausbringungsmenge**.

Produktionsmöglichkeitenkurve

siehe **Transformationskurve**.

Produktionsperiode

Zeitabschnitt, in dem die **Produktion** eines **Produktes** erfolgt. Auf die P. beziehen sich der Faktoreinsatz und die Ausbringungsmenge.

Produktionspunkt

Vektor, bestehend aus allen in der Produktion eingesetzten Produktionsfaktormengen und der damit produzierten Ausbringungsmenge des Produktes. Siehe speziell **kurzfristiger Produktionspunkt**; **langfristiger Produktionspunkt**.

Produktionstechnologie

Gesamtheit aller bekannten Produktionsverfahren zur Herstellung oder Bereitstellung eines bestimmten Produktes. Zur Modellierung von P. dienen **Produktionsfunktionen.** Verbesserungen der bekannten Produktionsverfahren und Erweiterungen der P. um neue, bessere Produktionsverfahren werden als **technologischer Fortschritt** bezeichnet.

Produktionstheorie

Sammelbezeichnung für eine Gruppe von **Theorien,** welche die **Produktion** von **Gütern** zum Gegenstand haben. Sie beruhen auf unterschiedlichen **Axiomen** über die Beschaffenheit der quantitativen und strukturellen Input-Output-Beziehungen **produktiver Systeme.** Siehe speziell **klassische P.; neoklassische P.; linear-limitationale P.** Die P. ist die Grundlage der **Kostentheorie.**

Produktives System

Komponente oder Teilbereich eines Wirtschaftssystems, in der durch den Einsatz von Gütern (**Produktionsfaktoren**) andere Güter (**Produkte**) hergestellt werden. Der produktive Vorgang innerhalb eines p.S. wird als **Produktion** bezeichnet. Er findet hauptsächlich in **Unternehmen** beziehungsweise **Betrieben** statt. Die kleinste Erscheinungsform p.S.e sind einzelne Geräte und Maschinen, mit denen Güter hergestellt werden können, sowie menschliche Leistungsträger (Arbeitskräfte, Teams), die zum Beispiel Dienstleistungen bereitstellen können.

Produktivität

siehe **Durchschnittsproduktivität** oder **Grenzproduktivität.**

Produzent

Unternehmer in seiner Eigenschaft als Betreiber der **Produktion.**

Produzentenrente

siehe **Anbietervorteil.**

Prohibitivpreis

siehe **Marktpreisobergrenze.**

Punktmarkt

heißt ein **Markt,** auf dem insbesondere keine räumlichen und keine zeitlichen **Präferenzen**
hinsichtlich der Einheiten des gehandelten Gutes bestehen. Angebot und Nachfrage nach dem Gut treffen also wie an einem Ort und zu einem Zeitpunkt zusammen. Dadurch treten weder Raum- noch Zeitüberbrückungskosten auf.

Q

Qualitätseffekt

beruht darauf, dass Konsumenten bei manchen Gütern mit hohen Preisen eine hohe Qualität vermuten und bei billigen Gütern eine geringe Qualität. Von qualitätssensiblen Gütern (z.B. viele Drogerieartikel) werden deshalb möglicherweise bei hohen Preisen größere Mengen nachgefragt als bei niedrigen Preisen. In diesem dem **Gesetz der Nachfrage** widersprechenden Verhalten kommt das Bestreben der Nachfrager zum Ausdruck, Güter (vermeintlich) schlechter Qualität zu meiden. Siehe auch **anormale Nachfrage.**

R

Rationierung

siehe **Ungleichgewichtstheorie.**

Rationierungsfunktion (des Preises)

besteht darin, dass es jeweils von der Höhe des **Marktpreises** abhängt, welche Nachfragemenge insgesamt und welche einzelwirtschaftlichen Nachfragen auf einem Markt realisiert werden. Alle Nachfrager mit Zahlungsbereitschaften, die mindestens die Höhe des Marktpreises haben, kommen beim Absatz des Gutes zum Zuge. Die R. regelt, wie die knappen Güter auf die Nachfrager verteilt werden. Betrachtet man die Höhe der Zahlungsbereitschaften als Maß für die Dringlichkeit des Bedarfs, so werden auf einem Markt in jedem Fall die dringendsten Bedarfe gedeckt; die weniger dringenden gehen dagegen leer aus.

Räumliche Verbundenheit zwischen Märkten

liegt vor, wenn Nachfrager ein sachlich homogenes Gut auf mehreren räumlich voneinander getrennten Märkten erwerben können. Der Besuch eines Marktes und der Wechsel von einem zum anderen Markt verursacht Raumüberwindungskosten (v.a. Transportkosten). Es bilden sich dann unterschiedliche Teilmärkte für das Gut heraus. Infolge von **Arbitrage** kann allerdings die Preisdifferenz zwischen zwei räumlich getrennten Märkten nicht dauerhaft höher sein als die Transportkosten pro Gutseinheit zwischen den Märkten. Siehe dazu **interregionale Preisangleichung**.

(Nachfrage-)Reaktanz

Summe aller **Kreuzpreiselastizitäten** eines Gutes (ohne die Eigenpreiselastizität des Gutes). Die R. gibt an, welchen ökonomischen Charakter (Substitut oder Komplement) das betreffende Gut in Bezug auf alle übrigen Güter per saldo hat.

Reaktionselastizität

gibt an, um wie viel Prozent ein Anbieter einen bestimmten **Aktionsparameter** (z.B. die Angebotsmenge) ändern würde, falls ein bestimmter Wettbewerber den Wert seines entsprechenden Aktionsparameters um ein Prozent erhöhen (oder senken) würde. Siehe auch **Reaktionskoeffizient**.

Reaktionsfunktion

mathematische Funktion, die im allgemeinen beschreibt, wie die Aktionen eines Oligopolisten von den (erwarteten) Aktionen seiner Wettbewerber abhängen. Siehe speziell: **Mengen-Reaktionsfunktion**; **Preis-Reaktionsfunktion**. Siehe auch **Reaktionselastizität**.

Reaktionskoeffizient

gibt im **homogenen Cournot-Dyopol** an, um wie viele Einheiten ein Anbieter seine Angebotsmenge ändern würde, wenn sein Konkurrent eine Mengeneinheit mehr anböte. Die analogen relativen (prozentualen) Änderungen werden durch **Reaktionselastizitäten** ausgedrückt. Auch in anderen Oligopolmodellen und in Bezug auf andere **Aktionsparameter** können R. definiert werden.

Reaktionslinie

graphische Darstellung einer **Reaktionsfunktion** im **Angebotsmengendiagramm**.

Reaktionsverbundenheit

siehe **direkte Aktionsverbundenheit** oder **indirekte Reaktionsverbundenheit**.

Realer Faktorpreis

entspricht dem nominalen (tatsächlichen) Preis eines **Produktionsfaktors** dividiert durch den Absatzpreis des produzierten Produktes. Weil sich dadurch die Geld-Maßeinheit herauskürzt, verbleibt ein Mengenquotient: Produkteinheiten je Faktoreinheit. Der r.F. drückt also letztlich aus, wie viele Mengeneinheiten des Produktes jede Mengeneinheit des Produktionsfaktors kostet. Ein besonders wichtiger r.F. ist der *Reallohnsatz* für den Faktor Arbeit.

Reines Monopol

siehe **Monopol**.

Rein ökonomischer Verbund (zwischen Märkten)

beruht auf den **Präferenzen** der Nachfrager. Ein ö.V. äußert sich in Preis/Mengen-mäßigen Kreuzbeziehungen zwischen verschiedenen Märkten (siehe **Kreuznachfragefunktion**). Ökonomische **Komplemente** und **Substitute** verbinden die Märkte über die Nachfragen. Preisänderungen auf einem Markt haben Nachfrageänderungen auf anderen Märkten zur Folge.

(Produktive) Ressource

allgemeiner Oberbegriff für verfügbare Bestände oder Einsatzmengen an Gütern, die der **Produktion** anderer Güter oder direkt dem **Konsum** dienen können. Im engeren Sinne sind R. **Produktionsfaktoren**, in weiterer Abgrenzung werden auch beispielsweise natürliche Rohstoffe etc. als R. bezeichnet.

Rivalität

Form des Wettbewerbs, in der die Wettbewerber nicht, wie bei **Konkurrenz**, in indirekter Aktionsverbundenheit stehen, sondern in **direkter Aktionsverbundenheit** (siehe **Oligopol**). Das ist in der Regel der Fall, wenn es auf einem Markt nur »wenige« Wettbewerber gibt. Diese orientieren sich bei ihrer **Angebotspolitik** vorrangig am (erwarteten) Verhalten ihrer einzelnen Rivalen und reagieren entsprechend darauf. Bei R. beobachten sich folglich die Wettbewerber gegenseitig und legen sich Strategien zurecht (siehe **strategisches Wettbewerbsverhalten**). Bei R. geht es nicht in erster Linie um Leistungsverbesserungen am Markt, vielmehr sind auch leistungswidrige Praktiken (z.B. Verdrängungsstrategien) zu erwarten. Da dies Ressourcen verzehrt, ohne der Knappheitsminderung zu dienen, und entsprechende Wettbewerbsvorgänge durch vergleichsweise große Unsicherheit, Heftigkeit und Unstetigkeit gekennzeichnet sind, kann man R. auch als *entarteten Wettbewerb* bezeichnen.

Ruinöser Wettbewerb

Marktsituation, in der sich der Wettbewerb der Marktteilnehmer (v.a. der Anbieter) derart vollzieht, dass sich die Wettbewerberanzahl durch Marktaustritte rapide verringert, wobei auch Leistungsfähige vor weniger Leistungsfähigen zum Marktaustritt gezwungen werden. Dadurch erhält r.W. den Charakter eines **Marktversagens**. Nicht die Angebotsqualität bestimmt über Erfolg und Misserfolg, sondern der Zufall. Bei **Konkurrenz** kann dies vorkommen, wenn die Anbieter trotz stagnierender oder rückläufiger Gesamtnachfrage starken einzelwirtschaftlichen Wachstumsanreizen unterliegen. Das ist insbesondere dann der Fall, wenn die langfristigen **Durchschnittskosten** der Anbieter mit steigendem Outputniveau abnehmen, ein Absatzwachstum also zu sinkenden Durchschnittskosten führt und dadurch niedrigere Preisforderungen möglich macht. Da nicht alle Anbieter wachsen können, kommt es zu einer Kette von Marktaustritten. Bei **Rivalität** kann es besonders durch Verdrängungsstrategien zu r.W. kommen.

S

Sachliche Verbundenheit zwischen Märkten

besteht wenn und weil verschiedene Gütermärkte unabhängig von Ort und Zeit über die Nachfragen oder die Angebote miteinander in Beziehung stehen, wenn sich also das Geschehen auf einem Markt auch auf Märkte anderer Güter auswirkt. Es lassen sich vier Arten der s.V.z.M. unterscheiden: **kausaler Verbund**; **funktioneller Verbund**; **rein ökonomischer Verbund**; **allgemeiner Verbund**.

Satz über Grenz- und Durchschnittskosten

mathematischer Satz über die Abhängigkeit der Höhe der **Grenzkosten** von der Steigung der **Durchschnittskostenfunktion**. Wenn bei einer bestimmten **Ausbringungsmenge** die Durchschnittskosten einen fallenden Verlauf haben (negative Steigung), dann liegen die Grenzkosten auf jeden Fall unterhalb der Durchschnittskosten. Dort wo die Durchschnittskosten steigen, liegen die Grenzkosten dagegen unterhalb der Durchschnittskosten. Wenn die Durchschnittskosten in einem Punkt (z.B. Minimum) eine Steigung von null haben oder in einem Ausbringungsmengenbereich konstant sind (horizontaler Verlauf), dann sind die Grenzkosten dort genauso hoch wie die Durchschnittskosten.

Satz über implizite Funktionen

mathematischer Satz, mit dessen Hilfe in implizit gegebenen Funktionen Ableitungen gebildet werden können. Lässt sich beispielsweise eine differenzierbare implizite Funktion $f(x,y) = 0$ nicht in die explizite Form $y = y(x)$ umwandeln, so besagt der S.ü.i.F., dass dennoch die Ableitung' $y = \partial y/\partial x$ gebildet werden kann, und dass diese gleich $-'f/'f$ ist. Der S.ü.i.F. ist unter anderem von großer Bedeutung in der Unternehmenstheorie (besonders der Kostentheorie) und kann auch in der Haushaltstheorie bei der formalen Ermittlung des Konsumoptimums hilfreich angewendet werden.

Schwabe'sches Gesetz

nach *Heinrich Schwabe* (1868) benannte Erfahrungsregel (siehe **Empirem**), dass es sich bei Wohnraum um ein schwach **superiores Gut** handelt; das heißt, die **Einkommenselastizität der Nachfrage** nach Wohnraum ist typischerweise kleiner als Eins. Mit steigendem Einkommen der Haushalte nimmt deshalb (bei konstanten Preisen) der Budgetanteil, der für Wohnraum ausgegeben wird, ab.

Schwache Interdependenz

siehe **allgemeiner Verbund**.

Schwarzmarkt

illegaler **Markt**, der sich als Folge der staatlichen Festsetzung eines **Höchstpreises** bildet, weil es dann zu einem dauerhaften **Nachfrageüberhang** kommt, der durch den **Preismechanismus** nicht offen abgebaut werden kann. Auf dem S. werden Teilmengen des Gutes außerhalb des »offiziellen Marktes« heimlich zu Preisen oberhalb des Höchstpreises gehandelt. Der S.-Preis wird in der Nähe des **Gleichgewichtspreises** für das Gut liegen. S.e tragen zur Milderung der höchstpreisbedingten Verknappung des Gutes bei, weil der vergleichsweise hohe S.-Preis zu einer verstärkten (u.U. auch heimlichen oder illegalen) Erhöhung der Güterbereitstellung anreizt.

Selbstregulation

(Autoregulation) Eigenschaft des Marktsystems, die darin besteht, dass exogen ausgelöste Störungen des **Marktgleichgewichts** durch den Markt selbst, insbesondere durch den **Preismechanismus**, wieder ausreguliert werden. Dadurch besteht eine stete Tendenz zur Aufrechterhaltung des kurzfristigen Marktgleichgewichts. Ein Zutun hoheitlicher Instanzen ist dazu nicht erforderlich und wäre in den meisten Fällen eher von Nachteil. Auch in der langen Frist reguliert sich eine Konkurrenzmarkt selbst: Der **Gewinnmechanismus** leistet die Ausrichtung und Anpassung der Produktions- und Angebotskapazitäten an die langfristige Nachfrage und sorgt zugleich für die Erschließung noch bestehender **Kostensenkungspotenziale**.

Selektionsfunktion (des Preissystems)

(Auslesefunktion) bezeichnet die Eigenschaft eines **Konkurrenzmarktes**, dafür zu sorgen, das zu jedem Zeitpunkt nur die besten (insb. die kostengünstigsten) Anbieter und Angebote auf dem Markt aktiv sind (siehe **Marktteilnehmer**). Unwirtschaftliche Unternehmen und nicht hinreichend nachgefragte Güter verschwinden vom Markt. Die S. verhindert somit die Verschwendung knapper Ressourcen. Dies kommt den Nachfragern zugute: Sie erhalten das Angebot, das sie wünschen, und dies zu den günstigen Konditionen, da nur die leistungsfähigsten Anbieter das Angebot bereitstellen.

Shephard's Lemma

nach *Ronald W. Shephard* (1953) benanntes **Theorem** der Produktions- und Kostentheorie. Es besagt, dass jede **langfristige Faktornachfragefunktion** der partiellen Ableitung der **langfristigen Kostenfunktion** nach dem betreffenden Faktorpreis entspricht. S.L. erlaubt also einen logischen Rückschluss von bekannten Kostenstrukturen auf die ihnen zugrunde liegenden Produktionsstrukturen beziehungsweise eine Ermittlung der einzelnen Faktornachfragen aus der Kostenfunktion.

Signalfunktion (des Preissystems)

bezeichnet die Fähigkeit und Aufgabe von Preisen, den Marktteilnehmern über- und unterdurchschnittlich lukrative Transaktionsmöglichkeiten (Käufe, Verkäufe) und andere mögliche Aktivitäten (z.B. Investitionen) anzuzeigen. Preise geben gleichsam das Signal zu entsprechenden Handlungen, da sie in den Kalkülen der Wirtschaftsakteure eine zentrale Rolle spielen. Die S. kann als Teil der **Informationsfunktion** des Preissystems aufgefasst werden. Werden Preise durch Einflüsse marktmächtiger Marktteilnehmer (siehe **Marktmacht**) oder durch staatliche Eingriffe (siehe **Intervention**) verfälscht, so dass sie nicht mehr die wahren Knappheitsrelationen der Güter widerspiegeln, dann ist die S. gestört und es kommt zu einer Fehlleitung von Ressourcen.

Skalendegression

(Skalenvorteile, Größenvorteile, economies of scale) liegt vor, wenn die **Durchschnittskosten** in der **langen Frist** mit zunehmendem **Outputniveau** sinken. S. setzt zunehmende **Skalenerträge** in der Produktion voraus: Je größer ein Betrieb ist, desto niedriger sind die durchschnittlichen (in der langen Frist stets variablen) Kosten. Zunehmende Skalenerträge merklichen Ausmaßes sind in der Realität eher selten vorzufinden. S. hat nichts mit der **Fixkostendegression** zu tun, die ein typisches Phänomen der kurzen Frist ist.

Skalenelastizität

Elastizität des **Outputniveaus** (Skalenertrag) in Bezug auf das durch den **Skalenfaktor** gemessene Skalenniveau. Die S. gibt an, um wie viel Prozent sich die maximale Ausbringungsmenge eines **produktiven Systems** ändert, wenn - ausgehend von einem beliebig aber fest vorgegebenen **Faktorenbündel** - alle **Faktoreinsatzmengen** um ein Prozent erhöht (oder verringert) werden. Mittels der S. werden unter anderem **Skalenerträge** definiert: Bei einer S. von größer als Eins liegen zunehmende, bei einer kleiner als Eins dagegen abnehmende Skalenerträge vor. Konstante Skalenerträge gehen mit einer S. von Eins einher. Siehe auch **Wicksell/Johnson-Theorem**.

Skalenerträge

(returns to scale) Eigenschaft eines **produktiven Systems**, die sich bei **totaler Faktorvariation** zeigen kann und sich dann entsprechend im Gesamtverlauf der **Produktionsfunktion** niederschlägt (siehe **Skalenertragsfunktion**). *Zunehmende S.* liegen vor, wenn das **Outputniveau** bei proportionaler Erhöhung des totalen Faktoreinsatzes überproportional zunimmt. *Abnehmende S.* sind vorhanden, wenn der Produktionsoutput bei proportionaler Erhöhung aller Faktoreinsatzmengen unterproportional zunimmt. Von *konstanten S.* spricht man, wenn der Output bei proportionaler Veränderung aller Inputs ebenfalls proportional zu- oder abnimmt. Von der Art der S. hängt wesentlich der Funktionsverlauf der **langfristigen Kosten** ab. So weist etwa bei zunehmenden S. die Kurve der langfristigen Durchschnittskosten einen fallenden Verlauf auf (**Skalendegression**). Siehe auch **Skalenelastizität**.

Skalenertragsfunktion

mathematische Funktion, welche die Abhängigkeit der maximalen Ausbringungsmenge (Outputniveau) eines Unternehmens vom Skalenniveau des Faktoreinsatzes beschreibt. Das Skalenniveau wird durch den **Skalenfaktor** gemessen. Ausgehend von einem beliebig, aber fest vorgegebenen **Faktorenbündel** werden alle Faktoreinsatzmengen im gleichen Verhältnis - also proportional - variiert (*Skalenvariation*) und die Veränderung des Outputniveaus betrachtet. Die S. ist eine spezielle Form der **Produktionsfunktion**. Der Graph der S. heißt *Skalenertragskurve*.

Skalenfaktor

produktionstheoretische Zahl, mit der bei proportionaler **totaler Faktorvariation**, ausgehend von einem festgelegten Anfangs-**Faktorbündel**, die Einsatzmengen aller Produktionsfaktoren multipliziert werden. Der S. gibt das Produktionsniveau (*Skalenniveau* der Produktion) an. Siehe auch **Skalenertragsfunktion**.

Skalenniveau

siehe **Skalenfaktor**.

Skalenvariation

siehe **totale Faktorvariation**.

Skalenvorteile

siehe **Skalendegression**.

Slutsky-Zerlegung

nach *Eugen E. Slutsky* (1915) benannte mathematische Gleichung, welche die Aufteilung des Gesamteffektes einer **partiellen Preisänderung** auf die Güternachfrage beschreibt. Der Gesamteffekt setzt sich aus einem **Substitutionseffekt** und einen **Einkommenseffekt** zusammen. Der Substitutionseffekt hat stets ein negatives Vorzeichen; das Vorzeichend des Einkommenseffektes ist dagegen unbestimmt und hängt von der Art des Gutes ab. Somit ist auch der Gesamteffekt einer partiellen Preisänderung, also die Summe aus Substitutions- und Einkommenseffekt, hinsichtlich seines Vorzeichens nicht eindeutig bestimmt. Die **Nachfragetheorie** kann

demnach nicht allgemeingültig die Wirkungs-
richtung von partiellen Preisänderungen
vorhersagen (sog. *Slutsky-Aporie*). Speziell der
Fall eines Substitutionseffektes, der durch einen
positiven Einkommenseffekt überkompensiert
wird, als **Giffen-Effekt** bezeichnet; er kann
unter den der Slutsky-Zerlegung zugrunde
liegenden Annahmen nur bei inferioren Gütern
auftreten. Die Nachfrage nach dem Gut reagiert
dann **anormal**.

Snobeffekt

ein **externer Konsumeffekt** der dadurch
gekennzeichnet ist, dass die **Nachfrage** nach
einem Gut über das »gewöhnliche« Maß hinaus
abnimmt, wenn und weil andere Nachfrager
dieses Gut (z.B. infolge einer Preissenkung)
verstärkt nachfragen. Ein *Snob* bemüht sich um
exklusiven Konsum und meidet daher das
Konsumverhalten anderer Nachfrager. Der S.
hat zur Folge, dass zum Beispiel bei sinkendem
Preis des Gutes die nachgefragte Menge zwar
aufgrund der Verbilligung zunimmt (**Gesetz der
Nachfrage**), diese Zunahme aber durch die
Nachfragereduzierung der Snobs teilweise
kompensiert wird. Der S. wirkt also dem
Preiseffekt entgegen. Ein ausgeprägter S. macht
die Marktnachfrage preisunelastischer; die
Marktnachfragekurve wird steiler.

Soziale Kosten

Kosten, die der Gesellschaft beziehungsweise
Gesamtwirtschaft bei der Produktion und
Konsumtion einer bestimmten Gütermenge
entstehen. Die s.K. können sich aufgrund
externer Effekte von den **privaten Kosten**
unterscheiden.

Sozialer Überschuss

ein Wohlfahrtsmaß, das der Summe aus
Anbietervorteil und **Nachfragervorteil** entspricht. Siehe auch **Wohlfahrtsverlust**.

Spekulation

gewinnmotivierte Ausnutzung von Preisunterschieden eines Gutes, die (an einem Handelsort)
zu verschiedenen Zeitpunkten erwartet werden.
Wird beispielsweise ein steigender Gutspreis
in der Zukunft erwartet, so kann ein Spekulant

unter bestimmten Bedingungen einen
Spekulationsgewinn realisieren. Dazu kauft er
eine Menge des Gutes zu einen niedrigen Preis
auf dem heutigen Markt (sog. *Gegenwarts-
markt*), lagert sie für eine gewisse Zeit und
verkauft sie dann zu einem höheren Preis in
einer späteren Periode (auf dem sog. *Zukunftsmarkt*). Durch die beschriebene S. steigt ceteris
paribus die **Nachfrage** auf dem Gegenwarts-
markt (wodurch »heute« der Preis steigt) und
das **Angebot** auf dem Zukunftsmarkt (wodurch
»morgen« der Preis sinkt). Es kann also
tendenziell zu einer *intertemporalen Preisangleichung* kommen. Im Gegensatz zur
Arbitrage ist S. sehr risikobehaftet, weil die
zukünftige Preisentwicklung ungewiss ist.
Wenn die Spekulanten die zukünftige Preisentwicklung richtig vorhersehen, wirkt S.
stabilisierend, ruft sie dagegen die Preis-
veränderung selbst hervor und verstärkt sie,
wirkt sie destabilisierend. S. ist aus der gegen-
wärtigen Perspektive solange lohnend, wie der
Preisunterschied zwischen den beiden Märkten
größer ist als die mit der S. verbundenen
Lagerungskosten pro Mengeneinheit des Gutes.

Spezieller Effekt

bezeichnet jene Wirkungen, die der Einsatz
eines Instruments der unternehmerischen
Angebotspolitik (Aktionsparameter) auf den
Absatz des Anbieters selbst hat. Der s.E. lässt
sich unterteilen in den **Einleiteffekt** und den
Umleiteffekt. Siehe auch **genereller Effekt**.

Spill-over-Effekt

siehe **Übertragungseffekt**.

Stabilität

weist ein **Marktgleichgewicht** auf, falls nach
einer Störung (also einer Änderung **exogener
Variablen**) Anpassungsprozesse einsetzen
(insb. der **Preismechanismus**), die den Markt
zum Gleichgewicht zurückführen. Dies setzt
eine bestimmte Angebots/Nachfrage-Konstel-
lation in der Umgebung des Marktgleichgewichtes voraus. Wird dagegen nach einer
Störung nicht erneut ein Gleichgewicht erreicht,
dann liegt *Instabilität* vor; das Gleichgewicht ist
dann *labil*. Siehe auch speziell **Walras-
Stabilität; Marshall-Stabilität**.

starr

heißt ein **Angebot** oder eine **Nachfrage**, wenn keine merkliche Abhängigkeit vom Preis besteht. Im **Marktdiagramm** verläuft die betreffende Kurve dann (nahezu) senkrecht. Egal, ob der Preis hoch oder niedrig ist, es wird stets in etwa die gleiche Menge angeboten oder nachgefragt.

Statische Analyse

untersucht im Gegensatz zur **dynamischen Analyse** Gegebenheiten und Zusammenhänge innerhalb einer Zeitperiode. Eine Zeitvariable oder ein Periodenindex ist deshalb bei der Analyse entbehrlich. Eine spezielle Form der s.A. ist die **komparativ-statische Analyse**.

Steuerungsfunktion (des Preissystems)

bezeichnet die Eigenschaft eines **Konkurrenzmarktes** vermöge des **Marktmechanismus** die Angebotsstruktur (Art und Qualität der angeboten Güter, Produktionskapazitäten etc.) langfristig an den Nachfragerwünschen auszurichten. Die Nachfrage steuert gleichsam das Angebot. Speziell die Steuerung des Faktoreinsatzes wird auch als **Allokationsfunktion** bezeichnet.

Strategisches Wettbewerbsverhalten

zeigen die Anbieter in einem **Oligopol**, wenn sie bei ihren Angebotsentscheidungen außer den vermuteten Nachfragereaktionen auch die erwarteten Reaktionen ihrer Wettbewerber berücksichtigen (siehe dazu **Reaktionsfunktion**). Diese Berücksichtigung ist im **Oligopol** erforderlich, da jeder Oligopolist einen erheblichen Anteil am gesamten Marktangebot hat und sich einzelwirtschaftliche Angebotsentscheidungen folglich auch auf die Absatz- und Gewinnsituation der übrigen Anbieter auswirken. Siehe auch **Rivalität**.

Stückdeckungsbeitrag
siehe **Durchschnittsdeckungsbeitrag**.

Stückerlös
siehe **Durchschnittserlös**.

Stückkosten
siehe **Durchschnittskosten**.

Stützungstransaktionen, staatliche

eine Form staatlicher Markteingriffe (**Interventionen**), bei der staatliche Institutionen mit gezielten Käufen oder Verkäufen als zusätzliche Nachfrager oder Anbieter auf einen Markt treten. Damit kann Verschiedenes bezweckt werden, zum Beispiel eine Veränderung der Preishöhe (etwa bei Devisenmarktinterventionen von Zentralbanken) oder eine Veränderung der umgesetzten Gutsmenge (etwa Lebensmittelverkäufe zur Sicherung der Versorgung oder Produktmengenaufkäufe zum Auffangen einer Überproduktion).

Submarginaler Anbieter

Unternehmen, das sich mit einem Absatzpreis für sein Produkt konfrontiert sieht, der unterhalb seiner **Preisuntergrenze** liegt. *Passive Anbieter* setzten dann nichts um, während *aktive Anbieter* bei einem Andauern dieses Zustandes zur Aufgabe der Produktion und zum Verlassen des Marktes gezwungen werden (siehe **Marktteilnehmer**).

Substitut, ökonomisches

(Substitutionsgut) Gut, das bei Verteuerung eines anderen Gutes verstärkt nachgefragt wird – und umgekehrt. Ökonomisch substitutive Güter sind häufig – aber nicht immer – zugleich *funktionell substitutiv*, das heißt sie können sich beim Konsum gegenseitig ersetzen, den gleichen Bedarf decken. Beispiele hierfür sind Butter und Margarine als Brotaufstriche sowie Filzstift und Füller als Schreibgerät. Formal liegt ein ökonomisches S. vor, wenn die Ableitung der **Kreuznachfragefunktion** dieses Gutes nach dem Preis eines anderen Gutes (die Kreuzableitung) positiv ist. Siehe auch **Kreuzpreiselastizität der Nachfrage**.

Substitution

Vorgang, bei dem ein Gut in der Produktion oder beim Konsum sukzessive mengenmäßig durch ein anderes ersetzt (substituiert) wird. S. bei Produktionsprozessen liegt vor, wenn ein Verfahren durch ein anderes ersetzt wird. Unter der ceteris-paribus-Bedingung wird davon ausgegangen, dass durch die Güter-S. im Falle des Haushalts das Präferenzniveau unverändert bleibt (**indifferente Variation**) und im Falle des Unternehmens die Ausbringungsmenge (**isoquante Faktorvariation**). Siehe auch **Substitutionalität**.

Substitutionalität

liegt im Inputbereich der Produktion vor, wenn eine bestimmte **Ausbringungsmenge** mit mehreren unterschiedlichen **Faktoreinsatzmengenkombinationen technisch effizient** produziert werden kann. Ein Wenigereinsatz eines Faktors kann, im Gegensatz zur **Limitationalität**, durch einen Mehreinsatz eines anderen Faktors ausgeglichen werden. Wie »gut« dies möglich ist, gibt die **Substitutionselastizität** an. Die **Isoquanten** haben einen fallenden Verlauf. S. wird unter anderem im Rahmen der **neoklassische Produktionstheorie** vorausgesetzt. Auch beim **Konsum** kann in analoger Weise von S. gesprochen werden. Das Gegenstück zur S. ist die **Komplementarität**.

Substitutionseffekt

Änderung der Nachfragemenge eines Gutes aufgrund einer **partiellen Preisänderung** für dieses oder ein anderes Gut, und dies bei unverändertem Präferenzniveau (siehe **Präferenzstärke**). Das Vorzeichen des S. ist stets in dem Sinne negativ, dass eine partielle Preisänderung zu einer entgegengerichteten Nachfragemengenänderung führt. Zum Beispiel sinkt bei einer Preiserhöhung auf jeden Fall die Nachfragemenge des betreffenden Gutes, wenn das Präferenzniveau konstant gehalten wird. Das liegt an der Konvexität der **Indifferenzkurven**. Gemäß der **Slutsky-Zerlegung** kommt zum S. ein **Einkommenseffekt** hinzu.

Substitutionselastizität

auf *John R. Hicks* (1932) zurückgehende **Elastizität** des Faktoreinsatzmengenverhältnisses (**Faktorintensität**) in Bezug auf die **Grenzrate der Faktorsubstitution** oder das Faktorpreisverhältnis. Die S. misst, wie leicht ein Produktionsfaktor mengenmäßig durch einen anderen substituiert werden kann: Eine S. von null zeigt an, dass eine Änderung des Faktoreinsatzmengenverhältnisses gar nicht möglich ist; **Substitutionalität** ist dann nicht gegeben. Vollkommene Substitutionalität liegt dagegen vor, wenn die S. gegen unendlich geht.

In ihrer wichtigsten Anwendung gibt die S. an, um wie viel Prozent das mengenmäßige Einsatzverhältnis der Produktionsfaktoren sich ändert, wenn das Faktorpreisverhältnis um ein Prozent steigt. Beispielsweise hat die **Cobb/Douglas-Produktionsfunktion** überall eine S., die dem Absolutbetrag nach gleich Eins ist. Das heißt: Erhöht sich der Lohnsatz im Verhältnis zum Kapitalpreis um ein Prozent, dann sinkt der kostenminimale Arbeitseinsatz im Verhältnis zum Kapitaleinsatz ebenfalls um ein Prozent. Die **CES-Funktion** kann dagegen beliebige (aber feste) Zahlenwert der S. aufweisen.

Substitutionsgut

siehe **Substitut**.

Superiores Gut

ein Gut, von dem bei steigendem **Budget** oder Einkommen eine größere Menge nachgefragt wird. Formal gesehen ist ein Gut superior, wenn die erste Ableitung der zugehörigen **Engel'schen Nachfragefunktion** nach dem Budget (und damit auch die **Einkommenselastizität der Nachfrage**) positiv ist. Es liegt insbesondere ein *stark s.G.* vor, wenn die Einkommenselastizität größer als Eins ist. Bei einem *schwach s.G.* liegt die Einkommenselastizität zwischen Null und Eins.

T

Tausch

allgemeiner Oberbegriff für **Geldtausch** und **Naturaltausch**. Tauschhandlungen sind sowohl eine Folge arbeitsteiliger Wirtschaftsweise als auch eine Voraussetzung ihres Funktionierens. Wenn jemand etwas Bestimmtes bekommen möchte, muss er dem, der es hat, dafür etwas geben, das dieser haben möchte. Beim T. gibt es also Leistung und Gegenleistung. Dabei wird regelmäßig Freiheit der Entscheidung vorausgesetzt. Siehe auch **Transaktion**.

Technische Effizienz

siehe **Effizienz, technische**.

Technische Kapazitätsgrenze

siehe **Kapazitätsgrenze**.

Technologie

siehe **Produktionstechnologie.**

Technologischer Fortschritt

ist dadurch gekennzeichnet, dass es in der **Produktion** im Laufe der Zeit auch ohne einen Mehreinsatz von **Produktionsfaktoren** möglich wird, größere **Ausbringungsmengen** herzustellen. T.F. beruht auf neuen Produktionsverfahren und Verbesserungen innerhalb der bestehenden **Produktions-technologie.** An der **Produktionsfunktion** kommt t.F. durch eine Verschiebung des Ertragsgebirges nach »oben« zum Ausdruck. Mit jeder **Faktoreinsatzmengenkombination** kann dann eine größere Ausbringungsmenge produziert werden als zuvor.

Technologisch externe Effekte

eine Form **externer Effekte** zwischen den Anbietern einer Branche. Nehmen Anbieter technologische Änderungen vor, so wirkt sich dies möglicherweise förderlich (*positive t.e.E.*) oder nachteilig (*negative t.e.E.*) auf die Produktionsbedingungen anderer Anbieter aus.

Teilmarkt

eigenständiges Segment eines Marktes, auf dem entweder eine Variante eines **heterogenen Gutes** angeboten wird (z.B. bei praktizierter *Produktdifferenzierung*), oder es wird ein Teil der Absatzmenge eines ansonsten **homogenen Gutes** unter speziellen Bedingungen angeboten (z.B. bei praktizierter **Preisdifferenzierung**).

Teilmonopol

eine **Marktform,** die dadurch gekennzeichnet ist, dass einer großen Anzahl von Nachfragern eines Gutes außer einem großen, fast monopolistischen Anbieter (siehe **Monopol**) noch viele weitere kleine Anbieter gegenüber-stehen. Der Teilmonopolist legt seiner Angebotsplanung nur den Teil der **Markt-nachfrage** zugrunde, der nicht von seinen kleinen Konkurrenten bedient wird. Diese Restnachfrage beschreibt seine **Preis/Absatz-Funktion.** Ein Spezialfall des T.s ist der sogenannte *Forchheimer'sche Fall,* bei dem ein kleiner Anbieter einem großen gegenübersteht und sich **preisinabil** verhält. Dieses Verhalten

des Kleinen wird vom großen Anbieter bei seiner Angebotsplanung berücksichtigt.

Teiloligopol

eine **Marktform,** die dadurch gekennzeichnet ist, dass einer großen Anzahl von Nachfragern eines Gutes außer einigen wenigen großen Anbietern noch viele weitere kleine Anbieter gegenüberstehen.

Terminmarkt

ein **Markt,** auf dem **Transaktionen** (und damit auch Preise) vereinbart werden, die erst zu einem späteren Zeitpunkt zur Ausführung kommen. Beispiel: Verbindliche Kaufverein-barung heute - Lieferung und Zahlung in drei Monaten. Das Gegenteil zum T. ist der **Kassamarkt.**

Teuermarkt

heißt im **Arbitrage-Modell** der Teilmarkt, auf dem der Preis des Gutes im Vergleich zum **Billigmarkt** hoch ist.

Theorem

eine aus allgemeinen Annahmen (*Prämissen*) durch logisch-deduktive Operationen her-geleitete theoretische, zumeist formal formulierte Aussage von grundsätzlicher Bedeutung. Ein T. ist gleichsam ein theoretisches **Gesetz.** Beispiele sind die **Elastizitätstheoreme** der Mikroökonomik. T.e spielen zusammen mit **Empiremen** eine zentrale Rolle in der **Theorie.**

Theoretisches Modell

siehe **Modell, theoretisches.**

Theorie

ein umfassendes und in sich widerspruchsfreies System theoretischer **Modelle,** das einen größeren Ausschnitt der Realität nachprüfbar erklärt, also verständlich macht. In einer T. werden **Theoreme** und **Empireme** logisch hergeleitet und miteinander verbunden. Ein realer Gegenstandsbereich kann nicht selten durch mehrere T.n erklärt werden, die sich konzeptionell oder in ihren Grundannahmen unterscheiden. Ein Beispiel dafür sind die **Produktionstheorien.**

Totalanalyse

Untersuchung des aus sämtlichen Einzelmärkten zusammengesetzten Marktsystems. Die T. berücksichtigt somit alle Wechselwirkungen zwischen allen Märkten (z.B. einer Volkswirtschaft). Die T. findet vor allem in der **Allgemeinen Gleichgewichtstheorie** Anwendung.

Totale Faktorvariation/-variabilität

Variation der Einsatzmengen aller **Produktionsfaktoren in der Produktion.** Werden alle Faktoren proportional (d.h. im gleichen und konstanten Verhältnis bzw. um den gleichen Prozentsatz) variiert, so liegt speziell eine *Skalenvariation* vor. Das Skalenniveau wird dann durch den **Skalenfaktor** beschrieben.

Totale Preisdifferenzierung

theoretischer Grenzfall der **Preisdifferenzierung,** bei der ein Unternehmen jede einzelne Mengeneinheit des von ihm angebotenen Gutes zu einem gewinnmaximalen Preis anbietet.

Transaktion

Tauschhandlung, bei der ein Gut von einem Wirtschaftsakteur zu einem anderen übergeht. Beispiele für T.en sind Käufe und Verkäufe von Gütern oder von Unternehmen. Im Vergleich zum Begriff des **Tausches** steht beim T.-Begriff der Übergang des Gutes im Vordergrund, während die Gegenleistung in den Hintergrund tritt.

Transaktionsmenge

(Transaktionsvolumen, mengenmäßiges Marktvolumen) die beim geltenden **Marktpreis** auf einem Markt tatsächlich umgesetzte Menge des gehandelten Gutes. Die T. ist bei jeder möglichen Höhe des Preises gleich dem Minimum aus angebotener und nachgefragter Menge. Die **kürzere Marktseite** bestimmt die umgesetzte Menge.

Transformationskurve

(Produktionsmöglichkeitenkurve) Gesamtheit aller Produktmengenkombinationen, die in einem produktiven System bei **effizienter Faktorallokation** und effizienter Produktion in einer Periode durch Einsatz der verfügbaren Faktormengen mit der vorhandenen Produktionstechnologie hergestellt werden können.

Transparenz (eines Marktes)

siehe **Markttransparenz.**

Triffin-Koeffizient

auf *Robert Triffin* (1940) zurückgehendes Elastizitätsmaß für die Intensität der Wettbewerbsbeziehung zwischen Anbietern. Der meist auf den Preis bezogene T.-K. gibt an, wie sich eine einprozentige Preisänderung eines Anbieters prozentual auf die Absatzmenge eines Wettbewerbers auswirkt. Anhand des T.-K.en können **Marktformen** unterschieden werden.

U

Überhang

Differenz zwischen angebotener und nachgefragter Menge eines Gutes bei einer bestimmten Höhe des Marktpreises. Siehe speziell **Angebotsüberhang; Nachfrageüberhang.** Auf freien Konkurrenzmärkten lösen Ü.e Anpassungsprozesse aus.

Übertragungseffekt

(spill over) bezeichnet den Übergang von aufgestauter, nicht verausgabter Kaufkraft von einem Markt zu einem anderen. Wenn etwa die Nachfrager daran gehindert sind, die von ihnen gewünschte Menge eines Gutes auf dem Markt zu erwerben, staut sich bei ihnen Kaufkraft auf, für die nach einiger Zeit andere Verausgabungsmöglichkeiten gesucht werden. Wer beispielsweise dafür gespart hat, an einem bestimmten Ort ein Haus zu bauen, dort aber in absehbarer Zeit keine Baumöglichkeit erwarten kann, wird das Geld schließlich für andere Zwecke ausgeben, zum Beispiel für den Kauf eines neuen Automobils. So geht Kaufkraft von dem eigentlich vorgesehenen Markt auf andere Märkte über. Auf diesem Wege werden Störungen von einem Markt auf andere übertragen, da sich dort die Nachfrage über das »eigentliche« Maß hinaus erhöht. Auch von seiten der Anbieter kann es zu Ü.en kommen.

Überwälzungskoeffizient

gibt an, in welchem Maße ein Unternehmen (oder eine ganze Branche) Kostensteigerungen, zum Beispiel infolge einer Verteuerung der eingesetzten Produktionsfaktoren, auf seinen Absatzpreis überwälzen kann. Ein **preisinabiler Anbieter** hat keine Überwälzungsmöglichkeit.

Umleiteffekt

Absatzzuwachs, den ein Anbieter nach der Veränderung eines **Aktionsparameters** dadurch erzielt, dass Kunden von seinen Konkurrenten zu ihm wechseln. Siehe auch **Einleiteffekt**.

Umsatz

siehe **Erlös** oder **Marktumsatz**.

(Ökonomisch) unabhängige Güter

Güter, deren **Nachfrage** jeweils nicht vom Preis des anderen Gutes abhängt. Die **Kreuzpreiselastizität** zweier ö.u.G. ist null. In empirisch-statistischen Untersuchungen lässt sich völlige ökonomische Unabhängigkeit von Gütern nicht ohne weiteres belegen, da im System der Märkte alle Märkte mehr oder weniger miteinander verbunden sind (siehe **Nachfrageinterdependenz**).

Unabhängigkeitsposition

siehe **homogenes von Stackelberg-Dyopol**.

Unersättlichkeit

eine Grundannahme (Axiom) der **Haushaltstheorie** über die **Präferenzen** von Konsumenten. Die **Präferenzordnung** eines Konsumenten weist die Eigenschaft der U. auf, wenn er stets **Güterbündel**, die größere Mengen der Güter enthalten, kleineren Güterbündeln vorzieht. Für einen unersättlichen Konsumenten ist »mehr« von einem Gut immer besser ist als »weniger«.

Ungleichgewicht

siehe **Marktungleichgewicht**.

Ungleichgewichtstheorie

eine **Markttheorie**, die sich um die Erklärung des Zustandekommens und möglichen Beharrens, der Auswirkungen sowie der Eigen-

schaften von und der Vorgänge in Marktsituationen außerhalb des **Marktgleichgewichts** bemüht. Die U. befasst sich insbesondere mit Phänomenen und Problemen, die im Falle einer Nicht-**Markträumung** auftreten, zum Beispiel der dann auftretenden *Rationierung* der **langen Marktseite**. Die U. stellt auch einen Versuch dar, die Aussagen der **Makroökonomik** mikroökonomisch zu fundieren. Siehe auch **false trading**.

Unteilbarkeit

von **Produktionsfaktoren** liegt vor, wenn diese nicht in beliebig kleinen Mengeneinheiten in der **Produktion** eingesetzt werden können. Das ist zum Beispiel der Fall, wenn eine Produktionsanlage eine gewisse Mindestgröße hat, so dass sie entweder als Ganzes eingesetzt wird oder gar nicht.

Unternehmen, privates

kleinste **Einzelwirtschaft**, die unter einheitlicher Zielsetzung Entscheidungen über ihr Güterangebot, die Art und den Umfang ihrer Güterproduktion sowie über die Beschaffung und den Einsatz der dazu erforderlichen Produktionsfaktoren trifft. Als wirtschaftliches Ziel von U. wird zumeist Gewinnmaximierung unterstellt. Siehe auch **Betrieb**.

Unternehmenstheorie

Sammelbezeichnung für eine Gruppe von **Theorien**, die das ökonomische Verhalten von (zumeist privaten) **Unternehmen** zum Gegenstand haben. Zentrale Komponenten der U. sind die **Produktionstheorie**, die **Kostentheorie** und die Theorie des **einzelwirtschaftlichen Angebots**.

Unternehmerlohn

höchstes entgangenen Einkommen, das ein Unternehmer bei einer entsprechenden Tätigkeit anderenorts erzielen könnte (z.B. als angestellter Manager). Der U. entspricht den **Opportunitätskosten** seiner Tätigkeit im eigenen Unternehmen und ist deshalb eine Komponente seiner **Kosten**.

Unverbundene Produktion

(Parallelproduktion) liegt vor, wenn in einem produktiven System (z.B. einem Mehrproduktunternehmen) die Mengen, die von den verschiedenen Produkten pro Periode herstellt werden können, nicht voneinander abhängen. Die Herstellungsprozesse laufen quasi isoliert nebeneinander und beeinflussen sich nicht.

Unvollkommener Markt

ein Markt, auf dem mindestens eines der Merkmale des **vollkommenen Marktes** *nicht* erfüllt ist. Fast alle realen Märkte sind in diesem Sinne unvollkommen. Unvollkommenheiten kommen beispielsweise zustande durch unvollständige **Markttransparenz**, das Betreiben von Produktdifferenzierung und das Bestehen von Markteintrittsbarrieren.

V

Variable Durchschnittskosten

(variable Stückkosten) durch die **Ausbringungsmenge** dividierte **variable Kosten**.

Variable Kosten

derjenige Teil der **kurzfristigen Kosten**, dessen Höhe von der betrachteten Einflussgröße (zumeist der Ausbringungsmenge) abhängt. Die v.K. ergeben sich als mathematisches Produkt aus Faktorpreis und **kurzfristiger Faktoreinsatzfunktion** des variablen Produktionsfaktors (bzw. aller variablen Faktoren). In der **langen Frist** sind alle Kosten variabel.

Veblen-Effekt

nach *Thorstein B. Veblen* (1857-1929) benannter Fall zur Begründung einer **anormalen Nachfrage** bei **superioren Gütern**. Der V.-E. ist auf den Wunsch vieler Konsumenten nach einem demonstrativen, das heißt auffälligen und aufwändigen Konsum zurückzuführen. Es wird von einem Gut nur deshalb mehr nachgefragt, weil der auffällige Preis dieses Gutes hoch ist und man deshalb bei Mitmenschen damit »angeben« kann. Bei steigendem Preis wird der normalerweise eintretende Nachfragemengenrückgang (Preiseffekt) durch den entgegengesetzt wirkenden V.-E. überkompensiert. Beim V.E. hängen die **Präferenzen** der Konsumenten nicht nur von den wahrgenommenen Eigenschaften des Gutes ab, wie im Standardmodell der Nachfrage, sondern auch

von dessen Preis. Ein mit dem V.-E. verwandter Effekt ist der **Qualitätseffekt**.

Verbundene Produktion

bezeichnet solche Produktionsbedingungen in einem Mehrproduktunternehmen, bei denen die Mengen, die von den verschiedenen Produkten pro Periode herstellt werden können, voneinander abhängen. Siehe im einzelnen **Alternativproduktion** und **Kuppelproduktion**.

Verbundenheit zwischen Märkten

tritt als räumliche, zeitliche und/oder sachliche Verbundenheit auf. Zur räumlichen V.z.M. siehe **Arbitrage**; zur zeitlichen V.z.M. siehe **Spekulation**. Bei der sachlichen V.z.M. werden vier Formen unterschieden: **Kausaler Verbund, funktioneller Verbund, rein ökonomischer Verbund, allgemeiner Verbund**. Verbundenheit kann über Preise, Güteroder Faktormengen, Präferenzen, Produktionsbedingungen, Angebote und/oder Nachfragen vermittelt sein.

Verbundvorteile

(economies of scope) wirtschaftliche Vorteile durch eine gemeinsame Bereitstellung von Gütern. V. liegen in einem Unternehmen vor, wenn die kombinierte Produktion mehrerer unterschiedlicher Produkte zu geringeren Gesamtosten führt als die separate Produktion jeweils einzelner Güter in getrennten Betrieben - bei gleichen Gütermengen. Hauptursache für V. ist Möglichkeit, dass manche Produktionsfaktoren zur Herstellung unterschiedlicher Produkte verwendet werden können, ohne dass der Einsatz in einem Produktionsbereich die Verwendung in anderen Produktionsbereichen ausschließt oder wesentlich beeinträchtigt (z.B. Managementleistungen oder eine EDV-Anlage). V. stellen sowohl eine notwendige als auch hinreichende Bedingung für die Existenz von **Mehrproduktunternehmen** dar.

Verfestigungseffekt

eine langfristige Wirkung staatlicher Markteingriffe. Je länger ein Eingriff (z.B. Preisvorschrift) dauert, desto mehr verfestigt sich die aufgrund der falschen Preissignale verzerrte Produktions- und Angebotsstruktur (möglicherweise auch die Nachfragestruktur), sowohl auf dem betreffenden Markt als auch, zum Beispiel infolge des **Übertragungseffektes**, auf anderen Märkten. Die Verzerrungen werden mit der Zeit chronisch und lassen kaum noch ihre wahre Ursache erkennen. Auch formieren sich Interessenvertreter, die ihre Vorteile aus dem Eingriff verteidigen. Der V. führt also dazu, dass staatliche Markteingriffe später nicht mehr ohne weiteres rückgängig gemacht werden können.

Verhalten

Oberbegriff für *Handeln* (Tun) und *Verharren* (Nichtstun, z.B. Abwarten). Dabei kann Handeln ein Agieren oder Reagieren sein. Das V. eines Wirtschaftssubjektes wird bestimmt durch äußere Umstände (z.B. gesetzte Rahmenbedingungen oder Verhaltensweisen anderer Wirtschaftssubjekte) und innere Bedingungen (unwillkürliche Dispositionen oder willkürliche Motivationen). Der nicht angeborene Teil der inneren Bedingungen ist wesentlich durch frühere äußere Erfahrungen und innere Einsichten bestimmt, die sich in sogenannten Einstellungen niederschlagen. Auf diesen beruhen unter anderem die **Präferenzen**.

Verlust

bezeichnet eine Angebotssituation mit negativem **Gewinn**. Auch die Höhe des negativen Gewinns heißt V. Die Kosten werden dann nicht durch Erlöse gedeckt. V.e entstehen einem Unternehmen, wenn der Absatzpreis seine **Preisuntergrenze** unterschreitet.

Vollkommene Konkurrenz

die häufig als Referenzmaßstab dienende **Marktform** des **Polypols** auf einem **vollkommenen Markt**. Ihre analytische Handhabung ist vergleichsweise einfach, so dass an ihr die grundsätzlichen Aspekte der **Preisbildung** auf **Konkurrenzmärkten** (mit vielen Teilnehmern auf beiden Seiten) gut verdeutlicht werden können. Alle Marktteilnehmer sind preisinabil, verfügen also über keinerlei **Marktmacht**. Die Funktionsweise von Märkten unter v.K. beschreibt der **Marktmechanismus**, der ein Hauptargument zur Rechtfertigung des marktwirtschaftlichen Systems darstellt.

Vollkommener Markt

ein **Markt**, der durch folgende idealtypische Kombination von Merkmalen gekennzeichnet ist: Einheitlichkeit des gehandelten Gutes, Abwesenheit sachfremder Präferenzen, vollständige Markttransparenz, kostenfreier Austausch, Abwesenheit staatlicher Eingriffe, Freiwilligkeit des Austausches, Freiheit des Marktein- und -austritts, Unabhängigkeit der einzelwirtschaftlichen Pläne. Ein Markt, auf dem mindestens eine der genannten Bedingungen nicht erfüllt ist, heißt **unvollkommener Markt**. Die **Markttheorie** hat gezeigt, dass geringe Abweichungen von den Bedingungen des v.M.es nicht zu wesentlichen Änderungen des **Marktergebnisses** führen. Leichte Unvollkommenheiten beeinträchtigen den **Marktmechanismus** nicht.

Vollständige Markttransparenz

siehe **Markttransparenz**.

Von Stackelberg-Dyopol

auf *Heinrich von Stackelberg* (1934) zurückgehende Weiterentwicklung des **Cournot-Dyopol**-Modells. Einer der beiden Anbieter erkennt die Verhaltensabsichten des anderen und berücksichtigt dies bei seiner eigenen Angebotsplanung (*von Stackelberg'sche Verhaltensannahme*). Der berücksichtigende Anbieter befindet sich in der Unabhängigkeitsposition, der andere in der Abhängigkeitsposition. Siehe auch **Bowley'scher Dyopolpunkt**.

W

Walras-Stabilität

nach *M.E. Leon Walras* (1834-1910) benannte spezielle Form der **Stabilität** eines **Marktgleichgewichts**. W.S. liegt vor, wenn die Angebots/Nachfrage-Konstellation derart ist, dass folgendes gilt: Bei auftretenden **Nachfrageüberhängen** kommt es vermittels des **Preismechanismus** zu einem Anstieg des Preises, der den Überhang zum Verschwinden bringt und den Markt zum Gleichgewicht zurückführt. Bei **Angebotsüberhängen** kommt es zu Preissenkungen, die den Überhang zum Verschwinden bringen und ebenfalls zum

Gleichgewicht zurückführen. W.S. setzt voraus, dass im Marktgleichgewicht die Steigung der Angebotskurve (Ableitung nach dem Preis) größer ist als die der Nachfragekurve. Das ist bei **normaler Nachfrage** und **normalem Angebot** stets der Fall. Siehe auch **Marshall-Stabilität**.

Werbeelastizität

gibt an, um wie viel Prozent sich die Absatzmenge eine Anbieters ändert, wenn er seinen Werbeaufwand (üblicherweise gemessen durch die Werbeausgaben) um ein Prozent erhöht.

Wert

grundlegender Begriff der Wirtschaftstheorie, der zum einen die Bedeutung bezeichnet, die ein Wirtschaftssubjekt einem Gut beziehungsweise einer bestimmten Gütermenge beimisst. Dieser *subjektive W.* entspricht dem Nutzen, den ein Wirtschaftssubjekt aus dem Konsum des Gutes ziehen kann. Er lässt sich unter anderem messen durch seine Preis- oder Zahlungsbereitschaft. Zum anderen bezeichnet W. einfach das mathematische Produkt aus Menge und Preis eines Gutes. Das können zum Beispiel Ausgaben oder Erlöse sein. Solche Wertgrößen werden in Geldeinheiten gemessen.

Wertgrenzertrag

(Wertgrenzprodukt) Marktwert des **Grenzertrages** eines **Produktionsfaktors**, also das mathematische Produkt aus Absatzpreis und Grenzertrag beziehungsweise Grenzproduktivität. Das W. gibt an, welchen Erlöszuwachs eine zusätzlich in der Produktion eingesetzte Mengeneinheit des betrachteten Faktors möglich macht. Siehe auch **Grenzproduktivitätstheorie**.

Wicksell/Johnson-Theorem

(Elastizitätstheorem der Produktionstheorie) nach *Knut Wicksell* (1913) und *W.E. Johnson* (1913) benanntes Theorem der **Produktionstheorie**, welches besagt, dass bei einer neoklassischen **Produktionsfunktion** die **Skalenelastizität** stets gleich der Summe aller **Produktionselastizitäten** ist.

Wirtschaft

siehe **Ökonomie**.

Wirtschaftsakteur/-subjekt

personifizierte **Einzelwirtschaft** unter dem Aspekt ihres Handelns.

Wirtschaftswissenschaft

siehe **Ökonomik**.

Wohlfahrt

das wirtschaftliche Wohlergehen der Menschen, betrachtet aus gesellschaftlicher oder gesamtwirtschaftlicher Perspektive. Ziel der *Wohlfahrtsökonomik* ist es, Verfahren zur Wohlfahrtsmessung und Kriterien für Wohlfahrtsvergleiche zu entwickeln, mit denen dann konkrete Marktsituationen beurteilt werden können. Einfache W.-Maße sind der **Anbietervorteil** und der **Nachfragervorteil**.

Wohlfahrtsverlust

wohlfahrtstheoretisches Maß, definiert als Differenz aus dem maximal möglichem **Gesamtvorteil** und dem in einer betrachteten Marktsituation tatsächlich realisierten Gesamtvorteil.

Z

Zeitliche Verbundenheit zwischen Märkten

liegt vor, wenn Nachfrager ein bestimmtes Gut (an einem Ort) zu mindestens zwei unterschiedlichen Zeitpunkten erwerben können. Es bilden sich dann zeitlich differenzierte Teilmärkte für das Gut heraus (siehe **Kassamarkt**, **Terminmarkt**). Infolge von **Spekulation** kann die möglicherweise bestehende Preisdifferenz verringert (aber auch vergrößert) werden (*intertemporale Preisangleichung*).

Zielvariable

Größe, die im Zuge einer Optimierung eine vorgegebene Eigenschaft erhalten oder einnehmen soll (z.B. ein Extremum). So sind beispielsweise bei der Kostenminimierung die Gesamtkosten die Zielvariable, die zu minimieren ist; bei der Gewinnmaximierung ist der Gewinn die Zielvariable, die zu maximieren ist. Jene Größen, durch deren Veränderung das Ziel erreicht werden kann, heißen **Instrumentvariablen**.

Zusatzkosten, nicht-betriebsbedingte
siehe **nicht-betriebsbedingte Zusatzkosten**.

Zuteilungsfunktion (des Preissystems)
siehe **Rationierungsfunktion**.